1950—2019

奋斗的足迹
中国国民党革命委员会
南充历史

南充民革历史编辑委员会　编著

团结出版社

图书在版编目（ＣＩＰ）数据

奋斗的足迹 / 南充民革历史编辑委员会编著. -- 北京 ： 团结出版社，2020.5
ISBN 978-7-5126-7870-5

Ⅰ．①奋… Ⅱ．①南… Ⅲ．①中国国民党革命委员会－党员－先进事迹－南充－现代 Ⅳ．①D665.1

中国版本图书馆CIP数据核字(2020)第068658号

出　版：团结出版社
　　　　（北京市东城区东皇城根南街84号　邮编：100006）
电　话：(010)65228880　65244790　（出版社）
　　　　(010)65238766　85113874　65133603（发行部）
　　　　(010)65133603（邮购）
网　址：http://www.tjpress.com
E-mail：zb65244790@vip.163.com
　　　　fx65133603@163.com（发行部邮购）
经　销：全国新华书店
印　装：三河市东方印刷有限公司

开　本：170mm×240mm　　16开
印　张：30.75
字　数：471千字
版　次：2020年5月　第1版
印　次：2020年5月　第1次印刷

书　号：978-7-5126-7870-5
定　价：80.00元

南充民革历史编辑委员会

特邀编审

蔡永飞

主　编

王晓贤

副　主　编

傅国才　　朱兴弟

编写人员：

文海燕　罗　艳　杨克新　龚举敏
李啸风　张　帆　黎万德　陈　黎

1952年7月17日，南充各民主党派负责人欢送胡耀邦赴京工作。

建立組織 加強人民民主統一戰線

民革川北分部兼南充市支部籌備委員會成立

川北建築公司

1952年1月20日，民革川北区分部兼南充市支部筹备委员会在川北大旅社礼堂正式成立。图为当时《南充专区报》关于此次会议的新闻报道。

民革川北分部籌委會舉行大會

九十三名新黨員宣誓加入民革

【本報消息】中國國民黨革命委員會川北分部籌備委員會於本月二十八日在南充市天主教禮堂舉行新黨員入黨宣誓大會。參加宣誓的新黨員共九十三人，其中有兩名共產黨員、八名新民主主義青年團團員。另應邀到會的有行署副主任劉聚奎，中共川北區黨委統一戰綫部副部長劉玉衡，川北協商會副主任盧子鶴等友黨和羣衆團體代表。

大會在奏樂及國歌聲中開始。到會者向孫中山先生、毛主席致敬後，九十三位新黨員莊嚴地宣

了誓。接着監視人、民革川北分部籌委會召集人裴昌會講話。他首先代表民革川北分部全體同志向到會來賓及友黨代表表示感謝，感謝他們對民革川北分部發展組織的協助。他說：這批同志參加到我們組織裏面來，不僅表示我們民革在川北的組織已走上了新的階段，同時也顯示着人民民主統一戰綫的鞏固與發展。這就給川北民革增加了新的力量。接着他號召新入黨的同志加强學習共同綱領，努力提高與改造自己的思想；在中國共產黨的領導下，加强與友黨的合作，密切與羣

1952年1月28日，民革川北分部籌備委員会第一批新党员宣誓加入民革。图为当时《南充专区报》的新闻报道。

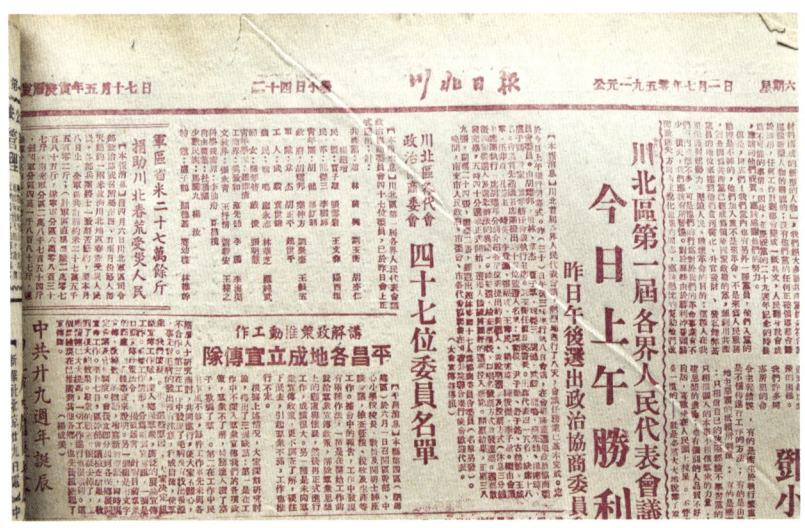

1950年7月，南充民革代表参加川北区第一届各界人民代表会议的新闻报道。

民革南充市委荣获民革全国参政议政工作先进集体、民革全国社会服务先进集体、民革全国思想政治宣传工作先进集体、民革全国祖统工作先进集体、民革全国机关工作先进集体，南充民革共荣获民革第十二届中央委员会颁发的五项先进集体奖项，是四川民革唯一获此殊荣的地（市、州）民革组织。

　　2011年2月22-23日，王晓贤代表民革南充市委参加民革全国学习践行社会主义核心价值体系先进组织和先进个人表彰大会接受颁奖，受到时任全国人大常委会副委员长、民革中央主席周铁农的亲切会见。（图为周铁农主席与王晓贤合影）

　　2014年6月6日，民革十二届中央"三农"委员会第二次全体会议暨"农村土地问题与农村金融问题"研讨会在南充召开。南充被民革中央确定为"三农调研基地"并授牌。图为时任全国政协副主席、民革中央常务副主席齐续春及参会人员集体合影。

　　2014年6月5日，时任全国政协副主席、民革中央常务副主席齐续春（右）带队赴南充市顺庆区考察南充国家现代农业示范区建设情况。

　　2012年4月7-8日，现任全国政协副主席、民革中央常务副主席郑建邦（左三）莅临南充视察。

每年3.12，民革南充市委组织党员对打造的"中山林"进行管理维护。（图为植树现场）

2017年7月19日，四川省政协副主席、民革四川省委主委、省地方金融监督管理局局长欧阳泽华（左三）莅临南充调研南充民革自身建设工作，与民革南充市委领导班子成员合影。

　　2013年6月8日，市政协副主席、民革南充市委主委王晓贤率领部分市政协委员就重点提案《关于截流嘉陵江排污口的建议》进行现场督办。

　　2018年9月17日，民革南充市委组织南充民革新的社会阶层人士联谊会会员赴会员所在企业视察调研。

　　2011年9月26日，民革中央孙中山研究学会四川分会成立大会在成都召开，南充民革党员1人当选常务理事，3人当选理事。（图为南充民革参会代表合影）

　　2014年6月16日，民革南充市委与南充市顺庆区委统战部联合召开庆祝黄埔军校建校90周年联谊会。（图为4名黄埔老兵与民革南充市委及市、区统战部领导合影留念）

2014年7月19日，南充民革关爱抗战老兵志愿者团队合影。

2017年7月8日，民革南充市委召开纪念抗战全面爆发80周年暨西充抗日将士抗战史事研讨会，南充老兵代表及抗日将领后代参加座谈。

2018年9月12日，民革南充市委、民革广州市委签订结对共建协议

2019年6月12日，民革四川省委会秘书长许晓辉赴南充督导调研示范支部创建工作。（图为工作汇报现场）

2019年12月16日，民革南充市委召开"不忘合作初心，继续携手前进"主题教育活动领导班子民主生活会。

2019年5月18日—24日，民革南充市委组织部分党员赴陕西、宁夏两地开展"观故居，走多党合作之路"主题教育活动。

2013年10月23日，南充民革"博爱、牵手"活动在高坪区长乐中学开展，南充民革海全基金会一次性向长乐中学捐赠价值10多万元的服装和体育器材。

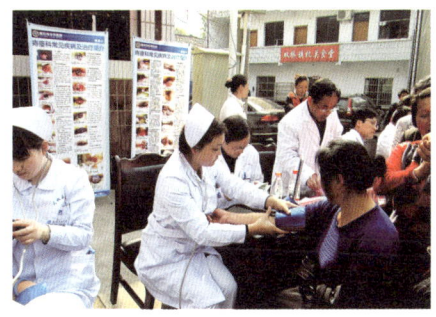

2013年3月8日，民革南充市委组织川北医学院、市中心医院和市精神卫生中心18名医务工作者，赴顺庆区双桥镇开展送医下乡活动。

2015年1月16日，民革南充市委赴嘉陵区白家乡开展送文化下乡活动。

2017年7月，民革南充市委联合南充泽英教育集团对口帮扶凉山州金阳县教育扶贫启动仪式在南充举行。

2018年1月31日，民革南充市新的社会阶层人士联谊会赴嘉陵区天星乡弥陀院村慰问帮扶贫困户。

【编者的话】

为了庆祝南充民革成立70周年，民革南充市委会决定编写《奋斗的足迹——中国国民党革命委员会南充历史（1950年—2019年）》。《奋斗的足迹——中国国民党革命委员会南充历史（1950年—2019年）》的出版，是民革南充历史研究的一项重大成果，是南充全体民革党员政治生活中的一件大事，是民革南充市委会献给地方史志研究多党合作事业的一份厚礼。

《奋斗的足迹——中国国民党革命委员会南充历史（1950年—2019年）》以较为丰富、翔实的史料，记录了南充民革组织自"民革川北区临时工作小组"到"民革南充市委员会"近70年的历史，展现了民革组织在南充的建立、发展和壮大的历程，讴歌了民革南充市委会在中共南充市委和民革四川省委的领导下，带领广大党员，切实履行参政议政、民主监督及参加中国共产党领导的政治协商职能，为南充经济社会发展所作的积极贡献。

中国国民党革命委员会南充历史是南充民革老前辈和全体党员在中国共产党领导下不断奋斗的历史；是拥护多党合作政治制度；坚持走中国特色社会主义道路；促进祖国和平统一的历史；是积极参政议政、建言献策，为南充经济社会发展、构建和谐南充、维护社会稳定作出贡献的历史；是加强党派自身建设，努力提高自身素质，不断发展壮大，经受住各种风险和考验的历史。

编撰出版《奋斗的足迹——中国国民党革命委员会南充历史（1950年—2019年）》，是南充民革自身建设的需要，是民革"政治交接"工作的需要，是更好地履行党派职能的需要。

　　《奋斗的足迹——中国国民党革命委员会南充历史（1950年—2019年）》融政治性、思想性、实践性、教育性于一体，是一部丰富生动的历史教科书，在存史、咨政、育人等方面能起到积极的作用；它为南充民革各基层组织和全体党员展现了南充民革的优良传统，为广大民革党员全面了解南充民革70年来的奋斗历程提供了难得的学习资料和参考材料。

　　今天，我们正处在一个伟大的时代，肩负着光荣的历史使命；加快改革开放，全面建成小康社会，实现中华民族伟大复兴的中国梦，是我们的宏伟目标，是人民的殷切期盼。作为民革党员，我们要通过学习本党历史，进一步坚定走中国特色社会主义道路的理想和信念，进一步增强政治敏锐性和政治把握能力，不断提高参政议政的能力和水平，不断增强战胜各种困难和挑战的勇气和力量；更加自觉地在中国共产党领导下，围绕中共南充市委、市政府的中心工作，服务发展大局，积极建言献策，认真履行职能，为南充经济社会发展和社会和谐稳定作出应有的贡献。

南充民革历史编辑委员会

2020年5月

目　录

【第一章】南充民革组织的创建

（1950—1956）

【第四章】新世纪的南充民革

（2000—2019）

【第五章】 南充民革基层组织

【第六章】 人物传记

附　录

南充民革组织的创建

（1950—1956）

中国国民党革命委员会（简称"民革"），是具有政治联盟性质的、致力于建设中国特色社会主义和祖国统一事业的政党，是中国共产党领导的多党合作和政治协商制度中的中国特色社会主义参政党。民革由原中国国民党民主派和其他爱国民主人士所创建。中国民主革命的伟大先行者孙中山领导辛亥革命，于1911年推翻封建帝制，创建了共和国。1919年10月10日，孙中山发出通告，宣布将中华革命党正式改名为中国国民党[1]。在中国大革命时期、土地革命战争时期、全民族抗日战争时期，中国国民党经过了多次分化。在这个过程中，中国国民党民主派及其他爱国民主分子在爱国主义旗帜下，坚持孙中山的"联俄、联共、扶助农工"三大政策，在同中国国民党统治集团的不断斗争中，队伍逐渐集结、壮大。1948年1月1日，中国国民党革命委员会（简称"民革"）在香港正式成立。

四川是民革重要发祥地之一。1948年至1949年，在四川（包括西康省）建立了多个民革地方组织。当时在南充没有建立民革组织。

1949年11月，中国国民党民主派代表会议在北京举行，会议解决了中国国民党革命委员会组织统一的问题，通过了《中国国民党革命委员会组织总章》。接着，民革中央着手清理、整顿、组建地方民革组织。南充民革组织就是在这一时期开始了筹建工作，一方面，民革接受中国共产党领导，参加新中国的建设，在中国共产党的领导下，民革组织形成了建立全国性组织的政治条件，另一方面，南充市自身也存在着将原中国国民党军政人员及其他有关人士吸纳进民革组织、参加中国共产党领导的统一战线的迫切需要，南充民革组织由此应运而生。

第一节　中华人民共和国成立初期的南充民革

1949年12月10日南充解放，并实行军事管制；1950年2月，中共川北区委员会成立，南充民革组织筹建工作也开始了。民革中央高度重视南充民革组织的筹建工作，多次给予了明确的指示；中共川北区委员会对南充民革组织的建立给予了很大的支持和帮助，为南充民革组织建立创造了必要的条件。

一、中华人民共和国成立前后民革党员在南充的活动

南充解放前，虽然没有民革地方组织，但地下民革党员"各自根据当地的具体情况，以推翻蒋介石独裁统治、解放大西南为目标开展工作"[2]。地下民革党员王林积极配合中共地下党员李煜生、胡豫侯等，开展对时任国民党南充县民众自卫总队实际控制人、副总队长张恢先的转化、教育工作。张恢先审时度势，接受了王林等人的开导和建议，毅然率民众自卫总队起义，保护了人民生命财产和中共地下党员的安全；同时营救了狱中被关押的中共地下党员，极大地减少了人民解放军在进军南充时可能付出的代价，加快了南充解放的进程，为迎接南充的解放做出了重大贡献[3]。张恢先后来成为南充民革党员。

民革地下党员、原国民党中将李树骅在遂宁地区直接与中共地下党建立密切联系。他支持、协助中共地下党川北区工委书记王叙五组建地下武装，倾其所有资助枪支300余支，还为中共地下党组织提供活动经费1000余大洋及不少金

条；他利用自己的公开身份，在中共地下组织遭到破坏的严峻形势下，掩护了王叙五、王子度等不少中共地下党员，使他们在被通缉时安全脱险。

李树骅还将王叙五等安排在国民党军队中，以利开展策反工作。1949年9月，李树骅离开遂宁，到彭县与刘文辉、邓锡侯、潘文华等国民党高级将领共同策划了武装起义（起义宣言中李树骅排名第6位），为成都及四川的和平解放作出了杰出的贡献。李树骅后来成为筹建南充民革组织的重要成员之一。

原三台县国民大会代表、国民党中将龙杰三在离开军界后回到三台，通过开办川北大学，在学生及教职员工中开展反对蒋介石独裁统治的宣传，积极配合中共解放全中国的工作。四川解放以后，龙杰三赓即前往重庆，与民革川康分会的负责人取得联系，接受了到南充组建川北民革地方组织的任务。"民革川北临时工作小组"成立时，龙杰三为召集人。

原阆中县国民大会代表萧端重和蹇幼樵，也分别在各自所在的地方为迎接解放军入川秘密开展活动，为四川及大西南的和平解放做了大量卓有成效的工作。"民革川北临时工作小组"成立时，萧端重和蹇幼樵均任小组成员。

二、"民革川北区临时工作小组"的筹备

1949年6月，中共中央决定在四川分设川东、川南、川西、川北4个省级行署区、以及西康省和中央直辖的重庆市，南充为川北区党政军机关所在地。

（一）中共南充党政领导对筹建民革组织的重视和支持

1950年初，龙杰三接受民革川康分会的指派，以联络员的身份来到南充，负责联络民革同志，共同策划、筹建民革川北地区民革组织。时任中共川北区委组织部长的王叙五亦邀当时在成都的李树骅来南充，与其他民革同志共同组建民革川北区地方组织。同时，蹇幼樵、尹子勤、萧端重等亦分别从江油、武胜、阆中等地赴南充，参与筹建民革川北区地方组织的工作。

1950年2月8日，中共川北区临时工作委员会根据第一次全国政协会议精神，在南充市小西街成达中学（现南充职业技术学院）召开南充市第一届各界人民代表筹备会议。当时已建立联络关系的龙杰三、李树骅、蹇幼樵、尹子勤、萧端重5人应邀出席会议。会上，与会民革党员初步商定了筹建民革川北区地方组织的具体事宜。

2月20日，胡耀邦到达南充，立即成立了中共川北区委员会[4]。川北区党委遵照中共中央的统战工作方针，积极帮助民主党派清理和发展组织。胡耀邦到南充的第5天，就在南充市召开的第一届各界人民代表大会上号召"全区、全市人民在民主统一战线的旗帜下，团结起来，共同建设新川北、新南充"。按照中共中央西南局的要求和胡耀邦的讲话精神，川北区积极吸收各民主党派、开明绅士、工商界的代表进入各级政府机关，并参与一些中心工作。

4月23日，川北区首届"各界人民代表会议筹备委员会"成立，龙杰三以民革党员的身份作为"筹委会"的委员，参加了在中共川北区委统战部召开的各界人民代表会议筹备会。会议期间，川北行署主任、中共川北区委书记兼统战部部长胡耀邦，中共川北区委统战部常务副部长刘玉衡与民革代表龙杰三商议，确认龙杰三担任南充民革代表，负责筹备成立民革川北区工作小组。

6月23日至7月1日，川北区首届各界人民代表会议在南充市大北街天主教堂举行。龙杰三、李树骅、蹇幼樵、尹子勤、萧端重5位建国前就参加民革地下活动的同志出席了这次会议。龙杰三为南充民革的首席代表，李树骅为副首席代表，萧端重任秘书。会议期间，龙杰三，李树骅等5位同志会商了组建民革川北区工作小组事宜，并初步定名为"民革川北区临时工作小组"。

（二）"民革川北区临时工作小组"的筹备

川北区首届第一次各界人民代表会议结束后，龙杰三立即致信中国国民党革命委员会中央主席李济深。他在信中写道："解放前民革散处在川北的同志，或以党员的身份，或以个人的名义，协助共产党做了一些工作。目前，南充尚无民革组织结构。为了团结更多的人，协助共产党建设社会主义，我到南充后，川北行署胡耀邦主任、中共川北区委统战部（副）部长刘玉衡特商我任民革代表，赓即成立民革小组……"李济深收信后，电话回复龙杰三，表示同意信中的意见，早日成立"民革川北区临时工作小组"，并配合政府开展相关工作。

在获悉民革中央的指示后，川北行署主任胡耀邦对民革南充地方组织的成立高度重视，给予了极大的关怀和具体的安排，中共川北区委统战部给予了大力支持和帮助。1950年7月5日，中国国民党革命委员会"川北区临时工作小组筹备委员会"正式宣布成立，由龙杰三为召集人、萧端重为秘书。当时的川北行署为民革川北区临时工作小组筹备委员会核定的编制为4人，分别为龙杰三、萧端重、龙凤钧和王开和。经中共川北区委统战部指定，民革川北区临时工作小组筹备委员会在南充市大北街78号郭家大院内办公[5]。从此，南充民革有了固定的办公场所。民革川北区临时工作小组筹备委员会时期的中心任务是：协助政府征粮、减租退押、清匪反霸、肃特、工商业改造、发展生产以及各种政令的宣传与推行工作。

三、"民革川北区临时工作小组"的成立

1951年1月19日，龙杰三收到中国国民党革命委员会中央委员会（以下简称"民革中央"）复函指示："民革川北区临时工作小组成立，由龙杰三为召集人；民革川北区临时工作小组仍由龙杰三等5人组成，由龙杰三主持临时工作小组的工作。"根据民革中央的指示精神，1月20日，民革川北区临时工作小组筹备委员会正式更名为"民革川北区临时工作小组"，"筹委会"工作宣布结束。此后，经胡耀邦主任推荐，民革中央批准，川北行署副主任裴昌会、川北大学中文系主任李炳英教授、川北行署的刘忠良先后参加了民革组织，支持并协助龙杰三开展南充民革的各项工作。

龙杰三于1951年2月就民革川北区临时工作小组的编制和经费问题，专门写信向民革中央请示。3月7日，民革中央给龙杰三复函称："川北民革目前的组织形式，仍以联络员名义组织工作小组为宜。至于经费预算，可暂时按县市支部甲级筹委会编制执行。"该时期，民革川北区临时工作小组隶属民革川康（重庆）临时工作委员会领导，已是省级机构的编制，在开展由中共川北区委及川北行署布置的中心工作的同时，开始了组织发展工作。刘忠良、王宏实、伍非百[6]、侯耀南、夏昌槐等，均是这一时期发展的民革党员。

是时，中共川北区委将南充民革的5位同志分别安排在重要的工作岗位

上。龙杰三为川北行署政务委员，李树骅为川北行署协商委员、禁烟委员会副主任委员兼川北军区剿匪委员会副总指挥，尹子勤担任川北行署参事、川北军区剿匪委员会委员，萧端重是川北行署寒衣劝募委员会委员，塞幼樵亦在川北行署安排了重要职位。

1951年9月8日，川北各民主党派及无党派人士首次"双周座谈会"在川北行署及中共川北区委统战部的领导下召开。此后，"双周座谈会"分别由民革、民盟、政治协商会、统战部4个单位轮流主持。由于民革川北区临时工作小组配合中共川北区委所做的工作相当出色，时任川北行署主任胡耀邦深为赞许。

随着组织的发展，民革川北区临时工作小组已经不能完全适应当时形势的需要，于是奉民革川康（重庆）临时工作委员会的指示，撤销民革川北区临时工作小组。1951年9月30日，民革川北区临时工作小组的工作宣告结束。

四、"民革川北区分部及南充市支部筹备委员会"的成立和重组

民革南充地方组织在建国初期，积极响应中共号召，围绕地方党委和政府的中心工作开展活动，在作出民主党派应有贡献的同时，组织建设得到较快发展。

（一）"民革川北区分部及民革南充市支部筹备委员会"的成立

中共川北区委及中共川北区委统战部对民革建立川北区地方组织十分重视，十分关心。经胡耀邦亲自举荐，民革中央主席李济深亲自批复，川北行署副主任裴昌会及川北大学中文系主任、教授李炳英被批准成为民革党员，在川北行署担任了重要职务的刘忠良等同志亦被批准加入民革。胡耀邦还责成裴昌会协助龙杰三筹建民革川北区地方组织。

在中共川北区委、中共川北区委统战部的关心、帮助和支持下，1951年10月1日，民革川北区分部及民革南充市支部筹备委员会在川北行署招待所（现五星花园宇豪大酒店处）召开会议，应邀出席会议的各民主党派、机关团体的代表共79人。大会主席裴昌会宣布，"民革川北区分部及民革南充市

支部筹备委员会"正式成立。川北区分部由裴昌会、龙杰三、李炳英、伍非百、刘忠良、侯耀南、王宏实、蹇幼樵、夏昌槐9人组成，川北行署副主任裴昌会当选为民革川北区分部主任委员，川北区分部仍直属民革川康（重庆）临时工作委员会领导。同时以上9人兼作民革南充市支部筹备委员会委员。

1952年9月，四川的4个行政区撤区并省，民革川北区分部的工作同时宣告结束。南充73名民革党员的组织关系随即迁往成都，分别隶属民革四川省筹备委员会和民革成都市筹备委员会管理。留在南充市的34名党员重新组建了新的民革南充市支部筹备委员会，组织领导关系隶属于民革四川省筹备委员会，李炳英同志担任支部筹备委员会负责人，具体负责民革南充市地方组织的筹建工作。

（二）党员集体宣誓及"支部筹备委员会"的重组

民革南充市支部筹备委员会成立时，川北区仅有民革党员9人。在"三反""五反"运动中，民革川北分部及民革南充市支部筹备委员会开始对川北区与国民党有历史关系的人士进行联系、谈话，在原国民党军政界以及川北行署、南充市政府、南充专署各机关、文化卫生界知名人士中发展了第一批党员35人；运动结束时发展了第二批党员55人，川北区撤销前夕发展了第三批党员8人。当时全区共有民革党员107人。

1952年1月28日，民革川北区分部筹备委员会第一批93名新党员宣誓仪式在南充市大北街天主教礼堂内举行，其中2名共产党员、8名新民主主义青年团团员。应邀到会的有南充行署副主任刘聚奎，中共川北区党委统一战线工作部副部长刘玉衡，民盟川北支部负责人贾子群，川北协商会副主任卢子鹤等友党和群众团体代表，民革川北区分部主任委员裴昌会在会上讲话。《南充专区报》作了新闻报道。

1952年6月，南充107名民革党员举行第2次集体宣誓仪式（名单见本书第七章第一节）。9月1日，民革川北区分部被撤销，民革南充市支部筹备委员会调整重组，筹备委员会以下无基层组织。

南充民革组织的成立和发展，为在中国共产党领导下团结教育改造原国民党军政人员、壮大中国共产党领导的爱国统一战线作出了贡献。同时，在中国共产党领导下，民革组织和广大成员积极开展社会政治工作，为南充经济恢复和社会发展努力工作，发挥了民主党派应有的积极作用。

第二节　为南充经济恢复和社会发展而努力

1950年7月5日，"民革川北区临时工作小组筹委会"正式成立后，川北重镇南充有了民革组织。民革组织正式成立时，正值川北区开展轰轰烈烈剿匪征粮、减租退押、清匪反霸、镇压反革命、抗美援朝等运动，民革川北区临时工作小组积极投身到这些运动中去，为南充经济恢复及保卫新生人民政权作出了贡献。

一、减租退押与清匪反霸

中华人民共和国成立前，南充与全国各地一样，耕者无其田，土地集中于地主手中，农民为了生存，只得在地主手中租佃土地耕种。农民受到多重盘剥，既要承受沉重的地租，又要承受地租以外的押金。为了减轻农民负担，提高农民的生产积极性，川北区按照中共中央的安排部署，在全区范围内开展了减租退押、清匪反霸运动。

当时，各地减租退押、清匪反霸运动进行得热火朝天，个别地方对相关政策未能很好把握，时有错杀开明绅士的现象发生。虽然龙杰三等5位民革党员家庭殷实，在家乡都购置有田产，但他们都支持和拥护中共川北区委统一部署，积极投入到减租退押、清匪反霸运动中去。然而，在1950年10月至1951年3月开展的减租退押工作中，5位民革党员及其亲人依然被视为"恶霸地主"。三台、阆中、遂宁、武胜各县都派人到南充，要求将民革的5位同志分别带回原籍批斗。胡耀邦高度重视这一问题，对民主党派人士实行了保护政策。他亲自召见各县代表，向他们讲清共产党的政策。并强调指出，如果要带人回去，必须做到毫发无损，"去是什么样，回来时亦必须是什么样。"并当场表态："他们的退押问题，政府会统一考虑。"事后，胡耀邦在政府争取了1亿元资金（合现人民币1万元），分别作为民革党员和个别宗教界代表人士的退赔款。南充民革党员在胡耀邦的关心、保护和支持下，没有受到减租退押、清匪反霸运动的冲击。

同时，中共南充地委按照川北区党委的统一部署，在开展减租退押的同时，积极开展清匪反霸运动。根据中共川北区委及中共川北区委统战部的安排，民革党员、川北行署协商委员李树骅，作为川北区剿匪委员会副总指挥，随川北军区剿匪部队开赴三台、梓潼等地清剿残余土匪，很好地完成了剿匪任务。

二、"抗美援朝"运动

1950年6月，朝鲜战争爆发。10月19日，中国人民志愿军奉命入朝与朝鲜人民军并肩战斗，共同抗击侵略者。11月4日，民革与其他民主党派一道发表抗美援朝保家卫国的《各民主党派联合宣言》，坚决支持出兵援朝。12月至1951年初，南充专区和各县抗美援朝分会相继成立，迅速掀起大规模的抗美援朝运动。

川北区全体民革党员积极响应民革中央的号召，以实际行动踊跃参加南充各地开展的抗美援朝运动。他们不仅在南充市各城区、街道进行抗美援朝宣传，还积极捐钱捐物支援志愿军赴朝参战。裴昌会几乎将自己所有的积蓄都捐了出来，用以购买飞机大炮，支援朝鲜前线。尤其是萧端重同志，以集资的行动响应中共中央的号召，在寒衣劝募委员会的工作做得非常出色，得到了川北行署的首肯；他还以身作则，带头捐钱捐物，把家乡阆中近一条街的祖业房产全部捐献了出来。民革党员在"抗美援朝，保家卫国"运动中所作出的杰出贡献，受到川北行署的充分肯定，亦得到了社会的广泛赞誉。

第三节　民革党员登记及"委员会"的成立

由于民革成立于我国解放战争进入战略大反攻的历史性时刻，刚成立就投入到推翻旧政权、建设新中国的伟大斗争之中，因而没有足够的时间和精力加强自身的组织建设；加之民革成立之初，各地相对独立的开展工作，普遍存在不同程度的组织不纯和领导机构不健全的问题。1949年11月，中国国民党民主派代表会议通过的《中国国民党革命委员会组织总章》对党员入党条件作了严格规定[7]。凡一条不符合规定者，不得介绍入党。

为此，民革中央在1949年底和1950年，把清理整顿地方组织作为建国初期党务工作的重点工作[8]。此后，南充民革组织围绕民革中央的工作重点，严格执行《中国国民党革命委员会组织总章》的相关规定，严格控制并审查申请入党者的条件。同时，对原有民革党员重新进行登记并报上级民革组织，为民革组织的纯洁和健康发展奠定了坚实的基础。

一、民革党员登记及纠错

1950年7月5日，"民革川北区临时工作小组筹备委员会"正式成立以后，根据民革中央的指示，着手对建国前参加民革组织的党员进行登记。中共川北区委、中共川北区委统战部十分重视这一工作，责成民革召集人龙杰三负责这项工作。龙杰三认为，要成立民革川北区地方（省级）组织，应当有一定数量的党员才行。于是在民革川北区临时工作小组成立后，便开始了对南充地下民革党员的登记工作。

民革川北区临时工作小组成立以后，领导班子成员分别在川北行署各部门担任了重要职务，小组内的具体分工并不十分明确。作为民革川北区临时工作小组的召集人龙杰三，主动承担了地下民革党员登记的任务，萧端重协助该项工作的开展。当时龙杰三迫切地希望能够尽快成立正式的川北区地方组织，于是对前来登记的人员未作严格审查，至使一些原国民党军统、中统特务和相当一部分原国民党的党、政、军工作人员混入了登记人员中，甚至还有个别罪大恶极的地方恶霸地主也在登记人员之列。

当时前来民革川北区临时工作小组登记的人，绝大多数都是为了寻找一个"避难所"，或把"民革"这块招牌作为掩盖自己历史的护身符。龙杰三原幕僚、部属都被他拉入登记行列。从1950年7月开始登记至当年底，登记的

"民革地下党员"已超过了300人。当年12月底，龙杰三以民革川北区临时工作小组名义，向民革川康（重庆）分会上报南充有300余名民革地下党员，希望能尽快批准成立民革川北区地方组织。

民革川康（重庆）分会对民革川北区临时工作小组上报的名单置疑，于是与中共川北区委联系，希望中共川北区委统战部协助民革川北区临时工作小组核实这300余名"民革地下党员"的身份。经逐一审查核实后证实，近300人不是民革地下党员。胡耀邦亲自过问此事，责成中共川北区委统战部处理此事。中共川北区委严肃的批评了龙杰三的作假行为，要求龙杰三承认错误并公开检讨。于是龙杰三以"民革川北区临时工作小组"的名义，在1951年1月21日的《川北日报》上登报申明："凡在解放以前参加民革、民联、民促，虽从事地下工作之同志，未经本组织调查审核及向川北区统战部反映后，转报中央颁发党证者，一律不得视为本党党员。"随后对已核证在中华人民共和国成立前就参加民革的地下党员龙杰三、李树骅、蹇幼樵、尹子勤、萧端重5人重新进行登记。

二、民革南充市委员会的成立

从1952年10月开始，在李炳英教授的主持下，积极开始了民革南充市地方组织的筹建工作。李炳英、萧端重、赵专修带领南充的民革党员积极开展社会服务工作、社联工作、社会主义经济建设工作，并对原国民党的中上层人士进行摸底调查，对拥护共产党的领导，拥护社会主义制度的人士进行登记，吸收他们为民革的社会联系人士；组织他们参加民革的社会活动，参加民革组织的学习，调动他们为社会主义服务的积极性。在民革南充市委员会成立前的这段时间里，南充民革所做的以上工作及社会主义工商业改造等具体工作，得到了中共南充地委、行署及市委统战部的充分肯定，同时也得到了社会的普遍认可。

经过近3年的积极筹备，成立民革南充市地方组织的条件已经成熟。民革南充市支部筹备小组遂向民革四川省筹备委员会申报成立地方组织。经民革四川省委筹备委员会同意，并报经民革中央批准，同意成立"中国国民党革命委员会南充市委员会"。

1955年4月24日，民革南充市委员会在兴顺后街民革机关会议室召开成立大会，李炳英教授在成立大会上作筹备工作报告。报告总结了在近3年的筹备过程中，南充民革组织带领全体民革党员所作的各项工作，重点总结了民革南充市委的筹建过程及中共南充市委和市委统战部对成立民革南充市委员会的大力支持。李炳英在报告中号召全体党员，在中国共产党的领导下积极参加南充的社会主义革命和社会主义建设，发挥民革的参政党作用，为南充的政治和经济建设贡献力量。

大会会期3天。会议选举产生了民革南充市第一届委员会，由李炳英任主委，萧端重任副主委。民革南充市第一届委员会成立后，围绕城市工商业改造、南充市的政治经济建设、为社会服务等做了大量工作。当时的社会联系工作是民革的主要工作之一，民革南充市委组织社会联系人士开展了不少有益的活动，如：为专区医院（现南充中心医院）代为病人开处方，参加打扫街道等义务劳动，为南充地方戏剧改写或编写剧本等工作，取得了良好的社会效益。民革南充市委还围绕南充市的政治、经济、文化和市政建设等提出了不少好的意见和建议，得到了中共南充市委、市政府的充分肯定。

民革南充市委员会的成立，为南充民革组织的不断发展壮大和更好地履行参政党职能打下了坚实的基础，为南充民革与中共地方党委合作共事、共同推进地方经济社会发展提供了有力的组织保障。

自"民革川北区临时工作小组"到民革南充市委成立以后，南充民革组织不断加强自身建设，一些民革党员在政府部门担任要职。他们协助政府开展了征粮、减租退押、清匪反霸、肃特、工商业改造和发展生产等工作，参与了抗美援朝、土地改革、"三反""五反"以及对农业、手工业、资本主义工商业的社会主义改造运动；围绕中共川北区委确立的中心工作，积极履行民主党派职能，为稳定社会经济秩序、服务地方经济建设、繁荣社会主义文化、促进祖国统一做了大量工作，受到地方党委和政府的赞扬。

注释：

[1]民革中央党史编辑委员会编：《中国国民党革命委员会60年》，团结出版社2007

年版第4页。

[2]《四川民革50年》第11页。

[3]《中国共产党南充历史》2014年版第一卷第237、241页。

[4]《中国共产党南充历史》2014年版第二卷第2页。

[5]该院由原南充县女子中学（"文革"时期的1969年秋天，该校更名为"南充二中"，开始招收第一批男生）校长郭受康女士捐献。

[6]伍非百，墨学家，1943年在南充西山山麓设立西山书院，后改为私立川北文学院，1950年9月与私立川北大学合并成立川北大学，2003年经教育部批准更名为"西华师范大学"。

[7]1949年11月，中国国民党民主派代表会议通过的《中国国民党革命委员会组织总章》规定："凡曾参加国民党内外反动派系而未有确切证明其已脱离关系，并无改过自新之切实表现者；凡有勾结帝国主义破坏革命统一战线表现为反民主、反人民之言行，而未有改过自新之确切证明者；凡曾在国民党反动政权下，担任重要职务有贪污腐化行为及思想顽固者以及流氓、土劣等，而未有已经改造之确切证明者；凡曾在抗战时期担任敌伪机关重要职务及有危害国家民族之罪行者；具有上述条款之一者不得介绍入党"。

民革中央党史编辑委员会编：《中国国民党革命委员会60年》，团结出版社2007年版第61页。

南充民革在曲折发展中经受考验

中国改革开放前的30年是社会主义改造、社会主义建设事业取得辉煌成就的30年，同时也是政治运动十分频繁的年代。这30年里，我国各族人民经历了清匪反霸、抗美援朝、"三反""五反"、整风反右、"大跃进"、人民公社、社会主义教育、"文化大革命"等等一个接着一个的政治运动。

30年里，民革南充市委在中共南充地方党委和民革四川省委的领导下，除了积极参加上述运动外，其间还经历了"资产阶级政党"的自我改造运动；30年里，民革南充市委在民革四川省委的领导下，虽然在若干次政治运动中经受了重大的冲击，但却经受住了考验，与中共南充各级党组织一道"肝胆相照，荣辱与共"。在经过艰苦的磨难和严竣的政治考验后，终于走过了那段坎坷曲折艰难道路，迎来了中国改革开放的春天，同时也迎来了民主党派蓬勃发展的新的历史时期。

第一节　整风及反右运动中的南充民革

1956年9月，中共八大提出在全党进行整风；1957年4月27日，中共中央正式发出《关于整风运动的指示》。

毛泽东十分重视发动民主党派和无党派人士帮助共产党整风。1957年4月30日，他亲自召集各民主党派负责人到天安门城楼参加座谈会，请各民主党派帮助共产党整风，集中给共产党提意见；5月29日，民革中央发出《关于积极帮助中共进行整风运动的指示》，要求民革各级组织和全体党员本着"知无不言，言无不尽"的精神，消除一切顾虑，实事求是，向中共诚恳坦诚地提出批评和建议[1]。此后，各级民革组织积极响应中共中央及民革中央指示精神，积极投入到整风运动中去。

一、参与整风运动

整风运动初期，中共南充地委按照中共中央和中共四川省委的总体部署，要求全区各级干部尤其是党的领导干部认真执行党中央指示，按照"从团结的愿望出发，经过批评与自我批评，在新的基础上达到新的团结"的方针，进行一次普遍而深入的反官僚主义、反宗派主义、反主观主义的整风，主题是正确处理人民内部矛盾[2]。

为了响应中共中央的号召，贯彻民革中央的指示精神，按照中共南充地委的安排部署，民革南充市委员会于1957年9月17日召开第74次委员会议。会议决定，当天与市政协（现顺庆区政协）联合成立"整风运动领导小组"。因民革南充市委员会主委李炳英已于当年6月28日去世[3]，代表民革参加整风运动领导小组的有副主委萧端重及赵专修、龙宇成、徐鸿鹄，市政协方面有林维干、吴兴浩、王心群、张恢先、萧善生、罗松柏、范导江、袁继翠、杨仲徒。整风运动领导小组以林维干为组长，吴兴浩、萧端重为副组长，下设办公室处理日常事务。以王心群（市政协秘书长、市统战部秘书）为办公室主任，徐鸿鹄为办公室副主任。

整风运动安排的学习内容主要是向共产党交心，给共产党提意见，帮助共产党整顿党的作风，以纯洁党组织。其具体方法是"和风细雨"，鼓励党外人士大胆给共产党提意见，并在学习会上公开承诺"不戴帽子，不打棍子"。在征求意见座谈会上，参会的中共领导耐心地对与会者作思想工作，要他们"放下包袱，轻装上阵"，让大家感受到了共产党的诚意。因为当时对民主党派的定位是"资产阶级政党"，所以不少同志在发表自己的意见时都十分注意措辞，更多的是充分肯定共产党在建国后领导全国人民在政治、经济建设等各方面所取得的成就，提出的批评和建议大多是善意的、正确的。

然而，由于当时对阶级斗争的形势做了过分严重的估计，把整风运动中社会各界提出的许多批评意见，误以为是反对共产党的领导、乘机攻击新生的社会主义制度，于是一场全国规模的"反右"运动开始了。当时沿用了革命时期大规模疾风暴雨式的群众性政治运动斗争方式，致使反右斗争被严重扩大化，混淆了敌我矛盾和人民内部矛盾的界限，致使打击面过宽，极大地伤害了广大干部群众。

二、"反右运动"中的南充民革

1957年7月，南充第一批开展整风运动的单位转入反右派斗争。反右斗争之初，南充地委下发了中共中央发出的、由毛泽东亲自起草的《关于组织力量准备反击右派分子进攻的指示》[4]。此后，整风运动开始升级为"反右斗争"，并额定了各单位的右派分子的比例，即总人数的5%。当时，南充民革共有62名党员，按额定比例应为3名右派分子，可是却有11名党员被定为"右派分子"，达到党员总人数的18%。民革南充市委的各项工作因此受到极其严重的影响。

在当时"左"的思想指导下，"反右运动"严重扩大化，伤害了大批干部群众。直至1979年，中共十一届三中全会结束一年后，南充被划为"右派分子"的10名民革党员才得以陆续纠正平反，到1980年，南充民革最后一名"右派分子"得以平反昭雪。

第二节　"大跃进"、人民公社化运动与南充民革

1958年掀起的"大跃进"运动，是在连续批判反冒进的过程中产生的，

是在酝酿和制定社会主义建设总路线的过程中发动起来的。南充跟全国的形势一样，在全区掀起了"大跃进"高潮，社会各界积极参与到全民"大炼钢铁"和"人民公社"运动中来。

当时的民革南充市委在中共南充地委的领导下，紧紧围绕中共中央的工作重心，积极投入到"三面红旗"（建设社会主义的总路线、大跃进、人民公社）的宣传、落实和实际工作之中，参与开展了"大跃进"和人民公社化运动。

一、参与"大跃进"运动

1958年5月，中共八大二次会议召开，这是一次全面发动"大跃进"的会议。会议通过了社会主义建设总路线，通过了15年赶上和超过英国的目标，通过了提前5年完成全国农业发展纲要的目标，接着，中共中央制定了"鼓足干劲，力争上游，多块好省地建设社会主义"的总路线，吹响了"大跃进"的号角。会议以后，"大跃进"运动在全国范围内兴起，很快进入了高潮。

虽然当时不少民革党员对"大跃进"运动持保留意见，但在民革中央提出的以政治思想教育为统帅，以工作岗位为基地，以劳动实践为基础的方针指导下，民革南充市委员会依然组织党员和社会联系人士深入学习、积极贯彻，鼓励党员和所联系的人士，鼓足干劲，力争上游，为社会主义建设事业服务。特别是在民革南充市委第二次党员代表大会召开后，市委机关干部和全体民革党员义无反顾地投身到了"大跃进"的滚滚洪流之中。

南充在1958年开始修建火花飞机场，民革南充市委员会的机关干部除一人留守单位外，其余都到飞机坝参加平整土地、挑卵石、拌混泥土等劳动；在兴建莲花池（现南充市北湖公园）的工程中，民革党员、市政协副主席张恢先率先跳进池塘挖污泥；50多岁的林尚志送肥下乡时，拉人力大板车的中杠；老主委萧端重在"土炼钢炉"前汗透衣衫……为支持大炼钢铁，萧端重、赵专修、徐鸿鹄等机关干部和全体党员纷纷把家中的铁制锅盘碗盏全部捐献了出来，机关干部还全部参加了"土高炉"的大炼钢铁活动。当大家翘首以待，渴盼分享劳动成果的喜悦时，炼出的第一炉"钢"却给他们头上泼了一盆冷水——看着出炉的炙热的"钢锭"，人们的心凉到了冰点。

二、人民公社化运动中的南充民革

1958年7月1日，《红旗》杂志首次提出"人民公社"的名称。8月上旬，毛泽东到河北、河南和山东等地视察时说："看来'人民公社'是一个好名字，包括工农兵学商，管理生产，管理生活，管理政权。"此后全国各地纷纷效仿，四处响起"人民公社好！""人民公社万岁！"等口号。

8月29日，中央政治局扩大会议讨论并正式通过了《关于建立农村人民公社问题的决议》；接着，中央报刊相继发表了《迎接人民公社化的高潮》等社论，把建立人民公社的运动很快推向高潮。为推动南充全专区人民公社化的进程，8月21日，南充专区第一个人民公社在漾溪乡成立，全称为"南充县漾溪红旗人民公社"；9月下旬，中共南充地委通过文件、报纸、广播等形式，以《共产主义思想大放光芒》为题，介绍了漾溪红旗人民公社的成立经过和主要经验。中共南充地委发文并通过挂牌督促的方式，要求全专区各县（市）加快人民公社的组建步伐，把"迎接公社化"与"迎接国庆"一起列为1958年9月份的工作目标[5]。

在此期间，南充城里也办起了"果山人民公社"和"五星人民公社"，所有街道都办起了集体食堂；机关的伙食团全部撤了，民革机关的同志都在街道食堂打饭，所有民革党员及家庭成员也分别在自己居住的街道公共食堂就餐。当时机关干部的口粮是每月18斤、猪肉半斤、菜油2两。在此期间，民革机关干部食不果腹，大家仍然强撑着虚弱的身体到华凤乡、文峰乡等地参加支农活动及其他体力劳动。由于人人都吃不饱，就搞代食品"小球藻"[6]。不少民革党员因饥饿而患上了"水肿病"。

不论是"大跃进"还是"人民公社"运动，当时的初衷都是希望改变中国"一穷二白"的面貌，以最快的建设速度使中国发展起来、强大起来。然而，后来的历史证明，由于违反了客观世界的发展规律，脱离了中国社会生产力发展水平的现实，在建设速度上头脑发热、急于求成，最终酿成了全局性失误，给国家和人民都带来了灾难性的损失，付出了极其惨痛的代价。

第三节　"文化大革命"前的四次党员代表大会

自1955年民革南充市第一次代表大会召开后，到1966年"文化大革命"前，民革南充市委员会先后召开了四次党员代表大会。每次党员代表大会都对上一届市委会的工作进行了总结，并作出了大会《决议》，对新一届委员会的工作提出了期望和要求。

一、第一次党员代表大会

1955年4月24日至26日，民革南充市第一次党员代表大会在南充市兴顺后街民革机关召开，到会党员34人。

大会由民革南充市支部筹委会召集人李炳英作工作报告。他在报告中提到，南充民革在川北区筹委会期间，号召所属党员参加抗美援朝、拥军优属的宣传工作，协助人民政府办好中苏友好月、宣传贯彻婚姻法、普选、总路线等一系列政治运动。报告要求，要督促和帮助党员发挥积极性、主动性和创造性，努力做好本职工作：政治思想教育一定要与政治运动和业务工作结合进行，要根据不同的思想情况，采取大会与小会相结合，个别谈话与小组讨论的方法来解决具体问题和思想问题，今后要不断加强思想政治工作。并对民革南充市委的中心工作和新一届的工作进行了安排。

大会选举产生了民革南充市第一届委员会，李炳英为主任委员，萧端重为副主任委员，同时选举萧端重、侯庆五、赵专修、戴汝泉、李光煜5人为出席民革四川省第一次党员代表大会代表。

二、第二次党员代表大会

1958年10月23日至25日，民革南充市委员会在南充市兴顺后街民革机关召开第二次党员代表大会，到会党员49人。

民革南充市委委员赵专修代表民革南充市第一届委员会作工作报告。《工作报告》指出，南充民革除了在社会主义改造中作了一些工作外，多数时间是在作"自我改造"。《工作报告》号召全体党员高举"三面红旗"，积极投身到第二个五年计划中去，投入到技术革命、技术革新及增产节约运动中去，为社会主义建设作贡献。

大会选举了萧端重为副主任委员（本届未设主任委员），徐鸿鹄为秘书长，第二届委员会由萧端重、赵专修、徐鸿鹄等7人组成。

民革南充市第二届委员会组成后，围绕南充市的中心工作，积极开展各项活动。同时加强了民革支部的建设和社会联系工作，除每月召开一次组织生活会外，还组织社会联系人士到民革机关学习座谈，支持和引导社会联系人士为南充社会和经济建设服务。

三、第三次党员代表大会

1961年9月5日至7日，民革南充市委在兴顺后街民革机关礼堂召开了民革南充市第三次党员代表大会，参会党员47人。

副主委萧端重代表民革南充市第二届委员会向大会作工作报告。《工作报告》回顾了民革南充市第二届委员会所作的工作：在暂时困难时期，民革与中共"有福同享，有难同当"，怨天尤人的思想得到了克服；在合作共事方面，民革党员主动向党靠拢，汇报思想和工作，主动性得到了进一步发挥；整风运动以来，"明哲保身，少说为佳"的厌倦改造现象得到了克服。会议《决议》要求民革党员认清形势，明确方向，克服困难，继续前进；号召全体党员要加强团结，加强改造，进一步发挥民革在统一战线中的作用，把资产阶级性质的政党改造成为为社会主义服务的政治力量。

大会选举产生了民革南充市第三届委员会，萧端重当选为主任委员（本届未设副主任委员），民革南充市第三届委员会由萧端重、赵专修、徐鸿鹄、龙宇成、张恢先5人组成，徐鸿鹄为秘书长。

1962年初，中共中央提出了"千万不要忘记阶级斗争"的口号。一时间，如火如荼的阶级斗争风暴波及到了全国城乡，"唯出生论"也席卷到了大多数民革党员头上。阶级斗争扩大化给民革机关的工作带来极大的影响。在当时十分艰难的环境下，萧端重这个在建国初期就将家产悉数捐给政府的开明人士，献身说法做了大量的工作，尽量维护民革党员的权益，争取民革党员解除思想疑虑，收到了一定的效果。在当时阶级斗争的大环境下，民革的各项工作基本上能够正常开展。期间，民革南充市委组织召开了经验交流会，与会党员交流了在社会服务工作中所作出的成绩，激励了广大党员为社会主义服务的积极性，维护了民革组织在社会上的良好形象。

四、第四次党员代表大会

1964年9月14日至16日，民革南充市第四次党员代表大会在南充女子中学（现二中）召开，到会党员46人。

萧端重代表民革南充市第三届委员会作工作报告，《工作报告》以"加强组织领导，活跃组织生活"为中心内容，总结了本届3年来的工作。分析了国民经济得以恢复的原因是大抓农业生产的结果，是实行"三自一包"取得的成绩。大会《决议》号召全体民革党员认真学习马克思列宁主义、毛泽东思想；推动全体党员投身到增产节约运动、"五反"运动和生产劳动中去；继续加强支部工作和社联工作，参加反对国内外阶级敌人的斗争，为解放台湾、统一祖国贡献力量。

大会选举萧端重为主任委员，委员由萧端重、张恢先、曾维义、赵专修、徐鸿鹄、李光煜、王玉书等人组成。同时萧端重被推选为民革四川省委委员、民革中央团结委员会委员。

本次代表大会召开后不到两年，"文化大革命"运动就在全国轰轰烈烈地开展起来，民革工作因此全面瘫痪，停止活动达13年之久。在此期间，南充民革党员普遍受到不同程度的打击，民革事业受到重挫，民革党员经受了严峻的考验。

第四节　民革党员的思想教育工作

在运动频繁的时期，思想教育工作起着十分重要的作用。民革南充市委对党员进行思想教育，是结合各个时期中共南充各级党组织的中心工作和各项政治运动，并与党员的岗位工作相结合开展的，主要是在民革的支部组织生活中进行的，而且贯穿始终。

一、思想教育工作的十项决定

20世纪50年代初期，接连开展的抗美援朝、拥军优属、宣传党的总路线，认购国家经济建设公债等一系列运动，南充民革组织都贯彻到组织生活中去，要求党员在各个运动中与中共保持高度一致，起好带头作用。

最初，南充民革的组织生活是在中共川北区委统战部的组织和指导下，由龙杰三等5个地下民革党员不定期聚在一起，通过学习中共川北区委、川北行署的文件，开展思想教育工作的。

1952年组织发展后，成立了民革川北区分部，在裴昌会主委的主持下，确定基层组织为开展党员思想教育和进行自我改造的基地，基层组织的负责人是党员思想教育的组织者。这一时期，党员的政治思想教育工作抓得很紧，民革的各项工作也开展得井然有序。事实证明，在当时的历史条件下，对党员开展政治教育工作和党员进行的自我思想改造，是行之有效的。

在民革南充市支部筹备委员会时期，尤其重视对党员进行思想教育工作的宏观管理和指导。在召集人李炳英的主持下，1953年8月8日，支部筹委会第24次委员会通过了思想教育工作的10项决定。一是机关工作人员必须深入到基层小组，了解情况，认真分析，研究问题，具体指导各小组认真开展思想教育工作；二是机关工作人员应经常去党员所在的机关了解情况，并与人事部门保持密切联系；三是加强小组汇报制度，将党员思想情况列入汇报的主要内容之一；四是加强党员的组织教育工作，提高认识观念，使大家明确自己有向组织汇报工作、学习和思想等各方面情况的义务，进一步养成自觉漫谈思想的习惯；五是加强小组长的培训工作，小组长必须树立密切联系群众的工作作风，深入到个别党员家中访问，在访问中发现问题，及时向上级反映；六是多举行集体活动或展开思想漫谈的谈心活动，逐渐消除彼此不够了解的现象，进一步求得互相了解，在思想上形成共识；七是开展各小组互相"留学"的制度，从"留学"中发现问题，交流经验；八是小组学习必须联系自己的工作和思想，贯穿实际生活内容，反对教条式背诵的学习方式；九是反对小组会过于严肃死板，但亦反对轻浮草率，务必使党员感到参加组织生活轻松愉快，感受到组织温暖，始能无顾虑地从思想上互相见面；十是反对在组织生活会上帮助同志时乱扣帽子，或形成变相斗争的情形，以及想一次解决所有问题的急躁情绪，必须耐心地、以与人为善，治病救人的态度，说服解释，分析批判，帮助其认识错误，以达到去掉思想包袱，解除思想顾虑，提高思想水平的目的。

二、"三个主义"的思想教育

从1964年冬到1965年春，民革南充市委在全体民革党员中进行"三个主义"（爱国主义、国际主义、社会主义）教育工作。在此期间，市委会与市政协、各民主党派、工商联利用暑期联合举行了为期17天的集中学习会。采用"三靠"（依靠共产党，依靠民革支部，依靠群众）、"三面"（两面观察，四面了解，全面熟悉）的方法进行思想摸底。所谓两面观察，即一面着重观察党员在党的中心工作中的具体表现，一面观察党员在学习和社会生活中的真实态度；所谓四面了解，即从党员平时思想情况和工作情况去了解，依靠单位中共党组织及其周围群众去了解，在组织生活和各种座谈会中去了解，对个人交谈及其看问题的立场、观点、方法等方面去了解；所谓全面熟悉，即根据观察所得和了解的新情况，结合其在各个时期的政治态度和思想活动与本人身体、特点，全面熟悉其思想认识和精神面貌。

民革南充市委通过对党员进行"三个主义"的思想教育工作，采取"勤分析，勤座谈，勤沟通，以理服人"的方法，统一了党员的思想认识，提高了政治觉悟，对南充民革当时的履职工作起到了积极的推动作用。

第五节　"文化大革命"时期的南充民革

1966年5月16日，史无前例的"无产阶级文化大革命"在全国轰轰烈烈的开展起来。"文化大革命"的浪潮亦波及到了南充市，各大中学校都提出了"停课闹革命"的口号，工人和农民也打出了"停产闹革命"的口号。

"文化大革命"之初，南充的学生围攻了中共南充地委，党政主要领导被当作"走资本主义道路的当权派"受到批斗。当时民革是被当作资产阶级政党对待的，红卫兵们在把斗争矛头对准"走资本主义当权派"的同时，也指向了民主党派，民革南充市委不可避免地受到了极大的冲击。

一、民革南充市委机关被查抄

"文化大革命"初期，南充统战系统的一些同志积极响应毛泽东和党中央的号召，很快成立了统战系统造反派组织，他们把斗争的矛头直指驻市各民主党派、工商联。民革是排名第一的民主党派，民革南充市委员会第一个成为统战系统造反派斗争目标。"文化大革命"爆发后不久，统战系统的造反派冲进地处兴顺后街的民革办公地点，把办公室的书籍、档案柜里的文件、资料等全部搬到大院空地上，用火焚之。同日，统战系统的红卫兵们还强行冲到南充民革主委萧端重家抄家，将部分贵重物品包括一些生活资料悉数卷走。

从1966年6月下旬开始，民革南充市委机关就经常遭到红卫兵和造反派的侵扰，无法正常开展活动，机关处于瘫痪状态，继而停止了一切工作和活动。

二、民革党员参加劳动

继后，民革南充市委机关干部和驻市其他民主党派、工商联的驻会同志全部被集中到大北街市政协内，规定每位同志都必须写出揭批"走资本主义道路当权派"和揭发"封资修腐朽思想"的大字报。并明确要求，大字报应当落实到被揭批的人。一时间，政协院内大字报铺天盖地，不少大字报直指民革、民盟、民建等民主党派的主要负责人。萧端重、张崇古、魏荐锷、蒋恒一等民主党派的领导都成了大字报点名揭发对象。在市政协召开的批斗会上，他们先后被当作资产阶级的代言人遭到了严厉的批判。

在"文化大革命"的初期，部分民革党员被抄家。尤其是在社会上有一定影响，有较高声望，或者是担任一定领导职务的党员，更是首当其冲。萧端重、周正林、王玉书等10余名党员先后被抄了家，一些贵重财物被抄走。市政协委员、南充缫丝二厂副厂长马先根家里的财物（包括主要生活用品）被查抄一空，使其全家无法正常生活[7]。马先根、林尚志、周正林等还遭到了批斗。还有不少民革党员也遭受了非人的待遇。

1967年至1968年，民革南充市委机关干部和部分民革党员被带到南充市嘉陵江上中坝开荒，种胡豆、豌豆、小麦等粮食作物，然后又被集中到南充砖瓦厂和泥、做砖、推砖坯进窑、烧砖、出窑等重体力劳动，参与了制作砖瓦的所有程序。超负荷的体力劳动和长期得不到休息，使不少同志生病，身心遭到严重摧残。

三、民革党员集中学习

1969年至1975年，民革南充市委机关工作人员与政协系统的机关工作人员，被多次集中在兴顺后街民革市委机关所在地学习，在学习期间，不准学员与外界联系，不准单独行动，统一在机关内食宿，行动完全受到限制。在此期间的1970年，民革南充市委机关工作人员与市政协系统工作人员均集中在兴顺后街民革市委机关所在地，参加"一打三反""批清"运动学习班，要人人过关。

1971年9月13日，林彪叛逃事件发生后不久，南充统战系统在大北街市政协召开了传达会，通报林彪叛逃的事实经过。凡是统战系统驻会的工作人员，都参加了这次会议。传达会场的四周站满了荷枪实弹的解放军战士，气氛十分紧张。

至1974年2月，在统战系统的专职干部，又一次被集中在大北街政协所在地，开展"批林批孔"学习运动。民革南充市委机关干部在"批林批孔"运动中的态度在当时很有代表性。民革党员毕竟都是有知识有文化的人，大家不愿意看到以批孔为由，切割历史文化名人与中国历史文化的渊源关系。所以用"一头热，一头冷"来概括当时南充民革党员参加"批林批孔"运动的态度，无疑是恰如其分的。

1976年，王、张、江、姚"四人帮"反党集团的覆灭，标志着"文化大革命"结束。"四人帮"覆灭后，全国各地掀起了揭批"四人帮"反革命罪行的热潮。1977年至1978年，民革南充市委机关工作人员与驻市其他民主党派机关工作人员一起，在大北街市政协机关集中学习，同时开展了轰轰烈烈的揭批"四人帮"反革命罪行的活动。其间，市委会根据民革四川省委的指示，着手为民革南充市委恢复活动作准备。

自"反右斗争"到"文化大革命"结束的20年间，接踵而至、连续不断的政治运动，使民革南充市委的工作被动地卷入到政治运动的漩涡中。南充民革党员在不同程度上都受到了冲击；市委员会的党务工作、机关日常工作、组织发展工作都不同程度地受到影响，这种局面一直延续到"文化大革命"结束。

1979年4月9日，瘫痪13年的民革南充市委员会正式挂牌，恢复了工作与活动。接着，市委会对南充民革党员进行了摸底调查，或作细致的家访，或到其所在单位了解他们的情况，解除了党员的思想顾虑，说服并鼓励他们参加民革组织的各项活动。这些耐心细致的思想工作，为民革南充市委员会在中国改革开放后的促进祖国和平统一、为"四化"[8]建设服务、推动经济社会发展、参政议政等履行党派职能的工作打下了坚实的基础。经受了极"左"思潮和"文革"的考验，南充民革组织和广大党员，仍然始终坚持中国共产党的领导，仍然坚定不移的走多党合作之路。

注释：

[1]民革中央党史编辑委员会编：《中国国民党革命委员会60年》，团结出版社2007年版第87、88页。

[2]《中国共产党南充历史》2014年版第二卷第143页。

[3]1956年4月，民革南充市委主委李炳英到成都参加省政协会议，在大会发言时突然晕倒；在医院治疗1年后，于次年6月28日在成都病逝。此后，由萧端重副主委代理民革南充市委的领导工作。

[4]《中国共产党南充历史》2014年版第二卷第147页。

[5]《中国共产党南充历史》2014年版第二卷第174页。

[6]20世纪50年代末至60年代初发生在中国的"自然灾害"，导致了众多人群因营养不良而陷入危机。为解决口粮不足的社会问题，1960年7月6日，《人民日报》发表社论《大量生产小球藻》。此后，全国掀起了群众性培养、食用小球藻的热潮。

[7]据1971年9月《南充市查抄物资登记表》显示，"文革"初期，马先根家被查抄的物资有钟表、缝纫机、床上用品、服装、家具及日常生活用品等共计92件，折合人民币344元。

[8]指毛泽东在中华人民共和国成立前发表的《纪念白求恩》（1939年12月21日）、《为人民服务》（1944年9月8日）、《愚公移山》（1945年6月11日）3篇文章。

新时期新局面

（1979—1999）

1977年10月，中共中央统战部向各民主党派中央和全国工商联临时领导小组传达了《中共中央关于各民主党派、工商联恢复活动的通知》。《通知》指出，原来的各民主党派中央联合组成的临时小组，已经不能适应形势发展的需要，遂决定撤销；要求在新的一届代表大会召开之前，各民主党派成立过渡性质的临时领导机构。民革中央及时传达《通知》精神，指示民革各级组织逐步恢复工作。

1978年，中共中央十一届三中全会召开以后，中国开始拨乱反正，拉开了我国改革开放的序幕。民革中央于1979年10月召开第五次全国代表大会。大会根据新时期统一战线和民主党派的性质、任务、作用，决定把自己的工作重点转移到为社会主义现代化建设服务上来，制定了以服务社会主义现代化建设为中心，以促进祖国统一为重点的工作方针。

民革南充市委和全省其他地、市（州）民革组织一样，在民革四川省委的领导下，组织活动得到逐步恢复和发展。

第一节　民革组织的恢复及发展

在中共南充地委和民革四川省委的领导下，在中共南充市委统战部的帮助下，民革南充市委从1979年4月9日正式恢复组织活动。恢复组织活动初期的首要任务就是组织建设工作，这一时期南充民革主要抓了党员发展、工作制度建立、基层组织重组和党员的培训教育等工作。

一、恢复组织活动初期的主要工作

民革南充市委恢复组织活动之初，做了大量基础性的工作。为了正常而有效地开展工作，相继成立了一个办公室、两个专委会，即学习委员会和社会联系工作委员会；狠抓了党员发展、党员的学习教育、民主决策等工作。

（一）抓党员发展

自1958年起，民革南充市委就停止了发展党员，在"文化大革命"中又失去与民革党员的联系。在民革南充市委刚恢复组织活动时，由于组织结构残缺，人员严重老化，组织生活开展十分困难。市委会为了摸清情况，利于开展工作，对在籍党员进行了全面的调查、了解和走访，并进行了党员登记，为恢复组织活动掌握了确切情况，奠定了组织恢复发展的良好基础。

与此同时，对机关、企业、科研组织、学校及卫生等单位的在职人员进行调查，从他们中吸收与中国国民党有历史渊源关系的人士，同台湾各界有联系的人士，着重发展其中有代表性的中上层人士和中高级知识分子进入民革队伍，为民革组织的恢复发展打下了人才基础。到1990年12月，南充民革从恢复活动时的32名党员发展到182名党员；年龄最高的85岁，最低的25岁；平均年龄也由刚恢复活动时的58.7岁，下降到57.1岁。党员的文化层次有了很大提高，具有大专文化程度的93人，占党员总数的51.1%；中专、高中文化程度的68人，占37.4%。其中离退休党员78人，占党员总数的42.9%，总的说来，党员老龄化现象依然比较严重。

（二）抓学习教育

民革南充市委在恢复组织活动后，即建立健全了学习制度，要求全体党员每月至少参加一次学习，机关人员每周六都要参加学习。学习的内容主要是中共十一届三中全会和民革中央工作会议精神，学习民革的光荣历史和优良传统。在不断开展学习教育活动的同时，还通过五十年代加入民革组织的骨干老党员的模范带头作用，使一些当时有退出民革组织想法的党员打消念头，迅速将思想和行动统一到中共十一届三中全会精神上来，统一到为社会主义现代化建设服务上来，统一到民革中央工作会议精神上来，为组织恢复并走上健康发展的轨道奠定了思想基础。

（三）抓民主决策

为了确保落实政策不出偏差，民革南充市委在恢复组织活动期间非常重视民主决策，要求领导班子成员要团结一心，严格按照民主集中制原则办事，在制度面前人人平等，任何人都不能凌驾于党组织之上享受特权，因此没有"家长制"作风和"一言堂"现象发生。在整个恢复组织活动时期，民革南充市委的组织吸引力、凝聚力和感召力都起到了很好的作用，有力地推动了组织工作的恢复和有序发展。

南充民革恢复活动之初，经过较长时间与民革党员的联系和动员，组织大家集中学习、广泛宣传服务社会主义经济建设和促进祖国和平统一这个中心和重点，要求党员们将民革工作的中心和重点具体落实到工作之中。在上下齐心、共同努力下，南充民革的组织活动和党派工作得以逐步恢复并正常开展。

二、基层组织的重组与发展

民革南充市委刚刚恢复组织活动时，只有3个基层组织，党员人数32人。为了便于开展活动，市委会将当时的3个支部合并为2个支部，将第三支部党员分别调到第一、二支部开展活动。

1984年6月，随着民革党员的不断增加，正式恢复三支部建制。当年民革第四支部、民革南充师范学院小组、民革阆中小组相继成立。此后，民革南充县支部（1987年）、民革第五支部（1987年）、民革中心医院小组（1989年）、民革第六支部（1993年）等基层组织也先后举行了成立仪式。到1993年初，南充民革已有党员196人。其中女党员41人，占党员总数的21%；有侨、台属关系的党员58人，占总人数的30%。其中有高级职称的10多人，1人当选省人大代表，9人当选为市、县人大代表，2人被安排为省政协委员，24人被安排为市、县政协委员，有41位党员在任职单位担任了中层以上领导职务。此时，有基层组织11个，其中综合支部7个（含南充县、阆中市支部）、单一支部3个、直属小组1个。南充辖区的岳池县、蓬安县、武胜县、广安县、华蓥市等地也有民革党员。

南充民革基层组织的发展壮大，得益于邓小平关于民主党派性质的新论述，得益于中共中央下发的《关于坚持和完善中国共产党领导的多党合作和政治协商制度的意见》（中发〔1989〕14号），《意见》对民主党派参政党地位的正式确定，使南充民革组织得到了突飞猛进的发展，参政议政队伍得到了壮大，党员的参政能力不断增强、议政水平显著提高，社会影响力不断扩大。

三、民革党员的教育与培训

南充民革组织活动恢复以来，始终把思想建设置于自身建设的首位，通过对党员的教育与培训，努力学习马列主义、毛泽东思想，学习时事政治，结合为四化服务的实践，进行自我教育，自我提高。

（一）新党员的培训教育

民革南充市委在全面提高党员队伍整体素质上，坚持发展与巩固相结合，坚持靠组织活力和良好形象吸引人才；同时严把新党员入口关，注重从工作岗位、社会工作、党务工作中多角度、多渠道发现优秀人才并吸收入党，然后对其进行教育培训，使其成为一名合格的民革党员。

对新党员进行培训，是民革组织建设工作的重要组成部分，是对新加入民革的党员进行民革党史、思想政治和多党合作制度的教育工作。这个工作是在"文化大革命"结束后、南充民革恢复组织活动之初开始进行的。

民革南充市委会在1979年4月恢复活动后，于1980年开始吸收新党员。随着民革组织的发展壮大，党员的年龄结构逐渐年轻化。针对此情况，民革南充市委从1981年开始，坚持每年对刚加入民革的新党员进行为期1至3天时间的教育培训，每次培训都由民革南充市委主委主持。培训内容主要为《中国国民党革命委员会章程》、民革历史简介、民主党派的性质和作用、民革的历史任务、新时期党的统一战线、民革的优良传统教育等等。同时结合实际，针对民革党员如何迅速成长、认真履职等问题，提出具体的意见和要求。有的培训会邀请中共南充地、市委统战部领导参加，作有关统战政策及多党合作制度的讲课，使新党员对执政党的统战政策有一个正确的认识；有的培训会还邀请省民革领导到会讲课，向新党员讲授民革历史和多党合作制度等内容。同时还通过讨论、谈心等方式，使新老党员互相帮助，统一认识，共同提高对民主党派的认知和了解；通过培训，使新党员对统一战线以及民革的历史、性质、地位、任务及作用有较为全面的认识，起到了提高新党员思想政治觉悟，提高自身综合素质，提高参政议政能力和政治把握能力的作用，增强了民革组织的凝聚力和党员的向心力。

（二）党派干部和党员骨干的培训

民革南充市委严格贯彻执行中共中央办公厅转发中央组织部《关于领导班子年轻化几个问题的通知》（中发〔1986〕17号）、中共中央批转中央统战部《关于新时期党对民主党派工作的方针任务的报告》（中发〔1986〕19号）文件精神，认真按照中共中央〔1989〕14号文件要求，努力加大自身建设的力度，建立健全适应新形势、新任务的参政党教育培训机制，加强对党派领导成员、党员骨干的教育培训工作。民革南充市委有计划地选送干部、党员骨干参加在党校、社会主义学院、高等学府等举办的各种学习和培训，提高了干部党员的思想政治素质和政策理论水平，收到了很好的效果。

1989年11月26日至29日，民革南充市委组织全体基层干部参加了由中共南充市委统战部举办的基层干部培训班，为加强支部建设打下了坚实的基础。1992年12月14日至17日，中共南充地、市委统战部和各民主党派地、市委联合举办各民主党派基层组织负责人及机关干部培训班，南充民革各基层组织负责人及全体机关干部参加培训。民革南充地、市委第二支部主委林斐文代表二支部在培训班上作了《抓好基层工作，增强组织凝聚力》的书面交流。民革南充市委副主委冯庆煜在培训会上代表南充5个民主党派作了总结讲话。

四、第五、六、七、八、九次党员代表大会

南充民革从1979年4月开始恢复组织活动以后，直到20世纪末的1997年5月，18年时间召开了第五、第六、第七、第八、第九届党员代表大会。代表大会不仅是按照组织原则和民主程序，选举产生新一届市委会领导班子的选举会，也是贯彻中共中央、民革中央决策部署的动员会。

（一）第五次党员代表大会

1980年2月4日至8日，在第四次党员代表大会召开16年之后，民革南充市第五次党员代表大会在原南充市政协机关（现顺庆区）召开，到会党员27人。这次代表大会是在中共十一届三中全会、民革第五次全国代表大会隆重召开之后举行的，是在"一扫民革组织的沉闷气氛和党员压抑心情，思想得到大解放……认识趋于统一，情绪振奋，为四化建设服务的自觉性和积极性空前高涨"[1]之际召开的。

萧端重在会上作第四届委员会《工作报告》。报告指出：在空前浩劫的"文革"期间，民革工作瘫痪，停止了一切活动；民革党员普遍受到不同程度的打击，民革事业受到重挫，民革党员经受了严峻的考验。中共十一届三中全会作出了把工作重点转移到四个现代化建设上来的战略决策，是历史性的转折。革命的统一战线已经明确表述为由"全体社会主义劳动者、拥护社会主义的爱国者和拥护祖国统一的爱国者的广泛政治联盟。"根据民革中央四届三中全会精神，要求党员和联系人士，把服务与改造紧密结合起来。报

告指出，从1965年到"文化大革命"开始前的这段时间，南充民革在"参、代、监、改"四个方面都发挥了应有的作用。不少党员在"四人帮"横行时仍坚守工作岗位，虽然受到了冲击和不公正待遇，但仍坚定信念，坚信中国共产党会公正处理和正确对待历史遗留问题。党员们在"文化大革命"中站稳了政治立场，经受住了考验和锻炼。

第五次代表会议作出以下决议：推动全体党员和所联系的人士，调动一切积极因素，为社会主义现代化服务；充分发挥民革的特点和优势，为争取台湾早日回归祖国，完成统一大业而努力；积极参加国家政治生活，认真贯彻"长期共存，互相监督"的方针，发扬社会主义民主，加强社会主义法制，发展安定团结的政治局面；推动和帮助党员和联系人士，认真学习马克思主义毛泽东思想，端正思想路线，结合为四化服务实践，继续进行自我教育，自我改造；建全、充实组织机构，认真贯彻民主集中制，切实改进工作作风。

大会选举产生了民革南充市第五届委员会。萧端重当选为主委，马先根、王玉书当选为副主委，李光煜、周正林、刘兰秋、戴汝泉、徐鸿鹄等9人当选为委员。

1982年4月18日增补李惠民、万舞年、苟纯如3人为市委委员，4月19日增选周正林、刘兰秋为副主委。

（二）第六次党员代表大会

1984年6月5日至8日，民革南充市第六次党员代表大会在南充市兴顺后街民革机关召开，到会党员95人。这次代表大会是在1982年9月中国共产党第十二次全国代表大会第一次明确提出"长期共存、互相监督、肝胆相照、荣辱与共"的十六字方针及1983年民革第六次全国代表大会之后召开的，是"在指导思想上基本完成了拨乱反正任务，完成了工作重点转移"[2]之际召开的。

萧端重在会上作第五届委员会《工作报告》。报告指出，中共十一届三中全会以来的历史性转变，爱国统一战线的大好形势，给民革带来了新的生机和活力，南充民革的组织面貌发生了巨大的变化，同共产党在政治上的一致性空前增强。民革南充市委广泛开展了五讲、四美、三热爱的宣传和学习，在推动党员和联系人士为社会主义物质文明和精神文明建设中做出了成绩；同时积极配合中共南充地委、市委统战部，做了大量纠正冤假错案的工作。4年多来，就党员和联系人士在"文革"中受到的各种错误对待，以及历史上的遗留问题继续进行了详细的调查和了解，认真负责、实事求是的反映情况，提出处理意见，联系和协同有关部门研究解决。"文革"中立案审查的38名民革党员的错案全部推翻并平反，历次运动中被错误处分的11名党员全部纠正并平反；17名党员被扣发的3.2万多元工资全部补发，11名党员被抄家的物资已按政策退回或折价赔偿。通过对党员在历次政治运动中所受到的不公正待遇的纠错和平反，极大的激发了党员的积极性、增强了党组织的凝聚力和向心力。

会议《决议》号召，全体党员要以服务社会主义现代化建设为中心，以坚持促进祖国和平统一为工作重点，做好组织发展工作，加强骨干和新党员培训，充分发挥民革的优势和作用，为南充"富民升位"做出积极贡献；坚持以服务社会主义现代化建设为中心，以促进祖国统一为重点的工作方针，进一步推动党员和联系人士，立足本职，面向社会，努力开展智力服务、智力支边及咨询服务工作，力争作出新成绩。

大会选举产生了民革南充市第六届委员会。萧端重再次当选为主委，胡蜀平、苟纯如、王玉书、李惠民（女）、刘兰秋当选为副主委，苟纯如兼秘书长，万舞年、戴汝泉、杨桂攀、刘子青、阎起鸾（女）等15人当选为委员。

萧端重于1986年9月15日去世，9月20日民革四川省委会通知，由胡蜀平代理民革南充市委员会主任委员。

（三）第七次党员代表大会

1987年6月24日至26日，民革南充市第七次党员代表大会在南充市仪凤街市政协礼堂召开，来自南充、阆中、岳池、广安、蓬安五县及南充市的105名党员代表出席大会。这次代表大会先于中国共产党第十三次全国代表大会（1987年10月）和民革第七次全国代表大会（1988年11月）召开，但民革南充第七届委员会带领全体民革党员，"衷心拥护社会主义初级阶段理论和

'一个中心、两个基本点'[3]基本路线，并且奉为一切工作所遵循的根本原则……各方面的工作出现了蒸蒸日上的面貌"[4]。

苟纯如代表民革南充市第六届委员会作大会《工作报告》。报告对民革南充市委为"四化"建设服务作了全面总结，对法律、医卫、建筑等领域开展的咨询服务工作给予了充分的肯定；对中山学校、中山蚕种场所取得的成绩给予了较高的评价；对民革举办的祖统联谊工作展览所产生的强烈社会反响给予了充分肯定。

大会选举产生了民革南充市第七届委员会。胡蜀平当选为主委，苟纯如、李惠民、杨桂攀、王爱（女）当选为副主委，苟纯如兼任秘书长，汪亮、刘子青、冯玉华（女）、任胜畅、郑瑞祥等15人当选为委员。

胡蜀平还当选民革四川省委副主委，先后当选民革中央候补委员、中央委员。

1990年4月18日，经中共南充市委同意，民革四川省委批准，南充民革在原行署礼堂召开"中国国民党革命委员会南充地区委员会"成立大会，组建了以现任领导班子成员为成员的民革南充地区第一届委员会，实行两块牌子、一套班子开展工作。

（四）第八次党员代表大会

1992年10月22日至24日，民革南充市委第八次党员代表大会在南充市仪凤街市政协礼堂召开，到会党员90人。这次代表大会是在民革各级组织深入学习贯彻《中共中央关于坚持和完善中国共产党领导的多党合作和政治协商制度的意见》即中发〔1989〕14号文件（以下简称《意见》）和邓小平同志1992年初在南方视察的重要讲话精神（以下简称"南巡讲话"）的情况下召开的。《意见》的颁布，"确立了民主党派的参政党地位及其任务和作用，给民革以极大的激励和鼓舞，增强了民革党员的使命感和责任感"[5]。"南巡讲话""对我国社会主义改革开放和现代化建设中的一系列重大理论和实践问题，作出了精辟而深刻的论述……对于鼓舞全国人民的斗志，进一步解放思想，坚定信心，加快改革开放和现代化建设的步伐，起了极大的推动和指导作用"[6]。

苟纯如受民革南充市第七届委员会委托作大会《工作报告》。报告从加强民革党员思想建设、加强组织建设、积极参政议政、为改革开放多做实事、加强祖国统一联谊工作、促进"一国两制"和平统一祖国等5个方面，对委员会的工作作了全面回顾和总结，提出了进一步完善参政党机制、提高参政议政能力、加强自身建设和"两个文明"建设、发挥党派优势多做实事服务经济建设、促进祖国早日实现和平统一等方面工作和今后五年的任务。要求全体民革党员对中发〔1989〕14号文件的实施给民革带来的参政议政契机认真把握，以充分发挥民革参政党的作用。

大会选举产生了民革南充市第八届、民革南充地区第二届委员会。杨汉翔当选为主委，王爱（女）、汪亮、冯庆煜当选为副主委，毛淑芳（女）、李秀贵、易仁富、张为钢等13人当选为委员。

本届杨汉翔当选为民革省委常委。

1993年9月8日，中共四川省委决定成立中共南充市委，南充撤地建市工作正式开始，随后南充市级"三会"[7]相继召开。12月29日，民革、民盟、民建、民进、九三学社南充市委员会成立大会在果州会堂隆重举行，民革四川省委领导到会宣读了批文，授了印章。至此，南充民革结束两块牌子、一套班子工作格局。

1994年1月杨秀清调入机关，增补为驻会副主委兼秘书长，主持机关日常工作。1994年底增补王大文为民革南充市委委员。

（五）第九次党员代表大会

1997年5月5日至7日，民革南充市第九次党员代表大会在南充市政协召开，大会代表70人。这次代表大会是在举国上下迎接中国共产党第十五次全国代表大会之际召开的，是在全人类迎接新世纪即将到来之际召开的。1997年10月召开的中共十五大，是迈向新世纪征途上的一座历史里程碑，大会高举邓小平理论伟大旗帜，对我国改革开放和社会主义现代化建设的跨世纪发展作出了战略部署。

杨汉翔受民革南充市第八届委员会委托，在大会上作《工作报告》，报告对民革南充市委过去5年的工作作了全面总结。报告指出：1993年底，由于原南充地区行政区划进行了调整，于1992年选举产生的原民革南充地区第二届、民革南充市第八届委员会随区划调整，实行整体转制进入了新的南充大市，组建了新的民革南充市第八届委员会。5年来，民革南充市委积极履行参政议政、民主监督职能，努力提高履职能力和水平；坚持为改革开放和社会主义"两个文明"建设服务，不断取得新进展；努力开展海外联谊和招商引资工作，为南充经济建设牵线搭桥；大力加强自身建设，提高素质，增强组织凝聚力和活力。报告最后提出了下一届市委会的主要工作任务，即：紧紧围绕经济建设这个中心，围绕"富民兴南"的奋斗目标，不畏艰难，不怕困难，同心协力闯出新天地；认真履行参政党职能，提高参政议政、民主监督的能力和水平；遵循中共中央领导关于祖国统一问题的重要讲话精神，推进祖统联谊和招商引资工作取得实效；结合换届选举，切实加强自身建设。

大会选举产生了民革南充市第九届委员会委员。杨汉翔当选为主委，冯庆煜、杨秀清、周家镇、王恩林当选为副主委，杨秀清兼任秘书长，王旗、王大文、毛淑芳、杨时兴、李秀贵等17人当选为委员。

杨汉翔继任民革省委常委。

1998年，谢树坚本人因故辞去市委委员职务后，当年增补王晓贤为市委委员。

注释：

[1]见《中国国民党革命委员会６０年》第１０９页，民革中央党史编辑委员会编。

[2]见《中国国民党革命委员会６０年》第１１４页，民革中央党史编辑委员会编。

[3]1987年10月召开的中共十三大提出社会主义初级阶段理论，建设有中国特色社会主义的基本路线是：领导和团结各族人民，以经济建设为中心，坚持四项基本原则，坚持改革开放，自力更生，艰苦奋斗，为把我国建设成为富强、民主文明的社会主义现代化国家而奋斗。简称为"一个中心、两个基本点"。

[4]见《中国国民党革命委员会60年》第117页，民革中央党史编辑委员会编。

[5]见《中国国民党革命委员会60年》第134页，民革中央党史编辑委员会编。

[6]见《中国国民党革命委员会６０年》第135页，民革中央党史编辑委员会编。

[7]指"党代会""人大代表会""政协委员会"。

第二节　平反与落实政策

在中共十一届三中全会以前的历次运动中，由于受"左"的思想影响，制造了许多冤假错案，南充民革也有不少党员受到不同程度的不公正待遇。1978年4月，中共中央决定全部摘掉右派分子的帽子。当年11月，中共北京市委宣布：因1976年清明节悼念周总理、反对"四人帮"而受到迫害的同志一律平反，恢复名誉。中共十一届三中全会通过拨乱反正、落实政策，为民主党派遭受不公正待遇的成员解疙瘩、松包袱、通思想、树理想，扫除阴霾，充分调动党派成员的工作热情和为"四化"服务的积极性。南充民革恢复组织活动之初的一件重要事项，就是贯彻中共中央、民革中央有关指示精神，为南充民革党员平反冤假错案、落实统战政策。

一、调查冤假错案情况

1979年4月14日至21日，民革中央工作会议在北京召开，这是"文化大革命"后民革中央第一次召开的全国性工作会议。会议指出，"文革"期间，由于林彪、"四人帮"对统一战线工作的干扰和破坏，民革组织瘫痪了，民革许多好同志受到迫害，民革中央对这些同志表示真挚的同情和深切的关怀。民革中央希望代表们回去以后，在当地中共党委的领导下，协助做好昭雪、平反和改正等落实政策的工作，以利于调动积极因素，为实现社会主义祖国的"四化"服务；希望大家把这次会议精神带回去，把民主气氛发扬起来，把民革成员和所联系人士的积极性调动起来，把民革工作的着重点，尽快地转移到为社会主义现代化建设服务上来，为台湾早日回归祖国作出应有的贡献。

民革南充市委根据民革中央、民革四川省委的安排和部署，及时向全体党员传达了民革中央工作会议精神。1979年底，民革南充市委成立了落实政策工作组，协助中共南充市委、市政府按照中共中央文件精神，落实有关统战政策，陆续平反了一批有影响的冤假错案，为被错划为"右派"的民革党员作了改正。当时，往往是落实一个人的政策，解脱了一家人，鼓舞了一大片，是非常感人肺腑、震撼人心的事。

实际上，南充民革恢复组织活动工作，就是在逐步落实蒙冤受屈的民革党员政策的过程当中启动和完成的，因而收到了很好的效果。停止组织活动达13年之久的南充民革党员纷纷回到党组织的怀抱，人心空前凝聚，党员空前团结，工作热情空前高涨。

1982年3月23日，民革中央下发《关于调查研究民革成员和所联系人士中有关起义投诚人员等落实政策情况和问题的通知》。《通知》指出：粉碎"四人帮"以来，特别是党的十一届三中全会以来，民革各级组织协助党和政府落实有关政策，做了不少工作，起到了积极作用。根据全国统战工作会议和民革五届二中全会精神，继续协助党和政府落实政策，仍然是民革组织今后一、二年内的重要任务。为了进一步做好这项工作，有必要对民革成员和所联系的人士中的起义投诚人员、去台人员在大陆的亲属，和国民党有关系的"三胞"人员政策落实情况和存在的问题，重点地进行一次比较深入的调查研究。同时要求各地民革组织对当地民革党员和所联系的人士中（包括已故的）的起义投诚人员、去台人员的亲属，和国民党有联系的"三胞"人员各有多少？其中冤、假、错案有多少？已经复查、平反、改正的有多少？还没有落实政策的有多少？在落实政策的工作中还存在哪些问题？在落实政策中有什么好的经验和做法？《通知》要求，调查要尽可能广泛而深入，要更多地采取走访、谈心、座谈等形式，掌握第一手资料；调查工作要在当地中共党委的支持和帮助下进行，调查后要向党委有关部门汇报；对于存在的问题，应向有关部门反映，不要直接进行处理；调查后要写出情况实在、数字准确，有分析、有见解的书面报告，连同典型材料在当年6月底以前一并报送民革中央。

此后，民革南充市委根据民革中央和民革四川省委相关文件精神和要求，多次召开专题会议，对相关工作进行安排部署。同时，市委会与中共南充地、市委及有关部门紧密配合，在地、市委统战部的大力支持和协助下，对民革党员和所联系人士中的有关起义投诚人员的具体情况开展调查，并将调查结果及时上报。同时在抓落实政策上做了大量卓有成效的工作，大大地激发了广大党员投身"四化"建设的积极性，并取得了显著成效。

二、落实平反政策

由于落实政策是一项政策性强、工作标准高的繁杂而艰辛的工作，加之改革开放之初，人们思想还没有得到完全解放，甚至还要冒一些政治风险，有时还要顶着诸如"为坏分子讲话，立场哪里去了？"等来自各方面的压力，去为受冤屈的民革党员开展复查，并协调相关部门进行平反和改正的工作。

当时在民革市委机关工作的同志人手少，事无巨细都要具体落实到人。特别是在为受冤屈的民革党员落实政策方面，机关人员不计个人得失，勇于仗义执言，实事求是地向中共党组织和政府表达民革党员和所联系群众的利益诉求，使一批批冤假错案得到昭雪，使一个个被错划和错判的老同志重获新生。

在民革南充市委的努力和帮助下，民革党员中的起义人员周正林、贺学陞、吕洁泉、江则三、王林、刘子青、殷成龙、蒲节凛、何咏萍9人的政策先后得到了落实，政府职能部门给他们颁发了《起义证书》；先后落实了马先根、雷跃清、林尚志、阎起鸾、杨光旭等民革党员的政策，对他们在"文化大革命"中被抄家后的遗失物资作了折价赔偿；落实了民革党员杨显南及台属王进良、何咏萍的私房退还政策。同时根据中共中央办公厅、国务院办公厅《关于进一步贯彻落实<中央落实政策小组扩大会议纪要>的补充意见》（中办发〔1986〕6号）文件精神，经与有关部门共同努力，落实了民革党员蒋才胜及台属母顺帮的家属和子女的"农转非"政策，为他们投身"四化"建设工作解除了后顾之忧。

在民革四川省委的大力支持和帮助下，民革南充市委还与地、市委统战部配合，经过努力落实了傅碧波、张克敏、谭述3位同志的地下民革组织关系，同时还落实了傅碧波、张克敏的离休政策；在民革南充市委的协调下，在市委组织部、劳动人事部门的支持和配合下，由中共南充市委、南充地、市委统战部领导亲自出面，解决了因傅碧波同志的冤案而受株连的二儿子傅国才的工作问题。

南充市的各级党政组织和相关领导对民主党派人士落实政策的工作相当重视。时任南充市政协主席下达任务，以民革南充市委和市政协对台联络工作委员会的名义，调查研究南充民革党员蒙冤受屈的情况，并向中共南充市委、市政府报告，提出处理意见和建议，为落实政策做好基础性工作。通过大量深入的调研工作，不仅使被错划右派的民革党员落实政策率达到100%，而且待遇得到恢复，真正做到了不留尾巴、不留死角。在后来的人事安排上，按照代表性和进步性的基本要求，南充民革党员被安排在副局级以上任实职的干部职位数名列南充各民主党派前茅。

民革南充市委认真贯彻落实中共中央和民革中央相关文件精神，坚持原则，实事求是，积极反映，合理地解决应当落实政策的民革党员的实际问题。在几年时间内，共计落实了67人（件）的政策。这些民革老党员在落实政策后精神面貌焕然一新，迸发出了强烈的生命火花。

一位落实政策的老党员通过横向联系，办起了"中山养殖场"，解决了10多人的就业问题；一对落实了离休政策的夫妻，调动了全家为社会主义事业服务的积极性，办起了经济实体；一位落实政策的老教师，视教育事业为自己的终身事业，最后为之献出了宝贵的生命；一些落实了政策的老党员根据社会需要，办起了各类咨询服务机构……

这些落实了政策的民革老党员在民革南充市委的支持和帮助下，在各个行业积极为"两个文明"和"四化"建设服务，发挥了余热，贡献了力量。

第三节　祖统联谊工作

中共十一届三中全会恢复了实事求是的思想路线，调整了工作重点，把中心转移到四个现代化建设上，实行对内改革、对外开放政策。与此相适应，对台工作方针也作了重大调整，确立了和平统一祖国的大政方针[1]。1979年元旦，全国人大常委会发表《告台湾同胞书》，拉开祖国和平统一序幕，两岸关系开始发生重大转折，进入了一个新的历史时期；1981年国庆前夕，时任全国人大常委会委员长叶剑英就台湾问题发表9条谈话，为实现祖国统一作出又一次重大努力；1981年1月，邓小平同志正式提出"一国两制"的构想；1984年5月，六届全国人大二次会议把"和平统一，一国两制"写进了《政府工作报告》，"一国两制"正式被确定为统一祖国的基本方针。民革以促进祖国和平统一为工作重点，由于历史的关系和人员的影响，为祖国和平统一发挥着特殊的作用。为此，南充民革积极响应民革中央号召，宣传《告台湾同胞书》，以"一国两制"精神为指导方针，扩大同台湾、香港、澳门和海外有关人士的联系，积极主动地为港澳侨台胞服务，积极推动祖统联谊，做了大量有效的工作。

一、成立对台工作机构

南充民革党员具有侨台属多，与台湾党政军界有联系的人士多，原国民党中、上层人士及其子女多等特点。为了更好地开展祖统联谊工作，为侨台属服务，1980年2月，民革南充市委成立了"对台工作领导小组"。"对台工作领导小组"主要工作是：协调政府相关部门加强对台宣传，平反民革党员的冤假错案，落实相关政策；帮助党员中的侨台属寻找台海亲人，接待回乡省亲的台湾同胞、港澳同胞和海外侨胞，为其解决困难和问题，开展"三引进"[2]工作等。为了进一步加强对台工作，民革南充市委于1984年6月成立"祖国统一联谊工作委员会"，次年更名为"祖国和平统一工作委员会"，该委员会专门负责南充民革的祖统宣传、联谊及促进统一等工作。民革南充市委副主委马先根、周正林先后当选为"民革四川省委祖国统一工作委员会"委员，市委会的对台工作得到进一步加强。1988年6月，"黄埔同学会南充市联络组"宣告成立，南充民革党员林尚志任联络组组长。黄埔同学会南充市联络组的成立，为祖统工作创造了新的机遇和条件。

二、调查登记侨台属民革党员

为了更好开展祖统联谊工作，摸清侨台属民革党员的基本情况，市委会开展了侨台属民革党员调查摸底工作，建立了侨台属党员登记台帐。到1982年，南充54名民革党员、15名联系人士中，有"三胞"[3]关系的21人，占总人数的30.4％，登记侨台属党员在外亲属共计62人，其分布情况为：台湾45人、美国10人、泰国2人、香港2人、印度1人、新加坡1人、澳大利亚1人；属于军界的22人、政界21人、工商界3人、医卫界1人、教育界及其他15人。深入细致的调查摸底工作，为卓有成效地开展祖统联谊工作打下了坚实的基础。

三、明确祖统联谊工作重点

从1979年下半年开始，民革南充市委和南充其他民主党派一道，在中国共产党的领导下，根据民革中央和民革四川省委的安排部署，将工作重点转移到了为经济建设服务这个中心上来，并根据《民革章程》和南充民革组织自身的特点优势，确立了"促进祖国和平统一"为工作重点。

这一时期祖统工作主要开展以下重点工作：一是鼓励侨台属党员摈弃思想上的余悸，放下包袱，主动与港澳台及海外亲人联系；二是支持侨台属党员为尚未与海外亲人取得联系的民革党员及社会联系人士（包括其它的社会人士），寻找在港澳台及海外的亲人，建立通讯联系；三是协调相关职能部门为受屈蒙冤的民革党员平反昭雪，改正错误并落实政策，为其解决家庭困难；四是接待返乡寻亲访友的港澳台胞及海外侨胞，向他们宣传大陆的改革开放和对台方针政策，鼓励和欢迎他们回大陆探亲访友、观光旅游、考察投资；五是牵线搭桥引进资金、技术和人才，为南充地方经济建设服务。

通过这一系列的工作举措，加强了对台宣传及海外联谊，为民革党员中的侨台属牵线搭桥，寻找海外亲人，建立了通讯联系，恢复了感情联络；帮助有"三胞"关系的民革党员和社会人士学习中共中央的有关政策，解除了他们的顾虑，解决了他们的实际困难和问题。

四、接待港澳台胞及海外侨胞

自二十世纪八十年代开始，陆续有侨、台胞返回大陆到南充探亲或寻亲。在接待港澳台胞及海外侨胞工作中，民革南充市委不放弃任何一个可能联系的对象，不放弃每一个有希望帮助解决的问题，不放弃每一个可以宣传的机会，把握分寸，积极做好有利于促进祖国和平统一的各项工作。

一是主动联系。民革南充市委委员苟纯如通过故交，联系上了台湾上层人士和文学艺术界、教育界的知名人士；经民革党员王菊牵线搭桥，联系人士牛菊仙于1981年找到了海外亲人。民革党员王菊当年曾3次自费到岳池县，通过由台湾回岳池定居的一位先生，帮助3位南充侨台属分别与在台湾、香港、美国的亲人取得了联系，建立了通信关系。当时南充民革党员中共有33名党员有亲人在台、港及其他国家，民革南充市委及"祖统委"为侨、台属和亲人取得联系作了大量的牵线搭桥工作。到1987年底，在民革南充市委的帮助下，已有29人与台、港或海外亲人取得了联系，占侨、台属总数的87.8%。此后，每逢春节，市委会都要向驻市侨台属赠送贺年卡祝贺新春佳节，还通过侨台属向在台湾、香港及国外亲人赠送贺年片等，向他们表示节日的问候和祝福。

二是热情接待。市委会在接待港澳台胞和海外侨胞过程中，始终严格遵循"政治上不强加于人，接待上不弄虚作假，经济上不伸手要钱要物"的"三不原则"，把港澳台胞和海外侨胞当亲人一样热情接待。1985年11月8日，市委会领导宴请了由台湾经菲律宾、再转香港回南充探亲的袁先生，袁先生及亲人深表感激。当年市委会还接待了从美国、台湾、香港等地回大陆探亲的海外人士10多人。1988年4月6日下午、4月16日下午，市委会先后两次举办茶话会，欢迎由台湾返回大陆探亲的赵女士、陈先生、韩先生。4月16日座谈会后，市委会领导陪同他们游览了市北湖公园；次日，陈先生在民革南充市委副主委苟纯如和中共南充市委主要领导陪同下，参观了南充中山学校教学点。此前，市委会还安排专车送陈先生回到老家南充县大通乡，后来又专车将其接回南充市内。当年10月2日，苟纯如在市北湖宾馆会见了由台湾返回大陆探亲的袁先生夫妇及林先生，地台办主任文必成、市台办主任郑天翔及林先生在大陆的弟弟一同参加会见；10月4日、20日晚，苟纯如两次在家设宴招待袁先生夫妇及林先生等客人；10月28日，苟纯如在市盐业公司会见了蒲先生等3位返回大陆探亲的台胞。

当年，有多名民革党员与离别几十年的台湾、香港及海外亲人在南充或外地见面相聚。二支部主委林斐文赴侨乡福州探亲时，会见了由台湾回大陆定居的舅舅、从香港回大陆探亲的表姐及侄儿、从美国回大陆探亲的同学；支委王玉清中秋节在南京与离别近40年、侨居美国的父亲团聚；支委薛希玲在广东会见了由印尼回大陆探亲的弟弟一家3人，并与从香港回大陆探亲的表弟相见。民革党员母顺邦年初在香港与台湾的哥哥、嫂嫂、侄女、侄孙相会，10月又接待了从台湾返大陆探亲的哥哥、嫂嫂；高熙琳先后4次接待从台湾返大陆探亲的袁先生、张先生等6人，李泽惠与由台湾返大陆探亲的伯父在重庆见面，胡蜀平先后与6位从美国等国家返大陆探亲的亲人在成都团聚。到1988年底，民革南充市委共接待返大陆探亲的港澳侨胞、台胞及海外人士38人次。

民革南充市委为照顾返大陆探亲的台侨胞的行程安排，还鼓励和支持侨台属走出去，迎接回大陆探亲的侨台胞及港澳同胞。1989年底，民革机关傅国才的表姐由香港回重庆探亲，傅国才专程赶赴重庆与表姐见面。这位在香港教育界有一定影响力的全玉莉女士委托傅国才给南充地委书记带回了一套香港廉政公署的资料，表达了港台同胞希望大陆搞好廉政建设，尽快促进海峡两岸和平统一的强烈愿望。此段时间，民革南充市委主委胡蜀平、副主委王爱也分别前往成都与海外归来的亲人团聚，为消除亲人对大陆政策的疑虑作了大量卓有成效的工作。1989年，民革南充市委共接待返大陆探亲的侨、台属及海外人士52人次，为台胞寻找到大陆亲人7名，主动协助台、侨胞送钱送物6次，还帮助一位台属赴港会亲办理了签证。

热情周到地接待返回大陆探亲或寻亲的侨、台胞，取到了很好的效果，得到了政府的充分肯定。《四川对台工作》《四川统一战线》等杂志多次进行宣传报道。

三是帮助港澳台胞和海外侨胞解决困难和实际问题。一位回湖南探亲的台胞四处打听南充籍老同事周竹虚的信息，市委会得知消息后，立即发动党员八方联络，只用两天时间就为其打听到了周竹虚老先生的下落。同时还关心侨台属的生活、学习和工作情况，协助落实他们的政策，帮助他们解决生活中遇到的困难及子女读书、工作等问题，产生了很好的影响，取得了有效的成绩。台胞青治民先生偕夫人于1989年4月20日首次返回大陆探亲。他不但带回了台湾国民党高层人士、95岁高龄的某先生给苟纯如的信函、照片及自己的早年著作，还受在台湾的南充同乡台胞之托，给南充亲人带回了美钞、金首饰等贵重礼物。青先生委托苟纯如帮他找到这些台属、并顺利转交了礼物。当年，台胞尉先生给民革南充市委寄来书信，委托寻找40年前曾经帮助他解决困难的南充故旧李方平、盛继荃夫妇。苟纯如四外奔走，多方打听，终于找到了李方平夫妇，使他们接上了关系。对于生病或住院的侨台属，民革市委会一定上门看望，为他们解决子女上学或就业问题；对返乡探亲生病的侨台胞，积极联系治疗；对去世的侨台属，一定前往送葬。党员王菊十几年悉心关心和照顾一名侨台属女士，使其家人和海外的亲属非常感动，在党员中传为佳话。

四是强化宣传、打消顾虑。市委会定期组织侨、台属学习、宣传执政党的方针政策，做解除侨、台属思想疑虑的工作。一位党员台胞不敢与在台湾的姐姐通信，市委会领导多次与他谈心开导，消除了他思想上的顾虑，和姐姐取得了联系，他姐姐不但回大陆探亲，其外甥吴某某（台湾中央大学教授）还回到大陆讲学。1987年9月15日晚，党员王菊的叔父与罗、邓两位先生一道从重庆回到南充探亲。3位台胞对大陆政策有疑虑，均表示对民革不理解，不愿与官方接触。在南充期间，王菊一直陪伴3位台胞，为其当向导。他们受到了南充、仪陇、阆中等地相关部门的热情接待，南充市台办主任郑天翔还为邓先生找到了从未取得联系的亲人。3位台胞为此深受感动，他们对大陆的看法和观念也因此而改变。

市委会热情周到的对港澳台胞和海外侨胞接待服务，取得了很好的效果，港澳台胞和海外侨胞主动到南充进行祖统工作交流。台湾著名学者尉素秋于1992年9月返大陆探亲，专程到南充会见老朋友苟纯如，并与民革南充市委"祖统委"负责人就两岸教育、经济以及祖国和平统一等方面的内容进行了交流。1994年8月，民革党员傅碧波的侄女、香港城市大学副教授全玉莉专程赴南充参观访问，民革机关干部傅国才陪同。全女士受到了南充市政府领导的热情接待，参观了南充市容市貌，并就香港回归等问题作了广泛交流。1995年，南充民革侨台属党员向正在筹备成立的"南充市海外关系联络会"

推荐了一批有重要海外关系的党员和在海外有较大影响的海外人士。

五、引进外资到南充投资

民革南充市委十分注重祖统工作为地方经济发展服务，为"三胞"投资积极牵线搭桥，祖统工作逐步实现了由接待服务型向"三引进"工作转移。

南充民革的侨台属党员亲属中不泛原中国国民党军政中、上层人士，有较强的资金、技术和人才优势，这是民革南充市委开展对台工作的有利条件。民革南充市委及"祖统委"积极支持和帮助侨台属党员加强与海外亲友的联系和沟通，鼓励和欢迎海外亲友赴大陆参观、考察和投资，牵线搭桥引进资金、技术、人才，为南充地方经济建设服务，为家乡的经济发展献计出力。

民革南充市委副主委苟纯如于1984年担任"民革四川省委祖国统一工作委员会"委员后，做了大量的海外联谊工作。在"祖统委"的帮助下，南充民革的侨台属党员先后抵香港、台湾及其他国家探亲，有的成功联系外商来南充投资。主委胡蜀平于1986年赴美国探亲，参加了美国华侨欢迎李先念主席访美活动，联系了美国医疗卫生界、工商界、教育界爱国华侨，为南充招商引资做了大量的前期工作。

民革党员胥凌云于1989年引进外资，扩大南充县华侨企业公司的生产规模，将其更名为虹桥公司，解决了原属南充县辖区的20多名侨、台属及其子女的就业问题。当年初夏，民革党员、四川广艺丝绸有限公司总经理汪亮到美国出差，通过努力，使四川省丝绸企业的产品在美国贸易成交，创汇70多万美元，为广艺丝绸有限公司的产品直销国际市场作出了积极的贡献；汪亮还作为南充绸厂、南充绢纺厂、南充丝绸印染厂、雅安皮革厂多个引进项目的谈判代表，为节约外汇、引进外国先进设备作了大量卓有成效的工作。民革党员秦群林于1990年通过其侄女，从加拿大成功引进外资5万美元，在火花镇创建了雅豪实业公司，解决了30多名人员就业，其中三分之一为侨台属子女。

民革南充市委主委胡蜀平于1991年成功引进植物生长刺激素"茂尔多"，经绵阳、南充、泸州、自贡、内江、乐山、广安等地推广后，农作物增产效果明显，取得良好的经济效益和社会效益；绵阳市政府对此大力支持，将其作为专项科研项目，用于茶叶种植，并拨了专项科研经费。胡蜀平还于1992年成功引进价值300多万美元的美国现代医疗设备，在成都市创办了独资的"麦格四川眼科医疗中心"，当年就为两千多名近视眼患者进行了手术，不少近视眼患者恢复了正常视力，摘除了眼镜。民革中央机关报《团结报》予以宣传报道。

一支部主委阎起鸾在其兄嫂1990年7月回大陆探亲时，动员侄儿阎泯乐到南充投资，并特别推荐南充肠衣厂。在此后的一年多时间里，阎起鸾通过书信往来，不厌其烦地做对方的工作，终于打动了侄儿的心。1992年，阎泯乐向南充肠衣厂投资30万美元、两辆五十铃货车。当年8月18日，"南充中外合资新龙畜产品分公司"的金字招牌挂在了南充肠衣厂的厂门上。

为联系外资到南充投资取得更好的效果，1992年底，民革南充市委通过民革中央机关报《团结报》组织南充企业专版，为企业招商引资牵线搭桥，既扩大了南充企业的知名度，又为企业引进外资起到了良好的宣传作用。

1992年至1993年期间，民革党员王宋为联系阆中籍香港同胞、依玛打联华世界有限公司总裁孙中华先生100万元人民币的器械和药物捐赠，在阆中市七里坝经济开发区成功创建"阆中市中山医院"。1994年至1995年期间，民革南充市委机关干部通过亲属与海外联系招商引资渠道，就南充青居电站、南充飞机场等引资作了大量的工作，并引见海外投资方与市政府相关领导进行洽谈磋商。

民革南充市委加强海外联系，以增加友谊为纽带，以引进资金、技术、人才为地方经济建设服务为导向，在开展与港澳同胞、台湾同胞和海外侨胞的联系工作上取得了新进展，上述招商引资成果就是南充民革党员海外联谊工作不断深化的结果。

六、举办祖统工作成果展览

民革南充市委为加大对台宣传力度，多次展出南充民革中的侨、台属党员为寻找港台和海外亲人的通讯报道文章、港台和海外亲人回大陆旅游探亲的实物和照片等，每次展览都取得了令人满意的效果。

1986年8月31日，在南充市各民主党派、工商联为"四化"服务交流会期间，民革南充市委在原南充市政协礼堂会议室举办了为"四化"服务成果及对台工作展。展览分为中山业余学校、中山蚕种场、中山函授站、推进"一国两制"实现祖国统一共4个部分。展品共有400余件。其中，关于"推进一国两制，实现祖国和平统一"方面的照片92张、实物50件；个人成果展览部分，展出了18位党员的奖品、奖状、实物70多件；对台工作展品（与港台及海外亲人交往的信函、照片、实物）60余件，各类书画作品20多件。这次展览较为全面的反映了民革党员在"四化"服务工作中及对台工作中所取得的成绩。驻市各单位、学校和全区各县、市委统战部领导均参观了这次展览，不少观众在《留言簿》上写下了感人肺腑之言。《南充日报》对这次展览作了重点报道。

1986年11月12日至17日，在孙中山诞辰120周年纪念日之际，民革南充市委举办了再现孙中山革命业绩的大型图片展览，除在民革南充市委驻地展出外，还在南充市中心五星花园展出。此次展览展出照片、实物116件，接待参观者近千人次，市级各新闻媒体纷纷对此予以报道。同时，民革南充师范学院小组与院图书馆联合举办了"孙中山光辉一生"大型图片展览。

1988年11月12日，是孙中山诞辰122周年纪念日，民革南充市委在南充市中心五星花园举办了"孙中山革命生平"的大型图片展览，展出时间3天。这次展览共精选能完整表现孙中山先生一生爱国、革命和不断进步的珍贵图片、珍贵资料近200幅。在长达40多米的展览图片前，每天人流不断，高峰时图片前的参观者达到300余人；同时，驻市、县的民革党员也参观了展览。

1989年11月12日至15日，民革南充市委祖统联谊工作委员会在仪凤街民革会议室举办"祖统联谊工作展览"，展出时间4天。展出书信、海外亲人照片、港台及各种外币、奖状、奖品、书画作品等实物250余件。在展出的当天《南充日报》和南充电视台作了宣传报道，前来参观的人络绎不绝，超过了1200人次，收到了令人满意的效果，中共南充市委统战部对这次展览给予了极高的评价。

1990年12月11日至17日，民革南充市委在会议室再次举办了为期7天的"祖统联谊工作展览"。展出38名民革党员提供的照片、书画作品、书信以及实物共计238件。照片部分分为"走出去广交朋友""请进来增加友谊""望团聚、盼统一""大陆习俗在台湾、美国""异地风情""海峡两岸骨肉情"6个部分。实物包括海外寄回的科技资料、台湾出版的报纸、杂志、书籍等。还展出了李先念主席访美时的纪念章、书法作品、贺年片、各地货币等物。7天共接待参观者近1800余人次。《南充日报》、南充广播电台、南充电视台、《民革四川通讯》等媒体均对此作了报道。

1991年11月12日至14日，民革南充市委在南充市五星花园银行大楼旁举办"纪念辛亥革命80周年，孙中山光辉一生大型图片展"，展出民革中央制作的孙中山光辉一生图片近200张。展出时间3天，参观者超过了2000人次。

1993年11月11日至15日，民革南充市委"祖统委"与二支部在仪凤街民主党派大楼民革会议室联合举办了为期5天的"促进祖国和平统一工作展览"，这次展出的实物多达400余件。与上次展览不同的是，增加了"三引进"的内容。地下民革党员傅碧波老人还为展览提供了一幅亲自书写的《孙中山（国事）遗嘱》书法作品。《南充日报》、南充广播电视台分别对这次展览作了详细报道。南充民革的党员们几乎全部参观了这次展览，南充师范学院、川北医学院等高等院校还专门组织学生前来参观。这次展览收到了良好的社会效果。

为纪念世界反法西斯和中国抗日战争胜利50周年，民革南充市委于1995年8月编辑出版了《抗战歌曲30首》歌曲集，举行了第4届"中山杯"桥牌赛。通过一系列活动，使广大党员受到了爱国主义、社会主义和民革优良传统的教育。

七、开展祖统联谊活动

为使推进祖国和平统一工作取得实效，民革南充市委在对台工作中，坚持在每年的孙中山诞辰日和逝世日、端午节和中秋节等开展有意义、有特色的祖统联谊活动，如座谈会、理论研讨会、报告会和图片展览及征文等。每次活动都邀请党员中的侨台属、黄埔军校校友、中共南充市、县（区）委统战部领导同志参加。并以活动为载体，加强对祖国统一理论、政策的学习和讨论，广泛宣传"和平统一，一国两制"的基本方针。

1987年5月3日晚，南充市政协、各民主党派、市台办、市侨联在南充地区川剧团联合举办侨、台属（二、三代）"五.四"联欢舞会，民革南充市委代理主委、市政协副主席胡蜀平代表南充各民主党派在会上致辞。侨台属在舞会上联络了感情，增进了友谊。

1987年10月5日下午，民革南充市委"祖统委"举行了中秋茶话会。市委会主、副委，驻市民革党员中的侨台属，原黄埔军校、中央政大、中央大学、中央警校的同学出席会议。中共南充市委统战部部长杨光龙、民革南充市委"祖统委"主任苟纯如先后在座谈会上讲话，黄埔、政大、中大、警校同学及侨、台属在会上争相发言，部分侨、台属在会上朗诵了歌颂祖国、祈望两岸和平统一的诗词。11月21日，民革南充市委"祖统委"与市政协侨台工作委员会联合召开会议，学习中共十三大会议精神，就如何开展对台工作进行研究探讨。会上，市政协侨台工作委员会主任委员、民革南充市委副主委、"祖统委"主任苟纯如宣读了中共南充市委《关于做好接待台胞回乡探亲、旅游工作的意见》；市政协副主席、民革南充市委主委胡蜀平，市台办主任郑天翔及与会同志分别就如何接待好台湾同胞等问题，进行了深入的探讨。

1989年2月3日下午，民革南充市委"祖统委"召开了侨台属党员"迎春茶话会"。市委统战部、市对台办领导应邀到会指导，民革南充市委"祖统委"主任苟纯如主持茶话会。会上，苟纯如宣讲了大陆和台湾关系的进展情况。当时台湾当局继取消台湾同胞回大陆探亲的限制后，陆续批准了几批大陆产品进入台湾市场，并开放了大陆同胞赴台"奔丧探病"。台湾当局虽然坚持"三不政策"，但实际上是不通邮而通信，不通商而通货，不通航而通船；由不接触而交流，不谈判而谈话，不妥协而放松。由此说明，两岸交流已是人心所向，大势所趋。当年9月14日下午，民革南充市委"祖统委"召开了民革侨台属党员"中秋茶话会"。南充民革20多名侨台属党员及联系人士、机关干部50多人欢聚一堂，共庆佳节。

1997年6月17日，民革南充市委为庆祝香港回归祖国，在市中心医院举行"迎七一、庆回归"大型联欢活动。民革党员中的书画爱好者当场挥毫泼墨，以书画而庆祝，中共南充市委统战部领导及中共中心医院党总支书记应邀参加联欢活动。

自上世纪90年代以后，民革南充市委及"祖统委"先后多次召开反对"台独"声讨会或举办专题讲座，组织民革党员对台湾领导人提出的"两国论"的"台独"谬论进行批判和声讨；举办"维护祖国和平统一，坚决反对台湾独立"座谈会，与会党员在会上联合签名，以示反对台独的坚定立场。了解"三合一"[4]选举后台湾政局的走向，并对当时台湾局势进行研讨。每次会议，民革南充市委主委或副主委都要作关于台湾形势的发言，都邀请中共南充市委统战部、市台办领导到会并讲话。

注释：

[1]见《中国国民党革命委员会60年》第120页，民革中央党史编辑委员会编。

[2]指引进资金，引进技术，引进人才。

[3]指台湾同胞、港澳同胞、海外侨胞。

[4]1998年12月5日，台湾举行了"立委"选举和两个"院辖市"台北、高雄的"市长"与市"议员"的选举，统称"三合一"选举。即包括县市长、县市议员及乡镇市长3项选举。

第四节　"四化"咨询服务与兴办经济实体

民主党派为"四化"建设服务出力，是"文化大革命"结束后、中国改革开放之初民革的主要工作之一。民革南充市委先后成立了法律咨询服务组、医药咨询服务组、建筑咨询服务组，民革党员中的法律、医药、建筑专家热情为广大民众服务，免费提供法律、医药、建筑咨询服务，受到广大受助者的欢迎和好评，取得了很好的效果和社会影响。

1984年12月，中共中央统战部发出了要民主党派发挥各自优势，拾遗补缺，为"四化"建设服务出力的号召，随后全国各地各级统战系统积极响应。接着各省、市民主党派充分发挥各自优势，纷纷兴办各类经济实体。

1985年12月，民革中央下发《民革为"四化"建设服务工作座谈会纪要》。《纪要》认为，从民革工作重点转移以来，各级组织在为"四化"建设服务方面作了大量的工作，开辟了不少新领域，取得了显著成就；《纪要》指出，几年的实践证明，以服务社会主义现代化建设为中心，可以最大限度地调动全体党员和所联系人士的积极性和创造性，使民革工作获得巨大活力，工作面貌焕然一新；《纪要》强调，为了进一步开创民革工作的新局面，各级组织要继续坚持正确的政治方向，从社会主义物质文明和精神文明建设的需要出发，特别要结合当前的经济体制改革和对外开放，对内搞活，把为"四化"服务的工作推向新的广度和深度。

根据中共中央统战部的号召和民革中央为"四化"建设服务工作会议精神，为了适应"四化"建设和改革开放的需要，民革南充市委坚持以服务"四化"为中心，面向社会，广泛开展各种咨询服务，开辟了服务社会发展的新领域。同时，一些党员在民革南充市委的大力支持和协助下，充分利用自身的智力优势，积极创办学校、企业等经济实体，积极实施"统科合作，科教兴南"项目，先后创办了嘉陵学校、中山学校、中山蚕种场、川北信息市场等经济实体，为"四化"建设和南充民营经济发展作出了应有的贡献。

一、开展"四化"咨询服务活动

为了充分发挥南充民革党员的智力优势，更好地为南充"四化"建设服务，民革南充市委在二十世纪八十年代初先后设置了法律、医药卫生、建筑咨询等服务机构，为广大党员和群众提供免费服务，同时对服务"四化"建设的工作进行了具体的安排部署。

1982年5月，"市委会"成立了法律咨询服务组、医药咨询服务组，两个组由18人组成。法律咨询组有1人取得了地区司法局颁发的律师证，其他成员都具有法律或医药卫生专业知识。法律咨询服务组由林金和负责，医药咨询组由刘兰秋负责。两个组分别制订了《法律咨询服务试行办法》《医药咨询服务试行简则》，并分送南充市司法局与卫生局和有关单位备案。

1985年2月，民革南充市委组织党员中具有建筑工程知识的专业人士成立了建筑咨询服务组，面向社会开展建筑设计及考察、论证等各项咨询服务工作。南充民革3个咨询服务组在地方民主党派中率先开展为"四化"服务工作，《南充报》、南充市广播站均发布了消息，因此而产生了很好的社会影响，取得了良好的社会效果。

（一）法律咨询服务组

法律咨询服务组成立以后，对多起民事刑事案件进行调解，并对当事人进行法制宣传教育，协助党和政府做了不少排难解纷的工作；对重大刑事案件，以事实为根据，以法律为准绳，帮助被害人获得了法律的保护，享受了法律范围内应得的利益。

至1986年，法律咨询服务组共受理民事、刑事、经济合同、落实政策等咨询案件51件。其中，3件已判并已执行的民事案件因接受法律咨询而得到改判；刑事案件中有1件判死缓的已执刑案件，通过法律咨询，并经审判监理程序后改判无罪；1件被判15年并已执行的案件在接受法律咨询后改判7年，并保留了上诉权；1件原判为开除公职的案件，经法律咨询后落实政策，收回原判改为退休。咨询的经济合同案件4件，经过咨询后，挽回经济损失120万元。法律咨询服务组成立以后，由于热情接待前来咨询的群众，很好地维护了当事人的合法权益，且不取分文报酬，深得社会人士好评。特别是《南充报》登载消息后，南充县、武胜县、广安县等地需要帮助的群众闻讯而来，纷纷咨询求助。

（二）医药咨询服务组

医药咨询服务组积极开展医药咨询服务工作，为一些单位和个人鉴别进口药物，并帮助翻译外文，极大地方便了群众。该组先后共为医疗单位翻译医药资料7000多页，不要分文报酬，深受求助单位和个人赞扬。

1986年春节前夕，医药咨询服务组负责人带领部分党员来到市郊新建敬老院，为老人们义务检查身体，送医药上门，还带去了慰问品，既安慰了老人们的心，也体现了新社会尊老敬老的新风尚。市广播站发布消息进行表扬。医药组的党员还应邀给南充市政协各界人士作了题为《老年与老年性疾病问题》的讲座，受到与会老人的欢迎。

（三）建筑咨询服务组

1985年2月，民革南充市委组织党员中具有建筑工程知识的专业人士成立了建筑咨询服务组。该服务组成立之初有成员4人，由南充地区粮食局退休工程师朱得恩具体负责。

建筑咨询服务组成立后，朱德恩和胡克曼免费为南充绸厂新建职工医院测绘了平面图和建筑施工设计图，并为该厂的生产车间设计了更新图纸；朱德恩还为四川省蚕桑研究所南充市郊南门坝桑园测绘了地势平面图，胡克曼为南充市政协大院设计了院坝美化图案。这些图纸全部得到了建筑审批部门的认可，委托单位对小组工程人员的设计方案和描绘的图纸都感到十分满意，并一一采用。

（四）举办"为四化服务成果展览"

1986年8月31日，民革南充市委第一次举办了"为四化服务成果展览"。展出了几个咨询服务组开展"四化"咨询服务活动的图片，展出了由民革党员创办的"南充中山学校""南充中山蚕种场""南充中山函授站"的创业成果，以及近20位党员提供的200多件展品。

10月14日至26日，市委会又举办了第二次同类展览，南充民革的3个咨询服务机构和27位党员提供了400多件展品。中共南充市委向提供展品的同志颁发了奖状和纪念品。这两次展览既检阅了民革南充市委发动党员为"四化"建设服务的成果和开展祖统工作所起的作用，又达到了党员之间互相学习，共同提高的目的。

二、兴办教育和各类经济实体

二十世纪八十年代初，民革南充市委积极响应中共中央统战部发出的、要求各民主党派发挥各自优势，为"四化"建设服务出力的号召，发动党员利用自身优势，兴办各类经济实体，推动南充经济社会发展。

1982年，民革南充市委与市政协、民盟、民建联合成立了"南充市嘉陵文化补习学校"，市委会主委萧端重担任该校的主要领导。南充民革党员还先后创办中山学校、中山蚕种场、中山养殖场等各类经济实体，促进了南充的科学技术与经济建设的结合，为发展生产力、振兴南充工农业经济，为"四化"建设服务，提供工作岗位等作出了积极的贡献。

（一）嘉陵文化补习学校的创办与移交

1981年9月，由民革南充市委发起，民盟、民建、民进、九三学社和南充市政协（现顺庆区政协）、南充市委统战部（现顺庆区委统战部）、南充市工商联（现顺庆区工商联）等8家单位共同创办"南充市嘉陵文化补习学校"。开初只有两个班，人数不到一百人，5年后发展到10个班，学生506人。学校开设了成人、文科两个班，理科1个班，高中文、理科各1个班，初中3个班，电大财务会计1个班、数学专科1个班。教职员工由16人增加到47人。嘉陵文化补习学校深得社会各界人士好评，《人民日报》《南充报》先后予以报道。

在短短的几年时间里，嘉陵学校规模不断扩大，从办学之初的两个文化补习班，发展到后来种类比较齐全的22个班，共有1100多名学生，后来还开办了6个电大班。嘉陵文化补习学校办学20余年，不但为国家培养了不少人才，还为一些家庭比较困难的学生免除了学费，取得了较好的社会效益和经济效益，得到省、地、市多次表扬。1985年被地、市两次评为"先进集体"。《人民日报》于1986年12月25日以《各界共为教育事业出力，南充出现社会办学热潮》为题，对南充民革发起创办嘉陵学校的事迹进行了报道。

民革南充市委主委萧端重为嘉陵文化补习学校领导小组组长，副主委苟纯如曾担任教导主任、校管会委员，副主委王玉书也担任过校管会委员。嘉陵文化补习学校在筹备期间，市委会秘书长徐鸿鹄参加筹备工作，并担任过两个学期的校管委员会委员。民革党员刘真荣担任学校后勤工作负责人，工作出色，年年评为学校先进人物。

到了二十世纪末，随着中国教育体制改革的不断深入和社会力量办学的蓬勃发展，嘉陵文化补习学校的办学体制已不适应形势发展的需要，加之学校所在地的南充市仪凤街238号面临城市开发和统建，多党派、多部门联合办学难以为继。2001年6月26日下午，由8家办学单位的校管会成员在镇泰大酒店召开专门会议，决定从当年9月1日起，嘉陵文化补习学校整体移交自然人任育才个人承办，并对善后工作形成了具体的处理意见。

（二）南充中山业余学校的兴办

南充中山业余学校（以下简称"中山学校"）创建于1984年8月。同年12月6日，经南充市人民政府市长刘永焰亲自批复同意成立。中山学校在民革南充市委领导下开展工作，委派副主委兼秘书长苟纯如担任校长，民革党员黄文芳为副校长，由他们二人全面主持校务工作。

学校在一无资金、二无校舍、三无设备的情况下，由单科文化补习逐步发展成为一所综合文化服务学校，教师队伍是由教育战线上退休的具有丰富教学经验的老教师担任。此后，中山学校教职员工发扬开拓创新精神，广开办学门路，提高办学层次，把中山学校作为社会主义"两个文明"建设的重要阵地。仅用两年时间，即将初办学时仅有初中文化补习班的单一层次的学校，办成了多渠道、多层次、多学科的综合型学校。学校先后开办高教自考班、中专文化补习班、成人高考文化补习班，还办过书法班、音乐班、缝纫班、刺绣班等。同时中山学校还与南充地、市教育局建立联系，先后开办了文化补习班，对在党政机关工作的干部进行文化补习和成人高考补习，较大的提高了党政机关干部的文化素质，从一定程度上弥补了他们在"文化大革命"时期未能得到正常升学机会的遗憾。

在学校开办的10多年时间里，始终坚持教书育人，严把教学质量关。总共培训各学科学员两万多人（含部分中山函援站学员）。还开办职工高考复习班9个，经国家统考结果显示，平均升学率为79%。1986年招收735名学员，其中中专考试升学率为90%，大学文科高考升学率达到95.7%，大学理科升学率为81%；开办中专复习班7个，平均升学率达到88%；开办高教自考班11个，其中《高等数学》及格率为64.3%，为南充地区最好成绩，平均及格率为44.3%，及格率在全省领先；开办初、高中文化补习班15个，经地、市职教办统考，及格率为84%至100%；开办待业青年初中文化补习班5个，80%以上的学员毕业、就业或参军；开办招干文化补习班1个，结业后被招聘为各级干部的有16人；开办各类职业教育培训班18个，培训缝纫、刺绣、书法、音乐等各类人才500余人，为他们增加了就业技能，提供了帮助。

同时，中山学校还接受四川石油管理局南充地质调查处的委托，开办职工高考复习班、职工中专考试复习班，升学率分别取得了80%和96%的好成绩，曾连夺企业职工高考3连冠，得到了该企业的好评。在此基础上，中山学校还在职工岗位培训方面取得了新的拓展，四川石油管理局南充地调处因此被评为石油部职工教育先进集体、四川省职工教育先进单位。中山学校还积极支持南充市职工教育办公室办学，选派教师为其补习职工高中班的语文课，经南充地区职教办统考，该班语文及格率为100%，语文单科补习合格率在地区12县、市名列第一。

中山学校从办学之初的单一初中文化到职工高考补习班，最多一次性开办22个班。中山学校不仅在办学类别上有所开拓，而且在地域上也从本市扩大到了地区以及全省，走出了一条联合办学的新路子。中山学校因此被评为1986年四川省各民主党派为"四化"服务先进集体，校领导出席了表彰大会，在会上作了书面发言，荣获了奖状和奖杯。到1987年底，南充中山学校共培训学生3355人，结业2595人。

为了解决南充市、县合格幼儿师资严重不足的矛盾，中山学校经过多次论证，报经地教委批准，在有关部门和民革南充市委的支持下，积极开办幼儿教育职业高中班。不到两个月时间，就完成了第一批54名学生的招生工作。1990年9月12日上午，南充地区第一个幼儿教育职业高中班在市工人大学内举行了开学典礼，随后开始了正规教学。

中山学校还接受南充地区卫生局委托，为25个市、县开办中医培训班，先后共培养医药中技人才1000多人（包括西昌、阿坝、黔江等地苗、藏、羌等少数民族学员），圆满完成了医药中技人才的培训工作；中山学校还接受地区医药局委托，连续3年开办中药仓库保管员培训班，首期49名学员来自省内德阳、广元、自贡、达县（现达州）、绵阳、遂宁、南充等10个地区的27个县、市；第2期52名学员来自省内17个县、市；第3期55名学员来自省内8个地区。

中山学校从1984年开办到1997年底，由一个专业一个班发展到两个专业两个班，还先后开办了11个高教自考单科函授辅导班；由本地区12个县、市发展到跨全省地、市、州20多个县、市；13年累计开办120多个班次，培训各类学员6700多人。该校以严谨的教学态度、丰富的教学经验和丰硕的教学成果赢得了社会的信任和支持，获得了较大的发展，成为当时南充社会力量办学中的一支生力军。

（三）南充中山函授中心指导站的创建

在四川省乡镇企业局、四川省中山业余学校函授部的直接领导下，民革南充市委与南充地区乡镇企业局联合，于1985年5月成立南充中山函授中心指导站。南充民革副主委苟纯如、王玉书参加指导站领导班子，民革党员任盛畅、夏则鸣参加函授中心指导站的实际工作。

中山函授中心指导站办公室设在民革南充市委会议室，开始时南充市有1个班53人，西充县6个班230人，岳池县1个班57人，3个县市8个班共计340人。经过1年的学习，经考试及格并取得结业证书的达303人，占注册人数的89%，综合成绩在全省排名第二。第2期于1986年3月开学，参加的县市有华蓥市、广安、蓬安、营山、岳池、仪陇、阆中、南部、武胜、南充县，共计18个班726名学员。中山函授指导站开办两期26个班，共计1066名学员。1986年8月，中山函授指导站被四川省函授部评为全省办学先进集体，民革党员夏则鸣，函授站教师、民革党员易仁富被评选为先进个人。

中山函授站第3期招收学员726人，648人参加了全省统考，结业644人，占注册人数的87.4%，其中，武胜县学员获得统考成绩最高分99.8分，平均分高达94.8分。第四期招收学员423人。

为改变南充地区农村经济落后面貌，推进实施"星火计划"的进程，民革南充市委主动承担责任，在中山函授站办起了为乡镇企业培养财会人才的3期函授班，共为南充地区乡镇企业培养了2600多名财会人才，为振兴南充地区乡镇企业经济发展作出了积极的贡献。其中武胜县函授站囊括了全省统考个人和县的第1名，该函授站被评为四川省"先进集体"，获得了表彰和奖励，并在省民革教育工作会议上作了交流发言。

南充中山函授站自1985年5月到1986年12月，共印发《函授简报》13期，并在省《函授通讯》上刊登稿件6篇。期间，函授站还向民革南充市委上交经费850元，给南充地区乡镇企业局交付经费400元。

中山函授站在办学期间，还坚持印发《函授通讯》，省《函授通讯》长期选用中山函授站的稿件。省函授部对南充中山函授站的办学质量给予了高度评价。

人民日报（1986年12月25日）、四川石油报、南充日报、团结报、南充人民广播电台、南充市广播站、南充电视台先后报道了中山学校的办学情况和先进事迹。1990年，南充日报以《南充中山学校办学六年，育才五千》为题，对中山学校办学成果作了详细的报道，产生了很好的社会影响。

（四）中山蚕种场的辉煌

1984年，时任民革南充市委副主委、南充市蚕桑站副站长的李惠民根据当时南充蚕种生产经营情况，决定利用民主党派的优势，充分发挥自己的专长，创办中山蚕种场生产蚕种。在支持南充蚕桑生产发展的同时，也为民主党派参与"四化"建设服务，进而为南充蚕桑经济发展探索一条科学发展的道路。

在民革南充市委的大力支持和帮助下，1985年1月，南充第一家民营蚕桑企业——南充中山蚕种场正式注册成立，地点在南充市（现顺庆区）大南门外，占地1700多平方米，当时有工作人员14人。由李惠民担任场长。创业之初，李惠民搭起了11人的领导班子，向银行贷款6万元，签订了场地租赁合同，落实了南充附近3个乡500多户养蚕户，并与他们签订了蚕种销售协议。中山蚕种场自建场以后，从无到有，生产能力不断扩大，到1993年，该场的原蚕基地从建场初期的3个乡发展到文峰、西兴、火花等6个乡，养蚕户逾千户。该场在生产过程中，还自建小桑园120多亩，基本上满足了本场制种生产的要求。仅仅8年时间，该场累计制种即达20余万张，创产值100多万元。

中山蚕种场还把嘉陵区文峰乡3村作为蚕桑生产基地，帮助该村制订了桑树发展3年规划，签订了蚕种承包合同。中山蚕种场不但包技术指导，还包蚕茧收购；同时还帮助该村新建了一个小蚕共育室，经过共育，不仅蚕茧质量好，而且每张蚕纸比乡上原来培育的高出20%，产值每张增加100元，全村每年增加收入3万多元。中山蚕种场在取得十分可观的经济效益和社会效益的同时，还带动了几千户农民走上脱贫致富的道路。

中山蚕种场一直坚持聘请南充蚕校高级讲师轮流到文峰、西兴、火花等地养蚕种桑户集中的乡镇，讲授蚕茧高产和蚕病防治技术，推广桑树夏伐和修枝技术，在有效地提高了当地蚕茧质量和桑叶产量的同时，还为农村培养了一批制种、养蚕、植桑技术人员和骨干力量。短短几年时间，就取得很好的信誉和良好的口碑。

中山蚕种场一直坚持派职工逐一上门，到养蚕户家中亲自为蚕茧消毒，直到镜检合格为止。并在制种过程中的各个环节严格把关，制出的蚕种死卵少、孵化整齐、健康性好、产茧量高，深受广大用户的欢迎和称赞。由于中山蚕种场重视科研，因而能够生产两组正反交共4个品种的优良蚕种，经当时的省、地相关单位和专家鉴定，制种质量完全合格。由于中山蚕种场蚕种质量优良，仪陇县与该场签订了包销全部蚕种的长期合同。即使在1991年前后两年南充蚕种生产过剩的情况下，中山蚕种场生产的蚕种仍然供不应求。

为了扩大南充地区的种桑养蚕面，促进南充蚕桑产业的快速发展，使经济困难的农户早日养蚕致富，中山蚕种场在保证蚕种质量的同时，还投入大额资金，无私援助本市和外地养蚕业的发展。该场买来4分钱1株的桑苗，以1分钱的价格卖给农民；先后支援西兴、新建等乡栽种桑苗10多万株，还专门派出技术人员上门指导，传授栽桑、嫁接、消毒、治虫等技术；该场还采取"无息贷款、分期偿还"的方式，先后帮助几十户农民修建蚕房，购买蚕具，使他们逐步走上了致富的道路，极大地激发了当地农民栽桑养蚕的积极性。

中山蚕种场是四川省第一家由民主党派成员创办的民营蚕种场。该场建成以后，除了不断扩大生产规模，帮助贫困农民脱贫致富外，每年还拿出5万元以上的资金无偿支援农民发展蚕桑生产，先后无偿支援农民化肥、蚕药、蚕网等10多万元，无偿支援广安、仪陇、南充县等地种植桑苗10多万株；为凉山州甘洛县开办了一个蚕桑技术员培训班，对发展甘洛县的蚕桑生产作出了积极的贡献；派出蚕桑专家赴攀枝花、黔江等地讲学，为当地制定蚕桑发展规划，引进蚕桑管理人才，为当地蚕桑生产和发展作出了贡献。

中山蚕种场在创办之初有4名中共党员，后来在经营发展期间建立了中共党支部，办起了职工文化补习班，帮助几名职工先后取得了农艺师、助理农艺师和技术员职称，10多名职工先后出席了省、地先进职工代表大会，获得省、市两级政府部门的表彰。该场在取得上述业绩的同时，还为南充蚕桑基地培养了一批技术骨干和养蚕植桑能手。在取得较好的经济效益的同时，还产生了很好的社会效益，扩大了民革的社会影响力。民革四川省委，南充地、市委统战部充分肯定了中山蚕种场所取得的成绩，省民革领导还亲临蚕种场视察，对李惠民刻苦办场的精神给予了高度赞扬。

中山蚕种场在中共南充市委统战部和民革南充市委的支持和帮助下，为推进农村经济多元化发展、为贫困地区人民脱贫致富做出了积极有益的贡献，为振兴南充丝绸经济作出了显著的成绩；同时也为今天嘉陵区文峰镇蚕桑产业实现产业化，延长蚕桑产业链，提升行业竞争力和综合效益，进而形成四川最大的"蚕桑王国"打下了坚实的基础。

三、兴办教育和经济实体取得的成就

民革南充市委通过办学、创办经济实体为"四化"建设服务，为社会主义物质文明和精神文明建设出力，可以掌握大量的第一手资料，为参政议政提供可靠的依据。从一定角度看，这也是民主党派履职的一个重要组成部分，所以民革南充地、市委一向高度重视这方面的工作，给予创业者以大力支持和鼓励，使他们在创办经济实体方面取得了较好的成就和影响。

1987年1月12日上午，民革南充市委在市政协礼堂召开"中山蚕种场""中山学校""中山函授中心指导站"工作汇报座谈会。会议由代主委胡蜀平主持。中共南充地、市委，地、市委统战部，市人大、市政府、市政协，地、市职工教育办公室、地区乡镇企业局领导应邀出席会议。四川石油南充地调处、南充炼油厂、南充石油机械厂、南充石油职工第二医院、市粮食局、市农行、农贸办、农资公司、四川南充蚕研所、南充市新建乡政府及西兴镇党委等领导及代表，驻市部分民革党员、中山学校全体教师、中山蚕种场全体职工共200余人参加汇报座谈会。中山蚕种场场长李惠民，中山学校校长、函授中心指导站副主任苟纯如先后在会上作了工作汇报。南充市新建

乡政府、西兴镇党委、四川石油南充地调处、南充炼油厂、地区乡镇企业局等领导在发言中充分肯定了民革"一场、一校、一站"所取得的成绩，对南充民革党员创办的经济实体给予他们的支持和帮助表示了感谢。会上，中共南充地委统战部副部长王以能，市委副书记、市政协副主席刘自璋高度评价了民革南充市委在为"四化"服务工作中所取得的显著成就。

1988年4月14日，中共南充市委书记黄德益及市委常委，与行署、地委统战部领导一行，用1天时间视察了民革南充市委所创办的"四化"服务咨询服务机构及办学实体。在参观了中山学校高考复习班、中药仓库保管员培训班、中山蚕种场、中山生物科学试验场和中山园殖场等服务实体后，市委书记黄德益将民革南充市委办学、办实体的经验总结为"方向正确，创业艰辛，管理有方，精神可佳"4句话。

南充民革党员除了创办中山学校、中山函授站、中山蚕种场外，还在20世纪80年代至90年代先后创办了"中山生物科学试验场""中山园殖场""中山机电修配厂""中山贸易商行""中山亨达商行""中山纺织工程事务所""中山艺术幼儿园"等，协办了"川北信息市场"等经济实体，有的企业至今仍在正常运行。

除了创办经济实体外，民革南充市委还在"统科合作，科教兴南"工作中实施了一批新的项目，取得了突出的成绩。仅1995年即呈报统科合作项目12项。其中，科技兴工5项，科技兴医6项，科技兴教1项，大多数项目实施后取得了成果。到1999年，共实施"统科合作，科技兴南"项目25项，其中科技兴工5项、科技兴农5项、科技兴医10项、科技兴教5项；到2014年，共计完成了"统科合作、科教兴南"统科项目200余项。这些科技项目服务于"四化"建设，促进了南充的科学技术与经济建设的结合，在发展生产力方面取得了一定的成绩，产生了良好的社会效益和较好的经济效益，为振兴南充经济作出了积极的贡献，为此连年受到省、地、市各级党、政部门的表彰和奖励。

1986年5月，由中共南充市委统战部牵头，召开各民主党派、工商联基层组织工作经验交流会。会议期间，民革南充市委举办了为"四化"服务成果展览。展览分为中山业余学校、中山蚕种场、中山函授站、推进"一国两制"实现祖国统一共4个部分，共计展出展品400余件。

民革南充市委自"文革"后恢复活动以来，在民革中央和民革四川省委的领导下，紧紧围绕中共南充地、市委的中心工作，始终以服务地方经济社会为中心，以促进祖国和平统一为重点，以为社会办实事为宗旨，广泛团结社会各界人士，激励广大党员为南充经济跨越式发展及社会主义现代化建设服务，在内引外联、创建学校、创办实体、科技咨询等社会经济活动中贡献了力量，发挥了作用。

特别是1989年12月《中共中央关于坚持和完善中国共产党领导的多党合作和政治协商制度的意见》颁发以后，南充民革组织作为参政党，在不断加强自身建设的基础上，积极履行参政党民主监督职能，为中国特色社会主义现代化建设作出了积极贡献。

新世纪的南充民革

（2000—2019）

进入新世纪以来，我国改革开放和社会主义现代化建设取得巨大成就，中国共产党领导的多党合作事业进一步健康发展，"思想上同心同德、目标上同心同向、行动上同心同行"成为坚持和完善多党合作制度的重要指导方针。新时期、新形势、新任务对参政党自身建设、参政议政、民主监督等方面提出了更高的要求。

为适应新时期参政党建设，民革南充市委按照新形势、新任务的要求，结合南充民革的自身特点，进行了深入细致地探索。加强组织建设和党员思想建设，建立完善规章制度，加强党风廉政建设；深入基层开展调查研究，进一步提高参政议政能力和水平；积极探索祖统工作新渠道和新方式，全力推进社会服务等一系列工作，在探索和实战中，南充民革取得了令人瞩目的成绩，社会形象不断提升。

第一节　自身建设新力度

加强民主党派自身建设是坚持中国共产党领导的多党合作和政治协商制

度的必然要求，是提高党派履职能力和水平的迫切需要。民革南充市委非常重视自身建设，不断加强党员思想政治工作，始终保持高度的政治敏感性和政治把握能力，坚定走中国特色政治发展道路不动摇；注重人才队伍建设，筑牢夯实多党合作的组织基础；建立健全各项规章制度，强化机关桥梁纽带作用，促进了南充民革工作规范化、程序化、制度化建设。

一、抓牢思想建设

思想建设是民主党派自身建设的根本，是其他工作的先导，是坚持正确的政治方向、坚持中国共产党领导的多党合作和政治协商制度的根本保证。

民革南充市委自2002年第十届委员会建立后，规范思想政治工作专委会各项工作，充分掌握广大民革党员的思想动态，按照民革中央、民革四川省委的安排部署，适时在全体党员中开展了"政治交接"学习教育活动、"学习和践行社会主义核心价值体系"活动、"坚持和发展中国特色社会主义学习实践"活动、"实现伟大中国，建设美丽繁荣和谐四川、打造川东北投资首选地"主题教育等活动；还借鉴"党的群众路线教育实践活动""三严三实专题教育活动"等，开展相关的学教活动。利用开展"薪火相传，圆多党合作之梦""观故居，走多党合作之路"等学习教育活动，强化对党员的爱国主义教育和优良传统教育。特别是组织全体党员学习中共中央统战工作会议精神和《中国共产党统一战线工作条例（试行）》精神，充分认识其里程碑式的重大意义。市委会根据南充民革党员实际情况，还开展了"知我民革、爱我民革"及"大学习、大讨论、大调研""不忘初心，牢记使命"等一系列学教活动。活动的开展，极大的提高了全体民革党员的思想政治素质，增强了建设中国特色社会主义的道路自信、理论自信、制度自信、文化自信，夯实了与中国共产党"同心"行动的基础。

（一）"政治交接"学习教育活动

随着在新民主主义革命时期与中国共产党风雨同舟、并肩战斗的民主党派老一辈领导人年龄增大、相继退出了领导岗位，如何传承他们的政治信念和优良传统，成为民主党派自身建设与发展所面临的重大任务。

1997年，"政治交接"作为民主党派的换届主题被提了出来。1997年11月民革九大召开，民主革命时期过来的民革老一辈领导人全面退出领导岗位，新中国成长起来的新一代民革代表人士组成了新一届中央委员会领导集体，标志着民革历史上第一次完成了整体的新老交替，实现了政治交接。

到了2001年，各民主党派根据当时社会经济的发展变化和现实要求，进一步明确了政治交接的核心是按照"政治方向不变，优良传统不变，优势和特点不变"，围绕中心，服务大局，履行职能，发挥作用，努力建设高素质的参政党。

2002年4月，南充民革举行进入新世纪以来的第一次换届，市委会班子作了较大幅度调整，搞好"政治交接"更显迫切和必要。民革南充市委按照民革中央和民革四川省委的部署，突出走中国特色社会主义政治发展道路这一主题，认真学习，努力提高自身综合素质，开展了"政治交接"等系列学习教育活动。

2007年3月9日，民革中央作出了《关于开展"坚持中国特色社会主义政治发展道路，搞好政治交接"教育活动的决定》，目的是"继承和发扬民革前辈在长期革命、建设和改革实践中形成的坚持中国特色社会主义政治发展道路，坚持中国共产党领导、与中国共产党亲密合作的优良传统，继承和发扬他们报效国家、无私奉献的高尚风范，保证民革的事业后继有人，保证中国特色政党制度得到更好的坚持和完善"；总体要求是"使民革各级干部和广大党员，特别是领导干部，从进一步继承和发扬民革优良传统入手，深入理解和把握中国特色社会主义政治发展道路的主要内涵和基本特征，从中国具体国情出发，加深对坚持中国特色社会主义政治发展道路，特别是我国政党制度必然性、合理性和优越性的认识，自觉抵御照搬西方多党制和'三权分立'思想的影响，进一步增强对坚持中国共产党领导、坚持多党合作和政治协商制度，坚持中国特色社会主义政治发展道路的信念、信心和决心"[1]。随后，民革四川省委发出了有关通知。

在民革中央和民革四川省委相继发出开展"搞好政治交接"学习教育活动的号召以后，民革南充市委及各基层组织积极响应，按照民革中央和民革省委关于"政治交接"学习教育活动的安排与部署，根据自身情况，开展了形式多样、内容丰富的学习教育活动。

各基层组织按照民革省委、民革南充市委有关"政治交接"通知精神，开展了丰富多彩的组织活动。活动中基层组织积极邀请中共南充市委统战部及民革南充市委领导到会指导；民革老同志则采取"传、帮、带"的形式，把他们丰富的知识、宝贵的经验、优良的传统传授给青年党员。学习教育活动的深入开展，增强了民革组织的凝聚力和活力，"政治交接"学习教育活动取得了初步成效。

为了从组织上保证"政治交接"活动顺利开展，民革南充市委成立了以主委冯庆煜为组长的"政治交接学习教育活动领导小组"，作出了《关于开展"坚持中国特色社会主义政治发展道路，搞好政治交接"教育活动的决定》（南革委〔2007〕4号），制订了《政治交接学习教育活动实施方案》（南革委〔2007〕5号），对学习教育活学习作出了安排和部署，对每个阶段的时间安排、活动内容、具体要求及要达到的目标均制定了实施细则，从而在组织上保证了学习教育活动的顺利开展。2007年7月，在民革南充市委全委扩大会议上，市委会再次布置和动员市委委员、基层组织负责人带领广大民革党员广泛参与政治交接学习教育活动。

抓好领导班子建设和党员政治思想教育是做好"政治交接"的重要任务。在开展学习教育活动初期，民革南充市委集中时间，组织主委、副主委认真学习，开展讨论；发动各基层组织集中全体党员学习中共中央两个5号文件[2]、民革章程、民革党史以及党的统一战线方针政策，并结合实际开展讨论。通过辅导学习、集中培训等方式及征文活动、演讲比赛等方法，丰富了学习教育活动的内容，提升了学习教育活动的质量，传承了民革老一辈的优良传统，坚定了接受中国共产党领导的自觉性。

2007年9月5日，民革南充市委在北湖宾馆四楼会议厅举办了"坚持中国特色社会主义政治发展道路"的辅导报告会，邀请了民革省委主委王宇坤、副主委何一立、秘书长曹丰平到会作专题讲座，130余名南充民革党员参加了报告会。辅导报告会上，曹丰平以《对我国政党制度历史与现实思考》为题作了辅导报告。随后，民革南充市委举办了"搞好政治交接"学习教育活动会议两次，重点学习了民革中央主席何鲁丽关于开展"坚持中国特色社会主义政治发展道路，搞好政治交接"的讲话和胡锦涛总书记"6. 25"重要讲话[3]内容。

中共南充市委统战部和《南充日报》于2008年3月至6月联合举办的"搞好政治交接，促进跨越发展"征文活动，民革南充市委积极组织党员参加，共投稿10篇，获奖2篇。其中《坚持走中国国特色政治发展道路》《搞好政治交接，加强思想建设》分别荣获"二等奖""优秀奖"。在中共南充市委统战部发起的"'明宇杯'纪念中共发布'五·一'口号60周年统一战线知识竞赛"活动中，南充民革3个基层组织获得竞赛"组织奖"，10位民革党员获得"先进个人"奖。

为了进一步推进"坚持中国特色社会主义政治发展道路，搞好政治交接"学习教育活动的开展，民革南充市委积极组织党员参加各级各类的学教活动。2009年3月27日，中共南充市委召开"南充市民主党派政治交接学习教育活动经验交流会"，会议全面总结了活动开展以来所取得的成绩，并对下一步工作进行了安排部署。会上，民革南充市委作了题为《承前启后，继往开来，发扬光大民革优良传统》的交流发言。随后在民革四川省委召开的"政治交接学习教育活动经验交流会"上，民革南充市委介绍了开展"政治交接学习教育活动"、提高党派参政能力和合作共事能力的具体做法经验。

为了有效推进政治交接学习教育活动的深入开展，使民革党员深刻认识建立学习教育活动长效机制的必要性和重要性，在5年之内基本达到"三提高、三增强"[4]的目标要求，民革南充市委按照民革中央的安排部署和中共四川省委统战部有关文件精神，将《民革四川省委关于深化政治交接学习教育活动"五年规划"实施意见》（川民革发〔2009〕第9号）文件下发各基层组织。把每年的主题学习教育活动大体分为学习教育、心得交流、总结提高3个阶段，对各阶段活动作出具体安排。采取集中学习与个人学习相结合，骨干培训与专题研讨相结合，学习教育与实际工作相结合的方式来开展。要求各基层组织认真实施，结合实际开展活动，并按要求写出活动总结。

为进一步开展学教活动，市委会领导班子高度重视自身建设，从改进作风、建立长效机制、搞好政治交接入手，切实贯彻民主集中制，有效落实集体领导与分工负责相结合的领导制度。定期召开会议讨论各项工作，仅2015

年，召开主委会议5次，全委扩大会议4次，通过专题研究、谈心沟通等，积极营造团结和谐的工作氛围。特别是在基层组织换届过程中，全程有内部监督委员会成员参与，进一步促进了班子决策的科学化、民主化。2016年，市委会紧扣政治交接主线，按照民革省委及中共南充市委的安排，及时组织开展了学习中共十八大、十八届五中、六中全会提出的一系列重大战略部署和习近平总书记系列重要讲话精神，结合《民革章程》和民革老前辈与中国共产党风雨同舟的光荣历史，组织开展了"政治交接学习教育活动"同时，根据民革中央的要求，通过开展"观故居，走多党合作之路"活动，民革党员赴南京中山陵、上海宋庆龄纪念馆参观学习活动；各基层组织赴重庆张治中将军旧居、大邑县建川博物馆、南江巴山游击队纪念馆等地参观学习活动，增强政治交接的能力和水平，使党员懂得了讲政治守规矩的自觉性，始终做到与中共党委同心同向同行。

在政治交接学习教育活动期间，民革南充市委先后开展了"政治交接学习教育""纪念新中国成立60周年""纪念多党合作制度确立60周年""学习树立科学发展观""学习践行社会主义核心价值体系""坚持和发展中国特色社会主义学习实践活动""纪念新中国成立65周年暨多党合作制度确立65周年""纪念新中国成立70周年"等主题教育等活动；同时，市委会还借鉴"党的群众路线教育实践活动""三严三实专题教育活动"等做法，开展了相关学习教育活动；利用开展"薪火相传，圆多党合作之梦""不忘初心、牢记使命""知我民革，爱我民革"为主题的征文、演讲、展览、报告会、座谈会、知识竞赛等形式多样的思想教育活动，同时做好"政治交接"宣传工作。市委会先后出版《搞好政治交接学习教育活动》专题简报7期，组织党员撰写关于搞好政治交接学习教育活动的稿件，被《四川民革》、民革省委网站等刊物刊载10余篇，及时准确地报道了民革南充市委及基层组织开展政治交接活动的动态，介绍了南充民革搞好政治交接学习教育活动的基本做法，宣传了南充民革政治交接活动取得的成果。通过开展主题教育活动，强化了党员使命感，提升了组织凝聚力，让党员的政治思想基础更加夯实，理想信念更加坚定。

（二）"学习践行社会主义核心价值体系"活动

为了贯彻落实中共十七届四中全会精神，深化政治交接主题学习教育活动，加强民革思想建设，对广大民革党员进行思想引导，进一步坚定坚持中国共产党领导、坚持中国特色社会主义道路、坚持中国共产党领导的多党合作和政治协商制度的决心和信心，民革中央于2010年在全党开展"学习践行社会主义核心价值体系"活动。

民革南充市委按照民革中央、民革四川省委的要求，迅速开展了学习践行社会主义核心价值体系活动，把学习践行社会主义核心价值体系活动融入到各项工作中去。

学习践行社会主义核心价值体系活动的一个重要方式就是向先进典范学习。2010年5月27日下午，南充"全市统战系统践行社会主义核心价值体系事迹报告会"在团结大酒店举行。民革高坪区总支党员袁素以《平凡的岗位，不平凡的人生》为题在会上进行了交流。真诚、感人的故事，简朴的语言抒写了普通民革党员追求的正确人生观和价值观，生动体现了在平凡的岗位上学习践行社会主义核心价值体系，创造不平凡人生的动人事迹。

为了让民革党员对学习践行社会主义核心价值体系活动有更深刻的理解，2010年11月11日上午，民革四川省委"继承发扬民革优良传统、学习践行社会主义核心价值体系报告会"在南充举行。民革四川省委秘书长曹丰平为南充民革党员做了学习践行社会主义核心价值体系的专题报告。报告会上，曹丰平运用多媒体教学方式，图文并茂地从建设社会主义核心价值体系的现实背景，社会主义核心价值观的基本内容，在建设社会主义核心价值体系中要正确处理好的几个关系，民革学习践行社会主义核心价值体系的重要意义等四个方面，阐述了建设社会主义核心价值体系，既是丰富发展中国特色社会主义理论与实践的需要，也是构建和谐社会、建设和谐文化的必然要求。报告会主题鲜明、高屋建瓴地概括了社会主义核心价值体系的灵魂、主题、精髓和基础。报告语言精练、朴实生动、紧扣当前热点话题，资料丰富，例证详实，既有"学习践行社会主义核心价值体系"报告提纲，也有"学习践行社会主义核心价值体系"的相关资料，使与会者受益匪浅。

南充民革在学习践行社会主义核心价值体系活动中，认真策划，精心组织，取得了显著成效，一名党员被民革中央授予学习践行社会主义核心价值体系"先进个人"，两个基层组织被民革四川省委授予学习践行社会主义核心价值体系"先进组织"。

（三）"薪火相传，圆多党合作之梦"学习教育活动

为纪念中共中央"五一口号"发布65周年，民革中央决定自2013年5月起，在全党开展为期一年的"薪火相传，圆多党合作之梦"学习教育活动。

2013年5月28日，民革南充市委下发《关于开展"薪火相传，圆多党合作之梦"学习教育活动的实施方案》。《方案》指出，2013年是中共中央"五一"口号发布65周年，根据民革中央革中〔2013〕28号文件和民革省委川民革发〔2013〕20号文件[5]精神，民革南充市委被民革四川省委确定为5个学习教育活动联系点之一。经民革南充市委研究，决定在全市民革基层组织及党员中深入开展"薪火相传，圆多党合作之梦"学习教育活动，以进一步提高民革南充市委及各基层组织领导班子的政治素质，增强坚持走中国特色社会主义政治发展道路的信念，不断筑牢与中国共产党亲密合作的政治基础；进一步加深广大民革党员对民革优良传统的理解和把握，教育引导广大民革党员从进一步继承和发扬民革前辈优良传统和高尚风范入手，自觉把思想和行动统一到中共十八大精神上来，把智慧和力量凝聚到建设"中国梦"四川篇章、南充篇章上来。

按照《关于开展"薪火相传，圆多党合作之梦"学习教育活动的实施方案》，2013年6月至7月进行准备启动。即成立学习教育活动领导小组，6月上旬召开民革南充市第十二届第十二次主委会议和第十二届第九次全委（扩大）会，进行"薪火相传，圆多党合作之梦"专题学习讨论。

6月中旬至2014年2月底为学习教育阶段。选取川北医学院委员会、高坪总支、五支部3个基层组织为学习教育活动试点组织，开展学习教育活动试点工作，以此带动南充民革全体党员参与到学习教育活动中来，取得"以点带面、点面结合、整体推进"的实效；利用主委会、全委会、新党员培训会、基层组织学习会等形式进行集中学习培训，召开纪念"五一"口号发布65周年座谈会

进行专题学习；组织党员参观建川博物馆、张澜故居等与民革有联系的名人故居、纪念场所，深化学习教育活动；以形势教育、专题辅导、孙中山纪念活动等内容，增强学习教育活动的针对性和实效性；围绕本次学习教育活动的主题，选取民革参政议政重点领域和事关地方经济社会发展的重要课题，认真开展调查研究，撰写调研报告和社情民意，将学习教育成果转化到为地方经济社会建好言、献好策、服好务上；各基层组织结合实际查找存在的差距和不足，提出整改措施，转化学习教育成果；结合纪念孙中山先生诞辰147周年和纪念改革开放35周年等活动，开展理论研讨及征文活动，各基层组织发动党员积极参与；市委会充分利用民革四川省委、民革南充市委网站，《南充民革》简报等传媒阵地，大力宣传开展学习教育活动的重大意义、进展情况和好的做法、经验和成效，积极做好学习教育活动的宣传报道工作。

2014年3月至4月底，进行总结、表彰、推广阶段。各基层组织（尤其是3个试点组织）全面总结本次学习教育活动的成果和经验，形成总结材料报送民革南充市委。"市委会"根据各基层组织学习教育活动开展情况，选取有特色基层组织，进行调研、督导，总结学习教育活动中好的经验和做法，对开展学习教育活动做得好的基层组织进行了表彰。

为继承传统，弘扬新风，市委会按照民革省委及中共南充市委的安排，坚持把"讲政治、守规矩"放在首位，筑牢共同政治思想基础。2017年，市委会召开主委会议、全委会议、机关委务会议、专题研讨会、报告会等40余场（次）。组织党员深入学习贯彻中共十九大精神及民革十三大及二中全会精神，进一步坚定广大民革党员自觉接受中国共产党领导、坚持中国共产党领导的多党合作和政治协商制度的信念与决心。通过系列主题学教活动的开展，教育和引导全市民革党员进一步增强责任感和使命感，进一步增强"四个意识"，坚定"四个自信"，坚决做到"两个维护"。继承和发扬民革老一辈长期与中国共产党团结合作形成的优良传统和高尚风范，进一步延生了"薪火相传，圆多党合作之梦"的信心和决心。

（四）"坚持和发展中国特色社会主义学习实践"活动

2013年12月3日，民革中央十二届二中全会通过了《民革中央关于开展坚持和发展中国特色社会主义学习实践活动的决定》。次日，民革中央"坚持和发展中国特色社会主义学习实践活动动员培训会"在北京召开。这次学习实践活动是习近平总书记和中共中央批准举行的为期五年的思想政治教育活动，民革中央主席万鄂湘到会讲话，民革南充市委会主委王晓贤参加了此次会议。

2013年12月25日，根据民革中央、民革四川省委的要求，结合民革南充市委实际，经民革南充市委第十二届十二次全委会议讨论，确定了《关于开展坚持和发展中国特色社会主义学习实践活动的实施方案》（以下简称"方案"），并以南革委〔2013〕32号文下发各基层组织。《方案》下发后，各基层组织严格按照《方案》总体要求，抓住"贯彻理论联系实际的学风，用理论指导工作实践"的要求，深入开展理论学习，结合庆祝新中国成立65周年和纪念中国共产党领导的多党合作和政治协商制度确立65周年，进一步深化政治交接主题学习教育活动，初步达到了"三个提高"的目的（即广大党员的思想认识显著提高，骨干队伍的整体素质显著提高，各级领导班子成员的"四个能力"显著提高）。按照《方案》部署，"坚持和发展中国特色社会主义学习实践活动"不断深入开展下去。

为继续开展"坚持和发展中国特色社会主义学习实践"活动，2015年市委会主动加强与主流媒体的交流合作，宣传展示南充民革在服务地方经济社会发展中取得的重要成果，引导全市民革党员坚定不移走中国特色社会主义政治发展道路。市委会开展的《南充抗日老兵图片展》及一系列关怀抗战老兵活动报道先后刊登在人民日报、人民政协报的重要版块，展示了南充民革的良好对外形象。

2016年，市委会及时组织开展了思想政治学习活动，全面学习、准确把握中共十八大、十八届五中、六中全会提出的一系列重大战略部署和习近平总书记系列重要讲话精神，深入学习、认真贯彻多党合作理论和中共中央统战方针政策，持续学习、深刻领会《民革章程》和民革老前辈与中国共产党风雨同舟的光荣历史。通过政治理论学习活动开展，继承和发扬民革老一辈长期与中国共产党团结合作形成的优良传统和高尚风范，广大民革党员在思想上更加坚定地拥护中国共产党的领导，增强了走中国特色社会主义道路的信心和决心。为此，民革南充市委2016年被推荐为省委统战部举行的"四川省各民主党派开展坚持和发展中国特色社会主义学习实践活动先进事迹报告会"先进集体报告团成员，获此荣誉的市级民革组织仅有南充民革。

2017年，市委会制发了《关于学习贯彻中共十九大精神的意见》，确保将学习贯彻中共十九大精神这个首要政治任务落地落实。市委会始终坚持"牢记民革初心、永不动摇初心"，积极开展坚持和发展中国特色社会主义学习实践和"不忘合作初心，继续携手前进"主题教育活动；组织党员开展"观故居，走多党合作之路"两广行、赴重庆中国民主党派历史陈列馆参观学习等传统教育学习实践活动；举办了纪念民革成立70周年系列纪念会；纪念抗日战争全面爆发80周年纪念会。

按照中共四川省委、南充市委的统一部署，2018年，市委会继续开展"观故居·走多党合作之路"专题教育活动，组织基层组织负责人和党员代表30人赴河南、河北两省参观了西柏坡、狼牙山五勇士纪念馆、保定陆军军官学校等革命纪念场馆，推动坚持和发展中国特色社会主义学习实践活动持续深入开展；召开了纪念中共中央发布"五一口号"70周年、纪念改革开放40周年座谈会，举办了庆祝改革开放40周年主题书画展，"不忘合作初心·继续携手前进"主题活动得到深化。为此，民革阆中市基层委员会被省人力资源社会保障厅、省委统战部等9个单位联合评为"四川省各民主党派开展坚持和发展中国特色社会主义学习实践活动先进集体"；民革川北医学院基层委员会、嘉陵区基层委员会、仪陇县支部被市委统战部评为"坚持和发展中国特色社会主义学习实践活动先进集体"，张莉等8名党员获评"坚持和发展中国特色社会主义学习实践活动先进个人"。

为强化学习教育，2019年，市委会召开主委会、全委扩大会议对全国"两会"精神，中、省、市纪委全会精神以及市委、市政府重要工作会议精神进行专题学习传达；组织部分党员赴银川、延安、西安继续开展"观故居走多党合作之路"主题学习活动；举办纪念五四运动100周年纪念活动；组织民革界别和新的社会阶层人士赴南部县红军村开展红色教育活动等。增强了民革党员更加坚定地拥护中国共产党的领导，走中国特色社会主义道路的信心和决心。

（五）"知我民革、爱我民革"学习教育活动

随着民革事业的发展，民革党员队伍不断壮大。不仅是党员人数上的增加，而且党员结构也发生了很大的变化，特别是新社会阶层人士的加入，拓展了发展民革党员渠道。

如何在新形势下保持民革特色，传承民革优良传统，这就要求对全体民革党员进行民革基本知识的学习教育。特别是进入新世纪以来，《民革章程》进行了几次重大修改，需要民革党员对《民革章程》再学习。为此，经市委会第十一届第三十八次主任委员会议研究，决定在全体党员中开展为期半年的"知我民革、爱我民革"学习教育专题活动，作为深入推进"政治交接学习教育活动"的重要内容以及践行社会主义核心价值体系的实际行动，以进一步加强南充民革的自身建设，促进民革基层组织健康发展，提高党员政治思想觉悟，维护民革的良好形象。

2010年9月13日，民革南充市委下发《关于开展"知我民革、爱我民革"学习教育专题活动的决定》（南革委〔2010〕28号）文件。市委会决定，从当年9月至2011年3月，在全体党员中开展为期半年的"知我民革、爱我民革"学习教育专题活动，并把此次活动与"政治交接学习教育活动""学习践行社会主义核心价值体系活动"和学习《中国国民党革命委员会章程》相结合，把学习内容融入每个党员的工作、学习与生活之中，推动各基层组织在思想建设、组织建设、制度建设上更上一个新的台阶。

民革南充市委对此次活动进行了周密细致的安排，并提出了具体要求。即每一位民革党员都要参与到学习教育专题活动中来，达到人人"知我民革、爱我民革"之目的。各基层组织要开展形式多样的学习会、座谈会、专题讲座等，把活动开展得有声有色，不走过场；各基层组织要积极宣传报道热爱民革的典型人物和先进事迹，在《南充民革》和有关报刊杂志发表。本次活动结束后，各基层组织及时向市委会提交总结材料，市委会将以此作为年终考核评比的依据之一。此后，各基层组织迅速行动，掀起了"知我民革、爱我民革"学习教育专题活动的高潮。

2010年国庆前夕，民革南充顺庆、高坪、嘉陵三区基层组织在市民主党

派大楼联合举行了"知我民革，爱我民革"专题学习会。会上，民革南充市委主委冯庆煜阐述了开展"知我民革、爱我民革"活动对于加强民革党员政治素质和思想建设的重大意义；驻会副主委兼秘书长王晓贤以《基层组织要加强党员思想政治教育，不断完善基层组织建设》为题，讲述了民革南充市委在党员中开展"知我民革、爱我民革"活动的重要性和必要性，并就如何提高民革党员思想政治素质、提升基层组织的凝聚力等方面工作提出了具体要求。专题学习会上，民革离退休老党员傅碧波、吴国梁等结合自身实际和亲身体验，讲述了南充民革多年来的优良传统；中共南充市委统战部领导则充分肯定了民革南充市委所开展的各项工作，并向三区民革党员提出了殷切的希望。

为进一步推动学习教育活动的深入开展，市委会在2018年加强了对"民革e家"的建设和管理，特别是9月1日，《团结报》在头版以"民革是我的精神家园"为题，全面深入报道了南充民革十年来在自身建设、参政议政等方面取得的经验与成绩，极大地提升了南充民革的对外影响力。在此基础上市委会大力推动各基层组织建设"民革党员之家"，将"民革党员之家"作为开展学习、宣传及教育活动的场所和阵地。

"知我民革、爱我民革"学习教育活动的开展，使南充民革全体党员学习了民革的基本知识，了解了民革的发展历史，增加了对民革组织的热爱，达到了预期的效果。

民革南充市委通过开展上述活动，加强对民革党员的政治理论和思想教育，引导全体党员继承民革老一辈的光荣传统，树立正确的政党观、民主观、发展观、人生观和价值观，巩固了广大党员坚持中国共产党领导和多党合作制度的信念，增强了政治坚定性和政治把握能力，为继续与中国共产党风雨同舟、团结奋斗奠定了坚实的思想基础。特别是2012年中共十八大以后，在以习近平为核心的中共中央坚强领导下，执政党的面貌、国家的面貌、人民的面貌、中华民族的面貌发生了前所未有的变化，民革南充市委会和广大民革党员更加自觉坚持中国共产党领导，更加自觉地为实现中华民族伟大复兴中国梦而努力奋斗。

（六）加强学习，相互交流，不断坚定政治信念

市委会始终坚持把学习中共十八大、十九大精神和统一战线工作条例精神，作为提高党员政治把握能力为目标，高度重视全体民革党员政治理论素质的教育培养，通过组织不同的会议形式，深入学习中共十八届四中、五中全会，教育引导了广大民革党员继承和发扬多党合作光荣历史和民革优良传统，深刻认识中国特色社会主义政治发展道路的历史必然性和现实优越性，坚定中国特色社会主义道路自信、理论自信、制度自信。

2016年，市委会以"全方位、宽领域、多渠道、高层次加强交流合作"为方针，不断扩大对外交流合作的广度和深度。4月，实现与民革上海市长宁区委互访，并签订结对共建协议，双方在领导班子管理、后备干部培养、中山理论研究、机关效能建设等方面展开了交流学习，取得了良好效果。与德阳民革、宜宾民革等在书画方面深化合作，举办书画展览，取得很好社会反响。顺庆民革和泸州江阳民革、高坪民革与雅安雨城民革结对共建，在自身建设、组织发展、参政议政、社会服务等方面进行了交流。市委会热情接待了来南充参访的民革广西防城港市委、民革海口市委、民革厦门市委、民革宜宾市委、民革凉山州委、民革德阳市委，并与民革佛山市委会、民革杭州市委会保持着密切联系。这一年，南充民革诗书画院和南充民革中山摄影社，先后与民革省委、德阳、广安、宜宾等地诗书画院开展学习交流活动，筹办了南充、德阳、宜宾三地书画巡回联展，参加民革四川省委在武胜组织的纪念抗战胜利70周年和四川民革成立60周年书画展，在南充市统一战线纪念新中国成立65 周年暨多党合作制度确立65周年书画摄影作品展中有24件作品来自南充《民革诗书画院》，南充民革诗书画院成为民革中央画院常务理事单位。2018年3月22日，市政协副主席、民革南充市委主委王晓贤一行4人来到泸州，就"民革党员之家"建设等情况与民革泸州市委进行了交流学习。8月6日，民革广州市委副主委葛林虎率民革广州市委经济委一行8人，前来我市就"关于创新政府监管新模式，引领分享经济新业态的建议"课题进行调研，民革南充市委全程协助开展了此次调研学习交流活动。9月12日，市政协副主席、民革南充市委主委王晓贤一行前往民革广州市委进行了考察学

习，双方就党务工作进行了深入的座谈交流，通过友好协商，南充、广州两地民革组织达成"结对共建"共识，并在民革广州市委机关举行了民革广州市委、民革南充市委结对共建签约仪式。这些结对交流活动，达到了互通情况、交流经验、取长补短、促进工作、坚定信念的目的。

为全面贯彻落实中共十九大精神和民革十三大精神，市委会通过召开主委会议、全委会议、机关委务会议、专题研讨会、报告会等多种形式，组织党员参加政治理论学习，不断提升党员的政治信念。为开展坚持和发展中国特色社会主义学习实践和"不忘合作初心，继续携手前进"主题教育活动，举办了纪念民革成立70周年系列纪念会、纪念抗日战争全面爆发80周年纪念会，出版了内部刊号《南充民革史》及《丹青赞盛世——纪念民革成立70周年书画作品集》。通过学习教育和主题活动的开展，进一步坚定广大民革党员自觉接受中国共产党领导、坚持中国共产党领导的多党合作和政治协商制度的决心与信念，党员的思想政治更加夯实，理想信念更加坚定。

（七）凝共识、聚合力，深入开展"大学习、大讨论、大调研"活动

为深入推进"大学习、大讨论、大调研"活动扎实有序开展，在2017年，市委会制发《关于学习贯彻中共十九大精神的意见》，确保将学习贯彻中共十九大精神这个首要政治任务落地落实；市委会以习近平新时代中国特色社会主义思想为指引，团结协作，砥砺奋进，认真履行参政议政、民主监督、参加中国共产党领导的政治协商三大基本职能，圆满完成各项目标任务，取得了优异的成绩。与此同时，市委会大力开展理论研究和征文活动，紧紧围绕学习中共十九大精神、习近平总书记来川视察重要讲话精神、纪念"五一口号"发布70周年及纪念改革开放40周年等主题认真开展专题调研，组织党员撰写征文及理论文章60余篇。在中共四川省委统战部组织的纪念中共中央发布"五一口号"70周年主题征文活动中，一篇征文获三等奖；在市委统战部纪念"五一口号"发布70周年理论征文活动中，一篇获征文特别奖，三篇征文获一等奖，二篇征文获二等奖，九篇征文获三等奖，九篇征文获优秀奖，民革南充市委被评为本次征文比赛组织工作"先进集体"。同时，在传达学习民革十三大精神，牢记民革初心、永不动摇初心的过程中，继续开展坚持和发展中国特色社会主

义学习实践和"不忘合作初心，继续携手前进"主题教育活动。组织党员开展"观故居，走多党合作之路"两广行、赴重庆中国民主党派历史陈列馆参观学习等传统教育学习实践活动。举办了纪念民革成立70周年系列纪念会、纪念抗日战争全面爆发80周年纪念会。

2018年4月26日，市委会举办了"大学习、大讨论、大调研"专题学习会。民革四川省委专职副主委、省政协农业委主任郑学炳、西南财经大学教授、省委宣传部特聘"理论宣讲人才库"主讲教授、原四川省人民政府参事沈元瀚应邀出席会议并作专题讲座。全年以主委会、全委会集体学习为重点，积极选派党员参加各层各类培训，学习培训16期（次）880余人次；紧扣治南兴南"果州十二问"，开展调研10多项；借助纪念会、座谈会及节庆活动等开展研讨会6次，凝聚了党员的共识和合力。通过"大学习、大讨论、大调研"专题教育活动，进一步坚定了广大民革党员自觉接受中国共产党领导、坚持中国共产党领导的多党合作和政治协商制度的决心与信念。

为推进"大学习、大讨论、大调研"活动的深度和广度，5月23日至24日，市政协副主席、民革南充市委主委王晓贤带领部分政协委员、民革党员到高坪区和营山县调研平安建设和普及高中教育工作。为切实增强群众安全感和满意度，全方位推进我市平安建设社会满意度测评工作实现"再升位"，市委会主委王晓贤率队赴德阳、攀枝花、宜宾对三市大力推进平安建设社会满意度测评工作的先进经验进行了考察调研。

（八）"不忘合作初心 继续携手前进"主题教育活动

坚持把"专题活动"作为重要手段，强化政治引领。把学习教育、履职尽责、查找不足、整改提高"四大重点"贯穿"不忘合作初心 继续携手前进"主题教育全过程，完成了17项主题活动任务。在南充民革网站、南充民革公众号上设置了"不忘合作初心 继续携手前进"主题教育活动专栏，系列刊发市委会及各基层组织主题教育活动情况；开展了"向身边民革党员学习"活动，已推出2名民革党员的优秀事迹，号召全体民革党员向他们学习；按照主题教育活动关于学懂弄通新时代新思想新理论的要求，市委会专门印发了党员《学习资料》，主要涉及十九大精神、统一战线理论等6个方面重要内容，设置模拟试题160道。在民革四川省委第十二届九次常委（扩大）会暨"不忘合作初心 继续携手前进"主题教育活动工作部署会上，民革南充市委作了工作经验交流发言，得到了民革省委的充分认可。通过专题活动的开展，教育和引导全市民革党员切实增强"四个意识"，坚定"四个自信"，做到"两个维护"，有效激发了广大民革党员的工作激情和热情。

（九）"强宣传、重引导"，努力宣典型、树形象

从2015年起，市委会继续加强"一刊一网"建设，完成了《南充民革》的改版扩版工作，至2019年，编发《南充民革》简报20期，刊发各类信息1000余篇。进一步发挥网络宣传优势。抓住重大活动的契机，加大对外宣传力度。特别是对开展关爱抗战老兵活动的持续报道，引起了社会的高度关注，开创了南充民革宣传工作新局面。一直以来，民革南充市委在注重内部宣传平台建设，提升宣传稿件质量的同时，充分发挥新媒体宣传作用，加强与主流媒体合作交流。2017年，市委会以纪念抗日战争全面爆发80周年等重大活动契机，邀请有关主流媒体参与报道，并积极向中、省、市主流媒体投稿。其中《民革南充市委等组织实施川籍抗战老兵重返昔日战场》等3篇稿件被《团结报》头版报道，南充民革的社会影响力不断提升。

为进一步拓宽宣传阵地，提高宣传时效，提升党员自身的形象，市委会着力打造了"三位一体"宣传阵地。南充民革公众号于2018年3月正式上线，自开通以来累计发布信息60期，总阅读量7549人次，单条最高阅读点击量1363人次，以更快捷、更直观的方式全面地反映南充民革的各项履职活动和党员风采，并于8月取得了全国民主党派市级组织微信公众号影响力排行榜第31位和民革全国市级组织微信公众号影响力排行榜第10位、民革四川省市级组织微信公众号影响力排行榜第1位的好成绩。南充民革网站也实现全面改版升级，构建形成了南充民革内刊、网站、微信公众号"三位一体"宣传阵地。全年共刊载各类文章220余篇，加强"民革e家"的建设和管理。加强与主流媒体的密切联系和合作，以市委会重大会议活动为契机，认真策划新闻选题，主动介绍南充民革工作亮点，在主流媒体上唱响南充民革好声音。据统计，2018年全年在《团结报》、"人民网""团结网""民革中央网

站""人民政协网"等全国性刊物、网站刊发新闻稿件39篇，在中共四川省委统战部网站、民革四川省委网站等省级网站刊发新闻稿件187篇，在南充日报、南充晚报及市政府、市政协、市委统战部等市级网站、公众号上刊发推送新闻稿件100余篇。获南充电视台新闻频道播报南充民革重大活动8次。特别是9月1日，《团结报》在头版以"民革是我的精神家园"为题，全面深入报道了南充民革十年来在自身建设、参政议政等方面取得的经验与成绩，极大地提升了南充民革的对外影响力。市委会还在南充民革网站、公众号开辟专栏，陆续选登部分党员撰写的优秀理论文章，进一步提高了党员理论研究的积极性，推动多党合作理论和中山思想研究工作纵深扩展。

2019年，民革南充市委进一步充分发挥传统媒体和新兴媒体的不同优势，以南充民革杂志、网站、微信公众号"三位一体"宣传平台为载体，形成大宣传大引导格局，讲好南充民革故事。全年在各种刊物媒体上共采用信息230余篇，其中：编印《南充民革》杂志4期，推送南充民革公众号61期、刊发文章100篇。加强与《团结报》、南充电视台等主流媒体联系合作，推介民革工作亮点，报送各类信息稿件。通过各基层组织的共同努力，全年共订阅《团结报》470份，民革南充市委荣获2019年全国《团结报》发行征订工作先进集体（地市）二等奖表彰；在《团结报》、团结网、民革中央网站等中央级媒体刊发稿件33篇，在"民革四川省委网站"等省级网站刊发稿件91篇，获南充电视台新闻频道播报道4次，10名党员接受了南充电视台、南充日报、南充晚报等新闻媒体的采访，展现了南充民革"好形象"，发出了南充民革"好声音"。

二、夯实组织建设

组织建设是民主党派自身建设的基础，是各党派搞好政治交接的迫切需要。组织建设的关键是领导班子建设，核心是人才队伍建设，基础是基层组织建设，重点是机关建设。民革南充市委清醒认识到组织建设在建设高素质参政党中的重要作用，在组织建设上下了大决心，花了大力气，在领导班子建设、人才队伍建设、基层组织建设、机关建设等方面都进行了有益的探索创新，并取得了一定成效。

（一）领导班子建设

领导班子建设是民主党派自身建设的关键，领导班子整体素质、工作能力及工作效率不仅关系本党派形象，也直接影响党派的参政党职能和参政议政作用的发挥。民革南充市委加强领导班子，注重发挥班子成员的作用，起到了模范带头作用。

在思想建设方面，民革南充市委班子成员认真学习政治理论，主动融入一系列学习教育活动中，带头学习、深入宣讲，坚定政治信念，自觉维护中国共产党领导的多党合作和政治协商制度，在学习教育活动中发挥了主导作用。市委会在日常工作中贯彻民主集中制原则、遵守议事规则和决策程序，如在班子成员配备上，在坚持"党管干部原则"的前提下，严格遵守相关纪律，执行有关程序。

进入新世纪以来，民革南充市委先后进行了4次换届，按照酝酿协商、民主推荐、大会选举的规范化程序，使领导班子的产生更加规范、科学、合理。市委会坚持集体领导与分工负责相结合，处理好党派领导专职与兼职的关系，每个班子成员都要分管一个或两个专委会，联系若干个基层组织，领衔开展一个专题调研；市委会制定科学合理的工作制度，基本做到每月召开一次主委会议，每季召开一次全委会议，每年年初制定年度工作目标任务，明确责任领导和责任人；市委会加强对领导班子成员的监督管理，按照规章制度严格考核，一视同仁，年终据实通报。市委会在班子成员中大力提倡求真务实的工作作风，讲团结、讲奉献，形成了"举旗帜、抓班子、带队伍、促发展"的良好局面。2016年，为提高组织的向心力和凝聚力，更好地促进组织活动开展，市委会以新一届班子产生为契机，积极探索更加有效的组织管理工作方法：一是强化专委会职责，根据民革中央、省委的要求和工作需要，重新划分设立六个专委会，细化各专委会职责分工，制定专委会考核评比办法，充分发挥专委会履职的积极性；二是压紧压实领导班子成员责任，市委会领导班子成员和秘书长除了分别担任专委会主任外，依照各自经历和工作方向，结合各个基层组织的不同特点和党员构成，重新分配分管的基层组织，并制定了每项工作的目标任务，市委会班子成员履职有责任、有目标、有考核、有保障；三是建立协调配合机制，将市委委员、基层组织主委分别编入各专委会，一名机关干部固定联系专委会及其责任领导，明确共同的目标任务，形成相互协调、上下同心、共同努力的工作新格局。领导班子全体成员在工作中充分发挥表率作用，讲团结、顾大局，坚持做到决策科学化、民主化，在工作中互相支持、密切配合，各司其职、各负其责，营造出团结和谐的工作氛围，班子凝聚力、向心力进一步得到增强。

2019年12月17日，民革南充市委组织召开市委会班子成员民主生活会，进行了谈心谈话、检视剖析整改，开展批评与自我批评，针对班子成员提出意见建议26条，为进一步营造和谐相处、团结共事的良好氛围奠定了坚实基础。

（二）人才队伍建设

民主党派组织建设的核心是人才队伍建设，是中国共产党领导的多党合作和政治协商制度事业兴旺发达的需要。建设一支高素质的人才队伍，事关参政党职能的履行，事关参政党地位和作用的发挥，事关参政党声誉的好坏。

民革南充市委历来重视人才队伍的建设，从发展党员入手，加强党员培训，建立科学、合理、动态的后备干部队伍；在民革组织内搭建平台，强化人才锻炼，积极推荐优秀党员作好政治安排和实职使用。

南充民革党员的发展在经历了上个世纪八九十年代的困难时期后，进入新世纪，积极主动要求加入民革组织的人士越来越多。但是也面临着原国民党后裔、与原国民党有历史渊源关系的人士越来越少，要求加入民革组织人士的界别渠道越来越广的问题，如何保证新党员发展的质量，如何保持民革特色，是新时期民革组织发展要面对的重要课题。

民革南充市委依据新形势、新情况、新对象，根据《民革章程》的规定，经第十一届民革南充市委第二十二次主委会议审议通过了《发展新党员实施细则》（以下简称"细则"）。《细则》不仅规范了发展新党员的程序，而且就保证新党员质量作出了详细的规定，特别是就新社会阶层人士加入民革作出了专门规定。《细则》后经第十二届民革南充市委第五次全委会审议修订，使有关规定更加科学、充实。《细则》的制定实施，规范了南充民革发展新党员的条件和程序，提高了南充民革发展新党员的质量，也极大地促进了南充民革队伍的快速扩大，截止2019年底，南充民革党员人数达到了761人。

随着南充民革党员队伍的不断壮大，出现了一些新的问题，即党员队伍结构复杂，思想观念多元，特别是政治上比较成熟，社会影响力比较大的代表人士还相对匮乏，为此，民革南充市委加强了对党员的培训教育。

一是对新党员进行培训。市委会在每年的第四季度对新党员进行一年一度的培训。培训主要内容是民革历史、《民革章程》、新时期统一战线方针政策等，一般由主委、副主委进行主讲，同时邀请中共南充市委统战部领导，或民革四川省委领导或党校、社会主义学院专家学者进行专题讲课。每次由主、副委分别就"民革历史与光荣传统""对台工作与台湾形势""民革新党章""政治交接学习教育活动"等题目进行宣讲。2019年11月8日，市委会召开新党员培训会，市政协副主席、民革南充市委主委王晓贤作了《走近世纪伟人孙中山》专题辅导报告。通过此类培训，新党员对统一战线方针政策以及民革的历史、性质、任务有较为全面的了解，起到了提高新党员思想政治觉悟、提高参政议政能力和热爱民革组织的目的。

二是强化骨干党员的培训。骨干党员的培训是党员培训的重点，市委会每年都要选派多批次的基层组织负责人、市委委员、党务工作先进者、参政议政能手参加省、市委统战部、民革四川省委在中共党校或社会主义学院举办的各类"党外干部培训班"，选派后备干部参加民革中央、中共四川省委统战部在北京大学、清华大学、复旦大学、厦门大学、浙江大学等高等院校举办的高端培训。每年参加各类培训的南充民革党员都有10多人次。通过系列的培训，南充民革党员的综合素质、履职能力得到显著提高。

2015年前后，市委会有计划地选派或推荐了一批后备干部参加各类培训学习和挂职锻炼。先后推荐了1名党员参加省委组织部组织的优秀干部人才递进培养计划、1名党员参加省委统战部组织的赴成都挂职锻炼、2名党员到乡镇挂职锻炼、6名党员分别参加市委组织部、市委统战部组织的下派下挂锻炼；同时积极推荐优秀民革党员到各级、各部门担任实职领导，使他们在地方经济社会建设中充分展现了民革党员的风采，在2016的乡镇换届中，5名民革党员被分别选拔担任乡镇领导干部，充实了南充民革人才队伍。

三是组织参政议政专题培训。参政议政是民主党派基本职能之一，是体现民主党派地位和作用的重要方面。民主党派成员尤其是骨干成员最核心的能力就是参政议政能力。

民革南充市委十分重视参政议政能力建设，把提高民革党员参政议政能力贯穿到每项工作和每项活动之中。在每年的南充市"两会"前，都要举行由党员中的人大代表、政协委员参加的议案、提案撰写专题培训会，邀请市政协提案委主任或有关专家学者，讲授参政议政知识和参政议政材料的写作方法；就如何围绕市委、市政府工作中心和社会热点、难点问题，选好参政议政课题，写出高质量、高水平、可操作的提案；如何更好地利用政协平台，主动地、广泛地向当地党委和政府反映问题、提出意见建议。通过定期的、系统的专题培训，不仅提高了民革党员参政议政材料的质量，提高了参政议政的能力和水平，也提高了参政议政的热情。

四是对后备干部的培养。后备干部队伍建设是领导班子建设的重要内容，也是人才队伍建设的重点。为了加强后备干部队伍建设，民革南充市委根据民革省委印发的《关于切实加强后备干部队伍建设的通知》等文件精神，建立人才发现及培养机制，不仅在现有党员中进行后备干部选拔，还在新党员中物色和考察后备人选，以扩大后备干部队伍的推荐面。

在后备干部队伍的建设上，市委会始终注重在发现、调整、充实上下功夫。按照上级有关后备干部队伍建设指示，在管理上对后备干部队伍实行动态管理，建立优胜劣汰机制，并从思想品德、政治素质、参政议政、合作共事能力和组织领导能力等方面对后备干部进行培养和教育，通过压担子、建平台、鼓干劲，引导他们不断进步。

人才队伍建设的落脚点是合理使用人才，做好民主党派人才的合理使用安排工作，能极大地提高民主党派人才的积极性、主动性和创造性。2004年，市委会派出2名副主委分别参加了中央、省社院的学习培训；派出5名党员参加了由省民革、省社院联合举办的民革第三期中青年骨干党员培训；选派了5名青年骨干党员参加了市委党校中青班培训。2005年，组织了骨干党员童川军等12名同志参加民革四川省委在中央社会主义学院举办的第一期《四川省中青年干部班》培训，受到了全国人大副委员长、民革中央主席何鲁丽的亲切接见并与之合影留念。2009年，民革南充市委选派了张为钢、王旗、陈凤英、陈洁、龚举敏5位同志参加了民革四川省委在中央社会主义学院举办的第二期《四川省中青年干部班》。

2007年，3名南充民革党员被推选为民革四川省委委员；2名党员被推选为民革中央十一大代表；4名党员推选为省民革专委会委员，其中一名担任了专委会副主任；5名党员被聘为南充市"特约监督员"；1名党员被任命为顺庆区政府副区长；1名党员被任命为嘉陵区经济局局长；近40名党员被推荐为南充市第四届人大代表或政协委员。

2008年，60余名党员担任各级人大代表、政协委员。1人当选为省人大代表，2人推选为省政协委员，1人推选为市政协副主席，2人当选为市人大常委，4人当选为南充市政协常委，2名党员被任命为南充市政协专委会主任、副主任。

2009年，按照中共南充市委统战部的要求，市委会推荐了西华师大党员马克敏到顺庆区法院担任副院长。推荐增补了一名市委会副主委，完善了领导班子配备。

2013年，经层层推荐、组织考察，罗艳、文海燕、许尔富、陈麒光4位民革党员到市经济技术开发区、现代物流园区挂职锻炼1年，于2014年6月挂职锻炼结束，为南充民革后备干部队伍储备了人才，充实了1名党员至后备人才队伍库。

2015年，市委会选派推荐了20余人（次）党员，参加各级党校及社院的学习培训。

2016年，市委会积极搭建民革干部健康成长的平台，不断完善后备干部队伍培养机制。先后推荐1名党员参加省委统战部组织的赴成都挂职锻炼，2名党员参加市委组织部组织的优秀年轻干部赴乡镇实岗锻炼。在市、区、县换届中，142名党员分别被推荐担任市、县（市、区）人大代表、政协委员，其中：市人大代表12人，市政协委员38人，县（市、区）人大代表16人，县（市、区）政协委员76人。县乡换届中，8名民革党员被选拔担任乡镇领导或部门领导。

2017年，李宾中等8名党员被推荐担任市级"特约人员"；选送党员27人（次）参加民革四川省委、南充市政协、中共南充市委统战部举办的各类培训学习。

2018年，与民建、九三学社市委联合举办了民主党派骨干成员培训班，14名民革党员赴井冈山干部学院参加为期7天的学习培训；分别邀请民革省委副主委郑学炳及西南财经大学沈元瀚教授就"抓参政议政，做合格参政党""民革党史"等主题对党员们进行了专题培训；先后选送4人次党员参加中共四川省委统战部举办的民主党派骨干成员培训班、22人次参加民革四川省委举办的实职干部读书班和新党员培训班、5人次参加南充市政协举办的履职能力提升浙江大学培训班、6人次参加中共南充市委统战部举办的党外中青年干部培训班和新成员培训班。这一年，有1名党员提拔为副县级、2名党员提拔为正科级、1名党员提拔为副科级领导职务，1名党员转任市级政府部门实职。与此同时，市委会为激发活力，积极开展了形式多样的外联活动，在交流学习中提升水平。

2019年，联合民盟、致公党、九三学社等市级民主党派在浙江大学举办"南充市各民主党派骨干成员培训班"；选派1名党员参加全国基层组织负责人培训班、3名党员参加全省基层组织负责人培训班、4名机关干部参加全省专职干部培训班、3名党员参加全省实职干部读书班；举办新党员专题培训会议，全面强化素质提升能力，1名党员增补为市委会领导班子成员，1名党员被任命为市委会秘书长。

现今，民革南充市委已经形成了一支有一定参政议政能力，在本职工作和社会工作中有一定影响力，对民革工作及事业发展积极关心，并有所作为的中青年骨干队伍。截止2019年12月，南充民革党员中有副科级以上领导干部70人，其中副厅级1人，正县级5人，副县级15人，正科级12人，副科级37人。市委会结合后备干部的培养，认真做好各级人大代表、政协委员的推荐工作，本届共有176名党员分别担任省、市、县（市、区）人大代表、政协委员，其中：省人大代表1人，省政协委员2人，市人大代表11人，市政协委员40人，市政协常委5人，县（市、区）人大代表15人，县（市、区）政协委员97人。

（三）基层组织建设

民主党派基层组织建设是民主党派组织建设的基础，关系到党派职能的发挥、活力的增强。搞好基层组织建设，发挥基层组织的基础性作用，对于增强党派的凝聚力、向心力，对于坚持和完善中国共产党领导的多党合作和政治协商制度，都具有十分重要的意义。

民革南充市委在加强基层组织建设方面进行了有益的探索和创新。

一是调整老支部、组建新支部。南充民革进入新世纪时，虽然有10余个基层组织，但组织结构松散，党员分布不合理，基层组织作用发挥有限。民革南充市委针对这一现状，按照有利于基层组织活动开展，有利于提高党员工作及参加活动积极性，有利于组织发展的要求，对基层组织进行了调整、组建。

1993年南充撤地建市时，由于历史的原因，顺庆区没有再设民革基层组织。但实际上民革党员在顺庆区各行各业分布很广，人数也最多。为了更好地发挥顺庆区民革党员的作用，民革顺庆总支委员会于2003年10月成立；2006年6月，南充市中心医院的民革党员从民革综合支部中分离出来，成立了民革南充市中心医院总支。随着党员人数的增加，2003年五支部更名为综合总支，五支部暂缺后，于2008年12月重新恢复成立。为了进一步改善南充民革基层组织结构，后来又从四支部分离部分党员，陆续成立了以新社会阶层人士为主的第七支部和以税务人员为主的第八支部。之后，由独立行业单位党员成立了职业技术学院支部、精神卫生中心支部、省蚕丝学校支部、南充高中支部等。为了扩大南充民革的地域影响，经过多方努力，2012年6月8日，在仪陇县成立了民革仪陇县支部。

截止2014年底，南充民革基层组织发展到22个。同时，为了进一步强化基层组织建设，还升级成立了4个基层委员会。2016年，市委会完成组建民革蓬安县支部筹备工作，并于2017年1月12日举行了成立大会。如今南充9个县（市、区）中6个县（市、区）有了民革基层组织，南充民革组织建设取得了新的突破。这一系列基层组织的调整、组建，改善了南充民革基层组织结构，增强了党员的凝聚力，扩大了南充民革的影响，为南充民革履职尽责打下了坚实的组织基础。2017年12月29日，《团结报》总编汪业芬一行莅临我市，就民革南充市委基层组织建设工作进行专题采访报道。

随着南充民革基层组织结构的改善，党员规模的扩大，民革党员覆盖南充的教育、卫生、财政、审计、税务、城建、司法以及律师界、会计界、私营企业等30多个部门和领域，党员的素质明显提高，党员平均年龄显著下降。截止2019年底，南充761名民革党员的平均年龄为46岁；大学及以上学历的603人，占79%；中高级职称的419人，占54.9%。

民革十三大以来，为全面加强组织建设，民革中央决定在全国民革基层组织中开展示范支部创建活动，旨在全面提升民革基层组织建设水平，不断增强基层组织的活力、凝聚力和影响力。按照民革中央、民革省委工作要求，大力开展示范支部创建工作，积极引导一批有条件的基层组织率先创建示范支部，民革南充市委于2018年6月14日，赴阆中市开展示范支部创建活动督导调研并召开示范支部创建工作汇报会。中共阆中市委常委、统战部部长陈龙全，阆中市委统战部副部长杨晓君出席会议。2019年4月9日上午，市政协副主委、民革南充市委主委王晓贤率队赴民革高坪区基层委员会对示范支部创建工作进行督导检查。高坪区委常委、统战部长赵启，高坪区委统战部常务副部长谢鹏，民革南充市委秘书长罗艳参加督查。4月25日下午，王晓贤带领机关相关负责同志一行，赴嘉陵区基层委员会对示范支部创建工作推动情况进行专项督导。中共嘉陵区委常委、区委统战部长郭红英，嘉陵区委统战部常务副部长蒲正良、副部长罗青松应邀陪同督导。

2019年6月12日，民革四川省委秘书长许晓辉带领组织处、宣传处相关负责同志莅临南充，就示范支部创建工作开展督导调研。市政协副主席、民革南充市委主委王晓贤，中共南充市委统战部常务副部长李平，中共高坪区委常委、统战部部长赵启，中共嘉陵区委常委、统战部部长郭红英，区委统战部常务副部长蒲正良、顺庆区副区长张益萍、区委统战部常务副部长张丽君，民革南充市委副主委冯明义、王一茹、文海燕，秘书长罗艳等领导参加督导。许晓辉一行先后前往顺庆区民革党员之家和嘉陵区民革党员之家进行现场查看，分别听取了民革顺庆区基层委员会覃瑜莉和嘉陵区基层委员会负责人张莉对党员之家功能布局、经费保障、使用管理等方面的情况介绍；查阅了两个基层组织关于示范支部创建工作的相关软件资料，并对党员之家后续完善工作提出了意见建议。在随后召开的示范支部创建工作汇报会上，王晓贤介绍了民革南充市委示范支部创建工作总体推进情况，并就目前创建工作中存在的缺乏专干、部分基层组织资金短缺、基层组织档案缺失严重、文化内涵不够等问题做了详细汇报。并表示将乘关怀而奋起，加快示范支部创建步伐，努力在提升基层组织内涵上下功夫。严格对照提升指标指导各基层组织开展创建工作，以更强定力、更大担当、更好形象履职尽责，不断把组织建设推向更高水平。三区基层组织负责人在会上发言；三区统战部领导也相继发言。他们一致表示，将全力支持配合民革基层委员会开展示范支部创建工作，在人员、经费、政策方面积极给予保障，推动各基层委员会把创建工作做细做实，创出特色、建出水平。李平在会上要求，民革南充市委要以民革省委来南督导调研为契机，以示范支部创建工作为抓手，进一步规范基层组织的规章制度，激发基层组织的自身活力，创造基层组织的工作条件。同时要高度重视、精心谋划、统筹实施好基层组织集中换届工作，确保 2020 年基层组织换届取得圆满成功。许晓辉要求：所有参创支部要坚持思想建设这一主线，深入贯彻落实民革中央主席万鄂湘对 2019 年"思想政治建设年"的重要部署，进一步坚定政治信念，提高政治站位，严守政治共识。要建好用好民革党员之家，努力把民革党员之家建设成为民革党员的精神家园、活动阵地和宣传窗口。

为认真贯彻落实民革四川省委来南督导调研重要指示精神，持续推动示范支部创建工作走向深入，6月13至14日，由市政协副主席、民革南充市委主委王晓贤，民革南充市委副主委文海燕、秘书长罗艳等组成的督导组一行先后赴民革仪陇县支部、民革阆中市基层委员会就示范支部创建工作开展专项督导调研。督导组一行分别听取了仪陇县政协副主席、民革仪陇县支部主委唐国英、民革阆中市基层委员会主委曹芳关于示范支部创建工作的情况汇报，现场查看了创建工作相关软件资料及支部工作手册填写情况，就创建工作中存在的问题与支部相关负责同志进行了深入交流。中共仪陇县委常委、统战部部长饶又铭，县委统战部副部长何一帆，中共阆中市委常委、统战部部长陈龙全，统战部副部长杨晓君出席会议陪同督导。王晓贤指出，开展示范支部创建活动，有助于解决长期以来困惑民主党派基层组织建设的若干问题，全面提升民革基层组织建设水平，意义重大、责无旁贷。他要求支部全体党员要积极探索创建工作新模式，俯下身子沉下心来认真开展工作，多角度、多层次、多方位地推进示范支部创建。要结合实际，突出特色，确保每一项指标落到实处；要加强走访交流，找差距、学经验、补短板；要严格规范"支部工作手册"的使用管理，落实专人定期督促检查；要加强与政协和统战部的沟通联系，积极争取他们的关心支持，齐心协力推动示范支部创建工作取得圆满成功。

南充民革示范支部创建和"民革党员之家"建设工作得到了民革中央、民革四川省委的充分肯定和高度认可。南充市顺庆区基层委员会综合支部被民革中央评为第一批"全国示范支部"，嘉陵区基层委员会文卫支部被民革四川省委评为"全省示范支部"。民革顺庆区基层委员会"党员之家"被评为"全国优秀党员之家"，高坪区基层委员会"党员之家"被评为"全省优秀党员之家"。

二是选配好基层组织领导班子。配备好基层组织领导班子是加强组织建设，增强组织凝聚力和活力的关键，民革南充市委历来十分重视这项工作。

首先是规范基层组织换届工作。改变过去基层组织换届随意性和各基层组织换届时间参差不齐的做法。从2010年起，南充民革基层组织统一换届，以后每5年换届一次，与市委会换届相衔接。同时，市委会出台《基层组织换届指导意见》，从基层组织班子成员的酝酿协商、民主推荐、大会选举等方面给予了明确而规范的指导，从而使基层组织换届工作更为公开、公平、公正。

其次是物色好"带头人"。一个基层组织的工作搞得好与坏，关键是基层组织主委。由于基层组织的主委都是兼职，因此既要求"带头人"政治信仰坚定，道德素质高尚，组织协调能力强，党务工作热情高；又要求其社会影响大，本职工作突出。市委会严格按照以上标准，坚持民主集中制的原则，对基层组织主委人选进行深入考察，通过广泛征求意见，把政治上坚定，思想上先进，有参政议政能力，有奉献精神，热爱党派工作，善于做党务工作的同志选配到班子中来。从而建立起一支能做、会做、愿做党务工作的基层组织领导班子队伍，有力地促进了基层组织各项工作的开展。

三是建立健全基层工作制度。建立基层组织工作机制和规章制度是基层组织建设的一个重要方面。市委会要求各基层组织"年初要有计划、年终要有总结"。各基层组织根据自身情况都制定了相关工作制度，使基层组织活动制度化、常态化、规范化。如直属第五支部不仅建立了党员活动基地，还制定了《组织工作制度》《组织活动制度》《学习制度》《参政议政奖励制度》《领导班子岗位职责》等。

四是开展丰富多彩的组织活动。基层组织活动是增强党派凝聚力的主要方式，是基层组织活力的具体体现。南充民革各基层组织在组织生活内容上、组织生活形式上都进行了开拓创新，每次组织生活都精心谋划，提前准备，尽量做好与党员的沟通联系，努力提高党员参加组织生活的积极性。在组织生活形式上，不仅召开学习会、座谈会、专题交流会，还开展文体娱乐活动，进行考察调研，参观纪念场馆，关怀抗战老兵等等；在组织生活内容上，不仅学习政治理论、统战政策、时事新闻、民革党章党史，而且把参政议政与组织生活相结合，使党员们关心党政工作重点、社会热点，同时为市委会提供参政议政素材。

五是对基层组织工作考核评比。对基层组织工作进行考核评比，是民革南充市委一项创新工作，极大地促进了基层组织各项工作的开展。

由于南充民革基层组织党员分散，党派职务兼职，无活动场地，经费短缺，管理手段缺乏等原因，基层组织的管理历来是市委会工作的重点，也是难点。市委会针对基层组织管理的现状，制定出台了《基层组织工作考核体系及考核评分办法》，强化了基层组织的规范管理，提高了基层组织的凝聚力和战斗力。《基层组织工作考核体系及考核评分办法》（以下简称"办法"）将考核内容分为组织活动开展情况、参加民革会议和活动情况、参政议政情况、组织建设情况和其他，每项内容都确定一定分值。市委会还制发《民革南充市委基层组织工作考核登记表》，由市委会分管领导和机关联系人员进行日常登记考核；年终按照确定的评分办法打分，各项得分合计为某个基层组织的总得分，以此作为评选先进、经费补贴及其他事项的依据，"办法"经第十一届民革南充市委第五次委员会通过施行，后经多次修订后，更加科学、合理、完善。2017、2018年市委会经多方实践后分别再次修订了《基层组织考核评分办法》。"办法"的制定完善及实施，调动了基层组织工作的积极性和主动性，规范了基层组织的各项工作，促进了南充民革基层组织的建设和发展。

三、注重制度建设

制度建设是民主党派自身建设的保障，健全的制度体系对于民主党派提高工作效率，规范自身行为，建设素质高、执行力强的参政党具有十分重大的意义。

南充民革的制度建设从成立之日起，就是一个建立、修订和不断完善的过程。从"文革"前的《会议制度》《支部联系制度》，到上世纪90年代的《市委机关制度》《市委机关岗位责任制度》，至目前已经建立起的包括《委员会议制度和议事规则》在内的共20余个规章制度，形成了一个科学、完备、操作性强的制度体系，使民革南充市委的"三化建设"（规范化、程序化、制度化）迈上了一个新的台阶。

民革南充市委在制度建设中，首先是搞好顶层设计。即根据南充民革管理工作的实际需要，做好规章制度的规划设计工作。

民革南充市委根据以前制度建设经验和已实施的制度及其效果，借鉴多方面的好的做法，把南充民革制度体系规划为"议事规则""工作规则""管理制度""机关工作制度"四个分体系。"议事规则"有"总规"的性质，它对民革南充市委制度架构及应遵守的原则作出了基本规定，对代表大会、委员会议、主委会议和机关工作会议的性质、职权、规则等作出了规定；"工作规则"是对"思想政治工作委员会"等7个"专委会"的设立规模、职责和工作制度的规定；"管理制度"是南充民革的日常管理制度，包括《基层组织工作考核体系及考核评分办法》《市委委员管理办法》《参政议政成果奖励办法》《发展新党员实施细则》等；"机关工作制度"是针对机关管理制定的制度，包括《工作制度》《岗位职责》《会议会务工作细则》《公务接待细则》等。

民革南充市委的制度体系涵盖了工作的方方面面，做到了各项工作都有章可循，有规可依，是一个较为科学、完善的制度设计。市委会在制度建设中，突出针对性，注重实效性；草案先由机关委务会议充分讨论修改，广泛征求广大党员的意见，力求达成共识；然后提交主委会议审议通过后，制定出切实可行的规章制度，再由全委（扩大）会议审议通过后实施。由于民革南充市委制订的规章制度符合南充民革实际，可操作性强，对基层组织建设和民革事业的发展起到了很好的指导和促进作用。

南充民革的制度建设不是一劳永逸的，而是在实施过程中与时俱进，对那些因情况变化而不适宜的规定及时进行修订完善。比如在2009年第十一届第二十二次主委会议通过的《参政议政经费补助及奖励办法》，经过几年的实施，发现效果不是很好。于是在经过充分的讨论、修订后，出台了《参政议政成果奖励办法》，每年在有限的机关经费中，拿出数万元集中奖励当年参政议政成果大、效果好的基层组织和个人，因此而极大地调动了民革党员的参政议政热情。《基层组织考核评分办法》从2009年起实施，先后进行过3次较大的修改，使其更加符合实际，最大限度地适用于参差不齐的基层组织。2017年，为了加强对专委会工作的管理，制定了《民革南充市委专委会年度目标任务考核办法》，对各专委会与基层组织实行同步考核，并在年终总结会上通报，有效的推动了各项工作有序的开展；2018年又相继出台了《民革南充市委特约信息员制度》《民革南充市委信息反馈制度》，由各基层组织推荐热爱参政议政工作的民革党员担任特约信息员，承担社情民意信息收集、整理、编写、报送等任务，并多渠道对信息员进行业务培训。同时修订了《民革南充市委基层组织工作考核评分办法》，对参政议政及反映社情民意信息工作进行深入细化，通过考核激励的"指挥棒"，有效提振了基层组织参政议政的"精气神"，实现了信息报送及时、精准和高质。

民革南充市委在制订并完善规章制度的同时，高度重视规章制度的执行，维护制度的严肃性。一是加强规章制度的宣传，让规章制度人人知晓、个个遵守；二是领导班子成员带头严格遵守规章制度，做遵守规章制度的模范；三是严格监督检查，对违规违章的人和事，一视同仁，依规处理。一年一度的对市委会领导班子成员、市委委员、基层组织主委参会情况的考核，每年年终都在总结表彰大会上进行通报；对基层组织的考核严格按照规定的评分标准，排定名次，分等级进行表彰奖励。

规章制度的健全、完善和落实，进一步规范了民革南充市委机关干部和民革党员的行为，促进了市委会各项工作的顺利开展，凝聚了党员人心，调动了基层组织和党员参政议政热情和参与组织活动的积极性，党员的个人才华和人生价值得到充分的体现。民革南充市委参政议政的材料不论数量还是质量，都有了明显的提升，党派履行职能的工作迈上了一个又一个新的台阶。

四、强化机关建设

民主党派机关是民主党派开展日常工作的机构，是传达上级指示精神、反映党派情况的枢纽，是服务领导的参谋部、服务党员的后勤部，是协调关系的综合部、决定决策的执行部。因此，机关建设是民主党派组织建设的重要内容，是抓好组织建设的重点工作。

南充民革经历了从"县市支部甲级筹委会"到民革南充市委员会、民革南充地区委员会与民革南充市委员会两块牌子、一套班子，再到撤地建市后的民革南充市委员会的多次称谓变化，机关工作人员编制也随之多次变化。

撤地建市后，民革机关各项工作急需加强，由于中层工作机构迟迟没有完善，制约了机关各项工作的正常开展。1995年经市委统战部与组织部协调批准，党派机关均增加设立了组织宣传部，至此，民革机关在编人员7人，空编1人，其中单列编制1人，工勤编制1人。在机关人员编制上："文革"结束时仅有工作人员4人，上世纪80年代后陆续调入了6名工作人员，机关力量得到充实。2011年机关干部年龄老化，三位同志退休，到2014年机关抓住机遇通过考调和公招引进干部3人，2016年再次遴选1人，使机关干部的配置趋于年轻化、合理化。在机关职务设置上：2011按照上级文件精神，机关职务设置发生变更，改变了一直以来驻会副主委兼秘书长任职的格局，变为驻会副主委、秘书长分设。截至2019年民革南充市委设驻会副主委、秘书长两个领导职务，设组织宣传部、办公室两个内设机构。

（一）重视机关工作人员素质

机关工作人员素质高低对提高机关工作效能有着至关重要的影响。尽管受多种因素的影响，民革南充市委在进人上依然严把入口关，在招考工作人员时对应考人员的学历、写作能力、基层工作年限等都作了明确规定，确保了进入机关的工作人员基本素质符合民革机关工作需要。同时市委会加大了对机关工作人员的培训，一是在政治思想上坚持中国共产党领导的政治立场不动摇，要深化中国共产党领导的多党合作和政治协商制度的认识，发扬孙中山先生"爱国、革命、不断进步"的精神；二是在业务上要求端正为民革党员服务的态度，随时为民革党员提供协调帮助；三是在写作上要不断提高公文写作能力，及时宣传报道南充民革会议活动；四是要注重参政议政能力的培养，为发挥参政党作用出谋划策，五是建设学习型机关，机关不定期召开工作会、学习会和民主生活会，为增强民革党派间联谊，市委会组织机关前往德阳、广元、广安、达州、西昌、攀枝花、泸州、广州、中山、深圳等地民革组织考察学习和交流，使机关工作人员整体素质得到了显著提高。

机关作为参政党履职的主要保障部门，为进一步加强机关建设，市委会严格按照中共中央"八项规定"、和民革中央关于"五型""三化"机关建设的要求，继续推进"学习型"机关建设，定期组织召开机关工作会议，着力提升机关办文、办事、办会的水平和质量。2015年，市委会按照"三化"机关建设的要求，加大对机关干部的培养和引进力度，先后推荐1名机关干部进入2015年南充市优秀年轻干部和人才递进培养计划。2016年，市委会又以建设"团结、精干、务实、高效、廉洁"的机关为目标，把改进工作作风，提升机关效能，建设廉洁机关作为年度重要任务，牢固树立干部的公仆意识和服务意识，切实履行好服务的职能。2017年，市委会严格按照中共中央"八项规定"和民革省委"学习型""服务型"机关建设要求，先后选派机关同志8人次参加民革四川省组织的相关培训，着力提升机关办文、办事、办会的质量和水平，着力打造"学习型""服务型"机关建设。2018年为打造"三化""五型"机关建设，进一步健全机关工作人员考评制，机关实行"一岗双责"制（岗位责任制和履职责任制），把岗位责任和工作职责同研究、同部署、同检查、同考核，有效的激发机关干部的学习热情。

（二）建立和完善机关工作制度

机关制度建设是机关建设的关键环节，为了建设"规范、高效、服务"

的学习型机关，民革南充市委制定并完善了《机关工作制度》《机关工作人员岗位责任制》《信访工作制度》《财务管理制度》《安全保卫工作制度》《精神文明建设制度》《小车管理制度》《工作纪律及奖惩制度》等。《机关工作人员岗位责任制》是对机关每个职务岗位、每个工作人员的具体工作职责作出了详细规定，机关的每项工作都细化到岗、明确到人。2015年，市委会进一步建立健全、规范完善了机关工作人员考评奖励制度、岗位责任制、支部联络员制度等，逐步建立起靠制度管理、依程序办事的工作机制。2017年机关建设工作又出新举措。为进一步建立健全机关工作人员考评制、岗位责任制、支部联络员制度等，逐步建立起靠制度管理、依程序办事的工作机制，市委会下发了《民革南充市委关于机关工作人员工作分工的通知》，机关工作同志分别联系专委会，明确职责，再次将目标任务进行分解，使干部明确各自的职责。随后，2019年市委会进一步规范印章、公文、财务等运行程序，逐渐形成靠制度管理、依程序办事的工作机制，工作效率和水平得到进一步提高。在市委会机关持续开展了办公技能考核比拼活动，进一步激发机关年轻同志的学习热情，大家比学赶超，形成积极向上的良好氛围，机关办公效率和服务水平不断提升，机关在内强素质、外塑形象上卓有成效，圆满地完成了市委会的各项工作。这一系列工作制度、岗位职责的制定和落实，规范了南充民革机关工作，提高了机关工作效率，树立了良好的南充民革形象。

（三）加强机关工作作风建设

机关工作作风建设是机关建设的重要内容，是廉政高效的重要保障。历届市委会都坚持不懈地狠抓了机关工作作风建设，要求机关干部加强学习，不断充实自己，完善自我，以适应新时期统战工作及党派履职工作的需要。为了进一步抓好机关作风建设，民革南充市委于2005年初成立了"机关作风建设领导小组"，经过多年的不懈努力，南充民革机关形成了良好的机关工作作风。为加强机关干部与基层组织的联系，树立为基层服务、为党员服务的思想，市委会建立了《机关干部下基层制度》；每个机关干部分别联系数个基层组织，各自参加所负责的基层组织活动，了解党员思想、工作、生活状况；通过沟通信息，做到上传下达，下传上达。加强了广大党员与机关的沟通和联系，有利于党派履职工作的开展。

近年来，市委会以建设"团结、精干、务实、高效、廉洁"的机关为目标，把改进工作作风，提升机关效能，建设廉洁机关作为年度重要任务，切实抓好机关人员政治理论、业务知识培训，进一步提高了政治把握能力、参政议政能力、沟通协调能力和合作共事能力。通过加强机关工作作风建设，南充民革机关具有较强的执行力，市委会的各项决策、决定都能得到很好的贯彻执行；机关全体人员遵章守纪，服务党员热情周到，办事认真高效；机关工作人员积极思考、主动作为，发挥了参谋助手作用，是一个团结向上的集体。2011年12月，在民革全国机关工作暨先进集体先进个人表彰会上，黎万德荣获"民革全国机关工作先进个人"荣誉称号；2016年11月25日，在民革全国机关工作暨先进集体先进个人表彰会上，民革南充市委荣获"民革全国机关工作先进集体"荣誉称号，陈凤英荣获"民革全国机关工作先进个人"荣誉称号。

五、加强党风廉政建设

党风廉政建设对于执政党非常重要，对于民主党派同样十分重要。党风廉政建设事关党派形象，直接影响到广大群众对民革的认识、信任和评价。因此民革南充市委十分重视党风廉政建设，并且常抓不懈。

在新世纪之初，民革南充市委响应中共南充市委发出的"学习雍宗满，争做人民好儿女"的号召，于2004年4月9日上午，组织机关全体人员和退休干部，前往南部县寒坡乡四房嘴村进行实地参观学习。学习雍宗满舍小家、富大家，廉洁自律，无私奉献，带领全村人民勤劳致富的高尚情操和崇高精神；然后组织了学习讨论，对党风廉政建设起到了很好的推动作用。

2006年3月4日，中共中央总书记胡锦涛在看望政协委员时强调了"八荣八耻"[6]的"荣辱观"。此后，全国掀起了宣传、学习"八荣八耻"的热潮。民革南充市委把宣传、学习"八荣八耻"提上了重要的议事日程，号召各基层组织在党员中大力宣传、学习"八荣八耻"主要内容，同时结合中共南充市委宣传部、统战部等12家单位《关于集中开展"与文明同行，共建和谐南充"主题宣传教育活动的实施意见》，在全体民革党员中开展"我的精神家园"征文活动，起到了教育广大党员树立高尚道德情操的积极作用。

同年4月14日，民革南充市委下发《关于在全市民革组织中开展社会主义荣辱观教育活动的通知》。《通知》要求民革各基层组织按照民革四川省委（川革发〔2006〕3号文件）、民革中央《关于开展社会主义荣辱观教育活动的通知》《中共四川省委统战部转发中共中央统战部关于在党员中开展以"八荣八耻"为主要内容的社会主义荣辱观教育活动的通知》等文件精神，将荣辱观教育作为民革自身思想政治建设的一项重要工作来抓，立即以各种不同形式围绕此内容开展学习、宣传和教育活动。

民革南充市委严格按照全市党风廉政建设和反腐败工作的总体要求，认真落实《中共南充市委、南充市人民政府关于2009年党风廉政建设和反腐败工作的意见》（南委发〔2009〕9号）文件精神，成立了以主委为组长，副主委和分管领导为成员的"党风廉政建设领导小组"，制订和完善相关规章制度，组织班子成员、党员中的人大代表、政协委员和各基层组织负责人学习党风廉政建设的有关文件，积极参加市上有关部门召开的党风廉政建设情况通报会，不断提高班子成员政治思想觉悟，增强反腐倡廉的自觉性和坚定性。

中共中央2012年12月4日关于改进工作作风、密切联系群众的"八项规定"和此后的"六项禁令"出台后，民革南充市委领导班子成员和机关干部认真学习、严格遵循《中国共产党党员领导干部廉洁从政若干准则（试行）》和《中共中央纪委关于严格禁止利用职务上的便利谋取不正当利益的若干规定》，自觉遵守《廉洁自律规定》，认真落实《重大事项报告》《收入申报》《礼品登记》"三项制度"，起好表率作用。

2015年下半年市委会为正风肃纪推动作风转变，组织全市民革党员深入学习领会、全面贯彻落实《中共中央关于四川南充拉票贿选案查处情况及其教训警示的通报》和省委书记王东明在全省领导干部大会上的重要讲话精神，强化对全市民革党员的警示教育，积极引导党员要珍惜荣誉，严格换届程序，严肃换届纪律，切实把思想和行动统一到中央、省委的要求上来，圆满完成基层组织换届选举工作，确保南充民革换届选举政治交接的顺利完成，为净化政治生态、重塑南充形象作出应有的贡献。通过真抓实干，严于律己，责任落实，警钟长鸣，提高了拒腐防贪能力，"市委会"党风廉政建设取得新的成效。

随后每年，市委会适合都要组织机关干部及党员同志学习中共中央、省委、市委关于党风廉政建设方面的重要文件精神，做好大家的思想教育工作，要求大家必须严格遵守、认真执行相关规定。

六、第十、十一、十二、十三次党员代表大会

进入21世纪以后，我们国家改革开放进入快车道，社会主义现代化建设取得辉煌成就，中国共产党领导的多党合作事业也得到进一步的发展。按照民革党章的规定，到2014年底，民革南充市委先后召开了4次党员代表大会，每次代表大会都总结了上一届委员会的工作、提出了新一届委员会的工作任务、选举产生了新一届领导班子。

（一）第十次党员代表大会

2002年4月25日至4月26日，民革南充市第十次党员代表大会在南充市人大法制培训中心召开，大会代表99人。这次大会是在新世纪新阶段召开的、在南充民革历史上具有重要意义的一次大会。这次大会高举邓小平理论伟大旗帜，认真学习"三个代表"重要思想，围绕民革中央提出的"建设一个什么样的参政党、怎样建设参政党"这一重大问题，进行了讨论和研究。

杨汉翔受民革南充市第九届委员会委托，向大会作了《工作报告》。报告从民革南充市委参政议政、民主监督等履职能力的提高，为经济建设服务途径的拓展，祖统联谊工作的开展，自身建设力度的加强等方面的工作作了全面回顾。提出了必须坚持正确的政治方向，必须坚持围绕中心、服务大局，必须坚持发挥群体优势，必须建立完善的工作机制"四个必须"；要求全体民革党员在今后5年要深化思想政治工作，继续加强自身建设；提高参政议政水平，努力发挥参政党作用；发挥民革特点和优势，推进祖统联谊工作；围绕中心，立足本职，为经济建设和社会发展服务。

大会选举产生了民革南充市第十届委员会。冯庆煜当选主委，张为钢、童川军（女）、贺频（女）、王晓贤当选为副主委，童川军兼任秘书长，王敏（女）、冯明义、李再茂、李宾中、杨禾（女）、杨克新等19人当选为委员。

本届冯庆煜当选为民革省委常委，贺频当选为民革省委委员。

（二）第十一次党员代表大会

2006年8月21日至23日，民革南充市第十一次党员代表大会在万泰大酒店召开，大会代表103人。这次大会是在深入学习领会中共中央颁发的《关于进一步加强中国共产党领导的多党合作和政治协商制度建设的意见》（以下简称"5号文件"）的重要时刻召开的。"5号文件"深刻阐明了实行中国共产党领导的多党合作和政治协商制度的必然性、合理性和优越性，科学总结了多党合作和政治协商制度的丰富实践，提出了一系列新的理论观点和政策措施，是我国新世纪新阶段多党合作事业的纲领性文件。

冯庆煜受民革南充市第十届委员会委托，向大会作《工作报告》。报告对民革南充市委在"认真学习，加强思想政治建设的力度不断提高""参政议政，履行职能的能力和水平不断增强""发挥优势，为经济建设和社会发展服务的途径不断扩大""祖统联谊，促进交流和发展的渠道不断拓展""整合资源，使组织的凝聚力和向心力不断增强""强基固本，促进自身建设的力度不断加强"等六个方面的工作作了回顾。报告认为，过去的五年是民革南充市委不断进取，求真务实，开拓创新的五年。报告对下一届市委会工作提出了五点新的建议：一是认真学习，继续加强党员思想政治素质的建设；二是围绕中心，充分发挥参政议政、民主监督职能；三是拓展思路，积极为地、方经济和"三个文明"建设服务；四是发挥优势，切实抓好祖统联谊工作；五是与时俱进，努力开拓民革各项工作的新局面。

大会选举产生了民革南充市第十一届委员会。冯庆煜当选为主委，张为钢、童川军（女）、贺频（女）、王晓贤当选为副主委，童川军（兼）秘书长，王敏（女）、王旗、冯明义、吴小红（女）、杨克新等21人当选为委员。

冯庆煜再次当选为民革省委常委，贺频、张为钢当选为民革省委委员。

2008年7月，童川军因工作调动辞去副主委兼秘书长职务，王晓贤调入民革机关任驻会副主委兼秘书长。2009年10月增补曹红为副主委。

（三）第十二次党员代表大会

2011年12月13日至15日，民革南充市第十二次党员代表大会在北湖宾馆召开，大会代表124人。这次大会是在我国经过三十年高速发展、世界正处在大发展大变革大调整时期召开的，我国要建设更高水平的小康社会，对参政党履职能力建设提出了新的更高的要求。

冯庆煜受民革南充市第十一届委员会委托，向大会作题为《求真务实，不断进取，全面开创民革各项工作新局面》的工作报告。冯庆煜从"突出思想建设主线，夯实政治理论基础""突出参政议政主体，提高履责能力""突出资源优势特点，推进和谐社会发展""突出祖统工作重点，拓展发展交流渠道""突出活动载体作用，凸显自身亮点"等五个方面对过去五年作了工作回顾。并从"必须坚持以邓小平理论和'三个代表'重要思想为指导，深入贯彻落实科学发展观""坚持中国共产党的领导""坚持中国共产党领导的多党合作和政治协商制度""坚定不移地走中国特色社会主义发展道路"等四个方面作了工作总结。冯庆煜还从"紧扣时代主题，进一步加强思想建设""围绕发展，稳定大局，进一步履行参政党职责""发挥资源优势，进一步开展社会服务工作""搞好祖统工作，进一步突出民革特色""探索党务工作方式，进一步强化自身建设"等五个方面，提出了今后五年的工作任务。

大会选举产生了民革南充市第十二届委员会。王晓贤当选为主委，张为钢、贺频（女）、曹红（女）、冯明义当选为副主委，陈凤英（女）被任命为秘书长，王旗、刘全忠、吴小红（女）、杨克新等21人当选为委员。

（四）第十三次党员代表大会

2016年8月18日至19日，中国国民党革命委员会南充市第十三次代表大会在北湖宾馆隆重召开。参会代表159名。本次大会的任务是：听取和审议民革南充市第十二届委员会工作报告，选举民革南充市第十三届委员会委员，选举产生民革南充市第十三届委员会主任委员、副主任委员，任命秘书长。

本次大会的主题是：学习中共十八届三中、四中、五中全会和习近平总书记系列重要讲话精神，学习中共南充市委五届十三次全会精神，坚持中国特色政治发展道路，坚持中国共产党领导的多党合作和政治协商制度，认真总结经验，明确今后任务，提高认识，统一思想，以政治交接为着眼点实现人事上的新老交替。团结和动员全市民革组织与全体党员要以更加振奋的精神，更加扎实地工作，更好地履行参政党职责，为推动南充科学发展，转型发展，加快发展作出新的更大贡献。

王晓贤受民革南充市第十二届委员会委托，向大会作题为《同心创辉煌，携手谱新篇》的工作报告。报告从全面加强自身建设、切实履行参政党职能、有效推进社会服务、积极开展祖统工作等四方面回顾了过去五年的工作；并从"牢牢把握正确的政治方向，坚持不懈地抓好思想政治建设""切实抓住履职能力建设，持而不息地服务地方经济社会发展""积极推进自身建设，持之以恒地建设高素质参政党""突出民革特色，开创祖统工作新局面"等四个方面提出了今后工作的方向。报告指出，未来五年民革南充市委的总体工作思路：高举中国特色社会主义伟大帜，以邓小平理论"三个代表"重要思想、科学发展观为指导，深入学习习近平总书记系列重要讲话精神，在民革四川省委和中共南充市委的领导下，弘扬孙中山先生"爱国、革命和不断进步"的精神，紧紧围绕市委、市政府的中心工作，同心同德，开拓进取，为推动南充科学发展、转型发展、加快发展作出新的更大贡献。

选举大会于19日下午进行，大会选举产生了民革南充市第十三届委员会，王一茹（女）、王晓贤、文海燕（女）、冯明义、许尔富、吕萍（女）、李祥昌、李宾中、刘全忠、杜铮（女）、杨克新、陈凤英（女）、张萍（女）、张莉（女）、林中超、宾德平、曹红（女）、曹芳（女）、覃瑜莉（女）、程显权、程晓蕾（女）21人当选为新一届市委委员。

在民革南充市第十三届委员会第一次全体委员会议上，王晓贤当选为民革南充市第十三届委员会主任委员，曹红（女）、冯明义、宾德平、王一茹（女）当选为副主任委员。任命陈凤英（女）为秘书长。

期间：因工作调动，曹红辞去民革南充市委委员、副主委职务，陈凤英辞去民革南充市委委员、秘书长职务，并经2017年10月25日召开的第十三届七次全委（扩大）会议审议通过。

2018年12月24日，召开第十三届十九次全委（扩大）会增补罗艳同志为市委委员。

2019年2月22日，民革南充市委召开第十三届二十次全委（扩大）会完成了届中调整，文海燕当选为副主委，罗艳被任命为秘书长。

注释：

[1]《"坚持中国秀色政治发展道路，搞好政治交接"教育活动学习资料》2007年4月民革中央宣传部编。

[2]指中共中央2005年颁布的《中共中央关于进一步加强多党合作和政治协商制度建设的意见》及2006年颁布的《中共中央关于加强人民政协工作的意见》。

[3]2007年6月25日，胡锦涛总书记在中央党校省部级干部进修班发表重要讲话，强调面对新形势新任务，要坚持以邓小平理论和"三个代表"重要思想为指导，深入贯彻落实科学发展观，继续解放思想，坚持改革开放，推动科学发展，促进社会和谐，为夺取全面建设小康社会新胜利而奋斗。总书记的讲话是我党面临新的世界经济、政治环境和形势，继续坚持走中国特色社会主义道路，实现科学发展、和谐发展之路的宣言，是一篇富于马克思主义理论创新的纲领性、指导性文献。

[4]即增强积极性，增强时效性，增强创新性；提高自身素质、提高工作效率、提高服务水平。

[5]革中〔2013〕28号文件，指《民革中央关于纪念"五一"口号发布65周年，深入开展"薪火相传，圆多党合作之梦"学习教育活动的通知》，川民革发〔2013〕20号文件指《民革四川省委关于纪念中共中央"五一"口号发布65周年，深入开展"薪火相传，圆多党合作之梦"学习教育活动的通知》。

[6]"八荣八耻"的内容为：坚持以热爱祖国为荣，以危害祖国为耻；以服务人民为荣，以背离人民为耻；以崇尚科学为荣，以愚昧无知为耻；以辛勤劳动为荣，以好逸恶劳为耻；以团结互助为荣，以损人利己为耻；以诚实守信为荣，以见利忘义为耻；以遵纪守法为荣，以违法乱纪为耻；以艰苦奋斗为荣，以骄奢淫逸为耻。

第二节　参政议政新局面

参政议政、民主监督是参政党的基本职能。进入新世纪以来，民革南充市委高举邓小平理论和"三个代表"重要思想伟大旗帜，按照科学发展观的要求，以习近平新时代中国特色社会主义思想为指导，认真履行参政议政职能，紧紧围绕中共南充市委、市政府的中心工作建言献策，为推动南充经济社会事业的发展发挥了积极作用，作出了应有的贡献。

一、参政议政工作机制的建立

参政议政是民主党派基本职能之一，是民主党派存在的价值所在。建立参政议政工作机制，对于提高参政议政质量和水平，推进参政议政工作规范化、制度化有着十分重要的作用，是履行好参政议政职能的重要保障。

（一）建立参政议政人才选拔机制

人才是一个民主党派发展及履行职能最重要的因素，也是第一要素。民革南充市委的参政议政能力和影响力怎么样，取决于人才的选用、储备与培养。

长期以来，民革南充市委在基层组织中发现并选拔人才，鼓励基层组织主动发掘和推荐参政议政人才。同时为人才脱颖而出创造条件，鼓励普通党员积极参加党派组织的各种活动，在党派履职过程中积极参与、大胆实践，围绕地方党委和政府的中心工作提出自己的意见和建议，从中选拔出质量可靠、数量合理的参政议政后备人才，为培养高层次参政议政人才打好坚实基础。

民革南充市委将党员中表现突出的各类人才，推荐为人大代表、政协委员、"特邀七员"候选人，或聘请为各"专委会"成员。经过不断地实践和总结，市委会逐步探索并建立了依托各级人大、政协及基层组织等平台，有效推进民主党派参政议政人才队伍建设的工作机制，为强化党派参政议政能力提供了人才保障。

（二）建立参政议政培训机制

加强对党派领导班子成员和党员中的人大代表、政协委员的参政议政培训工作，提高其政治思想水平、政治把握能力、参政议政才能和写作水平，是民革南充市委提高参政议政能力和水平，服务地方经济社会发展，更好地履行参政党职能的主要途径。

一是建立全员培训制度。对所有民革党员进行参政议政课题选择的培训学习，使他们能在纷纭复杂的现实生活工作中发现有价值的参政议政线索，让他们从自己身边的人和事中提炼参政议政课题。二是建立重点培训制度。在每届换届时，对拟任或继任的各级人大代表、政协委员进行集中培训学习，在每年"两会"召开前，聘请市政协提案委或民革四川省委参政议政委员会的领导进行议案、提案知识讲座。三是建立专题培训制度。比如举行经济形势报告会，提高参政议政准确度；举办调研报告、社情民意、提案（议案）写作技巧讲座，提高写作水平。

（三）建立专家参政议政机制

为了弥补民革南充市委内部政策理论研究力量的不足，聚焦民革党内精英人才的力量，提高南充民革的参政议政能力和水平，市委会于2014年1月14日成立"参政议政专家组"，聘请三名南充知名的专家学者为首批专家组成员。市委会在依托党内参政议政资源的基础上，积极向党外"借脑"，以发挥专家学者的智力优势，切实加强对"三农"、社会法制等民革参政议政重点领域的研究，为南充经济社会发展提出具有针对性、前瞻性、创造性的意见和建议，为中共南充市委、市政府谋全局、谋大事贡献智慧和力量。成立"参政议政专家组"，是民革南充市委加强与党外专家学者交流，拓展参政议政工作思路和渠道，进一步创新和提高了南充民革参政议政的能力和水平。

（四）建立参政议政工作机制

民革南充市委按照民革中央有关参政议政的要求，积极探索参政议政的新思路、新途径和新形式。一是建立健全了参政议政"选题"的决策机制，从参政议政题材的广泛征集、专家论证到主委会确认，努力提高选题的民主化、科学化水平；二是建立了参政议政课题立项责任制，明确课题目标、调研对象和课题责任人；三是建立并完善了参政议政激励机制，完善了参政议政成果奖励办法，对提供参政议政素材及参政议政成绩突出的集体和个人给予表彰和奖励，充分调动了各方面的积极性，提高了参政议政质量；四是建立了参政议政协同机制，加强了与对口联系单位的团结协作，协助并参与民革中央、民革省委在南充的调研课题，还与市政协进行专题合作调研，与各基层组织开展形式多样的联合调研。通过多种形式的调研工作，沟通了横纵联系，实现了合力推进，作出了显著的成绩，使参政议政工作取得了实质性的效果。

为了发挥南充民革的智力优势，发动更多的党员投入到参政议政工作中来，使民革南充市委更好地履行党派职能，市委会于2009年先后制定了《参政议政工作委员会工作规则》《参政议政经费补助及奖励办法》等规章制度。

为了激发更多的民革党员投入到参政党履行职能的工作中来，使民革南充市委参政议政工作获得新的突破，取得新的成就，市委会于2011年3月3日制定了《关于参政议政成果奖励办法》（南革委〔2011〕8号），并于2012年2月17日对《关于参政议政成果奖励办法》进行了修订；2013年1月11日出台《民革南充市委关于<关于参政议政成果奖励办法>的补充意见》，并以南革委〔2013〕4号文件下发各基层组织。

根据南充民革基层组织发展情况和党派工作需要，同时为了使参政议政工作与时俱进，取得更大实效，2014年3月25日，民革南充市第十二届十三次全委会对《民革南充市委基层组织工作考核评分办法》进行了修订，加重基层组织参政议政考核分值，细化基层组织参政议政情况量化考核规定。参政议政各种工作机制的建立和完善，极大地调动了广大民革党员的参政议政热情和积极性。2015年，市委会进一步完善参政议政成果奖励办法，注重发挥参政议政专委会主力军的作用，充分调动了党员参政议政的热情。全年完成调研报告10篇，2017年，市委会充分发挥专委会和基层组织党员的积极性，通过精选课题，深入调研，全年完成调研报告20篇。2018年市委会从健全机制完善制度入手，推行"参政议政一把手负责制"，将参政议政工作作为市委会及各基层组织"一把手工程"来抓，并相继出台了《民革南充市委特约信息员制度》《民革南充市委信息反馈制度》由各基层组织推荐热爱参政议政工作的民革党员担任特约信息员，承担社情民意信息收集、整理、编写、报送等任务，并多渠道对信息员进行业务培训。再次修订了《民革南充市委基层组织工作考核评分办法》，对参政议政及反映社情民意信息工作进行深入细化，进一步完善机制创新方式，激发参政议政新活力。

二、重视调研视察，做到知情明政

深入基层考察调研，了解党政中心工作推进情况，掌握基层民众生产生活情况，发现亟待解决的问题，提出解决问题的意见和建议，是民主党派参政议政知情明政的重要抓手，是民主党派建言献策的基础性工作。

（一）积极配合中、省调研视察

民革中央十分重视调查研究工作，2001年成立了调查研究部，专门负责参政议政工作，并在四川德阳建立了调研基地。民革中央领导及调查研究部的专家、学者等多次来到南充调研视察，民革南充市委除积极配合调研视察外，还多次主动邀请民革中央调研组来南充，深入基层、深入生产第一线开展调查研究，在为民革中央重点调研课题提供鲜活的第一手素材的同时，指导南充民革的调研工作，提高了南充民革调查研究问题的能力和水平。

2013年12月，全国政协副主席、民革中央常务副主席齐续春率领民革中央"三农"委员会有关专家到南充，就农村金融改革有关情况进行调研。齐续春对作为农业大市的南充，在农业生产经营方面的情况印象深刻，对南充在农村金融改革创新方面做出的成绩给予了高度的评价和肯定，认为南充丰富的"三农"工作实践经验，对于民革中央参政议政三大重点课题之一的"三农"问题调查研究有着重要的样本意义，当即提议在南充建立"三农"调研基地。民革南充市委积极跟进，经多方联系协调，市委会主要领导与市政府主要领导一起到民革中央汇报工作，促进了民革中央"三农"调研基地在南充的建立。2014年6月，民革十二届中央"三农"委员会第二次全体会议暨"农村土地问题与农村金融问题"研讨会在南充市召开，会上举行了建立民革中央"三农"委员会调研基地的授牌仪式。民革中央将南充市定为"三农"调研基地，加强了民革中央和南充市有关部门更加广泛的联系和合作，有力促进了南充"三农"工作的改革和创新，同时总结出南充"三农"工作经验可以在全国推广，有利于党派中央与地方政府共同推进农业现代化建设、为全面建成小康社会贡献力量。2015年市委会坚持"请进来""走出去"相结合，先后邀请了民革凉山州市委会、民革广安市委、民革遂宁市委就农业科技创新、发展农村特色旅游业、机关建设等方面来南充开展联合调研；先后与市委统战部赴西充就原国民党抗战老兵救助方案落实情况，与民革阆中总支对构溪河湿地公园规划建设情况开展联合调研；组织民革党员中的省、市人大代表、政协委员参观视察高坪区"柑橘百里长廊"，提出了建设性意见和建议。2016年，市委会组织民革界别人大代表、政协委员到大林乡石马嘴村猕猴桃专业合作社开展了现代农业视察调研。2017年10月12日，民革南充市委"三农委"赴蓬安县信用社调研金融工作。市政协副主席、民革南充市委主委王晓贤，市政协副秘书长、民革南充市委秘书长、民革南充市委"三农委"主任陈凤英，"三农委"委员及机关干部参加了调研。2018年，市委会组织民革党员中的人大代表、政协委员深入开展"乡村振兴"等课题调研，形成了高质量的调研报告并在协商会上进行了发言，这些"三农"课题的调研成果，在社会上产生了良好的效果。

据统计，进入21世纪以来，时任全国人大常委、民革中央副主席胡敏，时任全国政协副主席、民革中央常务副主席、著名经济学家厉无畏，时任全国政协常委兼副秘书长、民革中央专职副主席何丕洁，时任全国政协常委、民革中央专职副主席郑建邦，时任全国政协副秘书长、民革中央副主席刘家强等十多位领导先后到南充视察调研，他们的到来不仅对南充经济社会事业的发展提出了意见建议，推动了南充的各项工作，同时对民革南充市委所作的工作和取得的成绩给予充分肯定，对民革南充市委的工作给予了具体指导和热情帮助，极大地推进了南充民革工作的上档升级。

民革四川省委领导及调研小组来南充的视察和调研更多更经常。民革四川省委的视察调研主要有以下几个方式和目的：一是补充和完善民革四川省委的建言献策所需的调研材料。2003年4月,为了完成有关城市建设的调查研究,四川省人大副主任、民革四川省委主委钮小明一行14人赴南充,参观了南充的城市建设、市政府新址并在北湖宾馆召开座谈会。二是与南充民革联合调研。在南充民革的争取和努力下,民革四川省委每年与南充民革进行一至二个课题的联合调研。如2010年的联合调研题目是基层卫生服务体系建设情况。11月,民革四川省委秘书长曹丰平一行,前往南充市高坪区东观镇中心医院,调查了解该中心医院的运行情况,解剖我省基层卫生服务体系存在的困难和问题,为我省公立医院改革建言。三是开展专项工作视察。如2007年9月,为了促进南充民革"政治交接学习教育活动"的顺利开展,民革四川省委主委、"政治交接学习教育活动"领导小组组长王宇坤率民革省委督查组一行赴南充,对南充民革领导班子成员一对一谈话,督查指导民革南充市委"政治交接学习教育活动"深入开展。四是进行参政议政经验交流。如2012年5月,民革四川省委副主委何一立率省民革参政议政机制建设调研组成员,赴民革南充市委进行调研,并在阆中市召开了参政议政机制建设座谈会。座谈会上,民革泸州市委、民革德阳市委、民革绵阳市委领导结合当地民革参政议政机制及组织建设情况进行了交流;南充民革党员就如何加强参政议政机制建设提出了意见和建议。座谈会上,市委会主委王晓贤提出了建立省、市调研协作机制和资源共享机制,建立参政议政精英队伍的建议。五是指导南充民革开展工作。如2014年4月,民革中央副主席、民革四川省委主委刘家强一行来到南充,视察了民革党员企业四川环宇虹源农业投资管理有限公司和谐生态农庄。在听取了有关情况汇报后,刘家强就农业企业的经营管理、科学技术在发展现代农业中的作用以及农业项目的可持续发展,如何使农民增收等问题作了重要指示,引导该企业为我市现代农业的发展作出贡献。2016年4月15日,时任民革中央副主席郑建邦一行莅临南充,就民革南充市委工作开展情况实地听取汇报并现场指导。民革中央联络部副巡视员章仲华、民革中央联络三处副调研员李起、民革省委驻会副主委何一立、民革省委联络处处长曾文矩陪同听取汇报,并作了实质性指导。5月9日,为进一步推进我市农业机械化发展,提升我市农业机械化水平,民革南充市委赴西充县调研我市农业机械发展情况,调研中听取了汇报,对存在的问题提出来意见和建议。市政协副主席、民革南充市委主委王晓贤，四川省农业厅农机化发展处副处长郑跃，市农牧业局党组成员、机关党委书记左晔，民革南充市委秘书长陈凤英参加了此次调研。

2017年，民革四川省委秘书长许晓辉一行在市政协副主席、民革南充市委主委王晓贤陪同下就基础设施建设、产业培育、乡村旅游、人居环境改善和法治文化建设等问题，前往广安市武胜县白坪乡凤鸣村开展调研帮扶，与"两委"负责同志进行了深入探讨，提出了良好的意见和建议。此次调研为凤鸣村实现三年脱贫、两年巩固、一年奔小康的脱贫攻坚目标提供了重要的支持和帮助。

2019年4月29—30日，民革四川省委副主委曾蓉一行赴南充，就乡村振兴中基层组织和人才队伍建设工作开展专题调研。市政协副主席、民革南充市委主委王晓贤，市政协社法委主任曹华光，南部县政协主席时春英、副县长杜彬、县政协副主席何榕等陪同调研。调研组一行先后深入到南部县东坝镇打鼓山村、八尔湖镇纯阳山村等地，通过听取情况介绍、实地参观等方式，详细了解南部县乡村振兴战略规划实施情况以及基层组织和人才队伍建设情况。民革四川省委调研组对南部县乡村振兴中基层组织和人才队伍建设工作取得的成效给予了充分肯定，同时希望南部县不断创新人才激励新政策，健全人才保障新举措，留住人才、用好人才，为南部乡村振兴提供坚强的组织保障和人才支撑。

（二）搭建调研视察平台

民革党员广泛分布在行政企事业单位，虽是所在行业的骨干或精英，但对岗位以外的情况了解不多，为了拓展民革党员参政议政视野，民革南充市委积极搭建视察调研平台，组织机关人员、市委委员，党员中的人大代表、政协委员、党员骨干参加。

1.围绕中共南充市委、市政府工作中心开展视察调研

对城市基础设施和道路交通建设的视察和调研。民革南充市委针对南充城市基础设施和道路交通建设任务繁重、投资巨大的情况，多次组织对南充城市基础设施和道路交通建设情况进行调研，就如何解决工程建设的资金缺

口及工程管理、建设模式、可持续发展等提出了诸多有益的意见和建议。

如对南充高坪机场新建的机场塔楼、航管楼、停机坪、候机楼等机场布局进行调研，参观视察南充镇乡的水泥村道修建情况；针对南充交通发展中存在的问题，赴阆中、营山两地进行调研，形成了《浅析南充交通事业发展的困境和对策》的调研报告。视察国道212线顺（庆）西（充）段改造工程，视察南（充）广（元）高速公路多扶隧道在建工程，对南充嘉陵江四桥在建工程的设计、施工及进程等方面情况进行视察；参观考察了光彩大市场、南门坝商业圈、五星商圈、南充市现代物流园区、中央储备粮南充直属库等基础设施的建设情况。为了深入了解嘉陵江（南充段）航道建设情况，助推南充经济发展更快融入长江经济带，"市委会"组织专家学者实地调研嘉陵江（南充段）航道建设现状和南充都京港码头建设现场，了解到航道建设存在管理权限不明、航标设置不足、河道清淤和日常巡航维护经费短缺等主要问题，探讨了解决问题的途径和方法。2019年6月19日，民革南充市委在北湖宾馆四楼会议室召开"推动阆南仪协作发展的思考"建言献策座谈会。市交通运输局、市文化广播电视和旅游局、市农业农村局、市发改等12个部门围绕调研课题，在规划布局、基础设施、交通互通、产业发展等方面提出了许多有建设性的意见和建议。

对工农业生产经营情况的调研。为了促进南充水产养殖业的发展，民革南充市委调研组先后对营山、高坪等地水产养殖基地的分布情况进行调研，形成了调研报告《大力发展水产养殖业，努力推进农业产业化进程》，并在中共南充市委召开的政治协商会议上发言。调研组还对龙门镇美华尼龙股份有限公司的生产流水线和企业经营模式进行了参观、考察。同时，调研组还开展了对大林乡石马嘴村猕猴桃专业合作社开展了现代农业视察调研。认真听取了专合社负责人张钦峰的情况介绍，对该农业项目的实施予以了充分肯定，同时也提出了可操作的意见和建议。对赴菜子沟村调研脱贫攻坚、开展脱贫攻坚督导，为我市决战全胜脱贫攻坚工作把脉问诊。

深入到高坪航空港工业集中区、蓬安县工业园区、嘉陵工业园区、南充现代物流园进行调研，对园区的建设与发展提出了一些好的意见与建议；深入南充三环电子有限公司、南充龙运鞋业有限公司、南充康健生物科技有限公司等企业实地考察，详细了解了企业的生产经营状况，对企业的基本情况及存在问题进行调查了解，并提出解决问题的办法和建议。

对第三产业生产经营情况的调研。民革南充市委调研组两次赴阆中，针对阆中古城旅游业发展过程中存在的问题专题调研，并向市政协提交了《关于阆中古城旅游业存在的问题和建议》。为加强精神卫生工作，促进对病人治疗、康复和管理工作的合理化进程，调研组走访了市第二人民医院，对精神病发病原因、治疗情况、康复现状等存在的问题进行调研；为了完成民革四川省委2009年重点调研课题，调研组赴四川省卫生厅疾控处、省疾控中心慢性非传染病所、成都市第四人民医院就《我省精神卫生事业的现状与建议》进行调研，形成了有价值的调研报告。

针对高坪区"项目推动"战略规划及实施情况，调研组考察了凌云山风景区、清溪街道办祖师庙社区等项目建设情况，完成了《前进中的高坪》调研文章；先后参观了马家乡现代农业示范基地、航空港工业集中区、江东新区、江东实验中学、品信汽车主题公园、天籁豪庭、白塔公园二期工程、高坪区人民医院、华诺国际、清溪河改造工程等项目。调研组还对加拿大客属和平统一促进会会长吕学清捐建的仪陇乐兴小学的现状进行了调研，对高坪区金城山旅游开发情况进行了专题调研，并就如何促进金城山的旅游开发建设提出了意见和建议。同时，市委会采取横向联合的方式就农业科技创新、发展农村特色旅游业等开展联合调研；与民革阆中总支对构溪河湿地公园规划建设情况开展联合调研。民革党内外参政资源优势得到进一步整合，调研工作取得实效。

围绕招商引资、招大引强展开考察调研。近年来，中共南充市委、市政府坚持把对外开放、招商引资、招大引强作为"一号工程"来抓。为响应市委市政府助推我市产业转型发展的号召，民革南充市委积极发挥自身特色和优势，围绕招商引资、招大引强目标，积极牵线搭桥，取得了显著成效。2017年8月4日，在民革南充市委的邀请下，北京市文化投资发展集团西南片区负责人陈鸿飞带队到南部县考察升钟湖改造提升项目。南部县政协，县政府办、县旅游局、县投促局、县升管局负责同志参加了项目投资座谈会。座谈会上，县旅游局局长雍晓东，就南部县旅游资源作了简要介绍，详细介绍了升钟湖旅游规划、重点项目布局和项目进展情况。县投促局局长祝雄跃，就升钟湖旅游项目招商引资政策作了说明。县升管局副局长樊丽明，就升钟湖旅游项目近期部分重点工作作了补充说明。考察组成员对升钟湖改造提升项目的发展前景、优惠政策和在我市投资持积极、乐观态度，希望接下来尽快建立沟通协调机制，争取项目落地生根。此次活动，充分发挥了民主党派在招商引资方面的桥梁纽带作用，为助推我市打赢"九场战役"贡献了力量。

同年，市委会协助招大引强，助力"155发展战略"。牵线民革省委，促成14家省级金融机构与南充签订3000多亿元战略合作协议，促成红星美凯龙集团公司与阆中市政府签定总投资达30亿元的项目合作协议，促成北京市文化投资发展集团考察投资升钟湖改造提升项目，协助嘉陵区政府招引中城建十九局下属南充中科城市建设有限公司投资南充33亿元。

2.围绕参政议政重点开展视察调研

民革中央把"三农"、祖国统一和社会法制作为参政议政重点工作领域，南充民革围绕这三个重点工作领域开展视察调研。

开展台资企业调研。2011年7月、2014年4月，调研组先后两次赴蓬安县、西充县、高坪区、嘉陵区对台资企业的生产经营及发展状况进行调研，就台资企业享受政府优惠政策、土地使用、员工招聘、能源供应、产品销售、服务环境、融资等相关问题写出了《关于南充台资企业的经营发展问题及对策》；在实地视察了台资企业——星河生物科技有限公司、西充县凤鸣镇双龙桥新农村综合体、台湾双龙农牧开发公司打造的有机农业观光园后，就新农村综合体建设整体规划、台资企业配套建设以及促进就业、提高当地农民收入上发挥积极作用等方面进行了交流和探讨，提出了意见和建议。

对"三农"问题的调研。民革南充市委应西华师大宣传统战部邀请，前往嘉陵区木老乡就农民工返乡问题进行调研，事后向中共南充市委宣传部、统战部递交了以《发展汉服产业，促进旅游发展》为题的调研报告；赴阆中市对南充市农业专业合作经济组织在发展中的现状、特点及存在的问题进行调研，并与市农工委、农业局、农经站进行了情况交流，双方就南充市农村专合经济组织发展的模式、特、存点在的问题，提出了解决问题的对策和建议；赴潆溪镇对潆溪职教城、大坪山村农业产业园、川东北汽贸中心等产业发展项目进行了实地视察，为进一步促进潆溪产业发展提出了意见和看法。

为了推动和促进家庭农场的建设和发展，调研组先后赴蓬安县，到碧园飘香生态农业示范园、长梁乡马回优质柑橘产业园进行了实地考察，就"如何发展好家庭农场"课题进行了专题调研；赴南部县就家庭农场发展情况进行调研，先后查看了以生猪、家禽养殖为主和以中药材种植、粮油生产为主的几个家庭农场，听取了大家对怎样发展好家庭农场的意见与建议。

南充民革统筹城乡课题组先后前往四川省信用联社南充办事处，调研如何发挥农村信用社在两化互动、统筹城乡发展中的作用；对高坪区青居镇、擦耳镇天井沟村、石佛沟村就乡村治理情况、统筹城乡工作进行了专题调研，对于统筹城乡进程中遇到的问题，调研组表示将积极向有关部门呼吁和建议。

嘉陵区吉安镇系市级现代蚕桑产业基地镇，被列为全省"百镇建设试点行动"的试点镇。根据中共南充市委的工作部署，由民革南充市委主委王晓贤负责联系该镇的经济建设和发展工作。为了推进吉安镇的建设与发展，王晓贤先后多次率调研组赴该镇，就当地的产业发展、扶贫开发、社会建设和基础设施建设等情况进行调研；多次带领市交通局、市规划设计院专家一行深入吉安镇，为该镇的小城镇规划建设把脉会诊，就加强道路建设，做好污水和垃圾处理等环境治理工作、打造美丽城镇献计献策。

为了进一步落实好民革中央将南充作为"三农"调研基地的对接工作，调研组还深入到仪陇县新政镇三清村，就村级扶贫互助社运行情况进行实地调研，及时跟踪了解、并总结南充在农村金融体制改革中好的经验和做法。

2015年，调研组赴高坪区三大现代农业示范区"柑橘百里长廊"，就提高农业科技水平，增加农业科技含量等问题开展调研，为推动"三农"发展提出了很好的建议。2016年，调研组赴大林乡石马嘴村猕猴桃专业合作社开展调研。调研中王晓贤强调："三农"调研是民革中央的重要课题，我们要加强工作，通过视察有意识的选择现代农业作为调研方向，写出优秀的议案、提案或调研报告，为推动南充科学发展、加快发展、转型发展作出新的贡献。2016年市委会紧贴热点、难点问题，先后赴菜子沟村调研脱贫攻坚、赴西充县调研农业机械发展、赴甘孜调研藏中医药发展等等。同时，市委会积极参与民革省委、市政协组织的各项调研视察活动,多渠道掌握信息,多方面收集资料,多角度思考问题,注意发现和寻找能够发挥民革优势的题目和突破口,全年完成调研报告10篇。

3.围绕民生工作开展视察调研

针对留守儿童的关爱与保护问题,先后两次赴南充市劳务输出大县——南部县,开展留守儿童生存问题调研,完成了《关于南部县"留守儿童"成长调查及建议》;先后到蓬安、营山的10多个乡镇,就乡镇中小学校灾后重建工作和乡镇文化站的建设情况进行调研;针对民革南充市委提出的《关于加大对我市鱼类资源保护力度的建议》《关于排查南充嘉陵江段排污口的建议》,调研组先后对南充市渔业资源保护工作、嘉陵江段排污口的情况进行了调研及现场督办;针对嘉陵江砂石船违法采砂,市委会提交了《应立即制止砂石船在嘉陵江中违法采砂》的建议,促成了嘉陵区人民政府发布《通告》,责令青居电航工程库区嘉陵江段的采砂业主关闭经营并拆除违法经营相关设施。《关于加强嘉陵江南充城区段砂石资源保护工作的建议》被列入副主席领衔督办提案;《精准识别低保对象,规范城市低保管理》,成为政协界别协商的重要课题,引起有关部门重视,推动我市城市低保工作更加规范有序;《我市城区"烂尾楼"急需整治》的建议,促使市政府分管领导组织相关部门召开有关开发商参加的协调分析会,研究解决我市房地产发展中的困难矛盾,部分商品房烂尾问题得到解决。2017年8月9日,市政协副主席、民革南充市委主委王晓贤带领部分民革界别市政协委员、市政协社法委相关同志到市水务局督办了六届一次会议第185号,《关于加强嘉陵江南充城区段砂石资源保护工作的建议》的重点提案,市政协常委梁春光陪同督办;《关于恢复"南充丝绸节"重塑南充形象的建议》获市政府采纳,举办"2019中国西部国际丝绸博览会";《关于大力发展装配式建筑加快推进建筑产业现代化的建议》,推动了我市《关于加快推进建筑产业现代化促进建筑产业转型升级的实施意见》制定出台。

针对保护环境、水资源等社会民生问题,党员中的人大代表积极开展调研,通过观察和走访调查、收集整理,掌握第一手资料。写出了《关于提升南充市城市森林覆盖率、打造生态南充的议案》(2015年)被市人大予以立案；《关于制定<南充市市容和环境卫生管理条例>的建议》和《关于加强主城区饮用水源保护的建议》（2016年）被市人大予以立案，实现了民革党员提出的议案连续5年被列为议案办理的新突破。

调研组还先后赴阆中市就灾后重建工作及财政投入建设情况进行调研，对下中坝片区开发建设情况进行视察，到市民政局就社区居民自治工作进行调研座谈，并提出了一些可行性的意见和建议。

针对南充市区理财公司存在的风险问题，2014年10月11日，民革南充市委安排党员中的知名律师和市政协委员组成调研组，分别到南充市天荣、大智投资理财信息咨询公司进行调研。调研组成员分别提出了相关问题，并就企业遵章守法、规范经营、风险防控等方面提出了意见和建议。形成的建议案《关于加强我市民间投资理财机构监督管理的建议》在市政协召开的2015--2016年度优秀提案表彰会上获奖。

（三）开展对口联系，拓宽参政议政渠道

对口联系工作是民革知情参政的重要渠道，同时也为政府部门直接了解社情民意、倾听民主党派的意见和建议建立了良好的平台和沟通的渠道，充分体现了多党合作和政治协商制度的优越性。

自南充各民主党派与政府部门建立对口联系工作以来，民革南充市委始终坚持与各对口联系单位开展高质量的对口交流活动，使双方信息得到畅通，相关情况得到沟通，一些问题得到解决，履职工作得到进一步促进，参政议政工作取得更好的实效。

1.对口联系制度的建立。在中共南充市委、市委统战部的领导和协调下，民革南充市委于21世纪初先后与南充市对外贸易经济合作局、市交通运输局、市招商引资局、市财政局建立了对口联系关系。随后，民革南充市委制订了《对口联系工作制度》，进一步加强了与对口单位的联系和联系工作的规范。

对口联系工作是统战工作的一个创新和亮点，它拓展了民主党派参政议政的履职空间，拓宽了民主党派服务经济的社会领域，具有很强的现实意义，因而中共南充市委、市政府领导尤为重视。中共南充市委常委、市政府常务副市长郑和平要求市政府和各部门要继续加大对各民主党派、工商联工作的支持力度，积极搭建民主党派履职平台，拓宽民主党派知情明政渠道，努力实现在我国多党合作架构下民主党派及党派人士价值作用的最大化；要全力支持民主党派、工商联搞好自身建设，着力解决好民主党派调研经费短缺等实际困难和问题，为民主党派各项工作的顺利开展提供坚强保障，创造有利条件。

中共南充市委统战部曾就如何做好对口联系工作提出了"有领导、有制度、有人员、有交流、有合作"的"5个有"工作思路，希望各民主党派要扎实工作，切实履行参政党职能；要珍惜对口联系机会，在工作上向联系领导多请示、多沟通、多汇报；希望对口联系双方要联合开展调研，体现多党合作的成效；要做到知情出力，形成合力和共识，达到对口联系工作的双赢，共同为南充经济建设的快速发展献计出力。

正因为有政府和中共市委统战部的大力支持和帮助，民革南充市委与对口联系单位的合作共事才能顺利而有效地开展，其履职成果才能在服务地方经济社会发展中得到充分体现。

2.对口联系工作成效。民革南充市委每年都要与对口联系单位共同深入基层开展调研，就调研中发现的问题提出解决办法和建议，并写出调研报告供市委、市政府决策参考；每年都要举行座谈会或"对口联系工作会议"，对相关问题进行沟通和协调，对上年度对口联系工作进行总结，就下一步对口联系工作进行安排部署。

为进一步加强与南充市市辖三区统战部和高校宣传统战部的联系与沟通，促进民革南充市委各项工作的有效开展，2011年2月10日，市委会主要领导前往南充市市辖三区统战部和几所高校，就民革南充市委2011年面临的换届工作、党员发展、参政议政、活动开展等工作进行了通报和协商。希望加强联系，相互沟通，进一步促进统一战线各项工作的顺利开展；希望对口双方建立良好的对口联系工作制度，明确分管领导，确定联系科室和人员；提出课题开展调研，从而达到资源共享，共同发展的目的。特别是近两年南充民革在创建示范支部活动中，加大了与顺庆、高坪、嘉陵、阆中、仪陇统战部的联系与沟通，有效的推进了各基层组织在创建活动中各项工作的顺利开展。

　　十多年中，民革南充市委每年都要与对口联系单位市交通局对南充交通设施进行考察和调研，并就工程质量及解决问题等建言献策。先后参与了对南充交通枢纽工程进行的实地考察和调研，就南充乡村道路建设的有关问题的考察调研，对仪陇县"两路一桥"在建重点工程的参观和考察，对南充绕城高速公路的视察，对南（充）广（元）高速公路多扶隧道在建工程的视察。每次考察、视察和调研后，"市委会"都要就如何解决工程建设中存在的困难和问题等，提出建设性的意见和建议。有的意见和建议被采纳后，产生了很好的效果。

　　这几年，民革南充市委每年都要与对口联系单位市交通局对贫困乡村和贫困户进行慰问和扶持，为党和政府分忧解难。2014年1月13日，市委会与市交通局一行前往西充县祥龙乡大水科村联合开展计划生育"三结合"帮扶慰问活动，为计生"三结合"帮带户送去了15540元慰问金和电热毯、食用油等慰问物资；并决定在当年帮扶10万元改善基础设施的基础上，协调相关部门解决该村道路、饮水等方面存在的具体困难。当年4月15日，市委会与市交通局一行前往定点帮扶的南部县火峰乡化林村开展实地调研活动，了解了帮扶该村老百姓急需解决的问题，该村对市交通局对口帮扶20万元改善环线村道表示感谢。5月7日，市委会与市交通局一行再次前往西充县祥龙乡大水科村，实地调研了大水科村山坪塘和饮用水蓄水池的使用情况，认真听取了当地老百姓反映的问题，研究讨论了解决问题的办法。

　　十多年中，民革南充市委每年都要参加对口联系单位市交通局、市财政局、市对外贸易经济合作局、市商务和粮食局、市招商引资局举行的座谈会和对口联系工作会议，就南充经济社会发展中及相关行业存在的问题进行讨论和交流；与对方共同深入基层开展调研活动，为地方经济社会发展建言献策，使对口联系工作真正落到了实处。如与对口联系单位市招商引资局就南充市市政商业网点规划，提出了论证是否充分，发展和施行规划有无预警机制和监控，有无针对旅游业的集中商业网点等问题提出了建议，得到有关方面的重视；与对口联系单位市商务和粮食局先后参观考察了嘉陵区光彩大市场，顺庆区南门坝商业圈、五星商圈，高坪区南充市现代物流园区及中央储备粮南充直属库的建设情况，就引进外资，合理布局，繁荣市场等方面提出了合理化建议；与对口联系单位市财政局赴阆中市进行调研，就灾后重建及财政投入建设情况进行现场座谈，提出解决问题的具体办法。

在与对口单位联系工作中，民革南充市委积极参加对口联系单位组织的相关活动，同时通过《工作简报》和工作信息交流，加强联系，沟通情况，努力为对口单位工作中的具体困难和问题鼓与呼；通过进一步健全和完善对口联系制度，开展联合调研，加强信息互通等方式，进一步加强了市委会与各对口单位的联系与合作；通过举行相关会议，围绕如何创新形式，丰富内容，确保对口联系工作取得实效。民革南充市委在与对口联系单位的交流与合作中，进一步拓宽了参政议政渠道，更好地发挥了党派的职能作用。

三、参政议政渠道

进入新世纪以后，中国共产党领导的多党合作政治协商制度进一步完善，民主党派参政党的地位和作用得到巩固和发展，民主党派参政议政的渠道建设也取得了丰硕成果。小范围谈心会、建言献策会、政协大会发言、提案（议案）、社情民意以及多种形式的情况通报会、协商会、座谈会等，为民主党派提供了参政议政、建言献策、履行职能畅通的多种渠道。民革南充市委充分利用这些渠道，积极参与，很好地履行了参政议政职能，树立了良好的南充民革形象。

（一）小范围谈心会

小范围谈心会是中共南充市委主要领导与市级各民主党派工商联主要负责人定期举行的高层次、小范围的谈心活动，除对南充有关重大发展战略、重点项目、主要民生工作等进行沟通协商外，还就市各民主党派、工商联自身建设的困难和问题进行协商解决。

市委会对小范围谈心会高度重视，十分珍惜与中共南充市委主要领导面对面交流的难得机会，会前精心筛选题材，深入调研，认真准备，把南充发展过程中的重大问题、民生难题，直通主要领导，更好地推动南充经济社会科学发展、健康发展、可持续发展。近年来，市委会主要负责人在小范围谈心会上的建言主要有：《关于加大旅游招商引资力度的几点建议》《为促进我市中小型企业发展的几点建议》《发展嘉陵江流域旅游业》《关于加快科学发展，构建和谐南充》《发展我市文化产业发展的几点建议》《引导大中专学生调整就业心态的思考》《加强我市非物质文化遗产的保护和利用》《我市台资企业面临的问题与建议》《加大管理力度，创新体制机制，全面提高我市工业集中区土地利用率的建议》《关于加强农村生态环境治理的建议》等。这些建言在推动南充经济社会发展上发挥了积极作用，比如，2012年7月，在中共南充市委召开的市级各民主党派、工商联负责人小范围谈心会上，民革南充市委提出了《加大管理力度，创新体制机制，全面提高我市工业集中区土地利用率的建议》，指出南充工业集中区、开发园区土地闲置、低效问题突出，建议开展工业园区低效、闲置用地专项清理检查。南充市人民政府对此建议高度重视，将其纳入2013年市政府安排布置的重点工作；成立了以市长任组长的专项清理检查工作小组，切实有效推动该项工作的开展。此次闲置低效用地专项清理检查工作于2013年12月底完成，共清理出闲置土地9250亩，已处置3761亩，共腾挪出用地面积1357亩。

同时，针对党派自身建设中的困难和问题，与市级其他各民主党派配合，利用小范围谈心会，积极呼吁中共南充市委帮助解决。比如，民主党派基层组织"三无"（无级别、无活动场地、无活动经费）问题，经过多年的呼吁，个别县（市、区）解决了民主党派基层组织负责人的级别待遇，民主党派县（市、区）基层组织活动场地基本落实，包括直属支部基层组织的活动经费也得到解决，为基层组织开展活动提供了有力保障，基层组织自身建设得到加强，履职能力进一步提高。

（二）建言献策会

建言献策会是南充市党政领导与市级各民主党派负责人就南充发展大计共同协商的一种会议形式，每年举行一次。建言献策会的主要特点是：各民主党派确定一个发言主题，围绕这个主题反映情况、就发现的问题提出解决的办法。市委、市政府根据其情况，将各民主党派的意见建议进行梳理，并作为制定发展决策工作的重要依据。因此，建言献策会是民主党派年度参政议政的重要工作。

民革南充市委十分重视建言献策会，充分认识到建言献策会是民革参政议政能力和水平的集中体现。在每年年初工作计划安排上就确定建言献策会课题牵头人，由市委会班子成员轮流作建言献策会课题牵头人；课题题目由主委会议讨论决定后，成立课题调研组进行专题调查，形成的调研报告通过主委会讨论后，由课题牵头人在建言献策会上作专题发言。近年来，民革南充市委在建言献策会上的专题发言主要有：《大力发展水产养殖业，努力推进农业产业化进程》（2006年）、《加强政府调控管理，进一步规范我市房地产市场》（2007年）、《关于完善市、区事权管理体制的建议》（2008年）、《我市精神卫生事业状况的调查与建议》（2009年）、《我市产业发展中存在的环保问题及解决办法》（2010年）、《关于对我市公立医院改革工作的建议》（2011年）、《关于我市建设川东北商贸物流中心的建议》（2012年）、《改善嘉陵江航道条件，助推南充融入长江黄金水道的建议》（2013年）。这些专题发言既有涉及民众民生改善、行政事权的划分等专项议题，也涉及到南充发展战略的重大问题，助推了南充经济社会健康平稳地发展。如，2011年11月22日上午，中共南充市委召开南充市统一战线建言献策会议，市委会以《关于对我市公立医院改革工作的建议》为题，针对南充公立医院面临社会压力过大，医院经济负担过重，医院发展空间受限，医院人力资源紧缺，基层医疗卫生机构的服务能力和服务水平亟待提高等6个方面存在的问题，提出了推进南充公立医院改革的意见和建议，为南充成为首批国家公立医院改革试点地区起到了重要的推动作用。

2015年，市委会领导参加市委、市政府以及有关部门召开的协商会、座谈会和情况通报会，就《政府工作报告》、"十三五"规划纲要编制以及我市经济社会发展的重大问题等进行建言协商。2018年12月26日，中共南充市委书记宋朝华主持召开全市统一战线建言献策座谈会。市政协副主席、民革南充市委主委王晓贤针对南充近年来招商引资工作中存在的困难问题，以《强化项目招引力度，推进项目签约落地》为题作了发言。会上，宋朝华对王晓贤主委的主题发言给予了充分肯定，认为民革南充市委的工作很扎实、研究很专业、建议很有价值，为南充招商引资工作开展提供了重要的决策参考。他要求，市委政府务必转变招商观念，变招商引资为"招商选资"，坚决拒绝低端产业、垃圾项目。要加大签约项目的跟踪落地，必须强化服务项目、保障项目的意识，唯有项目落地生根、才能开花结果。

2019年6月19日上午，民革南充市委在北湖宾馆四楼会议室召开"推动阆南仪协作发展"建言献策座谈会。市政协副主席、民革南充市委主委王晓贤出席会议并讲话，市政协社法委主任曹华光，民革南充市委秘书长罗艳等参加会议。建言会上，市政府办、市交通运输局、市文化广播电视和旅游局、市农业农村局、市发改委等12个部门结合本部门职能职责，大家各抒己见，畅所欲言，积极交流，踊跃发言，围绕"推动阆南仪协作发展"这一课题，在规划布局、基础设施、交通互通、产业发展等方面提出了许多实实在在、有建设性的意见建议。经过多次调研，市委会形成了《关于推动"阆南仪"协作发展的建议》的专题调研报告。在2019年11月12日下午由中共南充市委书记宋朝华主持召开的全市统一战线建议献策会上，王晓贤主委代表民革南充市委以《关于推动"阆南仪"协作发展的建议》为题进行了发言，受到宋朝华书记的充分肯定。

（三）政协大会发言

一年一度的政协全委会大会发言，是政协组织独具特色的建言献策形式，是体现党派参政议政水平的重要平台，是展示民主党派、政协委员自身实力和形象的重要窗口，也是民主党派发挥智力优势、履行参政职能的重要场所。由于政协全委会上的发言规模大、层次高、反映问题集中，历来备受党政领导及社会各界和新闻媒体的高度重视，成为各级政协历次全委会议的热点和亮点。

民革南充市委十分重视在市政协全委会上的大会发言，首先组建调研小组，围绕社会的热点、难点问题进行选材，确定发言题目；其次，深入基层开展调研，充分掌握第一手资料；然后，精心撰写稿件，提交市政协审阅。近年来，被选为政协大会发言和交流的主要有：《对我市招商引资工作的几点建议》（2004年）、《妥善安置失地农民，确保社会和谐稳定》（2005年）、《对南充现代物流业发展的建议》（2006年）、《关于提高我市企业

竞争力的几点建议》（2007年）、《关于进一步优化招商软环境的建议》
（2008年）、《加大力度推进南充道路交通的快速发展》（2009年）、《我
市农村集镇建房存在的问题与对策》（2010年）、《关于我市保障性住房建
设与管理工作的建议》（2011年）、《关于加快我市现代农业发展的调查与
建议》（2013年）、《关于加快我市现代物流业发展的建议》（2014年）、
《关于新常态下深入推进项目工作的建议》（2015年）等，受到了与会委员
和有关领导的高度关注。此外，在政协大会期间的联组讨论上，民革南充市
委的发言亮点频现，发言精彩，主要有：《抓住机遇，更新观念，开创南
充外贸工作新局面》（2004年）、《实现教育公平，构建和谐社会》（2005
年）、《关于加快南充融入成渝经济圈的建议》（2006年）、《发展职业教
育，提高劳动力素质》（2007年）、《阆中旅游业发展中的问题及建议》
（2008年）、《关于我市大型超市现状及合理布局的建议》（2009年）、
《关于提升我市社区干部素质及待遇的建议》（2012年）等。上述发言，大
多得到了党政主要领导的高度重视，及时批示给相关部门研究办理，推动一
批事关南充发展大计、事关人民群众福祉的事情得到落实和解决。如在2011
年南充市"两会"上，民革南充市委以《关于我市保障性住房建设与管理工
作的建议》《我市农民专业合作经济组织的调查与思考》为题，在大会上作
了书面发言和交流。《关于我市保障性住房建设与管理工作的建议》提出了
把住房保障纳入整个社会保障体系，制定监督考核制度；引入竞争机制，降
低建设成本；强调监督检查，提高建设质量；加强后续管理，改善居住环境
等6个方面的建议。此后，南充市加大对保障性住房建设的资金投入，当年6
月底前，所有保障性住房建设项目全面开工建设，目前已有数万市民享受到
了国家住房保障政策带来的福利。

2018年在政协召开的联组会上，中共南充市委书记宋朝华，中共南充
市委副书记、市长吴群刚，市政协主席吴小可，中共南充市委副书记古正举
亲临现场，与委员们一起讨论政府工作报告，共商推进南充新未来、建设成
渝第二城发展大计。会上，市政协委员、南充民革党员陈岗说道："为此，
我建议积极争取、统筹协调在南充设立托福、雅思考点，并在全市市民中积
极推广'城市主人翁'精神，增强全市人民对南充这座城市的认同感和归属

感。"陈岗的发言获得了与会人员的高度赞同，宋朝华书记对陈岗的发言给予了高度评价，对建议涉及的相关问题进行了现场答复。

2019年3月19日至23日，市六届人大四次会议、市政协六届三次会议胜利召开，在市政协召开的联组会上，民革南充市委副主委王一茹代表民革南充市委作了《关于进一步加强对外宣传提升南充对外影响力的建议》的大会发言，她在发言中指出，一个城市的魅力源自于精心打造的城市形象，一个城市的知名度出自于广泛系统的对外宣传。近年来，我市外宣战线围绕中心、服务大局，开拓思路、创新手段，大手笔、高标准推进外宣工作，对外宣传亮点纷呈、喜讯不断，虽然我市外宣工作取得了一定的成绩，但仍不能满足"成渝第二城、全省经济副中心"全新城市形象定位，深刻剖析了其主要原因：一是对外宣传占据主流强势媒体偏少。二是对外宣传品牌打造力度不够、重磅成果不多。三是对外宣传缺乏自我包装意识。并从"拓渠道强队伍汇聚外宣合力""找亮点抓特色打造外宣品牌""夯基础建平台构建外宣格局"三个方面提出了很好的意见建议，受到市委市政府主委领导的高度评价。

（四）议案（建议案）、提案

提交议案（建议案）、提案是民主党派及其成员参政议政的重要渠道。民革南充市委十分注重利用议案（建议案）、提案形式履行职能，发挥作用。早在1982年，民革南充市委就提出过具有前瞻性的《关于改造莲花池的提案》，该提案得到了政府相关部门的重视和采纳，于1984年将荒无人烟的莲花池改造成了鸟语花香的川东北旅游胜地——北湖公园，满足了广大群众休闲、娱乐的需求，取得了很好的社会和经济效益。

进入新世纪，南充民革的议案（建议案）、提案工作更加规范有序，对民革党员中的人大代表、政协委员在撰写提交议案（建议案）、提案方面提出了具体要求并纳入年度考核，对列入议案、重点督办提案（建议案）、评为优秀提案的给予表彰奖励。精心组织撰写集体提案和民革界别提案，发动全体党员提交提案线索，选择社会热点、民生难点、党政工作重点进行调查研究，提出高质量的集体提案和界别提案。由于市委会议案（建议案）、提案工作扎实有力，每年南充民革及其民革党员中的人大代表、政协委员提出的议案（建议案）、提案不但占比大，而且质量高。比如，在2012年的南充市"两会"上，11名民革党员市人大代表提交议案（建议案）38件，占市人大立案的议案、建议案的14.2%，其中议案4件，一、二号议案为民革党员所撰写；29名民革党员中的市政协委员提交的个人提案和市委会提交的集体提案66件，占市政协大会立案提案的16.5%，其中集体提案18件，占大会立案的集体提案的28.6%。2015年南充市"两会"期间，议案、建议意见案41件，占全市总议案、建议意见案的16.9%，其中党员尹文莉提出的《关于提升南充市城市森林覆盖率、打造生态南充的议案》被市人大予以立案办理；提案57件，占全市总立案提案的16.2%，内容涉及社会法治、城市建设、教科文卫体、经济发展等多个方面。2016年南充市"两会"期间，民革党员市人大代表提交议案及意见建议案35件，本次会议经审查通过仅有的2件议案，均由民革党员覃瑜莉和柯敏提出，再一次实现了民革党员提出的议案连续5年立为一、二号议案的新纪录。在市政协五届五次会议上，共提交了集体提案和界别提案并立案13件，民革党员市政协委员提交个人提案并立案62件；2017年省、市"两会"期间，民革党员提出个人议案提案96件和集体界别提案16件。2018年南充"两会"期间，民革南充市委和民革党员中的市人大代表和市政协委员积极围绕市委市政府中心工作和社会关注的热难点问题，提出议案（建议案）和提案123件。这一年，民革党员中的市人大代表和市政协委员每人向大会至少提交了1件议案（建议案）、提案，民革南充市委向大会提交了10篇高质量的集体提案。在集体提案筹备阶段，市委会共向全体党员征集参政议政线索30余条，经市委会主要领导把关，选定18个课题开展调研，形成调研成果21项，再经润色将调研成果转化形成集体提案，最后经市委会集体研究讨论，优中选优确定向大会提交的10篇集体提案。这10篇集体提案结合了民革参政议政优势和特色，聚焦于经济金融、职业教育、脱贫攻坚、乡村振兴、外事侨务等多个领域。

2019年共提交提案及建议意见103件（提交建议案24件，提交个人提案70件、集体提案9件），其中《关于大力推进川东北军民融合产业园建设的建议》被列入主席会议成员领衔督办提案，《关于大力推进川东北金融中心建设的建议》《关于加强共享单车管理的建议》《关于强化农村道路交通安全管理的建议》获评市政协好提案，好提案率达到15%。

据统计，自2002年以来，南充民革提交的集体和个人议案、建议案、提案共计1500余件，内容涉及到经济、文化、环保、脱贫攻坚等方面，这些议案、建议案、提案，内容涉及面广，针对性强，得到各界的好评，产生广泛的社会影响。

（五）社情民意

社情民意工作是发扬民主、促进科学决策的重要形式。反映社情民意是民主党派参政议政的重要组成部分和重要形式之一。社情民意信息具有短小、精悍、针对性强，反映问题迅速、及时的特点，适宜于社会热点问题，尤其是民生问题的及时反映和解决，是民主党派参政议政常用平台。民革中央十分重视反映社情民意工作，2002年12月在西安召开了全国反映社情民意工作暨参政议政成果汇报会，对切实做好反映社情民意工作作出了全面部署。

近年来，民革南充市委抓反映社情民意工作力度越来越大，积极发挥民主党派联系广泛、位置超脱的特点，围绕民生热点难点问题，收集民情、汇集民意，及时向有关方面反映，工作成效也越来越突出。首先，在思想上，市委会领导班子及其民革党员们充分认识到反映社情民意是民革履行职能的一项基础性工作，是一个重要的社会责任；其次，进行收集整理社情民意的培训，明确收集整理社情民意的基本要求、质量要求和写作技巧；最后，建立反映社情民意工作制度，明确责任和任务，实行奖励制度，加强社情民意使用效果宣传。由于市委会高度重视反映社情民意工作，工作措施得当，基层组织及民革党员们热情努力，南充民革反映社情民意工作取得突破性进展，从以前很少有反映社情民意，到一年有数十件内容真实、具有很高的参考价值的社情民意。有的社情民意被中共南充市委领导批示，纳入市政府决策参考；有的社情民意被南充市政协、民革四川省委采用，有的甚至实现了民革中央采用的突破。如，2013年共报送社情民意信息20件，其中1件被民革中央采用，1件被省政协采用，6件被民革省委采用，8件被南充市政协采用；5件得到了中共南充市委、市政府主要领导的批示。

2015全年提交社情民意信息26条，其中1条获省政协采用，13条被民革省委采用，6条被市政协采用。

2016年全年共报送社情民意信息30余条，其中，《进一步加大农业供给侧结构性改革的建议》《建议依托信息化手段，实现纳税服务"互联网+模式"》《重视嘉陵江流域开发中的规划统筹协调》被民革省委采用。《气象公园续建工程应尽快启动》《关于设置道路安全隐患报警电话的建议》《关于抢救、传承与发展南充面塑艺术的建议》被市政协采用。

2017年报送社情民意信息55条，其中2条被省政协采用，8条被民革四川省委采用，10条被市政协采用。

2018年收集社情民意信息80余条，向民革省委、市政协报送50余条，其中3条被省政协采用，13条被民革省委采用，18条被市政协采用，其中9条被市政协转报省政协。《关于在项目建设过程中加强森林资源保护的建议》获市委书记宋朝华长篇幅批示批办。

2019年收集社情民意信息150余条，其中：被省政协采用4条，被省委统战部采用1条，被民革省委采用18条，被市政协采用或转报省政协20条。《关于大力发展普惠性学前教育的建议》被省委统战部采用，《建议强化对小贷行业发展的引导和规范》《关于加快推进退役军人"两站两中心"建设的建议》《建议将新生儿多基因疾病筛查纳入重大民生实事项目》《建议聚焦"三个环节"，进一步巩固提升脱贫成效》被省政协采用转送全国政协。民革南充市委被市政协评为"2018年度反映社情民意信息工作先进集体"，2名党员被评为"2018年度反映社情民意信息工作先进个人"。

据统计，自2010年以来，南充民革反映的社情民意达740余条，近两年，南充民革的社情民意信息报送数和采用率在市政协系统中位列前茅，为化解社会矛盾，维护南充稳定大局作出了积极的努力。

（六）其他建言渠道

在长期实践中，中国共产党领导的多党合作形成了民主党派参政形式多样、畅通有效的建言渠道。除了自上而下形式固定、定期举行、制度规范的参政议政渠道外，还有不定期举行的各种情况通报会、协商会、座谈会。如纪委的党风廉政建设情况通报会、政府经济运行（半年或一年）情况通报会、政协各种形式的协商会，统战部等部门举行的专题座谈会等。对于这类的参政议政平台，民革南充市委也不懈怠，认真准备，积极建言，表达民革的观点，反映群众的心声。每年这些情况通报会、协商会、座谈会在20多场次以上，参会的市委会领导、民革党员代表及专家学者积极发言，树立了民革良好的社会形象。2018年市委会领导参加中共南充市委、市政府组织召开的各种民主协商会、情况通报会和意见征询会和建言献策会19场次，提出意见建议40余条；先后就"规范我市城区交通秩序""平安建设满意度测评""乡村振兴"等课题，在协商会议上进行了发言，受到了很好的评价。

民革党员中担任"特约七员"，即特约监察员、检察员、审计员、教育督导员、国土资源监督员、国税监督员、地税监督员是民革履行民主监督职能的重要形式之一。南充民革每届有"特约七员"近10人，他们通过参加行风评议、专项检查、专题调研、专项治理等工作，了解政府部门工作情况，发表意见和看法，有效的推动了政府部门的工作，产生了良好的社会影响。

四、参政议政成果丰硕

民革南充市委认真贯彻民革中央"举全党之力抓参政议政"的要求，从抓参政议政制度建设入手，建立起了科学、有效的参政议政机制，参政议政工作结出丰硕成果，为促进南充经济社会发展、改革开放、民生改善、社会稳定作出贡献。多次被民革中央、民革四川省委评为"参政议政先进单位"。

（一）议案及重点建议案

人大议案是行使国家权力的重要手段。议案要成功立案，须经过议案的提出、初步审议、正式辩论、修正、表决、通过和公布等过程。可见立案成功是不易的，议案内容必须是符合当地实际情况、有可操作性和可行性，所以建议意见提得多，立案却很少。南充人大常委会每年只有3、4件议案立案。在这样的严格标准下，南充民革党员人大代表几乎年年所提议案立案成功，说明南充民革党员中的人大代表是一群有能力有水平、有担当有作为、尽心尽责履行人民赋于职责的人。在这些议案中比较有影响的有：《关于加强嘉陵江流域（南充段）水资源保护》《关于加强农村村道公路建设及维护》被列为市人大三届三次会议的一、二号议案。前者促使市政府及其相关部门为保护嘉陵江水质而采取了多种行之有效的措施，阻滞了嘉陵江因渠化后水质恶化的势头，确保了嘉陵江水质常年在Ⅲ类水以上。后者有力促进了南充农村村道公路的大建设，已实现100%乡镇通水泥路或油路，95%的行政村通了水泥路。《关于做好保障性住房管理和分配的议案》《关于出台南充非物质文化遗产保护办法的议案》分别被市人大五届一次会议列为1号、2号议案，前者纠正了南充市保障性住房管理和分配过程的一些不妥做法，确保十多万套保障性住房分配公开、公正、透明，使住房困难市民都能住上保障性住房，发挥保障性住房应有的社会效益；后者促使市委市政府重视南充非物质文化遗产的保护，南充市人民政府于2013年1月出台了《南充市非物质文化遗产保护办法》，南充已形成国家级、省级、市级、县级非物质文化遗产保护体系，南充非物质文化遗产保护取得了较好成效。《关于建设绿色生态走廊、营造嘉陵江秀美景观的议案》被市人大五届四次会议列为一号议案，实现了民革党员个人连续3年议案获立案的好成绩。《关于提升南充市城市森林覆盖率、打造生态南充的议案》被市人大予以立案办理，实现了南充民革党员连续四年提出的议案获立案的新突破；《关于制定<南充市市容和环境卫生管理条例>的议案》和《关于加强主城区饮用水源保护的议案》同时在该次会议上经审查通过仅有的2件议案，实现了民革党员提出的建议案连续5年被列为议案办理的新突破。

此外，一些民革党员人大代表提出的建议案被列为督办重点建议案，为推动有关方面的工作发挥了积极作用。如，《关于重新修建南充动物园的建议》被市人大列为人大城环资委督办的重点建议，促使动物园迁址新建，南充新闻媒体作了相关报道。

（二）督办提案、优秀提案

督办提案是政协充分发挥提案作用的有效手段。提案一旦被列为督办提案，该提案所提建议落实更快、作用更大。但要列为督办提案，不仅要求提案写作符合要求，而且要求提案所提情况要有根有据，所提问题实是求事，所提建议可行、可操作。南充政协每年列上督办提案的大约15至20件，其中大约三分之一的督办提案是南充民革所提集体提案及民革党员个人提案或联名提案，这是一个了不起的成绩。南充政协有32个界别、510名政协委员，每年收到的提案400至500件，能在督办提案中占这样大的比例，远远超过其他界别和党派。

影响较大的督办提案有：《关于尽快归还南充青居电站借款的建议》被市政协四届二次会议作为重点督办提案。由市财政局"青居电站筹资领导小组办公室"负责，在南充市辖三区及西充、营山、仪陇、蓬安4个县设置32个兑付点偿还借款，并于2009年12月2日前全部兑付借款。南充三区四县的企事业单位、社会团体和个体工商户拿到了一亿多元的市政府借款，一个多年难以解决的老大难问题终于得以圆满解决。《关于拆除市区主要街道绿化隔离带的建议》被市政协列为重点提案督办后，南充市区人民北路、和平东路、长征路等几条交通拥堵街道的绿化隔离带被陆续拆除，有效缓解了城市交通拥堵问题。《关于我市建立"新闻发言人制度"的建议》得到了市政府的高度重视，2009年6月，南充市共有61个单位设立了党委新闻发言人，139个单位设立了政府新闻发言人，113个单位设立了网络新闻发言人。《关于企业特殊工种职工正式退休后停缴医疗保险金的建议》被政府有关部门采纳后，产生了很好的社会影响和效益，原来特殊工种职工退休后继续缴纳医保金的问题得到解决，从2012年1月起，停缴医疗保险金。在市政协五届三次会议上，《关于尽快在南充主城区建立智能交通系统的建议》《关于加强罗瑞卿故居保护开发利用的建议》分别被市政协确定为专题协商办理提案和重点提案进行督办。前者促进了南充智能交通系统的建设，目前市辖三区已建立起完备、科学、适用的智能交通指挥系统，为畅通南充城市交通发挥积极作用；后者促使有关单位加强了罗瑞卿故居的保护力度，修缮了纪念馆舍，净化了周边环境，丰富了馆藏文物，充分发挥了教育引导功能。又如，2015年集体提案《关于加大我市江河鱼类资源保护力度的建议》《关于在城区出租车上安装"合乘计价器"的建议》《关于加强南充市结核病防治工作的建议》《关于中心城区设置智能交通电子显示屏的建议》被市政协列为联合督办提案，有效地促进了以上行业管理工作的改进和完善。2016年《关于加快我市农业机械化发展的建议》被列为市政协副主席领衔督办提案，《关于实施"互联网+农业"培育农村电商主体的建议》《关于支持民办教育发展的建议》被列入市政协专委会与民主党派联合督办提案，《关于创新大学生村官培养使用机制的建议》等37件被编入重要提案摘选集。2017年界别提案《关于加强嘉陵江南充城区段砂石资源保护工作的建议》被列入副主席领衔督办提案；《成渝经济区北部金融中心建设的思考与对策》促进了我市加快建设成渝经济区北部金融中心的步伐，提出的很多意见建议已转化为我市建设金融中心的政策措施；《关于我市项目工作中有关问题的建议》切中当前我市项目推动工作中的时弊，有效推动了我市重大项目建设的进度和质量；《精准识别低保对象，规范城市低保管理》成为政协界别协商的重要课题，引起有关部门重视，有力的推动了我市城市低保工作更加规范有序；8月9日，市政协副主席、民革南充市委主委王晓贤带领部分民革界别市政协委员、市政协社法委相关同志到市水务局督办了六届一次会议第185号"关于加强嘉陵江南充城区段砂石资源保护工作的建议"的重点提案，市政协常委梁春光陪同督办。2018年，督办提案《关于大力推进川东北区域金融中心建设的建议》《关于在我市大力发展装配式建筑的建议》被列入主席会议成员领衔督办提案，《关于恢复"南充丝绸节"重塑南充形象的建议》获市政府采纳，拟于明年举办"2019中国西部国际丝绸博览会"。9月6日，市政协副主席、民革南充市委主委王晓贤带领部分民革界别市政协委员督办了六届二次会议第53号《关于大力发展装配式建筑加快推进建筑产业现代化的建议>的提案。2019年，《关于大力推进川东北军民融合产业园建设的建议》被列入主席会议成员领衔督办提案。其中：提案《关于完善我省脱贫攻坚考核评估验收工作机制的建议》促使省脱贫办出台了《关于进一步做好脱贫攻坚资料清单删繁就简工作的通知》；集体提案《关于发展新能源汽车产业的建议》得到市政府的采纳，先后出台了《南充市"十三五"新能源汽车产业发展规划》《南充市实施"155"发展战略推进汽车汽配千亿产业集群发展实施意见（2017–2021年）》等系列政策文件；《关于大力发展装配式建筑加快推进建筑产业现代化的建议》，推动了我市《关于加快推进建筑产业现代化促进建筑产业转型升级的实施意见》制定出台。

尤其有3件提案还先后促成3件地方法规的出台并实施。一是出台新的《南充市出租汽车客运管理办法》。在南充市2011年、2012年"两会"期间，民革南充市委连续两年提交提案——关于出台新的《南充市出租汽车客运管理办法的建议》。该提案提到：南充市政府于2001年1月8日出台《南充市出租汽车管理办法》（南府发〔2000〕264号）。十年来，随着经济社会的不断进步及城市的快速发展，南充城市规模、人口数量及城市面貌已发生了天翻地覆的巨大变化，出租车数量较之2001年成倍增加，原《南充市出租汽车管理办法》早已不适应南充作为川东北区域中心城市和特大城市发展的要求，不适宜对南充出租车行业科学有效的管理。提案建议在原《南充市出租汽车管理办法》的基础上，对相关内容及条款进行修改、补充和完善，早日出台新的《南充市出租汽车客运管理办法》，使其适应南充经济社会的进步及出租汽车行业的发展，使其对南充出租汽车行业真正起到指导、规范、监督和约束作用。南充市政府对该提案高度重视，经过广泛、深入、细致地调研后，新的《南充市出租汽车客运管理办法》（南府办发〔2012〕29号）经市政府五届第4次常务会议审议通过。并于2012年8月1日起施行。二是出台《南充市公共租赁住房管理暂行办法》。2012年南充市"两会"期间，民革南充市委提交提案《应重视保障性住房的管理和分配》。提案提到，关于保障房分配不公的问题已引起社会各界高度关注。如果不能把保障房分配给最需要的人，建设的量越大，浪费反而就越大，还会进一步加剧社会不公平。提案指出，公共租赁房是南充保障性住房的主体形式，而公租房分配不公的问题已引起群众强烈不满。因此建议规范公租房分配全过程和各个环节的管理，一是对住房保障分配、运营的全过程和各个环节的管理进行规范。完善相关制度，做到保障房源、分配过程和分配结果"三公开"；二是由纪检监察机关牵头，组织房管、民政、公安、社区等部门，采取分工协作、共同把关、部门联审，从严、从细、从实做好廉租房分配的每一项工作；三是出台地方法规，建立长效管理机制，落实公租房申请、审核、公示、分配及进出等制度，从而进一步发挥公租房的应有功效。该提案推动了《南充市公共租赁住房管理暂行办法》的出台，并于2013年1月1日生效。

三是出台《南充市餐厨垃圾管理办法》。2013年南充市"两会"期间，南充民革提交《关于加强我市餐饮垃圾处理的建议》（市政协第235号提案）。提案提到，"南充市的餐馆、酒店和大专院校食堂每日产生数十吨餐饮垃圾，餐饮垃圾多被养殖户收购用于喂猪，或被简单混入生活垃圾处理，有的被不法分子生产'食用油'回流餐桌。餐饮垃圾的无序处置和'泔水猪'的泛滥，不但造成环境污染，还给市民健康带来严重威胁"。提案建议：一择址建立餐饮垃圾处置中心，集中处理，变废为宝，化害为利。二是餐饮垃圾处置由政府牵头，商业化运营，以招投标方式选择企业投资，集中处置。三是出台优惠政策，积极扶持相关企业对餐饮垃圾的综合开发利用，促进餐饮垃圾无害化处理和合理利用。四是制定《南充市餐饮垃圾管理办法》，加强对餐饮垃圾的监管。一方面倡导文明、节约消费，减少餐饮垃圾的产生；另一方面实施餐饮垃圾处理登记制度，切底杜绝用"泔水油"加工食用油的违法行为发生。该提案引起了市政协及政府部门的高度重视，出台了《南充市餐厨垃圾管理办法》，并于2013年9月1日开始正式实施。

按照提案工作管理办法，南充市政协每两年开展一次优秀提案评选活动。在每次的评选活动中，民革南充市委提交的集体提案和民革党员中的市政协委员提交的个人提案，由于质量高，可操作性强，采纳后效果好，社会影响大，群众满意度高而被评为"优秀提案"。如，2011年6月28日，南充市政协对四届三次、四次会议的30件"优秀提案"进行表彰。民革南充市委集体提案《关于加强民办职业教育管理的建议》、党员个人提案《关于综合整治西门坝街及西门市场周边环境的建议》《关于加大对我市天然水域鱼类资源保护力度的建议》《关于修建滨江大道过街人行天桥的建议》《关于拆除顺庆城区部分街道绿化带，缓解交通拥堵的建议》《关于加快南充城市交通和产业发展的建议》共6件提案被评为"优秀提案"，占全市受市政协表彰提案的20%。

2013年底，中共南充市委办公室、市人民政府办公室、市政协办公室联合发出《关于表扬2012～2013年市政协优秀提案、先进承办单位和提案办理先进个人的通报》，民革南充市委提交的《关于加大对嘉陵江南充段沿江排污口排查治理力度的建议》《关于加强社区卫生服务中心的建议》《关于加大投入改造老旧城区基础设施的建议》《关于建立大病救助机制的建议》

《关于加强民办职业教育管理的建议》《关于创新大学生村官培养使用机制的建议》《关于完善义务教育公共财政保障体制的建议》共7件提案受到通报表彰，获奖提案数占42件"优秀提案"的16.7%。南充民革党员中的省政协委员所提交的提案也有多件被评为优秀提案，如2013年，《加强农村环保工作的建议》获四川省政协"优秀提案"奖。2015年，在民革省委参政议政工作会议上，南充民革由于成绩突出，同时获得了"参政议政先进集体"和"反映社情民意信息先进集体"两项表彰；在市政协召开的2015—2016年度优秀提案表彰会上，《关于加强我市民间投资理财机构监督管理的建议》等8件提案被评为"优秀提案"；顺庆基层委员会针对顺庆如何实现"三个决战全胜"提出的建议，得到顺庆区委统战部高度赞誉；党员朱兴弟连续3次荣获市交警支队"缓堵保畅金点子"采纳奖，提交的《乡道设"路标"》获四川日报"天府问计"二等奖。2017年，政协委员周红就重视和发展学前教育等问题向市政协六届二次会议提交了《关于大力实施学前教育行动计划的建议》的提案，提案引起了与会人员和媒体的一致认可和广泛关注，南充晚报记者为此还对她进行了专访报道。

据不完全统计，自政协南充市三届一次会议以来，南充民革集体提案、党员个人提案或联名提案被评为省、市"优秀提案"的共计60余件。

（三）引起重视的社情民意

南充民革反映的社情民意，有的得到中共南充市委、市政府主要领导的高度重视，作出批示，促使有关问题得到及时解决。比如，1999年提出的《对南充中小学校校服价格质疑》的社情民意受到市政协高度重视，有关部门组织对南充各县（市、区）中小学进行全面调查，前后耗时3个多月。调查结果发现，承接校服生产的浙江一休集团从广东运回的校服28元1套，卖给学校每套50元至60元，学校加价卖给学生70元至80元不等，层层加价现象严重，而且该企业送给市教委"别克"牌轿车1辆。有关部门立即提出四条整改措施，规范了校服配制，减轻了中小学生的负担。2012年《外地企业在南充城区非法融资应引起高度重视》上报后，得到中共南充市委书记的批示，南充公安开展打击非法集资诈骗专项行动，一举端掉22个涉嫌非法集资窝点。

专项打击行动避免了非法集资诈骗者突然逃遁，避免了给投资者造成更大的无法弥补的经济损失；同时使众多投资者惊醒，避免了更多人因误入非法集资诈骗案中而造成更为严重的后果。2013年反映的《参保者跨区缴纳医疗保险，医保年限被清零的问题亟待纠正》得到市委书记批示后，受到南充市政府的高度重视，召开五届市政府第73次常务会议，审议并通过城镇职工医疗保险在南充市行政区域内的实际缴费年限全市互认，从2014年5月1日起正式实施。特别是2013年6月，南充民革提交社情民意《加强民用电梯监管，确保居民人身安全》（市政协"社情民意"第17期）。该社情民意指出，近几年来，随着南充电梯使用范围的快速扩大，涉及电梯安全使用、管理等方面的举报投诉、责任纠纷、群体事件都呈快速增长趋势，安全事故时有发生，建议政府出台《南充市电梯安全管理办法》。中共南充市委书记对该"社情民意"批示后，政府职能部门高度重视，在经过深入调查的基础上，出台了《南充市民用电梯管理办法》，并于2014年3月1日开始实施。2015年社情民意《应立即制止砂石船在嘉陵江中违法采砂》促成了嘉陵区人民政府发布《通告》，责令青居电航工程库区嘉陵江段的采砂业主关闭经营并拆除违法经营相关设施。2017《在脱贫攻坚中应高度重视解决非贫困户心理失衡现象》得到省政协采用转发，引起各级各部门高度重视，有效缓解了脱贫攻坚中出现的突出矛盾；《我市城区"烂尾楼"急需整治》促使市政府分管领导组织相关部门召开有关开发商参加的协调分析会，研究解决我市房地产发展中的困难矛盾，部分商品房烂尾问题得到解决。2019年6月21日，市政协副主席、民革南充市委主委王晓贤带领调研组一行前往蓬安县柳滩乡三角滩村开展脱贫攻坚民主监督工作。调研组一行先后深入太空籽莲基地、瓜蒌中药基地、农特产品交易中心等地，详细了解产业规模、建设发展情况和带动当地群众创收致富成效。6月26日，民革南充市委脱贫攻坚民主监督工作组赴高坪区开展脱贫攻坚民主监督工作。

由于反映社情民意工作成效显著，民革南充市委连续多年被民革四川省委、市政协分别评为"全省反映社情民意信息工作先进单位""全市政协反映社情民意信息工作先进单位"。2015年，在民革省委度参政议政工作会议上，南充民革同时获得了参政议政先进集体和反映社情民意信息先进集体两项表彰，陈凤英同志被评为反映社情民意信息先进个人。2017年11月26日，在南充市政协宣传信息工作会上，民革南充市委荣获反映社情民意信息工作先进单位并在会上交流发言，机关干部罗艳、张帆分别荣获反映社情民意信息工作先进工作者、全市政协新闻宣传先进工作者。会上，市政协副主席、民革南充市委主委王晓贤撰写的《高度重视脱贫攻坚中非贫困户的心理失衡现象》、市委委员李祥昌撰写的《督导落实儿童苯丙酮尿症救助体系的建议》、以及民革党员林波、廖辉等人撰写的《关于缓解当前市区交通拥堵的十条建议》等信息均被通报表扬为优秀社情民意信息。

第三节　社会服务新方式

开展社会服务工作是民主党派履行职能的延伸，是参政党工作领域的拓宽。进入新世纪以来，民革的社会服务工作的内容更加丰富，密切了和社会各界的联系，社会各界对民革有了更深的了解，也使民革党员接受了教育、展示了才华、得到了锻炼。民革中央十分重视社会服务工作，多次召开全国社会服务工作总结表彰会，加强部署、统一思想、提高认识。民革南充市委坚持"上为党政分忧、下为百姓解难"的理念，积极开展社会服务活动，在捐资助学、助推扶贫攻坚、结对帮扶、开展"三下乡"活动、抗震救灾、开展"博爱.牵手"活动等方面做出了成效，先后有刘志康、李祥昌等多位民革党员获得民革中央"社会服务先进个人"荣誉称号，陈洁、赖应龙、游平、程显权等民革党员获各级"抗震救灾先进个人"表彰；李祥昌获"民革全国社会服务先进个人"（2012年、2017年）。

一、捐资助学

我国的教育事业随着改革开放得到了长足的发展，但由于教育发展的不均衡，再加之农村贫困人群还大量存在，上学难仍然是困扰各级政府的难题。针对这一现状，民革南充市委坚持为贫困学生捐钱、捐书籍、捐学习用具、捐体育用品等，力所能及地破解上学难的难题。

牵线搭桥，协助台胞捐资助学。台胞吕学清是加拿大客属崇正会会长，到大陆参访后表达了捐助建学校的意愿。2004年，民革南充市委通过民革中央、民革四川省委牵线搭桥，吕学清先生捐资30多万元，修建了马鞍镇乐兴小学"吕理隆教学楼"[1]，改善了该校的办学环境；仪陇县教育主管部门加强与吕学清先生的联系，吕学清先生发动海内外客家人有关联络联谊组织，为乐兴小学解决了许多实际困难。2012年3月8日，为了进一步帮助该校师生，吕学清先生再次向该校捐赠总价值128700元的书籍。全校1000多名同学每人获赠价值29.9元的现代汉语小词典1本，3至6年级的同学每人另获赠价值55元的小学生多功能英汉词典一本，7至9年级的同学另获赠价值38元的《英汉汉英双解词典》一本。民革四川省委、民革南充市委联合举行了隆重的代捐赠仪式。

关注藏区教育，助力"9+3"教育计划。四川藏区"9+3"免费教育计划主要通过积极组织藏区初中毕业生和未升学的高中毕业生到内地免费接受3年中等职业教育，从2009年起，每年组织1万人左右；同时支持藏区发展职业教育，办好中职学校，使藏区内中职年招生规模发展到4000人。南充中等职业学校也承担"9+3"教育计划任务。为了助推"9+3"教育计划，民革南充市委以民革党员明海全为主，专门设立"南充民革海全基金"，从2010年起，连续三年向四川省服装艺术学校、南充卫校中来自藏区的贫困学生捐款，共计捐款近6万元，资助30名藏区学生完成职业教育。此外，南充民革海全基金会还一次性向长乐初中捐赠价值10多万元的服装和价值5000多元的体育器材，得到了学校师生和社会的良好赞誉，扩大了民革组织的社会影响力。2012年10月，南充民革党员一行3人，前往西藏那曲县香茂乡中心小学看望藏族小学生，购买了价值3000多元钱的书籍和文具赠送给藏区孩子们。

心系灾区教育，帮助灾区学校走出困境。"5.12"汶川特大地震之后不久，在2009年"六一"儿童节前夕，民革南充市委同民革的民企党员李祥昌一道前往德阳市旌阳区黄河路小学进行捐资助学活动，为该校捐赠17020元现金、价值3000余元的体育用品，一方面以实际行动帮助灾区学校走出困境，另一方面鼓励灾区师生树立战胜灾难的信心，受到该校教师和学生的欢迎和感谢，并向市委会赠送"心系灾区，大爱无疆"锦旗一面。

发动民革党员，关爱贫困学生。民革南充市委注重发挥全体民革党员的力量，动员一切力量捐资助学，关爱贫困学生。1995年，南充民革党员积极响应省级各民主党派的倡议，积极扶贫助学，为康定县营官希望小学捐款1800余元，为贫困地区和少数民族的失学儿童献了上一份诚挚的爱心。

2006年，民革南充市委与市政协共同牵线搭桥引进四川人民出版社给仪陇马鞍中学捐赠了价值10万元图书。

同年，民革南充市委与西华师范大学国土管理学院团总支、青年志愿者协会联合发起了向社会捐赠的倡议，先后两次组织和动员全体民革党员和该系大学生开展"献爱心，捐物品"活动，民革党员共捐人民币3210元，共捐衣物、鞋等物品7000余件，学习用品等2000余件，由市委会分别送往西河路社区，医学街社区、嘉陵区大通镇安宁寺村。是年5月，市委会与川北医学院学生联合开展了"献爱心、捐物品扶贫济困"活动，共收到衣物2000余件捐给贫困群众。

2008年，为推进学教活动深入开展，发挥民营企业党员为社会做好事、做实事的的积极性，民革南充市委主委冯庆煜率副主委及民革民企党员，前往阆中凉水乡、仪陇乐兴乡两所学校对贫困学校开展捐资助学活动。共捐助5000件价值10余万元的衣服及2000余元的学习用具，民企党员现场为两所学校共20名贫困学生发送助学现金4000元，新闻媒体作了报道。从2002年始，市委会共计捐款现金4万元，捐赠价值逾2万元的学习用品和体育用品，价值10多万元的衣服等；为27名优秀生和10名贫困生发放奖金和助学金，扶持20余名优秀学生及贫困生顺利完成学业。党员乐全林还拿出10000元在乐兴小学设立了奖励基金，市委会主委冯庆煜带头在该校帮扶了一名客家孤儿，连续几年资助金额近万元。

2011年6月28日，民革南充市委领导和党员余志立来到南充市顺庆区潆溪镇大林小学，为该校捐赠助学金2000元及价值10000多元的体育用具和书籍。《南充晚报》对余志立的事迹进行了报道。

2012年，为了以实际行动帮助贫困学生，民革党员林波任副主任的四川罡兴律师事务所设立了"罡兴律师励志奖学金"。5月8日下午，罡兴律师事务所与西华师大法学院合作，在西华师范大学新校区举行"励志奖学金"发放仪式。西华师大法学院的16名学生获得了"罡兴律师励志奖学金"2.2万元。

2015年，市委会先后组织党员赴南部县七层山村小学看望留守儿童，并为他们捐赠了价值三千多元的课外读物和学习用具。

2016年，组织党员赴嘉陵区花园镇世荣村小学看望留守儿童，为孩子们送去3000多本课外书籍及数千元的学习用具；联合南充泽英教育集团赴仪陇县柳垭小学捐赠400套桌椅及学习用品。市委会为进一步整合社会服务资源，努力探索新方法、新举措，开展了支教助学，情系彝族教育的活动，经过多次走访调研，联合党员李祥昌所创建的南充泽英教育集团开展凉山州金阳县教育帮扶活动，计划投入1300万元作为金阳教育帮扶专项资金，开展系列帮扶工作，并于7月13日正式启动，完成了首批金阳县幼儿教师在岗培训。

2017年5月30日，民革蓬安县支部委员会和蓬安县志愿者协会的爱心人士，为20余名留守儿童送去了"庆六一，迎端午"20余套书包套餐，在现场开展的有趣活动让孩子们身心愉悦，明白了端午节的风俗习惯及由来；7月21日，民革嘉陵区基层委员会在主委张莉带领下，冒着烈日酷暑来到嘉陵区金宝镇普贤寺村，看望慰问了那里的留守儿童，为他们送去了学习用品和书籍联合新华文轩集团南充分公司为阆中市大庆中心校捐赠价值2万元精品图书。

2018年3月16日，由南充民革、南充市红十字会主办，南充市红十字志愿者协会承办的"手拉手情系乡村小伙伴"活动在二龙山小学拉开了序幕。活动现场，南充民革累计捐赠现金10000余元，物资1000余件。民革顺庆区基层委员会、嘉陵区基层委员会、综合支部等基层组织也纷纷开展"爱心传播，情暖汶川学子心"助教活动、关爱留守儿童献爱心活动、金秋赠书活动及消防安全知识培训应急救援演练等活动；党员李祥昌继续关注彝区教育事业，持续推动对口凉山州金阳县教育扶贫工作有序进行，免费开展了为期半月的第二批50名在职幼儿教师培训，有力支持了大凉山的教育扶贫工作。

2019年，由民革南充市委、南充市红十字会主办，南充市红十字志愿者协会承办的"手拉手情系乡村小伙伴"活动在二龙山小学拉开了序幕。活动现场，南充民革累积捐赠现金一万余元，物资一千余件。依托南充泽英教育集团，继续开展对口凉山州金阳县教育扶贫，成功举办了金阳县幼儿教师第三期暑期培训班；9月6日，市委会还动员基层组织和党员向金阳县"一村一幼"幼教点捐赠价值18万元的图书和玩具。民革四川省委爱心助力金阳"一村一幼"发展行动暨图书、玩具捐赠仪式在凉山州金阳县举行。南充市政协副主席、民革南充市委主委王晓贤，民革南充市委专职副主委文海燕参加捐赠仪式。

据不完全统计，自民革南充市第十届至第十三届委员会，南充民革党员捐资助学钱物累计达百万余元。

二、助推扶贫攻坚

扶贫攻坚是全面建成小康社会，实现"两个一百年"目标的战略任务，也是"最艰巨的任务"。助推打胜脱贫攻坚战，是民主党派围绕中心、服务大局履职尽责的又一个重要舞台。民革南充市委适应时代的要求，发挥自身优势和特点，积极投身到脱贫攻坚战中。民革南充市委动员广大党员，积极投入扶贫济困赠捐款、结对帮扶送温暖、博爱牵手献爱心等活动，以实际行动助推扶贫攻坚。市委会根据中共南充市委、市政府《关于进一步开展经常性社会捐助工作、组织好当年扶贫济困送温暖捐助月活动的通知》以及民政部《关于加强经常性社会捐助工作、组织好当年扶贫济困送温暖捐助月和宣传周活动的通知》精神，结合贯彻落实中共十六大会议精神和社会服务工作实际，于2002年在全体民革党员中开展了"扶贫济困送温暖"活动。活动以"关注城乡贫困群众"为主题，以捐物为主要内容，民革各基层组织积极行动。当年，市委会对仪陇客家人聚居地的贫困群众进行了慰问，捐赠500元现金和400多件物品。通过此次活动，市委会决定将仪陇客家人居住地作为经常性的对口帮扶地区。

2002年，民革南充市委领导和机关人员多次赴国家贫困县仪陇县周河镇小学、乐兴小学，向学校捐赠衣服400余件，学习用品600多件，向贫困群众捐款500元；民革党员、民营企业家刘志康每年出资1.2万元，资助3名考上重点大学的贫困学生完成学业。

为唤起全社会对弱势群体的关爱，推动南充精神文明建设的深入开展，民革南充市委于2004年发起了向孤寡老人献爱心活动，先后组织党员中的医务人员到市区老年公寓为老人进行体检义诊，为缴费困难的老人捐款1500元、赠送衣服200多件。2005年，为纪念朱德诞辰120周年，民革南充市委响应南充市政府"为朱总故乡作贡献"的号召，为仪陇客家人联谊会捐赠手提电脑1台、数码相机1部。

2007年元旦期间，将70件衣物、300元现金送往南充市民政局救灾科；6月7日，将价值万元的1000余件衣物和食物送到南部县民政局；12月，将价值5000多元的物品和现金送往市民政局救灾科，《南充日报》对此次活动进行了报道；2009年将价值近万元的2000余件衣物和食物送到营山县民政局，向贫困群众表达了民革党员的一片爱心。全力开展捐资助学活动，为嘉陵区二龙山小学捐赠资金17000余元，学习和生活用品价值5000余元；

民革南充市委及志愿者多次前往嘉陵区大通镇安宁寺村，对贫困村民进行帮扶，将捐赠的钱物及2000多件衣物送到村委会，请村干部转发给村里的特困户；市委会领导和机关人员还多次赴嘉陵区吉安镇、高坪区胜观镇看望慰问贫困户，为他们送上慰问金和慰问品，还落实了胜观镇矮子桥村4位村民的低保问题，解决了他们的实际困难。

市委会多次组织志愿者和医疗队到养老院看望慰问孤寡老人，为他们检查身体，捐款捐物。2009年2月27日，民革南充市委组织医疗专家团队来到嘉陵区大观乡养老院，为前来诊治的100多名老人和附近群众进行了身体检查和疾病治疗，并向养老院10名孤寡老人送上现金，为每位老人送上了崭新的防寒服。2016年，市委会赴西充县太平镇敬老院、仪陇县柳垭镇敬老院开展敬老爱老义诊服务活动，并向敬老院捐献现金16000元。

民革党员吴开响应省委"援助藏区行动"的号召，主动报名并经组织批准，于2012年7月来到甘孜藏族自治州康定县，挂职担任康定县交通运输局副局长。两年多时间里，吴开全力衔接落实项目，帮助解决了乡村公路工程质量、资金等难点问题；先后参加了康定县政协组织的城镇建设与管理调研活动，完成了《关于康定县交通运政执法队伍建设情况的调研报告》；通过积极协调，为下木居村落实便民桥资金5万元，建成惠民桥一座。他主动对贫困群众爱心帮扶，捐款捐物达3000余元；还与海拔4000多米的贡嘎山乡下木居村9户藏族同胞结对认亲，每逢节日都要给每户藏胞送去价值近200元的食物。他用自己的实际行动树立了民革党员、援藏干部的良好形象。

2012年9月29日，民革南充市委主委王晓贤率南充民革第一、三、四、七支部主委和部分民革党员来到南充残疾人就业康复中心开展助残活动。为残疾儿童送去价值7000多元的节日礼物，并致以节日的祝福。2013年3月19日，市委会与民革高坪总支一行，前往高坪区御史乡小学看望慰问贫困学生，捐赠衣物近200套，并勉励他们努力学习，不断进步。

为助推脱贫攻坚，帮扶村脱贫摘帽，市委会积极作为，有效开展了一系列的服务社会活动。2016年，民革南充市委先后10次深入到嘉陵区礼乐乡菜子沟村开展精准扶贫调查研究，指导制定扶贫规划，督导该村脱贫攻坚工作，争取帮扶政策，落实脱贫资金，开展贫困户慰问。促使菜子沟村建起了300亩的花椒种植脱贫奔康产业园，并逐步向周边乡村扩展；人饮工程竣工投入使用，切实解决全村人民安全饮用水问题；易地搬迁、"三建五改"及入户便民路全部建成，人居环境得到极大改善；投资建成村活动室，村"两委""堡垒"作用突显；配备文化体育器材设施，丰富广大农民的精神文化生活；高标准农田建设规划定案，资金筹措到位，招标程序完成。菜子沟村已通过省、市有关方面的检查评估验收，成功摘去贫困村帽子。其次，着力开展"三帮"工作，为响应市政协发起的"三帮"活动，民革南充市委认真谋划、率先示范，界别帮扶有声有色，各基层组织互有侧重、灵活多样，帮扶工作各具特色，南充民革界帮点工作形成了主动参与、全员覆盖、竞相推进的态势。一年来，阆中民革先后前往博树乡、洪山镇五郎坪村开展扶贫送医下乡活动，顺庆民革多次深入金台镇包田村走访慰问挂钩贫困户，民革三支部前往菜子沟村慰问贫困户，民革七支部赴仪陇县柳垭镇开展扶贫捐赠活动，民革八支部党员前往顺庆区灵潼山村开展精准扶贫。7月，在全市政协"三帮"工作现场观摩及经验交流大会上，市委会题为《始终做到'三个坚持'倾情助力'三帮行动'》的调研交流发言，受到了与会领导和各界人士的广泛关注和赞誉。三是认真参与脱贫攻坚督查工作，开展脱贫攻坚民主监督工作是中共中央赋予民主党派的一项新任务。市委会根据中共南充市委和民革四川省委的安排，组织机关干部和部分党员，对嘉陵区、蓬安县的18个村和甘孜稻城县的脱贫攻坚工作进行了督查，指出了脱贫攻坚工作中存在的问题和困难，提出了改进脱贫攻坚工作、增强贫困户脱贫致富实效的建议，为打赢脱贫攻坚战献智献计。四是以实际行动支持藏区脱贫攻坚，开展"购稻城松茸一小盒　助藏区脱贫一份力"的活动，购买了稻城县香格里拉镇拉木格村松茸52000元，在一定程度上解决了其松茸销路的问题，扩大了影响，提高了知名度，为藏区人民脱贫奔康出了实实在在的一份力。高坪区基层委员会、嘉陵区基层委员会、综合支部协同重庆民革基层组织到嘉陵区礼乐小学开展"艺术支教"活动，该校5名学生获得资助直到完成大学学业。

2017年，市委会围绕脱贫攻坚这个"天大的事"，精准发力，助力打赢脱贫攻坚战取得实效。一是竭力做好定点村帮扶工作。在助力嘉陵区礼乐乡菜子沟村2016年成功脱贫摘帽基础上，定点帮扶嘉陵区礼乐乡唐家沟村。先后组织100余人次深入调研，协调落实帮扶资金近1300万元，协助建立养殖规模达100头的养牛场和花椒基地300亩、硬化村道及便民路8公里、改造危房6户、异地搬迁2户、建设村活动室1个，扎实开展"三帮"行动，组织民革界别市政协委员及机关干部16人结对帮扶慰问定点村贫困户33户，该村已通过省上组织的第三方评估验收。县（市、区）基层组织发挥优势，所联系的定点村帮扶工作也取得很好成效。二是深入开展脱贫攻坚民主监督工作。我们"寓监督于帮扶之中，寓帮扶于监督之中"，既注重在平时工作中加强监督，又集中力量组成监督工作组，深入高坪区、蓬安县15个村126户贫困户核查，收集到群众反映的意见建议200多条，梳理后分别向高坪区政府和蓬安县政府反馈，有效促进了相关县区脱贫攻坚工作；三是齐心开展"脱贫攻坚·嘉陵行"。民革与民进、致公党及九三学社四个市委会共同定点帮扶嘉陵区一立镇塘湾村，民革市委捐赠现金2万元、价值近4000元生活用品和价值2万元药品。四是精准扶贫"三帮"活动。为积极响应阆中市政协精准扶贫"三帮"活动号召，民革阆中市基层委员会主动担当，积极作为。9月13日上午，主委曹芳带领党员，将价值近20000元的10吨复合肥送往垭口乡三合村，用于奔康产业园建设、贫困户庭院经济发展，助力贫困户早日脱贫。五是支持党员建立脱贫奔康产业园。党员张钦峰筹资3000余万元在顺庆区大林镇创建农业扶贫产业园，占地3000亩，提供就业岗位108个，共计带动351户农民增收，帮助11户贫困户脱贫。党员明海全在嘉陵区临江乡流转土地2000多亩种植巨菌草，建立菌草综合开发利用体系，支撑20多个相关产业发展，带动近500户群众增收致富。同年，市委会以实际行动支持藏区脱贫攻坚，开展"购稻城松茸一小盒、助藏区脱贫一份力"的活动，购买了稻城县香格里拉镇拉木格村松茸52000元，在一定程度上解决了其松茸销路的问题，扩大了影响，提高了知名度，为藏区人民脱贫奔康出了实实在在的一份力。

2018年，市委会围绕脱贫攻坚，再次精准发力。全年为所帮扶贫困村嘉陵区礼乐乡唐家沟村、大石岩村共捐赠和协调落实资金46.3万元，多次暗访督查礼乐乡脱贫攻坚工作，先后6次赴高坪区、蓬安县开展脱贫攻坚民主监督，参加民革中央赴贵州省开展脱贫攻坚民主监督工作，参加民革四川省委会等8家单位联合赴稻城开展的2018年第一轮脱贫攻坚全覆盖督导工作。与民进、致公、九三学社四个党派市（工）委共同在嘉陵区一立镇塘湾村打造脱贫攻坚示范点，成立农技、医疗扶贫咨询点。支持鼓励党员明海全、张钦峰、邓量在贫困村建设产业扶贫基地，带动当地群众脱贫致富。与此同时，"三帮"活动继续开展，南充民革组织"新联会"开展扶贫慰问，为贫困村嘉陵区天星乡弥陀院村送去慰问物资及慰问金14000余元。

2019年，市委会依托南充泽英教育集团，继续开展对口凉山州金阳县教育扶贫，成功举办了金阳县幼儿教师第三期暑期培训班，动员基层组织和党员向金阳县"一村一幼"幼教点捐赠价值18万元的图书和玩具；深入蓬安县、高坪区10余个乡镇50余户农户，开展脱贫攻坚民主监督，收集问题30多个，并提出整改意见建议，民主监督职能得到充分发挥。6月21日，市政协副主席、民革南充市委主委王晓贤带领调研组一行前往蓬安县柳滩乡三角滩村开展脱贫攻坚民主监督工作。调研组一行先后深入太空籽莲基地、瓜蒌中药基地、农特产品交易中心等地，详细了解产业规模、建设发展情况和带动当地群众创收致富成效。6月26日，民革南充市委脱贫攻坚民主监督工作组赴高坪区开展脱贫攻坚民主监督工作。

据统计，仅从2016年-2019年，市委会在助推脱贫攻坚战中，共筹措资金及物品折价1500多万元，为帮扶村脱贫摘帽做出了应有的贡献，为群众解决了切实的困难，为南充市统一战线树立了良好的社会榜样。

另外，自2003年到2014年，民革南充市委分期分批，共向民革省委、省中山学院、光亚学校联合举办的为期1年、为西部地区全程免费培训英语教师的"光亚培训班"推荐乡村女教师20多名，为南充农村教育事业作出了积极贡献。2019年，再次推荐2名乡村英语教师参加"光亚培训班"进行为期一年的免费培训。

多年来，民革南充市委还与中共顺庆区北城工委及街道办事处、西华师大联合举办"下岗职工再就业综合技能培训班"，共培训下岗职工74人；与西华师大计算机中心联合举办"下岗职工技能培训班"，共培训下岗职工100多名；协调党员中的民营企业家为下岗职工提供就业岗位，先后解决下岗职工和农民工500多人就业，为下岗职工和农民工再就业作出了积极的贡献。

为解决贫困地区群众看病难的问题，积极发挥民革基层组织和党员的作用，市委会开展了一系列的送医下乡活动，得到了广大群众的好评。2015年，组织党员赴高坪区胜观镇开展送医下乡义诊活动，免费为群众发放价值10000余元药品和1000余份健康知识宣传资料。2017年，组织民革阆中市基层委员会赴阆中市妙高镇、二龙镇开展送医活动，义诊500余人次，并免费发放价值5000余元的药品；2018年，市委会先后两次组织民革党员中的医卫专家赴嘉陵区礼乐乡开展健康义诊活动，为村民免费发放了价值近7000元的药品和700余份健康宣传资料。在市委会的广泛发动之下，民革阆中市基层委员会、川北医学院基层委员会、中心医院总支、蓬安支部、精神卫生中心支部等基层组织也纷纷行动起来，先后开展义诊活动10次，为广大群众提供便捷、高效的医疗卫生服务和健康知识宣传，受到社会广泛好评。

三、结对帮扶

长期以来，民革南充市委响应中共南充市委、市政府号召，积极推进市直机关定点帮扶城市社区、结对帮扶贫困居民的工作；坚持慈善义举，慰问结对帮扶对象，为社会奉献爱心。

2006年，按照中共南充市委"深入开展机关干部结对帮扶工作"的安排，民革南充市委于3月28日与市帮扶办、社区和居委会分别签定了《帮扶工作责任书》。针对机关科级以上干部，制定了每年不低于800元以上慰问金和慰问品，对定点帮扶对象进行一对一结对帮扶慰问的制度。并把每年的元旦、春节、端午、中秋国庆等中国传统节日定为结对帮扶活动时间，对贫困居民开展结对帮扶慰问活动。同时，还通过各方面的关系帮助帮扶对象及子女解决生活和学习中的困难。

2006年7月，为了帮助贫困群众解决实际困难，市委会为帮扶对象的子女贺敏落实了勤工俭学岗位，助其为家庭减轻9月份开学的学费负担。

2007年，民革南充市委共向结对帮扶对象、社区贫困居民及贫困地区、灾区人民捐赠了14万元现金及价值近4万元的衣物、米、面、油和营养品。

2010年元旦、春节期间，市委会在机关干部中开展了"捐一天工资、献一份爱心"为主题的捐助活动，共捐出人民币1290元。

2015年至2019年，市委会以结对帮扶、"三下乡"等活动为抓手，持续开展服务社会活动。每逢春节、端午、中秋等传统节假日，市委会都组织机关干部及部分党员看望组织中老党员、老领导，慰问困难党员和结对帮扶对象，多次前往医学街社区、定点帮扶村，看望慰问结对帮扶困难户和抗战将士遗腹子张德林，通过慰问了解他们的生活状况、家庭状况及身体状况，为他们带去了节日的问候和组织的温暖。累计走访慰问40余次，送上的慰问品和慰问金34000余元。与此同时，市委会积极响应中共南充市委、市政府发出的向贫困群众"送温暖、献爱心"号召，多次将民革党员捐赠的钱物送往市、县民政局，由他们转给贫困群众。

截止2019年，市委会领导和机关干部共计前往医学街社区、稻香路社区看望所联系的"结对帮扶"贫困户60次多次，了解询问其家庭和生活状况，帮助解决实际困难和问题。除了给他们送去节日的问候和祝福外，14年时间还向结对帮扶对象捐赠现金7万多元、价值3000多元的学习用品、价值近10万多元的食物、衣服及其他生活用品。真诚地表达了民革机关干部对贫困群众的一片深情和关爱。

南充民革一系列的济困助学的举动，在社会上树立了良好的社会形象，《南充日报》对以上部分活动进行了宣传报道。

四、开展"博爱·牵手"活动

为贯彻落实民革中央和民革省委《关于开展伸出博爱之手——民革基层组织牵手困难群众活动的通知》精神，民革南充市委于2013年9月下发通知，要求各基层组织牵手帮助困难群众解决实际问题，以使困难群众的生产和生活状况得到改善为出发点和落脚点，发挥民革优势，结合基层实际，采取经济援助、情感关怀等多种帮扶形式，力所能及地使所帮扶的困难群众生产有所发展、生活有所改善，使困难群众切身地感受到民革基层组织的关爱。

民革党员何欣创办的南充"8号俱乐部"是一个民间公益慈善组织。2013年11月16日，"8号俱乐部"20多人来到地处仪陇贫困山区的中坝乡大仪村小学，向64名贫困小学生捐赠了价值3万多元的课桌椅凳、学习用品；向学校捐赠了教学用具、用电设备、乒乓球台等共6大类物品；2014年，何欣先后资助贫困学生、智障儿童、患病儿童现金18000元[2]。

2013年，市委会为高坪区御史乡争取到高坪红十字会"博爱家园"项目物资，为该敬老院的老人送去了温暖；3月19日，市委会领导率高坪总支部分党员再次前往御史乡敬老院，看望慰问了20多位老人，为他们送去了棉被、床单等床上用品和雨伞、电筒、毛巾等生活用品及20套防寒服；民革党员何欣和魏勇了解到南部县三官镇红岩村敬老院资金困难，老人们的衣服被褥等靠手洗的情况后，购买了洗衣机、拐杖、毛巾等价值4000多元的物品，于2013年4月20日送到红岩村敬老院，为老人们送去了民革党员的诚挚爱心。

2013年10月11日上午，市委会领导率民革嘉陵区基层委员会党员及医务人员前往嘉陵区西兴镇敬老院，看望慰问"五保"老人。大家为敬老院打扫清洁，整理物品，还送上了价值近两千元的物品；同行的医务人员还给"五保"老人逐一作了健康体检，详尽地给他们讲解了身体存在的问题及生活中的注意事项。

民革党员何欣除了扶贫助学外，还关心贫困群众的生活困难。仅2014年即为瘫痪老人、原国民革命军抗日老兵、尿毒症患者捐款26500元[3]，加上当年为贫困学生和残疾儿童捐款18000元，合计捐款44500元。

2015年5月5日，民革南充市委一行赴阆中市慰问救助困难群众屈多全。市政协副主席、民革南充市委主委王晓贤，阆中市政协主席宋俊，民革南充市委秘书长陈凤英，民革阆中总支主委曹芳以及阆中市民政局和清泉乡党委政府相关同志参加了此次慰问救助活动，为他送上慰问救助金和物资，同时与当地党政部门积极协商落实了救助方案。随后，带领部分民革党员一行来到位于南部县中心乡秧草沟村的困难群众蒲才昌家中，为其送上了衣服、棉被、棉套、食用油等价值5000余元的生活用品，同时现场募集善款近4万元现金，受到了当地群众的一致好评。11月，民革第四支部党员明芳在得知贵州省毕节市威宁县转哈喇河乡牛街村西拉组村民非常贫困，入冬保暖问题非常严峻后，组织捐献了100多公斤的保暖衣物和一万多现金，使当地贫困村民过上了一个温暖的冬季。

2016年，联合四川欣福源药业集团、南充爱尔眼科在南充市第五人民医院、西充太平镇卫生院启动"博爱·健康"公益行动，首批捐赠200万元帮助治疗椎间盘病人和免费治疗白内障患者。

2017年，市委会积极响应民革中央号召，深入开展"博爱·牵手"活动，帮助1名困难党员纳入市外事侨务委员会帮扶对象，走访慰问生病及困难党员30余人次。

2018年，民革南充市委坚持传承和弘扬中山先生的"博爱"精神，积极响应民革中央号召，主动向基层群众、困难党员伸出援助之手，先后多次捐款捐物。今年以来，通过参加"扶贫日"捐款、民革省委组织的以购代捐等活动，发动基层组织及党员累计捐赠现金121300余元。

2019年，深入开展"博爱·牵手"困难党员活动，走访慰问民革70岁以上老党员、老同志以及贫困户共80余人，发放慰问金及物资价值40000余元。

五、开展"三下乡"活动

"三下乡"活动是民主党派开展社会服务工作的形式之一，民革南充市委历来十分重视，每年都要组织基层支部和党员进行智力扶贫，积极开展送文化、送科技、送卫生到农村的"三下乡"活动，受到农村广大群众的欢迎和赞誉。

2006年6月，在帮扶"百村示范"工程工作中，民革南充市委先后率领由水利、交通、农艺、医卫等民革党员组成的专家组前往嘉陵区大通镇安宁寺村实地考察，结合当地的水土资源、土壤结构、地理环境等，提出了适合当地农民致富发展、切实可行的意见和建议。市委会还先后两次共为当地的贫困户送去了衣物、鞋、书包等物品2000余件，现金1000元，援建（改造）村卫生站一处（造价近5000元）。

为响应和落实中共南充市委提出的"解决群众疾苦，促进社会和谐"的工作重点，10多年来，民革南充市委发挥优势，与嘉陵红十字会、市基督教教会、民革高坪总支、嘉陵总支、民革中心医院总支、川北医学院基层委员会及其他基层组织的医务工作者到嘉陵区大观乡、桥龙乡、安平镇、李渡镇，高坪区御史乡、黄溪乡，顺庆区双桥镇等贫困乡村开展"献爱心义诊"活动；多次组织民革党员中的医务工作者与南充爱邻医院的医务人员组成"三下乡"医疗队，赴民革南充市委所联系的乡镇，为广大群众进行免费"送医、送药、送科技"活动。

2014年1月10日，由南充市政协牵头、南充民革党员组成的医疗专家组一行共9人赴仪陇县周河镇马梁村开展义诊活动。通过对当地村民进行血压普查，发现当地村民血压普遍增高（>90%）。医生将情况及时反馈给当地镇、乡领导及乡村医务人员，建议对当地村民血压增高作流行病学调查，同时建议村民改变不良的高盐饮食习惯。当天共有200多人前来免费就诊。1月13日，民革南充市委与对口联系单位市交通运输局前往西充县祥龙乡大水科村，联合开展计划生育"三结合"帮扶慰问活动，为帮带户送去了15540元的慰问金和电热毯、菜油等慰问物资。市交通局领导决定在上年帮扶该村10万元改善基础设施的基础上，当年协调相关部门，解决该村在道路、饮水等方面存在的具体困难。1月23日，南充民革诗书画院成员赴嘉陵区吉安镇开展送文化下乡活动。6位老艺术家现场挥毫，为老百姓书写春联，从上午9点到下午4点，书写春联500余副，把民革党员对吉安人民的深厚情谊倾注在书法作品中。7月13日，一辆从成都开往青海的大巴在途经理县国道317米亚罗段时发生侧翻，造成2人死亡，46人受伤。事故发生后，正在理县参与和指导学生

"三下乡"队伍的民革川北医学院委员会党员任华蓉、鲁桂英等同志带领学生队伍，于14时30分抵达理县人民医院，一起参与到了这次车祸伤员的抢救过程中。她们为伤员测量生命体征、止血、清除呼吸道异物、插管吸氧……一直坚持抢救到晚上8点40左右，抢救过程告一段落，她们才疲惫地离开医院返回到驻地。民革党员和学生们的出色表现得到了当地医务人员和群众的高度赞扬，赢得了理县县领导和医院院方的深深感谢，川北医学院党委对她们这次救护行动及意义给予了高度肯定。

为了使"三下乡"活动深入民心，2015年，市委会牵头，先后组织党员赴南部县七层山村小学看望留守儿童，捐赠了价值三千多元的课外读物和学习用具；赴高坪区胜观镇开展送医下乡义诊活动，免费为群众发放价值10000余元药品和1000余份健康知识宣传资料。

2016年，组织党员赴嘉陵区花园镇世荣村小学看望留守儿童，送去3000多本课外书籍及数千元的学习用具；赴西充县太平镇敬老院、仪陇县柳垭镇敬老院开展敬老爱老义诊服务活动，向敬老院捐献现金16000元；联合南充泽英教育集团赴仪陇县柳垭小学捐赠400套桌椅及学习用品；联合四川欣福源药业集团、南充爱尔眼科在南充市第五人民医院、西充太平镇卫生院启动"博爱·健康"公益行动，首批捐赠200万元帮助治疗椎间盘病人和免费治疗白内障患者。

2017年，组织民革阆中市基层委员会赴阆中市妙高镇、二龙镇开展送医活动，义诊500余人次，并免费发放价值5000余元的药品；联合新华文轩集团南充分公司为阆中市大庆中心校捐赠价值2万元精品图书；先后组织顺庆区基层委员会、蓬安县支部党员分别深入嘉陵区大同乡、蓬安县群乐乡，为群众讲解法律知识，送去法律服务；组织高坪区基层委员会、嘉陵区基层委员会、综合支部协同重庆民革基层组织到嘉陵区礼乐小学开展"艺术支教"活动。

2019年，市委会认真开展社科文下乡活动，川北医学院、嘉陵、高坪、阆中、一支部、二支部等基层组织纷纷深入乡镇开展送文化、送科技、送药品下乡活动，促进了农村社会和谐稳定。

在市委会的广泛发动之下，各基层组织争先恐后、纷纷行动，积极为广大群众提供便捷、高效的医疗卫生服务和健康知识宣传，为推动农村精神文明建设、建设美丽宜居乡村献计出力。

2015年以来，民革南充市委组织党员中的医务工作者在"三下乡"活动中，共计为南充农村上万名群众进行了免费诊治，送出价值近十万元的药品，发放卫生保健宣传单近万份。民革南充市委在帮扶"百村示范"工程中，为困难群众捐款捐物，为当地农民进行农村实用技术指导，为社会主义新农村建设贡献了力量。

六、抗震救灾

长期以来，凡遇各种大的自然灾害发生，民革南充市委都要积极响应政府号召，发扬一方有难、八方支援的大爱无疆精神，及时组织民革党员参与抢险救灾活动，同时积极为受灾群众捐款捐物，帮助受灾群众渡过难关、重建家园。

2002年6月8日，南充遭遇特大暴雨，造成重大灾害，民革南充市委领导带头捐款，党员积极响应，共向灾区捐款2550元、衣物100多件。在2003年抗击"非典"的斗争中，市委会发放了大量宣传资料，鼓励党员中的医务工作者积极参与到抗击"非典"的工作中来，对战斗在　线的医务工作者进行了慰问和鼓励；同时动员民革党员捐款5500元，其中4350元于5月13日汇给北京中国红十字总会，1150元由民革阆中总支交给当地红十字会。

2004年，遂宁、蓬安相继遭受水灾和沉船事故，民革南充市委捐款1210元。2005年元月，东南亚"海啸"发生后，市委会紧急筹集捐款2889元交市红十字会；当年夏天，达州、南充两地遭受水灾，当地群众的生活受到严重影响，市委会募捐2310元交市红十字会，向灾区人民献上了民革党员的一片爱心。2007年7月11日，市委会将价值近万元的2000余件衣物、食物等捐赠给因暴雨袭击而受灾严重的营山县群众。

2008年，震惊中外的"5.12"汶川大地震发生后，民革南充市委迅速行动，向民革基层组织发出了向灾区赠捐款、献爱心的倡议。民革党员第一批捐款10660元，第二批捐款7890元，第三批捐款16120元……经济界民革党员向灾区捐赠板房及物品、现金等近200万元。新中国成立前的民革党员、离休老同志傅碧波夫妇及老党员周之鸪因年老多病，无法到现场捐款，专门委托他人代为捐款共600元。80多岁的民革老党员贾明哲腰伤行走不便，请机关工作人员到家中将500元捐款代捐。身患肾衰竭的民革党员郑瑞祥也捐出了100元。党员陈洁被中国红十字总会安排在成都救灾物资分配中心，负责国际、国内捐赠的救灾物资分发，他在该岗位奋战两个多月，分发救灾物资数亿元，无一错漏，被中国红十字总会评为"全国抗震救灾先进个人"。党员赖应龙、游平被第一时间派往灾区，分别从事医疗救治和救灾车辆的调配，由于工作成效突出，分别被评为"四川省劳模"和"四川省抗震救灾先进个人"。党员程显权心系灾区，自费租车将市妇联组织捐赠的价值数千元的妇女儿童用品运往重灾区绵阳市汉旺镇拱星乡，并深入到田间、地头，将慰问物品亲自送到了妇女儿童的手中，热情地鼓励她们要坚定信念，开展自救，重建家园。汶川大地震发生后的半年时间内，南充民革党员的捐赠活动没有停止过，截止当年11月10日，市委会共收到现金近10万元，收到棉被、棉衣、毛衣等物品650多件、皮鞋10双，其中新衣被300件，捐赠钱物被及时送到南充市民政局统一调配。

2009年8月初，台湾遭遇"莫拉克"强风暴袭击，受灾严重，民革南充市委向遭受灾害的台湾同胞捐款16650元。2010年4月14日，青海省玉树县发生7.1级强烈地震后，民革南充市委举行了"情系玉树，大爱无疆"的捐赠活动，向南充市红十字会捐款25810元。

为响应中共南充市委发出的向甘肃舟曲及四川特大山洪泥石流灾区捐款的号召，2010年9月14日上午，民革南充市委在机关会议室举行了"情系灾区，奉献爱心"的捐赠活动。在市委会领导班子的带动下，南充民革各基层组织和党员纷纷向灾区人民捐出了民革党员一份诚挚的爱心。此次捐款活动共收到捐款17520元，并当场转交给了南充市红十字会。

按照川统发〔2011〕20号文件精神，在统一战线各界人士的积极倡议下，四川统一战线"同心林"建设活动于2011年5月5日在"5.12"特大地震震中映秀镇启动。民革南充市委迅速响应，动员各基层组织及广大党员参与到"认植一棵树、共建同心林"的活动中来。截至8月18日，共收到10多个基层组织和20余名党员的捐款12200元，为支持灾区人民振兴发展、建设绿色和谐家园贡献了自己的力量。

2013年4月20日，雅安市芦山县里氏7.0级地震发生当日，民革南充市委即发出号召，希望党员们伸出援助之手为灾区捐款。短短几天时间，市委会共收到民革党员捐款33300元，捐款分别通过中共南充市委统战部、民革四川省委统一汇往灾区；民革党员还通过其他渠道向地震灾区捐款7900元，表达了对灾区人民的关切与慰问。同时，一些民革党员积极参与各种形式的抗震救灾工作。党员周龙强在第一时间赶赴灾区，协助当地开展抗震救灾工作；党员夏羿凡加入了川北医学院附属医院卫生应急救援队，奔赴雅安灾区抢救伤员……

几十年来，南充广大民革党员积极为社会出力，为国家分忧。不但以实际行动捐助帮扶贫困群众，为受灾群众捐款捐物，还先后为青居电站集资、多次为达成铁路捐款，为社会和谐、为地方经济建设作出了应有的贡献。

七、坚持普法宣传活动

"五五"普法规划[4]是在"四五"普法的基础上进行的，它是对"四五"普法的传承和延伸。"五五"普法目标的确立与党委、政府的中心工作相一致，与建设社会主义法治国家、建设法治政府的目标相衔接。

"五五"普法即在公民学法、用法、提高法律素质的基础上，着力培养法治观念和法治自觉性，在全社会形成崇尚法治的价值观和良好法治社会氛围，不断提高各级政府乃至全社会的法治化管理水平，推进依法治国进程。

（一）普法工作的宣传发动

从2006年开始，民革南充市委在实施"五五"普法规划期间，认真贯彻落实中共十七届四中、五中全会和全国政法工作会议精神，高举中国特色社会主义伟大旗帜，以邓小平理论为指导，学习践行社会主义核心价值体系，全面贯彻落实"五五"普法规划和全国人大常委会关于加强法制宣传教育的决议，坚持围绕中心、服务大局，广泛开展法制宣传教育；结合市委会实际情况，有计划、有步骤地积极开展了"五五"普法的各项工作，保质保量地完成了各项工作任务，为促进经济社会平稳较快发展，维护社会和谐稳定，服务民生，全面建设小康社会作出了新的贡献。

自从"五五"普法起，民革南充市委领导高度重视普法宣传及依法治理工作。一是把普法工作纳入了重要议事日程，在主委会议上多次研究部署普法和依法治理工作，解决工作中遇到的实际问题；二是成立了"五五"普法工作领导小组，下设办公室，并根据人员变动和工作需要进行调整，做到人员到位，职责明确，学习重视，活动有效；三是制定了"五五"普法整体规划，有计划、有步骤组织实施普法依法治理各项工作的开展，每年做到年初有计划、有部署，年终有总结；四是建立了法律知识学习培训制度，利用主委会、全委会、机关干部会等开展普法知识学习，积极组织领导干部参加市上组织的领导干部法律知识考试，增强领导干部和机关干部法律意识；五是积极开展普法教育宣传活动，把法制学习作为机关学习的重要内容，结合市委会机关工作职能，制定了机关学法用法计划，认真组织实施；六是利用《南充民革》期刊和基层组织活动，加大普法工作宣传力度，不断创新方式方法，努力增强法制宣传教育的实际效果。

（二）普法工作的组织实施

从2006年开始，民革南充市委每年都结合"三八"妇女节、"3.15"消费者权益保障日、"五一"国际劳动节、"6.26"国际禁毒日、"12.1"世界预防艾滋病日、"12.4"法制宣传日等纪念日，集中一定时间，采取各种形式，开展相关法制宣传、学习活动，形成普法的规模效应，取得了较好的效果。

一是开展法律咨询服务活动。在上述节日，组织民革党员中的法律工作者向群众义务开展法律咨询服务活动，安排机关人员向群众散发法律知识宣传单，向广大市民讲解有关法律知识，向群众宣传遵纪守法、维护社会稳定的重要性。

二是开展法制主题宣传教育活动。为了实施"五五"普法规划，全面贯彻落实中共南充市委《关于贯彻党的十六届六中全会和省委八届八次会议精神，构建和谐南充的实施意见》，根据中共南充市委宣传部、统战部等12家单位《关于集中开展"与文明同行，共建和谐南充"主题宣传教育活动的实施意见》的总体要求，2007年9月30日上午，南充市各民主党派、工商联等单位在市北湖公园集中开展了"与文明同行，共建和谐南充"主题宣传教育活动。民革南充市委组织党员中从事法律、教育、计算机、医疗、科技、税务、金融、疾病防控、经济等方面的专家学者10多人参加了宣传咨询教育活动，受到了前来咨询的市民好评，得到前来视察的中共南充市委、市政协、市委统战部领导的高度评价。

三是举办"法律法规知识讲座"。为了提高民革党员的法律意识，增强法律知识，民革南充市委新社会阶层联谊会于2011年3月31日在凤垭山举办"法律法规知识讲座"。联谊会副会长、律师明峰以《中国特色的法律体系》为题，结合实际从法律体系的概念，形成的有机整体，体系的内容和新社会团体对法律的认识等几个方面，阐述了法律在生活、工作和经营管理中的重要作用。讲座采取提问和答题的互动方式，既活跃了现场气氛，又增强了与会党员对法律知识的认知度，增长了法律知识，使大家受益匪浅。

四是成立法律机构，建立服务中心。2019年4月18日上午，南充民革法律服务中心成立大会在机关五楼会议室成功召开。会议选举产生了以廖辉为主任，林波、马克敏、邓文丽为副主任，尹鹏程为秘书长，陈龙、张家豪为副秘书长的法律服务中心领导机构；王晓贤代表民革南充市委向廖辉授牌、授印。廖辉在会上发表了任职感言，表示将义不容辞地承担起相应的责任和义务，切实履行好职责。

这些年中，民革南充市委积极响应中共南充市委、市政府关于扶贫济困、结对帮扶、博爱牵手等号召，坚持"上为党政分忧、下为百姓解难"的理念，以促进南充经济社会发展与社会和谐为己任，积极助推扶贫攻坚；长期坚持慈善义举，为社会奉献爱心，开展普法宣传教育，产生了很好的社会影响，收到了良好的社会效果，为促进经济社会平稳较快发展，维护社会和谐稳定，服务民生作出了积极的贡献，谱写出了多党合作的绚丽篇章。

南充民革党员在不同岗位上兢兢业业、辛勤工作的同时，积极主动地捐资助学、扶危济困，开展"三下乡"、为灾区群众捐款捐物、支持社会主义新农村建设等活动，切实帮助困难群众解决生活、生产中的困难和问题，让广大群众感受到民革组织的温暖与关怀。有的帮扶活动被南充新闻媒体予以报道，每年都有民革南充市委的帮扶信息在市帮扶办的《帮扶简报》上刊登，扩大了南充民革的社会影响，树立了民革良好的社会形象。

注释：

[1]该教学楼以吕学青先生父亲吕理隆名字命名，故叫吕理隆教学楼。

[2]2014年2月18日，何欣资助南充二中贫困学生吴孟珍学费1000元；6月22日，何欣率"8号俱乐部"志愿者前往市儿童福利院看望残疾智障儿童，捐款5000元；7月22日，何欣率"8号俱乐部"志愿者前往川北医学院附院看望山区贫困烫伤儿童，捐款10000元；7月29日，何欣为小区白血病儿童捐款2000元。合计18000元。

[3]2014年1月30日，何欣率"8号俱乐部"志愿者前往舞凤乡福林养老院看望瘫痪老人吴婆婆，捐款5000元；9月1日，何欣与父亲下乡看望原国民革命军抗日老兵，捐款5000元；9月25日，为高坪区佛门乡百岁老人捐钱物共计4800元；某企业员工之子患尿毒症，捐款9700元；11月20日，为营山、蓬安抗日老兵捐款2000元。当年何欣和"8号俱乐部"志愿者共计向贫困群众捐款26500元。

[4]2006年4月27日，中共中央、国务院转发《中央宣传部、司法部关于在公民中开展法制宣传教育的第五个五年规划》（简称"五五"普法规划）。"五五"普法规划从2006年开始实施，到2010年结束。共分三个阶段：2006年上半年为宣传发动阶段，2006年下半年至2010年为组织实施阶段，2010年为检查验收阶段。

第四节　祖统工作新举措

促进祖国和平统一是民革的优良传统，也是民革的特色工作和重点工作。进入新世纪，香港、澳门已回归祖国，祖统工作的重点就是台湾的和平统一。民革南充市委始终坚持贯彻民革中央提出的祖统工作的有关指示，特别是民革中央的"四个转变""三个坚持"[1]提出后，加强了与南充市台办和侨联的沟通，及时了解和掌握对台的有关方针和政策；利用民革自身与海外侨胞、台胞有着广泛联系的优势，拓展与台胞、台属交往交流的渠道；组织侨、台属党员学习中共中央领导在新形势下发展两岸关系的重要意见和相关文件，大力宣传祖国对台统一方针；召开两岸关系和台湾形势座谈会、理论研讨会、祖统工作经验交流会。形式多样的工作途径与活动方式，开创了南充民革祖统工作新局面。

一、紧扣台海形势开展祖统工作

进入新世纪的十多年，是台海形势风云变幻的时期，是由台独势力猖獗、两岸和平遭到严重破坏到实现"三通"[2]、两岸交流交往得到极速扩大的时期。南充民革紧扣台海形势的变化，准确把握形势，祖统工作实现由反"独"遏"独"到扩大往来、增进交流的工作转变。

（一）反"独"遏"独"

针对"台独"势力的一系列活动，2002年，民革中央在四川宜宾召开了民革全国促进祖国和平统一工作会议，对民革对台工作作出了具体、务实的规划和要求，强调民革要"在中共中央的总体部署下，将"遏独""阻独"作为我们工作的重中之重"[3]。

在"反独""遏独"的关键时刻，民革南充市委及时召开座谈会、报告会、专题研讨会，组织广大党员学习《一个中国的原则与台湾问题》白皮书，重温党和国家领导人关于对台工作讲话精神，宣传中共中央领导集体推动两岸关系发展的新思路，开展对"两国论""一边一国"论的批判，使民革党员及其所联系的群众认清了"台独"的危害、消除了"台独"的影响。

2005年3月14日，中华人民共和国第十届全国人民代表大会第三次会议通过了《反分裂国家法》，体现了努力争取和平统一的一贯主张，表明了反对"台独"，维护国家主权和领土完整的坚定决心和共同意志。南充民革及时组织《反分裂国家法》的学习和宣传，统一民革党员及所联系群众的意志，反对分裂国家、维护国家统一。4月24日，"民革南充市委成立50周年庆祝大会"在川北医学院世纪礼堂隆重举行。会议再次学习了胡锦涛同志在新形势下发展两岸关系提出的四点意见、《反分裂国家法》，重申了南充民革以促进祖国和平统一为工作重点，坚决拥护"和平统一、一国两制"的方针，赞同和推动两岸关系和平发展，重视以孙中山爱国思想为纽带，继续团结海内外所联系人士，为祖国和平统一大业而努力。

（二）扩大往来、促进交流

在台独势力猖獗、两岸关系受到严重损害的关键时刻，中共中央高瞻远瞩，牢牢把握两岸关系发展的主动权。2005年，胡锦涛同志邀请国民党主席连战、亲民党主席宋楚瑜相继访问祖国大陆，实现"破冰之旅"，两岸关系进入新的发展阶段。特别是2008年，马英九当选台湾地区领导人，不仅迅速实现两岸"三通"，而且两岸在"九二共识"的基础上签订了二十多项协议，极大地促进了两岸经贸文化的交流合作。

南充民革顺应两岸关系的变化，贯彻民革中央"将促进祖国和平统一的重心转移到做台湾人民工作上"的要求，一方面积极组织民革党员及所联系的人士赴台湾观光考察，加深对祖国宝岛了解。自2009年起，先后组织4批次共120多人到台湾观光考察。同时鼓励台属民革党员深入到台湾，了解台湾社情民意、宣传两岸交流成果、增进与台湾人民的友情。另一方面热情接待台湾人士到南充参观访问，增进台湾同胞对大陆的了解。如：2009年4月18日至27日，南充民革党员李科选、冯昌鑫之姐李励萍（88岁，原台湾高雄海军基地中将之母）、哥哥李科名（85岁，原台湾海军中校）及其女婿傅龙（61岁，原阿根廷布宜诺斯艾利斯《华文日报》副主编）一行3人回乡探亲祭祖，民革南充市委及时与市外事侨台旅游局联系，促成行程安排，并积极参与接待。双方通过交流，加深了亲情和友情，增进了台湾同胞对祖国大陆的了解和认同。2012年5月22日下午，民革南充市委主要领导、市外侨办领导接见了台湾中华生产党中央执行委员、组织部副部长彭俊兰一行来南充参观交流。2014年6月26日至27日，来自台湾的邓治平先生到南充参观访问，民革四川省委副主委何一立陪同参访。邓治平先生系原国军邓启将军之子，时任中国国民党中央候补委员、台湾民主文教基金会执行董事、台湾阎锡山研究会理事。邓先生曾多次组织各类团队前往大陆参观访问，并积极宣传大陆改革开放政策及经济社会发展情况，为两岸交流做出了积极贡献。参访人员一行参观考察了阆中古城，并与中共南充市委统战部、市台办、民革南充市委、中共阆中市委统战部相关单位领导就海峡两岸关系等问题进行了座谈交流。2015年，南充民革先后与安徽阜阳、江西萍乡志愿者共同策划，成功迎送了两名背井离乡七、八十年的抗日老兵郑天付、王朝汉回故乡省亲祭祖。

二、开展祖统工作活动

利用传统节日、纪念日或根据形势发展的需要，定期或不定期组织侨台属民革党员举办座谈会、专题报告会，开展视察考察活动是祖统工作的有效手段。

比较有影响的座谈会、报告会及视察考察活动有：为纪念抗日战争胜利60周年，民革南充市委祖统委于2005年9月23日组织部分侨、台属党员到大邑县建川博物馆参观，以了解抗战历史，缅怀抗战英烈，铭记和弘扬抗战精神。参观结束后，举行了"纪念抗日战争胜利60周年暨国庆座谈会"，民革四川省委秘书长曹丰平应邀参加活动并讲话。座谈会结束后，曹丰平代表民革省委接受了民革南充市委原主委胡蜀平捐赠的抗战资料和手稿等物品。

2007年9月25日，民革南充市委祖统委与顺庆消防中队、电子科技中专学校在明宇大酒店大剧场举办"花好月圆贺中秋、迎国庆"联欢会，表达了对海外亲友的诚挚问候和美好祝愿。参加联欢会的有中共南充市委统战部领导，民革南充市委主委、副主委，市委会退休老领导及市委委员、基层组织负责人，顺庆消防中队、电子科技中专学校负责人等200余人。《南充日报》、南充电视台对此次活动给予了及时的报道。

2008年3月12日，市委会举办"继承中山遗志，促进祖国和平统一"专题讲座，聘请西华师大教授康大寿作《对台工作与台海形势》专题报告，90多名侨台属党员、基层组织负责人、青年党员骨干、南充黄埔同学会部分同志参加了报告会。

2009年中秋、国庆佳节之际，民革南充市委结合纪念改革开放30周年、新中国成立60周年和多党合作制度确定60周年，举办了"庆国庆、迎中秋"茶话会，台属民革党员及黄埔同学会成员近百人欢聚一堂，表达了对海外亲友的诚挚问候和美好祝愿，颂扬了改革开放30年来祖国在经济建设、社会发展、多党合作等方面所取得的巨大成就。

2011年3月11日上午，民革南充市委在机关会议室召开"纪念孙中山逝世86周年暨祖统工作总结表彰大会"。会上，对上年度民革南充市委祖统委的工作进行了总结，对胡蜀平等23名祖统工作"先进个人"进行了表彰和奖励。9月9日，市委会举办纪念辛亥革命100周年专题讲座，邀请经济学专家、中共南充市委党校教授宋先钧作了题为《辛亥革命与中华民族复兴》的专题讲座。民革南充市委主委、副主委，各基层组织负责人、祖统委委员，侨、台属党员及机关干部80多人参加报告会。

2015年8月31日上午，民革南充市委在民主党派会议室召开了"纪念中国人民抗日战争暨世界反法西斯战争胜利70周年"座谈会。会上，市政协副主席、民革南充市委主委王晓贤作了纪念中国人民抗日战争暨世界反法西斯战争胜利70周年的主题发言。抗日老兵谢增华、曹泽富、曹子安等回顾了自己血与火的抗战经历，感谢党和政府没有忘记他们，感谢南充民革发起的关怀抗日老兵活动，感谢社会各界对他们的关心和帮助。会上还举行了《南充抗战老兵口述史》和《嘉陵遗恨》赠书仪式。《南充抗战老兵口述史》由民革南充市委组织党员志愿者耗时一年半收集、整理、编撰的124名去年尚在世的原国民革命军抗战老兵的近照和抗战经历，收录了志愿者上山下乡寻访抗战老兵、向老兵捐款捐物的彩色图片40幅；《嘉陵遗恨》是民革党员罗宗福最新创作的、以8名南充籍抗战老兵为原型的长篇历史小说。中共南充市委统战部常务副部长王大文应邀出席会议并讲话。

2016年12月11日，"南充市抗战历史文化研究会"成立，南充民革多名党员参与"研究会"各项工作，标志着南充民革关爱抗战老兵活动推进到一个新高度，构建了挖掘南充抗战史实、弘扬抗战精神新的着力点。6月28日，在民革全国祖统先进表彰暨工作会议上，民革南充市委员会荣获"民革全国祖统工作先进集体"称号，党员张为钢荣获"民革全国祖统工作先进个人"称号。

2017年，市委会祖统工作亮点频现。一是完善侨台属党员管理基础工作。市委会开展了侨台属民革党员清查摸底工作，建立侨台属管理台帐，对有侨台属关系民革党员进行精准管理。二是开展祖统联谊活动。召开了侨台属民革党员参加的端午节座谈会、中秋节座谈会，激励民革党员发挥联系组带作用，为祖统工作多做贡献；三是继续开展关爱抗战老兵工作。召开纪念抗战胜利70周年和纪念抗日战争全面爆发80周年座谈会，与市档案局合作出版《南充抗日老兵口述史》（第二版），理清开展关爱抗战老兵工作关系、规范关爱抗战老兵活动，促进关爱工作健康有序发展；四是开展纪念孙中山先生诞辰151周年活动。编辑出版了《纪念孙中山先生诞辰151周年暨民革成立70周年理论研讨文集》，在高坪区凌云山和顺庆区西山风景区维护了"中山林"，打造民革精神家园，传承中山精神；组织民革党员视察调研台资企业，宣传改革开放的成就和对台政策；组织党员开展贫困侨台属慰问工作，为贫困侨台属送去组织关怀。

2018年6月15日，市委会举办习近平总书记对台工作重要思想及台海形势报告会。省台办副巡视员、省台办原新闻发言人杨志学应邀作报告。杨志学长期从事对台政策和台湾问题研究，报告会上，他结合自己多年工作实践，以中共的十九大精神和习近平总书记对台工作重要思想为主线，解析了台湾问题的由来、两岸关系面临的挑战和促进两岸关系和平发展等方面进行了精辟、全面、深刻的解读和阐述。整场报告内容丰富，视野开阔，分析透彻，受到热烈欢迎。市政协副主席、民革南充市委主委王晓贤在会上高度赞扬了杨学志副巡视员的所做的报告。他说，举办报告会，是为了进一步推动"大学习大讨论大调研"活动，深入学习宣传贯彻习近平总书记对台工作重要思想，进一步提升南充民革祖统工作整体水平，并把坚持提升祖统工作整体水平，归纳为"四个一"：一是坚定一个立场；二是要树立一个观点；三是明白一个努力方向；四是推动一项工作，即围绕中心大局建言献策，为"开创南充新未来，建设成渝第二城"贡献力量。副主委王一茹，市委委员、不是市委委员的基层组织主委、侨台属代表、老党员代表共100多人聆听报告。提出《关于建设"侨之家"，构建华侨华人创新创业平台的建议》，加强与市外侨办的沟通联系，督促落实办理。8月22日，市政协副主席、民革南充市委主委王晓贤在机关会议室会见了市外事侨办有关同志，听取了该单位汇报民革南充市委集体提案《关于建设"侨之家"，构建华侨华人创新创业平台的建议》办理情况。同年，市委会组织祖统委委员及侨台属党员开展了健康知识讲座，充分运用端午节、中秋节、国庆节等重要节点，开展侨台属党员联谊活动，引导激励民革党员发挥联系纽带作用。侨台属党员肖岚被推荐为四川省第八次归侨侨眷代表大会代表。

三、开展中山理论研究

通过中山理论研究，搭建与台湾同胞、海外侨胞交流的平台，扩大交流的渠道是民革的独特优势。民革南充市委十分重视孙中山的研究，已连续十余年利用孙中山诞辰纪念日开展孙中山理论研讨征文活动。通过孙中山理论研讨，一方面更好地继承和发扬孙中山爱国、革命、不断进步精神，另一方面为促进祖国和平统一、实现中华民族伟大复兴献计出力。

早在二十世纪80年代中期，南充民革就开展了纪念孙中山先生的理论研讨活动。1986年11月12日是孙中山诞辰120周年纪念日，民革南充市委举行了隆重的纪念活动，召开了纪念会，还首次编辑铅印了4开版的《孙中山先生诞辰120周年纪念专刊》，汇编了17位民革党员缅怀孙中山先生光辉业绩的论文、诗词等各类作品21篇；中共南充市委统战部部长杨光龙为《纪念专刊》撰文，缅怀孙中山在民主革命中的丰功伟绩。其中苟纯如的文章《"三民主义"与"一国两制"》被民革中央孙中山研究学术讨论会作为交流论文，并编入存目。《纪念专刊》还与民革四川省委及全国40多个民革省、市级地方组织作了交流，并向中共南充地、市委及有关单位广泛赠阅，收到了很好的社会反映。此后，一些民革党员自发地开始了孙中山理论研究，写出了《孙中山教育思想研讨》《孙中山的"建国方略"与西部大开发》等论文。

为了更好地开展孙中山理论研究，南充民革坚持在每年的孙中山先生诞辰日和逝世日举行座谈会、研讨会或报告会，组织全体党员开展中山思想和理论研讨工作，学习孙中山先生的思想理论，宣传中山先生的光辉业绩。同时还开展纪念中山先生的征文活动，选编出版《纪念孙中山先生理论研讨文集》，供民革党员之间相互学习交流。

2008年11月12日，民革南充市委与民革广安市直属支部在广安市政协议政厅召开了纪念孙中山先生诞辰142周年理论研讨会，两市近80名民革党员参加了研讨会。会上，6篇研讨文章在会上进行了交流，29篇优秀论文作者受到了表彰奖励。

2010年11月12日上午，民革南充市委在机关会议室召开纪念孙中山诞辰144周年思想研讨会。研讨会上，有6篇获奖征文进行了交流，对21篇获奖征文的作者颁发了荣誉证书。

为隆重纪念辛亥革命100周年，民革南充市委举办了一系列的纪念活动。2011年9月1日，市委会组织召开"纪念辛亥革命100周年理论研讨会"。研讨会对评选出来的45篇获奖作品的作者进行表彰，与会人员围绕四川保路运动、辛亥革命推翻满清王朝、孙中山先生理论等主题进行了探讨和交流发言，民革四川省委副主委何一立、中共南充市委统战部领导应邀出席会议。同时，市委会还举办了"纪念辛亥百年迎中秋、庆国庆专题报告会"，编发了理论研讨专辑。9月，市委会还选送了4幅书画作品参加民革中央、民革省委举办的"纪念辛亥革命100周年书画展"。

2011年9月26日，民革四川省委举行"纪念辛亥革命暨四川保路运动100周年"活动，民革南充市委有8篇征文被编入了民革省委出版的《百年百文》文集中。其中傅国才、傅小茜撰写的《四川保路同志军的武装起义是辛亥革命的重要组成部分》一文在民革省委举办的"辛亥革命与孙中山精神"研讨会上进行了交流。南充民革的孙中山理论研究所取得的成绩得到了民革四川省委的肯定，同时也引起了民革中央的重视。在此次会议上，民革南充市委主委王晓贤被推选为民革中央孙中山研究学会四川分会常务理事，傅国才、杜睿、粟斌被推选为理事。当年12月16日，在民革四川省委召开的民革全省祖统工作经验交流暨先进表彰会上，民革南充市委荣获"先进集体"荣誉称号，6名党员荣获祖统工作"先进个人"荣誉称号。

2011年10月11日，民革南充市委协助南充市政协举办了"辛亥革命100周年纪念会"，并向与会领导和单位赠阅了市委会编辑出版的《纪念辛亥革命100周年理论研讨征文》专辑。当年民革南充市委还开展了一系列纪念孙中山先生的活动：在"3.12"孙中山忌日，开展了祖统联谊活动；在传统中秋佳节，举办了侨台属党员茶话会；在"11.12"孙中山诞辰日，开展了学习中共十七届六中全会精神和胡锦涛总书记、民革中央主席周铁农在纪念辛亥革命100周年大会上的讲话。

2012年11月9日上午，民革南充市委召开纪念孙中山诞辰146周年暨中山理论研讨会，本次会议收到征文稿件45篇，对获奖的16篇征文作者进行了表彰。

2013年11月12日，市委会召开纪念孙中山诞辰147周年理论研讨座谈会。会上，对评出的36篇获奖作品的作者进行了表彰，几名获奖征文作者在会上作了交流发言。

2014年11月6日上午，民革南充市委召开纪念孙中山诞辰148周年暨中山理论研讨会，会议对征文获奖情况进行了通报。本次征文活动共收到征文43篇，其中论文22篇、学习心得8篇、散文7篇、诗词歌赋6篇，经过相关专家阅评，评选出了一等奖2名，二等奖6名，三等奖12名。对20篇获奖征文作者进行了表彰，并为他们颁发了荣誉证书。

2016年11月，民革南充市委召开了纪念孙中山先生诞辰150周年理论研讨会。民革四川省委副巡视员、宣传处处长罗长中，中共南充市委统战部常务副部长王大文出席会议。市政协副主席、民革南充市委主委王晓贤到会并发表讲话。他说，纪念孙中山先生落脚点是进一步强化履职责任，切实肩负起为实现中华民族伟大复兴中国梦的历史责任。罗长中代表民革四川省委对南充民革中山理论研讨工作给予了高度评价，并通报了省委会在选编的中山理论文集中，收录了南充民革提供的稿件28篇（全省仅3个市州达到28篇）。他说，南充民革参政议政工作和关爱原国民党抗战老兵工作两次刊登在《团结报》头版头条，为全省首例，希望南充民革要在学习中缅怀，继承中发展，为民革的事业再接再厉，再创辉煌。王大文在会上对南充民革工作有特色、做出了品牌，体现了组织凝聚力、感召力给予肯定；对理论研讨交流提出了意见和建议。会上，副主委曹红宣读了《民革南充市委"关于纪念孙中山先生诞辰150周年"获奖征文表彰奖励的决定》。会议66篇征文中，评选出的19篇一、二、三等奖征文进行了表彰和奖励。70余名党员现场展开交流。同年，市委会还充分发挥文化优势，组织南充民革诗书画院的民革党员，在纪念孙中山先生诞辰150周年之际，与民革宜宾市委联合举办了"纪念孙中山先生诞辰150周年书画作品联展"，为社会各界广大书画爱好者奉献了一场丰盛的文化盛宴。

2017年11月10日，在纪念孙中山先生诞辰151周年暨民革成立70周年理论研讨会上，年愈70岁的傅国才老人动情地说道："南充民革中山理论研讨会"连续召开了14年，最让人感到欣慰的是，越来越多的年轻党员加入到中山理论研讨队伍中来，把中山思想和中山精神继承和发扬下去，是我坚持每年撰写理论研讨文章的初心和动力。他的发言赢得了在场同志的强烈共鸣和阵阵掌声。在他的感染下，与会作者们纷纷畅谈自己的感受，或对中山思想进行个人解读，或抒发自己对民革组织的赤诚与热爱。

2018年11月12日上午，为继承和发扬孙中山先生爱国、革命、不断进步精神，讴歌改革开放40周年取得的巨大成就，民革南充市委纪念改革开放40周年暨孙中山先生诞辰152周年书画作品展在北湖公园嘉湖书院隆重开展。市政协副主席、民革南充市委主委王晓贤，南充民革诗书画院院长李秀贵，民革南充市委各基层组织代表、南充民革诗书画院艺术家们以及社会各界朋友共计60余人参加了书画展开幕式。王晓贤在开幕式上作了重要讲话，他希望中山书画院要主动作为，潜心书画，助推我市文化大发展大繁荣再上台阶。本次书画展上，来自南充民革诗书画院的书画家们用笔墨歌颂成就，用丹青传达情意，泼墨挥毫、精心创作，历时半年共创作出70余幅优秀作品展出，本次展出时间为期7天。

从2013年起，市委会将纪念孙中山先生征文由单一的论文改变为不限体裁，即论文、散文、随笔、杂文、诗词歌赋、游记、心的体会等皆可。由于放宽了征文体裁，使征文参与者大大增多，专辑内容也丰富多彩，阅读性、知识性、趣味性大大增强，扩大了党员参与度，延伸了孙中山研究范围，提高了党员进行孙中山研究和撰写缅怀孙中山丰功伟绩文章的积极性，无论是征文的质量和数量，都有了明显的提高，大大提高了纪念活动的影响力。

至2019年，市委会连续十五年举行纪念孙中山诞辰理论研讨会，编辑出刊了《纪念孙中山先生理论征文》专辑十五期，累计刊登700多篇、共计100余万字应征文章。每次征文都聘请专家教授对应征文章进行筛选和评比，对评选出的获奖文章颁发奖状和奖金。特别优秀的论文在研讨会上进行了宣读，与会者还在研讨会上进行发言和交流，收到了很好的效果，其形式和研究成果得到了民革四川省委和中共南充市委统战部领导的高度赞扬。

四、打造"中山林"教育基地

每年3月12日是孙中山先生逝世日，也是国家法定的"植树节"。为了纪念伟大的革命先行者孙中山先生，也为了响应国家植树造林的号召，民革南充市委筹资在凌云山风景区打造了"中山林"教育基地。

2009年3月12日，市委会筹集资金近10万，在南充市高坪区凌云山风景区打造了占地2亩多的"中山林"。每年3月12日来临之际，都要组织党员到"中山林"开展纪念活动，实地查看树木的生长情况，并对树木进行锄草、浇水、施肥、培土和养护；召开座谈会，讨论中山先生伟大思想的历史意义和现实意义，缅怀世纪伟人的革命思想和丰功伟绩。2013年市委会协同市、区林业部门对"中山林"进行升级改造。经过几年的精心打造，"中山林"已初具规模，不仅形成了凌云山风景区标志性景点，而且已成为南充民革党员永远缅怀和纪念孙中山崇高精神的爱国主义教育基地，得到了《团结报》《四川民革》、市政协网站和中共南充市委统战部网站等新闻媒体的宣传报道。

为了将"薪火相传，圆多党合作之梦"学习教育活动和"实现伟大中国梦，建设美丽繁荣和谐四川"主题教育活动的效果引向深入，2013年7月24日，在民革四川省委秘书长许晓辉带领下，民革省委机关干部职工前往南充民革"中山林"，开展了以"继承民革优良传统，助推伟大中国梦四川篇章"为主题的学习活动。

为追思伟人丰功伟绩，传承弘扬中山精神，2015年至2019年，市委会组织祖统委、基层组织负责人先后前往高坪区凌云山"中山林"、顺庆区西山"中山林"开展纪念孙中山先生逝世"纪念日"植树护林活动。2019年，市委会利用开展纪念中山先生逝世日和3.12植树活动，为凌云山"中山林"新种了樱花和海棠树，为"中山林"优美的环境增添了新的生机。

五、关心支持台资企业的发展

随着南充改革开放的进一步深化，南充的台资企业快速发展，据统计，到2010年南充的台资企业已达到120余家。这些企业发展情况如何？有哪些困难和问题？搞清这些问题，不仅是民革参政议政履行职能的需要，也是发挥民革祖统特色的需要。

2011年7月6日、11日、22日，市政协副主席、民革南充市委主委冯庆煜率调研小组一行，前往蓬安县、西充县、南充市嘉陵区、高坪区，就台资企业经营发展情况开展调研。调研组一行听取了蓬安、西充县委、县政府有关部门关于台资企业发展的情况介绍，并与台资企业——南充兴宏鞋业公司、南充佳美食品公司、蓬安河舒思源生态水产养殖有限公司、南充隆固机械公司负责人进行了座谈；调研组还深入西充富联食用菌科技有限公司、四川双龙农牧开发有限公司，嘉陵区利丰（南充）农业科技有限公司、南充华宝玻璃实业有限公司，详细视察了台资企业的生产经营情况，并与台商座谈，对他们在企业生产经营过程中存在的困难和问题进行了调查了解。

在调研过程中，调研组与台商就台资企业在生产发展中存在的融资问题、原料供应、水电供应、办事程序、生活设施、产品营销等问题进行了交流和探讨，听取了他们的意见和建议。在与台资企业负责人的座谈会上，调研组针对台资企业在生产发展过程中存在的困难和问题提出了建设性的意见和建议，形成了《关于进一步促进我市台资企业发展的调研报告》。调研报告指出，我市各级政府及有关部门要创新服务理念，创新服务形式，切实转变机关作风，提高服务效率，认认真真帮助台资企业解决发展中的各种实际问题。要认真贯彻执行省政府《关于促进台资企业加快发展的若干政策意见》（川府发〔2010〕17号）文件精神，确立为台商服务的观念，营造适合台资企业生存和发展的小环境。同时提出了妥善解决台资企业融资困难，帮助台资企业解决生产难题，帮助台企引进并留住人才，妥善解决企业停水停电等问题，合理征收台企土地使用税，完善工业园区生活配套设施，进一步改善台企发展软环境7条建议。该调研报告作为当年中共南充市委召开的市级各民主党派、工商联主要负责人小范围谈心会的发言材料。

2014年4月18日，民革南充市委主委王晓贤率民革党员中的省、市人大代表、政协委员，部分市委委员，基层组织主委及南充民革祖统委成员赴西充县，就台资企业发展现状进行视察调研。调研组一行视察了星河生物科技有限公司、西充县凤鸣镇双龙桥新农村综合体、台湾双龙农牧开发公司有机农业观光园。在随后召开的座谈会上，民革党员就新农村综合体建设整体规划、社会事业配套、台资企业配套园区建设以及如何促进本地劳动力就业、提高当地农民收入等方面提出了意见和建议。王晓贤在会上表示，将积极向中共南充市委、市政府建言献策，在台资企业融资、环保等方面争取相关政策支持，竭尽全力帮助台资企业做大做强；进一步促进南充与台湾的农业合作发展，争取更多的台湾企业来南充市投资发展。

民革南充市委提出的关于促进南充台资企业发展的意见和建议，有的被政府有关部门采纳后，有效地解决了台资企业在生产经营中遇到的困难和问题，不但有力地促进了企业的生产经营和发展，还在祖统工作上起到了很好的作用，产生了很好的影响。

民革党员还积极引进台资企业。2011年底，台属民革党员李友瑛向自己的表妹夫、台湾土著人张自强宣传南充市的投资环境和招商引资政策，并提供相关资料，介绍其到南充投资开店。次年5月，张自强投资的"台湾名特小吃店"在顺庆区三公街开张营业，由于生意红火，几月后张自强又在高坪区开了一家分店。两家台湾名特小吃店的开张营业，让南充人就地品尝到了台湾的名小吃。

六、与"黄埔同学会"的联谊活动

1988年6月16日，"南充黄埔军校同学会联络组"于黄埔军校建校64周年之日正式成立，民革南充市委主委胡蜀平代表南充各民主党派、工商联在成立大会发言表示祝贺。该组织成立以后，民革南充市委一直积极支持其开展活动并参与其中。

自2008年开始至2014年，每年6月16日的黄埔军校建校纪念日，民革南充市委都要与顺庆区委统战部联合举行纪念黄埔军校建校周年座谈会。民革南充市委领导及祖统委成员、中共南充市委统战部领导、南充市黄埔军校同学会联络组成员、南充黄埔同学会后代联工委成员参加座谈会。会议围绕"发扬黄埔精神、联络同学感情、促进祖国统一、致力振兴中华"为主题进行座谈。每年的座谈会上，黄埔军校同学会成员与民间文艺团队都要吟诗作赋、表演歌舞节目。

2013年6月14日，黄埔军校建校89周年庆祝座谈会在顺庆区政协会议室举行。5名健在的南充黄埔同学会老人争先恐后地在座谈会上发言。民革南充市委主委王晓贤在会上表示，民革南充市委将认真贯彻落实民革中央关于关怀民革前辈的通知精神，进一步关心南充现健在的黄埔老人的生活、健康，进一步加强与黄埔同学会及其后代联工委的联系，进一步确保黄埔同学会的各项保障工作；他希望大家在新的历史时期，继承和发扬黄埔精神，为国家统一贡献更多的智慧和力量。

2014年6月16日上午，民革南充市委与中共南充市顺庆区委统战部在紫罗兰酒店联合举行纪念黄埔军校建校90周年联谊会。南充黄埔同学会后代联工委，中共南充市委统战部常务副部长王大文，南充市政协副主席、民革南充市委主委王晓贤，民革南充市委副主委兼祖统委主任张为钢、秘书长陈凤英，顺庆区政协副主席、区委统战部部长李兴贵、区委统战部副部长尹波等共50余人出席联谊会。联谊会上，王大文首先代表市委统战部讲话，接着王晓贤代表民革南充市委致辞，尹波代表顺庆区委统战部讲话，黄埔军人代表袁丘在会上发言。接着，5名黄埔老军人声情并茂地唱响了黄埔军校校歌，南充复兴歌舞团表演了精彩的歌舞节目，南充民革党员周红为黄埔老军人献上了动听的独唱歌曲，民革党员、南充电视台播音员张翼飞朗诵了南充民革党员专门为此次联谊会创作的《黄埔军校九十华诞赋》。

2015年9月23日，民革南充市委召开"迎中秋、庆国庆"座谈会。会议专程邀请了南充市至今还健在的黄埔老人、南充民革有侨台属关系党员、70岁以上老党员和市委会领导。座谈会上，原民革南充市委主委胡蜀平、97岁高龄黄埔老人谢增华、侨台属党员冯昌鑫等十多位党员和代表分别发言，大家一致认为：市委会求真务实，脚踏实地的工作作风，赢得了党员的赞誉，有力的推动了各项工作的顺利开展，我们感到十分的欣慰，希望市委会再接再厉，取得更加优异的成绩。

七、寻找、关爱南充抗日老兵

民革中央于2013年下发《关于开展抢救性采集民革前辈史料工作的通知》。《通知》要求，民革各级组织要充分利用现代信息技术手段，抢救性采集民革前辈生平事迹资料，采集曾在黄埔军校学习和曾参加抗日战争的民革前辈，为民革前辈保留下宝贵的影像资料。

根据民革中央《通知》精神，民革南充市委组织开展了关怀南充籍抗日老兵的活动，并安排直属五支部专门负责此项工作。2014年2月，民革南充市第五支部在《南充晚报》连续一周发布"寻找南充抗日老兵"广告，同时以网络发帖，在乡镇张贴宣传画等方式寻找原国军抗日老兵，表示愿为曾出川抗日的南充籍原国军老兵终身送去关怀和慰藉。

自当年3月初开始，南充民革党员志愿者利用双休日上山下乡，逐一上门走访寻找抗日老兵。至2019年12月底，共寻访到277名南充籍原国军抗日老兵。市委会及志愿者为这些健在的、大多数仍然生活在贫困线下的昔日抗日战士奔走呼吁，寻求民间救助和政府补助，做了大量卓有成效的工作，产生了广泛影响。

（一）组建志愿团队，传播各界爱心

从2014年6月开始，南充民革党员志愿者团队，通过民间慈善组织，先后为南充48名每月收入不足百元的特困抗日老兵申请到每月300元、400元、500元不等的民间救助金。截止当年底，四川抗日老兵救助会资助资金6.72万元，深圳龙越慈善基金会资助资金2.34万元；另由北京志远功臣关爱基金会向南充远征军老兵定向捐助资金5.6万元，成都上臣珠宝公司捐助资金1.2万元，华夏保险公司向南充5名特困抗日老兵捐助资金1万元，合计16.86万元。上述全系汇款，不含志愿者当场捐款和外地志愿者捐款金额。

当年11月初，原国防部长耿飚之子耿志远（北京志远功臣关爱基金会创始人）向南充7名远征军老兵定向捐助5.6万元救助款。按照该基金会的要求，由民革组织代发的定向捐助款必须送到老人手上，以帮助他们安享晚年。11月16日，民革南充市委主委王晓贤率党员志愿者一行，将1.6万元捐助款分别送到现居嘉陵区、高坪区农村的远征军老兵罗林志、徐行老人手上；17日上午，将2.4万元捐助款分别发到了家居南充农村的蒋发阳、胡显怀、唐继平3位老人手中；19日，将1.6万元捐助款分别送到南充蓬安县、营山县农村唐承羡、胡文龙两位老人手上。

除此之外，南充民革党员志愿者在上门走访、核实抗战老兵身份时，凡是生活困难者，当场捐款200元至500元不等的现金；凡是老兵住院，志愿者都到医院看望，并捐500元至数千元不等的现金；还通过四川抗日老兵救助会资助，为蓬安、阆中两名房屋即将倒蹋的抗战老兵迁到乡镇租房居住，解决了老人的居所和生活难题。

2015年，市委会组织开展党员走访、核实、慰问南充抗日老兵，核实新增的抗日老兵身份，为困难老兵申请民间及政府救助。同时积极呼吁号召更多企事业单位、公益机构、社会团体以及广大群众参与到此项活动中来，改善抗战老兵们的生活状况。4月以后，为南充104位抗日老兵每人送去一个价值近千元的大礼包，共计价值近10万元；继续为生活困难的抗战老兵（包括民政不予补助的12名参加过抗日战争的国军后勤军人）争取到民间救助每月400元，合计20000余元。

2016年，市委会进一步深化"寻找、关爱南充籍抗战老兵"活动。继续组织党员和志愿者寻找、核实新增抗日老兵身份，发动更多企事业单位、公益机构、社会团体以及广大群众参与到关爱抗战老兵活动中来，继续开展重大节假日及老兵生日上门慰问、老兵逝世上门哀悼，继续为困难老兵捐资捐物帮助其改善生活或申请政府及民间救助。阆中、仪陇、嘉陵、顺庆等基层组织也纷纷前往各自所在地的老兵住地看望慰问老兵，送去食用油、大米、牛奶等生活必需品及慰问金。7月7日，南充陈氏蓝天医院成为"南充抗战老兵医疗定点医院"，抗战老兵住院费用差额部分由其报销，实现了抗战老兵住院"零支付"。

2017年，新增核实抗战老兵5人，寻找、甄别抗战老兵达260余人。慰问帮扶了顺庆区医学街社区2户困难群众和抗战将士遗腹子张德林。3月31日，由民革南充市委、南充市抗战历史文化研究会等单位主办的"川籍抗战老兵重返旧战场"活动在四川成都启动。启动仪式上，20位川籍抗老兵在川军抗日阵亡将士纪念碑前，为抗战烈士敬献鲜花。

5月29日，民革南充市嘉陵区基层委会和第五支部共同迎接96岁抗战老兵孙国潘回乡省亲。孙老是嘉陵西兴上小方沟村人，1937年出川抗日，抗战胜利后落户广西南宁。多年来，孙老回家省亲的愿望十分强烈，但一直没能实现。2017年在民革嘉陵区基层委会和第五支部的努力下，在关爱抗战老兵公益基金会、天泽慈善和关爱抗战老兵川军团资助下踏上回家之路。两个基层组织代表分别向老兵送表示节日的慰问和良好的祝愿，并送上了500元致敬礼金。

2018新增核实抗战老兵2人，看望慰问抗战老兵，组织党员把深圳市龙越慈善基金会捐赠的154件价值15万余元的"大礼包"分送到抗战老兵手中，为曹泽富等5位抗日远征军老兵每人送去北京志远功臣关爱基金会惠助金8000元，为困难老兵唐继平孙女大学入学资助现金3000元。

2019年，共核实申报抗日老兵5人，2人得到了民间及政府救助；为120名抗战老兵争取到价值84000元慰问品；为5位特困老兵送去现金和生活用品；积极推进抗日将领韩全朴墓碑修建事宜，捐赠现金15000元。

近年来，共为抗战老兵争取到价值200多万元慰问品。

（二）提交社情民意，促使政府救助政策出台

2014年4月3日上午，民革南充市委在香格里拉宾馆召开"关怀抗日老兵、缅怀抗战英烈"座谈会。市政协副主席、民革南充市委主委王晓贤、民革南充市委秘书长陈凤英，市民政局副局长赵伟出席了座谈会。会议邀请了6位曾经参加抗日战争的南充籍原国民革命军老兵参加会议。座谈会上，为南充抗日老兵捐款的4位社会爱心人士唐子理、何尧贤、李永路、张文兴（代表抗日将士家属）先后发言，接着抗日老兵杜荣、文明志、唐继平、程曙光等争先恐后发言，感谢南充民革发起的关怀抗日老兵活动，感谢社会各界对他们的关心和帮助……。市政协副主席、民革南充市委主委王晓贤在讲话中表示，民革南充市委一定要把关怀抗日老兵的工作坚持下去，并做到善始善

终。他向南充民革志愿者提出了几点要求：要多方搜集抗日老兵信息，尽量不要遗漏；运用好所掌握的抗日老兵信息，从中提炼参政议政材料；搜集好相关资料，在抗战胜利70周年前编辑出版《南充籍抗日将士口述史》专辑；要把符合条件的困难老兵的情况报上去，促进市民政局把对抗日老兵的优抚政策落到实处；要建章立制，把社会捐款管好用好，一分一厘都要用在抗日老兵身上。

市民政局副局长赵伟在会上表示，市民政局一定按照国家民政部相关文件精神，在政策允许范围内，做好原国军抗日老兵的救助工作，让他们安享晚年。

6月底，民革南充市委在充分了解、掌握了抗战老兵困难情况后，通过市政协提交社情民意《加大对原国军抗日老兵的关爱力度》。7月1日，中共南充市委书记作出重要批示。22日上午，中共南充市委邀请民革南充市委和政府相关部门负责人，就回乡务农的原国军抗战老兵的生活补助方式及标准、医疗社会保障、救助资金来源、救助帮扶制度建立、走访慰问等有关问题行了专题研究并形成一致意见。8月11日下午，市政府五届第81次常务会议通过了市民政局《关于加大对原国军抗日老兵关爱实施方案》，从9月开始实施。至此，生活在南充农村且无工作，每月仅55元"新农保"及二、三十元高龄补贴的近百名原国军抗日老兵每月有了755元的最低生活保障。

民革南充市第五支部党员在蓬安县走访抗日老兵时，得知8岁孤儿唐西安于2013年9月辍学。唐西安父亲去世，母亲（未婚）失踪多年，由年届71岁腿有残疾的爷爷和70岁的奶奶抚养。俩老以务农为生，靠每月各80元"低保"生活，根本无力抚养唐西安。村委会申请将唐西安送孤儿院或政府给予资金补贴，但乡民政以唐西安的母亲还在世为由拒绝。民革南充市委为此写出材料，建议市民政局解决唐西安的生存问题。经市民政局协调，2014年6月30日，蓬安县民政局以蓬民发〔2014〕81号文件回复：一是将唐西安纳入农村"低保"；二是参照农村"五保"标准解决临时生活救助；三是联系他人收养唐西安。唐西安的生活和就学问题就此得到解决。

（三）彰显祖统特色，弘扬抗战精神，铭记历史传爱心

2015年，为展示南充民革的良好对外形象，市委会先后与市委统战部赴西充就原国民党抗战老兵救助方案落实情况进行联合调研，开展的《南充抗日老兵图片展》及一系列关怀抗战老兵活动报道先后在《人民日报》《人民政协报》的重要版面刊登，引起社会各界人士的广泛关注。

2017年，团结报社"凝心聚力'十三五'·团结行"采访团走进四川，来到南充，深入到抗战老兵中进行采访，编辑了《"桑拿天"里，"团结行"采访团在四川看到这一幕》等系列的报道。同年，由南京师范大学抗日战争研究中心、季我努学社、南京民间抗战博物馆、腾讯历史、凤凰历史、网易军事、中华军事、一点资讯军事历史中心等媒体单位联合主办的"抗战老兵口述历史访谈大赛"揭晓。由南充民革党员朱兴弟搜集整理的稿件：《罗之吉：九死一生抗倭贼》《蒋发阳：抗日战场的多面手》《冯钦明：血战浏阳后山》《文有富：战场祭奠许国璋将军》《蒲康九：武陵抗日左眼受伤》《刘文义：保卫战时首都的高射炮兵》《刘成连：击毙日军小队长》7篇应征作品获得此次征文"优秀奖"。其作品将收入大赛主办方编辑出版的《抗战老兵口述资料集》，获得主办方颁发的证书和奖金。

5月21日，为促进民革党员、抗日将领韩全朴[4]中将纪念碑早日建成，市政协副主席、民革南充市委主委王晓贤率队赴嘉陵区石楼乡韩家沟村调研修建工作。王晓贤在听取了石楼乡负责人和韩家沟村"两委"负责人的相关情况汇报后，深入到韩家大院，察看了大院修缮保护情况，并就纪念碑选址和建设事宜提出了意见要求。他说，韩全朴为争取民族独立解放作出了突出贡献，是南充抗日将士杰出代表，是南充人民的骄傲，值得中华儿女永远铭记和敬仰。他希望嘉陵区各级党政要充分认识纪念碑建设的重要意义，建设好纪念碑，保护好韩家大院的院落风貌，达到弘扬爱国主义精神，警示和教育后代勿忘国耻、振兴中华的目的。

12月11日，"南充市抗战历史文化研究会"正式成立，南充民革多名党员参与"研究会"各项工作，标志着南充民革关爱抗战老兵活动推进到一个新高度，构建了挖掘南充抗战史实、弘扬抗战精神新的着力点。

2018年上半年，民革南充市委和南充市档案局联合出版《南充抗日老兵口述史》，该书由市政协副主席、民革南充 市委主委王晓贤作序，南充民革党员朱兴弟任执行主编，负责全书的资料核对、编辑及统稿工作。《南充抗日老兵口述史》（再版）收入271名南充籍在世抗日老兵的口述资料， 共 60 多万字、分上下两册；比2015年第一版《南充抗战老兵口述史》多了147人，字数增加约30万字。该书前面有38 幅资料采集人员走访慰问抗日老兵的彩图，正文为每位抗日老兵安排1幅以上黑白图片和繁体字简介，繁体字便于港澳台及海外侨胞阅读；正文则为简体字的老兵口述抗战资料，便于大陆读者阅读。附录则由220多名南充籍上尉以上官佐名录及与抗战相关的诗词赋文组成，前者便于抗日将佐后人 查询，后者便于开展相关活动或祭祀抗日英烈时使用或者参考。

《南充抗日老兵口述史》（再版）的面世，是为了认真落实习总书记"要加强资料收集和整理这一基础性工作，全面整理我国各地抗战档案、照片、资料、实物等，同时要面向全球征集影像资料、图书报刊、日记信件、实物等。要做好战争亲历者头脑中活资料的收集工作，抓紧组织开展实地考察和寻访，尽量掌握第一手材料。"指示精神，完整而详实地记录当年南充青年在抗日前线与凶恶的日本侵略者浴血奋战的不平凡岁月，让广大人民群众铭记抗日将领用鲜血和生命铸就的抗日战争伟大历史，铭记南充人民为取得抗日战争最后胜利所做出的巨大贡献与牺牲。正如四川籍中国抗战史专家谭方德老师所言："《南充抗日老兵口述史》（再版）完全可以成为中国抗战史研究者的参考书籍或工具书；该书记录了抗日老兵们的抗战经历及英勇献身的抗日故事，这对于抗日老兵后人而言，是一笔极其珍贵的精神财富。"

注释：

[1]2012年10月11日，民革中央主席周铁农在民革全国祖统工作表彰会上提出了"四个转变""三个坚持"。"四个转变"是指工作重心向参政议政转变，工作领域向多向型转变，工作渠道向多元化转变，工作主题向和平发展转变；"三个坚持"是，坚持将推动两岸关系和平发展作为民革祖统工作的核心内容，坚持将能否做好台湾人民的工作作

为衡量民革祖国统一工作成效的主要标准，坚持将创新作为保持民革祖统工作旺盛生命力的根本动力。

[2]1981年9月30日，时任全国人大常委会委员长的叶剑英，在新华社发表谈话时，阐述了党和政府对两岸和平统一与两岸往来的一系列重要的政策主张，再次呼吁"双方共同为通邮通商、通航、探亲、旅游以及开展学术、文化、体育交流提供方便，达成有关协议"。这也是祖国大陆第一次明确"三通"的内容，即由1979年的"通航通邮"与"经济交流"概括为"通邮、通商、通航"。

[3]见《中国国民党革命委员会60年》，民革中央党史编辑委员会编第209页。

[4]韩全朴（1891-1971），字守斋，四川嘉陵区人。陆军中将、川军抗日将领、民革党员。抗日战争爆发后，韩全朴率军出川抗日，历任陆军第三十集团军副军长、军长、授陆军中将衔先后参加了武宁、修水、九宫山、上高、麒麟峰争夺战及棺材山战役、第一次和第二次长沙会战。1943年在对日作战中身负重伤。韩全朴曾为川东北解放作出了积极贡献，中华人民共和国成立后，任川北行署参事、四川省人民政府参事等职，1971年病故。

第五节 宣传工作新思路

做好民革的宣传工作，是民革自身记录历史、总结经验、凝聚力量的需要，更是树立民革组织良好形象、提高影响力的需要。民革南充市委在民革四川省委和中共南充市委的领导下，十分重视宣传报道、信息交流工作，办好民革内部刊物，创建民革网站，积极向中、省、市主流媒体投稿，宣传南充民革履职情况和开展的各种活动。建立宣传工作制度，采取了定任务、定标准、定奖惩等方式确定宣传工作目标任务，做到年初有任务，年终有奖惩，调动了机关、基层组织及广大党员写稿、投稿的积极性，让社会各界及时了解南充民革工作动态的同时，充分展示了民革党员的精神风采和民革组织的良好形象，提高了南充民革的影响力。

2015年，市委会更新思路，主动加强与主流媒体的交流与合作，通过宣传展示南充民革在服务地方经济社会发展中取得的重要成果，引导全市民革党员坚定不移走中国特色社会主义政治发展道路。为此，开展的《南充抗日老兵图片展》及一系列关怀抗战老兵活动的报道，先后刊登在《人民日报》《人民政协报》的重要版块，充分展示了南充民革对外的良好形象。

为进一步加大宣传力度，扩大社会影响，市委会继续拓展和丰富宣传工作内容，发掘和创新宣传工作载体，利用"民革e家"、微信平台，扩大对外宣传渠道。积极向民革中央、民革省委、市政协、市委统战部报送稿件，据不完全统计，2016年，在《团结报》、民革中央网站、《四川统一战线》《四川民革》等中、省媒介刊发稿件230余篇。特别是《合唱好声音—解码民革四川南充市委员会参政议政工作》《老兵在，爱就在——民革南充市委会关怀抗战老兵两年来》等稿件被《团结报》头版头条报道，"团结报团结网"微信平台先后三次刊登南充民革纪念孙中山先生诞辰150周年等活动，南充民革的社会影响力不断提升。

2017年，市委会在注重内部宣传平台建设，提升宣传稿件质量的同时，充分发挥新媒体宣传作用，更进一步加强了与主流媒体的合作交流，抓住全委会、纪念抗日战争全面爆发80周年等重大活动契机，邀请有关主流媒体参与报道，并积极向中、省、市主流媒体投稿。据统计，全年在《团结报》、"团结网""民革中央网"等中央级刊物、网站刊发稿件28篇，在"民革四川省委网""省政协网"等省级网站刊发80余篇，在"中共南充市委统战部网""市政协网"等市级网站刊发100余篇；获南充电视台新闻频道播报南充民革重大活动15次。其中《民革南充市委等组织实施川籍抗战老兵重返昔日战场》等3篇稿件被《团结报》头版报道，南充民革的社会影响力不断提升，宣传工作呈现出一派喜人的景象。

市委会始终坚持把"强宣传、重引导"作为抓手，努力宣典型、树形象。2018年打造"三位一体"宣传阵地。为进一步拓宽宣传阵地，提高宣传时效，南充民革公众号于3月正式上线，自开通以来累计发布信息60期，总阅读量7549人次，单条最高阅读量1363人次，以更快捷、更直观的方式全面地反映南充民革的各项履职活动和党员风采。同时，南充民革网站也实现全面改版升级，构建形成了南充民革内刊、网站、微信公众号"三位一体"宣传阵地。全年共刊载各类文章220余篇，加强"民革e家"

的建设和管理，加强与主流媒体的密切联系和合作，抓住市委会重大会议活动契机，认真策划新闻选题，主动介绍南充民革工作亮点，在主流媒体上唱响南充民革好声音。据统计，全年在《团结报》、"人民网""团结网""民革中央网站""人民政协网"等全国性刊物、网站刊发稿件39篇，在中共四川省委统战部网站、民革四川省委网站等省级网站刊发187篇，在南充日报、南充晚报及市政府、市政协、市委统战部等市级网站、公众号上刊发推送100余篇；获南充电视台新闻频道播报南充民革重大活动8次。特别是9月1日，《团结报》在头版以"民革是我的精神家园"为题，全面深入报道了南充民革十年来在自身建设、参政议政等方面取得的经验与成绩，极大地提升了南充民革的对外影响力。开展理论研究和征文活动。紧紧围绕学习中共十九大精神、习近平总书记来川视察重要讲话精神、纪念"五一口号"发布七十周年及纪念改革开放40周年等主题认真开展专题研究，组织党员撰写提交征文及理论文章60余篇。在中共四川省委统战部组织的纪念中共中央发布"五一口号"70周年主题征文活动中，1篇征文获三等奖；在市委统战部纪念五一口号发布70周年理论征文活动中，1篇获特别奖，3篇获一等奖，2篇获二等奖，9篇获三等奖，9篇获优秀奖，民革南充市委被评为本次征文比赛组织工作先进集体。市委会还在南充民革网站、公众号开辟专栏，陆续选登部分党员撰写的优秀理论文章，进一步提高了党员理论研究的积极性，推动多党合作理论和中山思想研究工作纵深扩展。

2019年，市委会在各级报刊、网站上及时发布民革工作动态信息，展现民革党员良好精神风貌，提升南充民革的社会影响力。全年在各种刊物媒体上共采用信息230余篇，其中：编印《南充民革》杂志4期，推送南充民革公众号61期、刊发文章100篇。加强与《团结报》、南充电视台等主流媒体联系合作，推介民革工作亮点，报送各类信息稿件。通过各基层组织的共同努力，全年共订阅《团结报》470份，民革南充市委荣获2019年全国《团结报》发行征订工作先进集体（地市）二等奖表彰；在《团结报》、团结网、民革中央网站等中央级媒体刊发稿件33篇，在"民革四川省委网站"等省级网站刊发稿件91篇，获南充电视台新闻频道播报道4次，10名党员接受了南充电视台、南充日报、南充晚报等新闻媒体的采访，展现了南充民革"好形象"，发出了南充民革"好声音"。

一、《南充民革》刊物的创办与变迁

早在上个世纪八、九十年代，民革南充市委就以《支部动态》《民革简讯》的形式不定期地报道市委会的重要会议、重大决定、重要事项；以《专题报道》的形式反映市委会的组织工作、对台工作、"四化"咨询服务工作及党员先进事迹、支部（小组）工作经验等。

随着南充民革组织的不断扩大，党员的不断增多，民主党派参政议政工作的不断加强，南充民革《简报》已不能满足党派宣传工作的需要，不能满足广大党员了解民革履职工作、提高政治思想觉悟、增长知识的需要，从1992年开始，民革南充市委停办《简报》，创办《南充民革》杂志，基本上是一期刊一主题、不定期出版。

为了提高《南充民革》杂志的宣传时效性，2008年下半年，从《南充民革》第159期起进行了改版。一是正式确定《南充民革》为季刊，每季最后一个月的25日为杂志的出版日，改不定期出版为定期出版；二是大幅度增加《南充民革》刊载内容，不仅将中、省重要会议文件和领导讲话精神刊载以供大家学习外，而且把本季内市委会及各基层组织的活动尽可能的全记录，以达到存史的目的；三是分类刊载内容，按照民革工作性质分类来刊登，提高了杂志的可读性；四是增大登载容量，不仅登载重要新闻、参政议政、党务工作、社会服务、祖统联谊、基层活动，而且登载党员风采、党员文苑等内容，以发挥杂志的学习教育功能；五是确定专人负责《南充民革》的编辑工作，保证了杂志出版质量和按时出版。

为了提高《南充民革》杂志的美观度和刊载内容的直观性，2014年又将刊物封面由原70K普通纸改为彩色铜版纸印刷，插配活动图片，进一步提高了《南充民革》的办刊质量。

为强化宣传平台建设，市委会继续加强"一刊一网"建设，2015年，完成了《南充民革》的改版扩版工作，全年编发《南充民革》简报4期，刊发各类信息200余篇。在民革中央主席万鄂湘主持召开的民革全国宣传思想理论工作会议上，南充民革荣获民革全国"宣传思想理论工作先进集体"荣誉称号。

2016年，为加强宣传力度，扩大社会影响，市委会继续发挥《南充民革》宣传主阵地作用，围绕南充民革重点工作，积极做好对内激励和对外宣传，每个栏目的来稿比以往比以往均有的增加，来稿质量比以往明显提升，特别是涌现出很多新党员积极来稿。这一年，《南充民革》在承袭刊物原有风格的基础上，再次进行了部分改版，刊发换届工作专刊一期，受到党员们的一致好评，南充民革的社会影响力得到较大的提升。至此，《南充民革》既是南充民革宣传工作的传统平台，又是存史的新载体。它与南充民革网站、QQ群、微信群形成完整的一体，成为宣传传递正能量，展示南充民革形象和风采的新窗口。

截止2019年年底，市委会共编辑出版《南充民革》200期，印刷2.3万余册。出版印刷的《南充民革》除了分发给各基层组织和南充民革党员学习阅读外，还分送南充市级领导和对口联系单位等相关部门参阅，达到了增强南充民革组织的凝聚力、展示民革党派良好形象的效果。同时，市委会还通过与市内其他民主党派、省内市（州）和上海长宁、江苏杭州、广东佛山等地民革组织相互交换自办杂志，起到了互通情况、传递信息、促进交流、增进了解的作用。

二、《南充民革网站》的开通及作用

由于互联网具有获取和传递信息速度快、开放性强、传播范围广、保留时间长、信息数据大、阅读方便等特点和优势，在大众传播中发挥着越来越重要的作用。民革宣传工作要与时俱进，就必须有所创新，就要及时运用新兴媒体。建设南充民革网站，让网络成为南充民革新兴的传媒阵地，是市委会主动把握迅速发展的新闻舆论宣传形势的需要，也是市委会更好地履行职能的一项重要举措。

民革南充市委于2012年4月26日正式开通了南充民革网站。该网站成为展示民革南充市委参政议政、社会服务等履行职能的窗口，成为党员及时了解南充民革最新动态和活动信息的载体，成为宣传民革党员先进事迹和基层组织活动、展示民革党员自身才智、丰富文化生活的平台。

南充民革网站开辟有"党员之窗""自身建设""参政议政""社会服务""祖统工作"等9个栏目，采用文字、图片、音频、视频等多种媒体形态向党员提供重要新闻、时事动态、理论研究、参政议政、社情民意、祖统工作、社会服务等新闻与信息，既满足广大党员的多种信息需求，又为党员提供互动平台与空间。

南充民革网站的开通，在四川二级城市民革地方组织中开了先例，受到了民革四川省委的重视。2012年11月7日至8日，民革四川省委2012年网站特约编辑培训会议在南充阆中市举行。南充民革机关干部和部分基层组织从事宣传工作的党员与来自四川民革其他市（州）委、民革省直各支部的特约编辑和部分宣传干部共50余人参加了此次培训会议。民革四川省委副主委孙传敏出席会议并讲话。会议印发了民革中央主席周铁农在民革中央思想宣传工作暨优秀宣传干部表彰大会上的讲话。民革南充市委主委王晓贤以及中共南充市委统战部、中共阆中市委及市委统战部领导出席会议并致辞。民革南充市委副主委冯明义在会上作了宣传工作经验交流，《四川政协报》总编辑潘黎应邀到会为大家作了新闻写作辅导报告。通过培训，进一步提高了民革网站管理人员的政治把握能力和网络管理水平，提高了网站特约编辑的写作水平和稿件质量。到2018年南充民革网站也实现全面改版升级，构建形成了南充民革内刊、网站、微信公众号"三位一体"的宣传阵地。

《南充民革》和"南充民革网站"的运行，及时宣传了民革南充市委和各基层组织所开展的活动，为广大民革党员提供了掌握信息及工作交流的平台，为各基层组织提供了丰富的学习资料，受到各基层组织广大党员的欢迎。

三、主流媒体对南充民革的宣传

进入新世纪以来，为了让南充民革的影响走出南充，市委会在充分利用《南充日报》《南充晚报》及南充电视台等媒体宣传南充民革的同时，积极组织稿件向中、省媒体投稿。由于民革南充市委重视宣传报道工作，加之措施得力，激励有方，市委会机关工作人员及基层党员每年在《人民政协报》

《团结报》《民革中央地方情况反映》《四川日报》《四川政协报》《四川统一战线》以及"民革中央网站""团结网""民革四川省委网"等省级以上报刊杂志、网站发表宣传民革南充市委参政议政及开展活动的稿件200多篇。特别是在《团结报》等全国性刊物上发表文章从无到有、从少到多，到2014年在《团结报》等全国性刊物上刊登南充民革有关文章达到了近百篇。每年都有南充民革党员的一些优秀稿件在全国各种征文大赛中获奖，每年都有宣传统一战线、多党合作制度的优秀文章在中共各级宣传部门、统战部或党报征文活动中获奖，由南充市政协编辑的《南充文史资料专辑》每期都有南充民革党员的文章入选。2015年，在民革中央主席万鄂湘主持召开的民革全国宣传思想理论工作会议上，南充民革荣获民革全国宣传思想理论工作先进集体荣誉称号。

为进一步拓宽宣传阵地，提高宣传时效，适应新媒体发展趋势，利用互联网信息手段搭建宣传教育和交流互动平台。2018年3月，"南充民革微信公众号"正式上线。当年，累计发布信息60期，总阅读量7549人次，单条最高阅读量1363人次，以更快捷、更直观的方式全面地反映南充民革的各项履职活动和党员风采，获得全国民主党派市级组织微信公众号影响力排行榜第31位和民革全国市级组织微信公众号影响力排行榜第10位、民革四川省市级组织微信公众号影响力排行榜第1位的亮眼成绩。构建形成了南充民革内刊、网站、微信公众号"三位一体"综合宣传载体平台。

南充民革微信公众平台的上线，不仅是南充民革宣传工作的重要载体，也是贯彻落实中共南充市委各项部署的重要举措，必将进一步推动全市民革组织围绕中心、服务大局，主动履职尽责、积极献计出力。南充民革微信公众号开通后，将致力于扩大视野，团结携手前进，讲好民革故事，图文并茂地发布时事要闻、专委员会活动、民革各基层组织活动及民革优秀人物事迹、民革党史故事、统战工作理论研究成果和重要事件等。

第六节　组织活动新突破

　　民主党派的组织活动是党派活力所在，南充民革自从在南充有了组织后就十分重视组织活动的开展。除在"文化大革命"中受到干扰而停止活动外，南充民革从小组、专委会、基层组织到因党员发展结构改变而成立的"新的社会阶层联谊会""诗书画院""摄影社"等，都为组织活动在形式上、内容上取得新突破建立了有效的平台。

一、专委会的成立及活动

　　为了发挥党员的专长和群体优势，更好地服务地方经济社会的发展，充分履行民主党派参政议政职能，强化党派作用的发挥，民革南充市委于1995年重新成立了"参政议政小组"。当年11月下发《关于建立反馈社会政治信息机制的意见》，建立起以市委会为中心，联系上下左右的信息网络和反馈机制，并纳入目标管理和各级工作职责进行考核。

　　2002年新一届市委会成立，先后组建了"参政议政工作委员会""思想政治宣传工作委员会""经济工作委员会""祖统联谊工作委员会""妇女工作委员会""老龄工作委员会"6个专门工作委员会。专门委员会担负着组织、协调和联系党派成员开展履职活动，确保民革充分履行参政党职能的重要职责。各专委会每年都要紧紧围绕中共南充市委、市政府的中心工作，召开相关会议或开展相关活动，充分调动专委会成员的聪明才智，就各自负责的领域进行研究讨论，拟出调研课题，或对市委会的工作提出建设性意见和建议。其中经济工作委员会主要就南充地方经济领域的发展开展调查活动，就其中出现的问题和难题进行分析研究，进而提出合理化意见和建议；参政议政工作委员会主要就南充社会热点、焦点、难点问题提出和筛选调研课题，并深入基层展开调研，对撰写参政议政材料作出具体安排，写出切中时弊的调研报告或提案；思想政治宣传工作委员主要就如何在南充民革党员中开展思想政治教育工作，如何加强民革宣传工作进行讨论，提出计划和建议；妇女工作委员会和老龄工作委员会主要是在每年的"三八国际妇女劳动节"和"九九重阳节"等节日开展名种寓教于乐的文化体育活动，或就健康、保健、卫生等方面的知识举行专题讲座，或就妇女和老年人权益方面做一些力所能及的工作。

为了更好地发挥专门委员会的作用，便于与上级民革工作对接，民革南充市第十三届委员会对专委会重新进行设立：经济工作委员会、祖国和平统一工作委员会、"三农"工作委员会、社会和法制工作委员会、青年和妇女工作委员会、老龄工作委员会六个专门委员会。由于各专委会工作在前面章节的有关内容有所涉及，下面仅就老龄工作委员会与青年和妇女工作委员会作简要介绍。

（一）老龄工作委员会

由于历史的原因，在较长的时间里，南充民革老党员占到了党员总数的一半以上，所以一直以来，南充民革都很重视老龄工作。南充民革老龄工作的蓬勃开展，让老同志充分感受到民革这个"大家庭"的温暖和关怀，增强了民革组织的向心力和凝聚力，老同志的余热和才能在党派履职中也得到发挥。

上个世纪九十年代，民革南充市委委员阎起鸾（女）等7名南充民革老党员分别担任了地、市"老龄协会"的副会长、副秘书长、理事等职务。2002年7月29日，民革南充市委成立了"老龄工作委员会"。第一届老龄委主任由民革南充市委副主委张为钢担任，程智、杨禾担任委员。2007年10月17日上午，民革南充市委老龄委选举产生了新一届组织领导机构，由市政协副主席、民革南充市委主委冯庆煜担任老龄委主任，李胜利、杨禾、覃瑜莉担任副主任；民革南充市委原主委胡蜀平担任名誉主任，机关干部程智担任联络员。至此，民革南充市委老龄工作委员会的活动基本实现了制度化、规范化、程序化，并按计划开展活动。2019年2月22日，民革南充市委老龄工作委员会人员进行调整，主任：王晓贤，副主任：杨克新、覃瑜莉、唐国英，委员：舒迅、陈运全、陈继久、姚红均、王晓燕、余志立、陶李梅、严宏伟。

民革南充市委老龄委开展的主要工作是看望慰问老同志，召开座谈会或联谊会，组织老同志参加文体活动并外出参观，创办老年大学，为老年人鼓与呼，使民革老党员"老有所为，老有所乐"。

每年新春佳节来临之际及中秋节、重阳节，民革南充市委领导都要率领机关同志深入到德高望重的民革老领导、70岁以上老党员家中看望慰问，为他们送去慰问品和节日祝福；凡是民革老同志生病、住院或家庭有特殊困难的，市委会领导都要到医院或党员家里去探望，尽心尽力地帮助他们把问题解决好，把事情落实好，使他们切身体会到民革领导对他们的关心，感受到民革组织的温暖。

民革南充市委原主委萧端重的遗孀王秀英老人膝下无子嗣，且无住所，自2006年起，就一直住在市第五人民医院老年科。市委会主动承担起了王秀英老人的护理和每月的生活费用，在每年重大节假日，市委会领导都要到医院看望老人，表达节日亲切问候的同时，为老人送上慰问品和慰问金。王秀英老人去世后还为她举办了隆重而简朴的告别仪式，送老人走完人生的最后一程。

在每年春节、中秋节、重阳节，民革南充市委都要召开座谈会、或联谊会、或茶话会、或情况通报会，让老龄党员就经济社会及民革组织的发展畅所欲言，确保老龄党员对本党所开展的各项工作、学习活动及参政议政情况的知情权，对党内重要决定的参与权，对领导干部情况向上级组织的反映权。在每次座谈会或联谊会上，市委会都要向与会老同志送上慰问品，给他们送上节日的温暖与祝福；民革老同志都要现场朗诵各自创作的诗词歌赋，以表达对组织的热爱和感谢。

近年来，老龄工作委员会工作开展有序，按照传统每逢春节、中秋节、重阳节等，都要举办座谈会、茶话会，让老领导、老同志们欢聚一堂，聆听民革的情况通报，抒发自己的情怀，共话民革的未来。

民革南充市委多次在重阳节为老同志举行文艺表演，或组织老同志参加登山、游园、骑自行车、做健身操、书法、棋艺、赋诗等老年人喜闻乐见的活动，还多次主办"中山杯"老年桥牌赛，到郊区农家乐开展活动。市委会还先后组织老同志赴广安邓小平故居、仪陇朱德纪念馆、大邑建川博物馆等地参观，缅怀伟人的丰功伟绩。

民革南充市委除了努力搞好本党老龄工作外，还十分关心社会老龄问题，积极为维护老年人的合法权益鼓与呼。南充民革的市人大代表、政协委员积极关注民生，通过社会调研和提交议案、提案等方式，积极反映老龄社会问题。先后向市政协提交《关于加快我市养老服务事业发展的建议》《关于解决南充农村"空巢老人"养老问题的建议》等提案，向市人大提交《关于进一步发展养老事业的建议》《关于加强"失地"农民养老体系建设的建议》等议案。这些提案、议案引起了政府及职能部门对南充老龄事业的关注和重视，推动了南充养老机构的建设和养老事业的发展。

（二）青年和妇女工作委员会

青年和妇女工作委员会在妇女工作委员会基础上成立，是民革南充市委专委会工作的一个重要组成部分。市委会的妇女工作起步较晚，当时无专职妇女工作干部，此项工作是由在职或离退休党员作兼职妇女工作，因此开展工作有一定困难。在南充民革女党员逐渐增多之后，妇女工作的重要性日益显现出来，妇女工作也由开始时活动开展极少，到活动逐渐正常并日益丰富多彩。

一是成立妇女工作委员会。民革南充市委于1987年成立了"妇女工作小组"。1988年5月3日成立"妇女工作组"，选出了妇女工作组领导班子。市委会副主委王爱任组长，林斐文任副组长，王爱、林斐文、阎起鸾、王菊、左宏英、张克敏、庞守容任委员。1989年，民革南充市委首次评选了妇女"先进党员"；1991年，市委会机关首次配备了妇女专职干部。1993年，民革南充市委成立第一届妇女委员会，王爱担任主任，龚举敏、李智任副主任。1995年，妇女委员会开展了迎接联合国"第四次世界妇女大会"召开和传达"世妇会"精神的座谈会和联谊会等活动。妇女活动的开展，对调动民革女党员的工作积极性，发扬她们"自强、自尊、自信、自立"的精神起到了很好的推动作用。1998年，杨秀清任第二届妇委会主任，李智、刘琦玉、龚举敏任副主任。2002年10月12日，民革南充市妇女委员会在四川师范学院召开换届后的第一次会议，民革南充市委副主委贺频当选为第三届妇委会主任，曹红、吴晓红任副主任，龚举敏任联络员。2010年2月25日，民革南充市委妇女工作委员会成立，民革南充市委副主委曹红任第四届妇女工作委员会主任，王敏、吴小红、陈凤英、杨惠兰、龚举敏、覃瑜莉任副主任。2016年9月9日，民革南充市委青年和妇女工作委员会成立，主任：曹红，副主任：张萍、吕萍，委员：周红、粟斌、刘媛媛、彭洪、张翼飞。2019年2月22日，民革南充市委青年和妇女工作委员会人员调整，主任：罗艳，副主任：张萍、吕萍、张翼飞，委员：刘媛媛、王虹颖、王琅、杨坤、何川（综合支部）、何凤君、向斌、杨纲。

一直以来，青年和妇女工作委员会（妇女工作委员会）紧紧围绕南充民革的中心工作开展活动。在充分发挥和调动妇女党员为南充经济社会和跨越式发展献计出力、展示妇女党员参政议政，民主监督、社会服务各项工作中，展示广大女党员巾帼不让须眉的精神风貌。

二是妇委会开展的活动。自民革南充市委妇女工作委员会成立以来，为了进一步推进妇委会工作的开展，提高民革女党员政治素质，调动女党员的工作热情和为党派履职作贡献的积极性，充分发挥妇女"半边天"的作用，在每年的"三八"国际妇女节，妇委会都要组织开展有益于妇女身心健康的各种活动。如举办增长女党员才干、提高女党员素质的各种讲座或培训班，举行文艺演出、知识竞赛等。每年"三八节"都要对评选出来的"先进女党员"进行表彰和奖励，每年还要组织女党员外出参观、考察和学习。通过开展丰富多彩的活动，使女党员相互交流思想，增强友谊，开阔视野，增长见识，使党派的凝聚力和活力得到不断增强。

妇女工作委员会成立以来，多次举行有益于妇女身心健康的各种保健知识专题讲座。先后举办过"妇女保健知识""妇女健康保健知识""健康知识""情绪与健康""远离慢病，保持健康""饮食健康"等保健知识专题讲座。讲座以图文、实例的形式，从妇女保健知识、慢病危害、预防慢病、生活饮食习惯等方面进行了深入浅析的讲解，增强了广大女党员的防病治病的意识。

为进一步丰富青年党员及女党员文化生活，增强身体素质，缓解工作及生活压力，充分激发大家的工作激情，展示健康向上，昂扬奋进的时代风采，利用三八妇女节、五四青年节开展内容丰富、形式多样的活动。2015年3月6日，在西山广场开展了庆祝三八妇女节登山活动。2017年3月7日，组织开展了"生命在于运动"民革巾帼在行动庆祝"三八"妇女节活动，市委领导、市委委员及各基层组织主委也应邀参加了本次活动。4月28日，开展了庆祝五四青年节专题讲座活动，邀请"全国教育改革优秀教师""四川省民办教育十佳教师""南充市师德标兵""南充市优秀教师"、四川省南充外国语学校党委委员、副校长罗晓燕结合自身个人成长经历和自身学习工作实际，从不忘初心、学会学习，不忘初心、学会遵守，不忘初心、学会弯腰等十个方面，进行了生动、深入、深刻的讲述和剖析，赢得了与会同志的共鸣，获得现场热烈的掌声。2019年3月7日，由民革南充市委青年和妇女工作委员会主办的庆祝"三八"妇女节活动在位于高坪区江陵镇的中法农业科技园开展。民革川北医学院基层委员会党员、川北医学院中医内科副教授刘浩为人家带来了一场精彩的中医养生健康知识讲座。2019年4月28日，民革南充市委在北湖宾馆四楼会议室举行了纪念"五四"运动100周年暨优青年党员表扬大会，对刘浩等51名优秀青党员进行了通报表扬，并开展了南充民革青年党员才艺展示活动。

三是女党员为党派履职作出了积极贡献。在民革南充市委的领导和支持下，妇女工作委员会围绕中心、服务大局，通过创新工作思路，不断引导广大女党员树立正确的人生观、价值观和世界观，为民革事业和南充经济社会发展作出了积极的贡献。广大妇女党员通过"学习中共十六届四中全会精神""学习中共十八大精神知识竞赛""爱我南充，建设南充"的热烈讨论、深入学习践行社会主义核心价值体系，积极参与"政治交接学习教育活动""知我民革、爱我民革学习活动""迎新春联欢会"等活动，政治素质和理论水平得到了显著提高，精神风貌得到了充分展示，为市委会履行参政党职能作出了积极贡献，涌现了一大批优秀的妇女先进党员。一些女党员被所在单位评为"先进个人"，有的被各级组织评选为"三八红旗手"，有的被民革各级组织评为"先进党员"并受到表彰和奖励。

二、新的社会阶层人士联谊会

改革开放以来，我国出现了主要由非公有制经济人士和自由择业者组成、集中分布在新经济组织及新社会组织中一个新的社会阶层。他们作为中国特色社会主义事业的建设者，在促进共同富裕、构建社会主义和谐社会、全面建设小康社会中发挥着十分重要的作用。他们中的一些优秀分子加入了民革组织，如何使这一新社会阶层人士成为党派骨干，充分发挥他们的优势和作用，为民革履行职能作出自己的贡献，成为民革南充市委十分重视的工作。

一是成立新的社会阶层人士联谊会。2009年7月7日上午，民革南充市委召开新的社会阶层人士座谈会，就如何应对国际金融危机，保增长、调结构、促发展进行了广泛的交流。会上，新社会阶层党员结合实体经营、旅游业现状、职业教育、餐饮娱乐业在发展过程中存在的突出问题，以及如何解决在新形势下经济发展凸现的矛盾，有针对性地提出了自己的意见、建议和要求。会上还应大家的要求，建立了新社会阶层人士联谊会筹备组，对今后进一步开展工作奠定了良好的基础。

当年9月27日，民革南充市委新的社会阶层人士联谊会在民革南充市委机关正式成立。刘志康被推选为联谊会首届会长，李祥昌被推选为常务会长，罗飚、张钦峰、明峰、何明等党员被推选为副会长，龚举敏、罗艳任联络员。

二是新的社会阶层联谊会开展的活动。2010年4月8日下午，南充民革新的社会阶层人士联谊会召开工作会议。会上，大家根据《新社会阶层联谊会章程》之规定，讨论制定了联谊会工作制度，确定了联谊会召开的时间、活动内容，会费缴纳标准，开展调研的课题，财务管理等事项。

2011年1月12日下午，民革南充市委新的社会阶层人士联谊会工作会在九鼎香酒店召开。会议对2010年新的社会阶层人士联谊会开展的各项工作进行了总结，就活动的次数、形式及内容、活动经费、会员间的相互沟通交流等方面，提出了可行性的意见和建议。3月31日，新的社会阶层人士联谊会在凤垭山举行法律法规知识讲座。联谊会副会长明峰以《中国特色的法律体系》为题，结合工作实际，从法律体系的概念、法律形成的有机整体、法律体系的内容、新社会团体对法律的认识等几个方面进行了讲解，阐述了法律在生活、工作和经营管理中的重要作用。

当年6月28日，民革南充市委新的社会阶层人士联谊会在民革机关召开"纪念中国共产党建党90周年座谈会"。会上，顺庆区委党校高级讲师夏鲁男为大家作了《光辉旗帜 伟大历程》的专题讲座；9月6日，新的社会阶层人士联谊会召开"迎中秋"座谈会。会上，联谊会会长刘志康结合南充经济发展、社会民生热点、难点等问题发表了自己的意见和看法，并就新的社会阶层党员应该如何立足本职，发挥优势，树立形象，服务经济，做一名合格民革党员等提出了希望和建议。

2013年10月21日下午，民革南充市委新的社会阶层人士座谈会在机关会议室召开。会议传达了《民革四川省委关于遵照民革中央筹备"中山博爱基金会"要求收集有关情况的通知》精神，讨论通过了由民革南充市委副主委张为钢联系新社会阶层的决定，安排布置了新社会阶层班子改选相关事宜。座谈会上，与会党员还就市委会如何从组织形式、工作机制等方面进一步凝聚新社会阶层力量，展开了热烈的讨论。

2017年8月1日，南充民革新的社会阶层人士联谊会迎来了第三届会员大会。市政协副主席、民革南充市委主委王晓贤，中共南充市委统战部常务副部长谷秀春、市政协副秘书长、民革南充市委秘书长陈凤英应邀出席会议。会议审议通过了《南充民革新的社会阶层人士联谊会章程》，选举产生了新一届理事会，李祥昌、张钦峰、杨彦刚、余志立、明海全、林波、何欣、姚青顺、向斌、刘荣鹏、邓量、杜长江、杜先才、黄勇、胡晓秋、陈栋才、李云峰、陈岗、唐兰、廖辉、明峰当选为理事。随后在召开的三届理事会一次会议上，李祥昌当选为联谊会会长，张钦峰、杨彦刚、余志立、明海全、林波、何欣当选为副会长，姚青顺当选为秘书长，向斌、刘荣鹏、邓量被任命为副秘书长。

2018年1月，新的社会阶层人士联谊会赴嘉陵区天星乡弥陀院村慰问帮扶贫困户，为群众送去了新春美好的祝福。随后在万泰大酒店举行了新的社会阶层人士迎新春茶话会。市政协副主席、民革南充市委主委王晓贤，中共南充市委统战部常务副部长谷秀春，民革南充市委原主委胡蜀平、杨汉翔、冯庆煜，民革南充市委副主委宾德平等120余人参加了此次活动。

同年5月25日，南充民革新的社会阶层人士联谊会组织开展了"发挥优势特色、助力教育强市"主题调研活动。调研组一行视察调研了由民革党员李祥昌、唐兰、陈岗分别创办的南充泽英教育集团、南充市果州教育集团和陈岗英语。9月17日，为促进党员企业发展，更好的为南充经济社会发展服务，南充民革新的社会阶层人士联谊会组织开展第二次轮值活动暨脱贫攻坚产业发展专题调研活动。调研组一行先后视察调研了南充民革新的社会阶层人士联谊会轮值会长李云峰、邓量、张钦峰分别创办的联创职业技术培训学校、四川本味农业有限公司有机橙种植基地和四川青峰农业开发有限公司。12月14日，民革南充市委在阆中市金龙大酒店召开民营企业健康发展座谈会暨南充民革新的社会阶层人士联谊会年终总结会。活动的开展，既为地方经济发展做出了贡献，又充分展示了南充民革党员的为民革事业添砖加瓦的精神风貌。

三、诗书画院

南充民革党员中爱好诗词、书法、绘画者众多。为了充分发挥南充民革党员的艺术才华，丰富党员的业余文化生活，陶冶广大党员的思想情操，让文化艺术为广大民革党员服务，为社会主义文化大繁荣、大发展服务，民革南充市委根据党员诗、书、画爱好者的要求，经过精心准备，"南充民革诗书画院"于2012年11月18日正式成立。

此后，诗书画院相继开展了形式多样的写生采风及创作活动，举行了异地同行学习交流，组织了书画展览，出版了《南充民革诗书画院成立周年书画作品特刊》。

2013年1月30日上午，"南充民革诗书画院成立暨名家作品联展"在南充市北湖公园嘉湖书院开幕。民革四川省委、南充市政协给"南充民革诗书画院成立暨名家作品联展"发来贺信，民革南充市委主委王晓贤在开幕式上讲话；南充市美术家协会副主席兼秘书长、画家杨云先生代表市美协，市文联原副主席、画家程云先生代表应邀嘉宾先后致贺词。南充各民主党派领导或代表、书画展作者参加了书画展开幕式并参观书画展览。

此次书画联展展出了南充民革20多名党员及10余位南充市书画名家创作的70多件书画作品。作品类别多样，内容丰富，有书法、国画、油画、水粉画、水彩画、素描、宣传画以及工艺美术等，山水花鸟、人物草木，应有尽有，还有独具匠心的廉政文化建设宣传画和体现民革特色的川军抗日将士等作品。此次书画展展期7天，于2月5日圆满闭幕。南充电视台和《南充日报》分别作了专题报道。

2013年9月14日，南充民革诗书画院在民革机关会议室召开会议。会议审议通过了聘请部分诗书画院特约成员事宜，颁发了诗书画院成员聘任证书，讨论确定机关会议室暂时作为诗书画院创作基地。当年11月，在南充民革诗书画院成立一周年之际，出版了《南充民革诗书画院成立周年书画作品特刊》。刊发国画、油画、水粉画、水彩画、宣传画、书法等作品66幅，并向省内外民革各级组织的书画同行赠送并交流。

2013年12月13日至15日，民革中央画院第二届理事会第二次会议在云南省腾冲县举行。南充民革诗书画院作为该院团体理事成员，选派院长李秀贵同志参加了此次会议。会议就作品创作等问题进行了讨论，交流了各画院工作经验，并进行了书画现场创作交流，与会专家还对李秀贵的3幅画作进行了点评。

2014年1月23日，南充民革诗书画院6位老艺术家赴嘉陵区吉安镇开展送文化下乡活动。他们现场挥毫泼墨，为吉安老百姓书写春联，从上午9点一直持续到下午4点，共免费为老百姓书写了500余副对联，把对吉安人民的深厚情谊倾注在他们所创作的作品中。

为加强南充、德阳民革之间书画学习交流，提高创作水平。2014年5月20日，南充民革诗书画院一行前往德阳民革书画院开展学习交流活动。民革南充市委主委王晓贤、秘书长陈凤英，诗书画院院长李秀贵及部分成员参加了此次活动。南充民革一行参观了德阳民革书画院，欣赏了德阳民革书画家创作的作品。两地书画名家还现场挥毫泼墨，创作书法和绘画作品，进行探讨交流。德阳市政协副主席、市委统战部部长吴玉华,民革德阳市委驻会副主委马太明参加了此次活动。

2014年10月20日下午,民革宜宾市委中山书画院一行来到民革南充市委,就诗书画院、祖统工作等进行了座谈交流。双方就如何发挥民革优势、开展好祖统工作,以及两地诗书画院成立以来开展的各项工作进行了相互交流,介绍了各自的先进经验和成功做法。宜宾中山书画院院长马道荣还现场赋诗一首。

为纪念邓小平同志诞辰110周年暨多党合作和政治协商制度确立65周年,2014年11月6日下午,"南充、宜宾、德阳三市民革书画联展"在市西山运动场老年书画研究会开幕。此次书画联展至11日结束,展出的有书法、国画、油画、水粉画、水彩画、印谱及雕像等72幅作品。民革省委经社处处长崔羽,中共南充市委统战部、民革南充市委、民革德阳市委、民革宜宾市委领导,南充市各民主党派和工商联代表出席了开幕式。王晓贤代表民革南充市委向展会致辞,民进南充市委、民革德阳市委领导分别代表南充各民主党派和德阳、宜宾两地民革市委向展会献辞。

2015年1月16日,民革四川省委与民革南充市委组织书画艺术家一行,赴嘉陵区白家乡联合开展送文化下乡活动。民革四川省委经社处长崔羽、民革南充市委秘书长陈凤英参加了此次活动。活动既引领了农村文化的新时尚,也弘扬了中华书法艺术,同时,也体现了民革服务民众的参政意识,得到了白家乡党委、政府的大力支持。6月26日上午,南充民革成立65周年纪念大会在川北医学院世纪礼堂隆重举行。南充民革中山摄影社和南充民革诗书画院分别在会场大门前举办以纪念抗战胜利70周年为主题的《南充抗日老兵图片展》和《书画作品展览》,特别是书画作品展出了国画写意画、工笔画、线描、水粉画、油画、素描等画种,绘画内容以人物、山水、宣传画为主,还有各种字体的书法作品等,引起了全体与会人员的热情关注。

2016年1月21日,南充民革诗书画院李秀贵、秦丽等10位书法家,在民革南充市委主委王晓贤、秘书长陈凤英带领下前往嘉陵区礼乐乡开展送文化、写春联活动,为当地村民义务写春联,给即将到来的春节增添了浓浓的喜庆氛围。2月4日,南充民革诗书画院在民革市委机关会议室举行2015年年会。

近40名诗书画院成员参加年会，年会由诗书画院院长李秀贵主持。市政协副主席、民革南充市委主委王晓贤出席年会并作重要讲话。他要求诗书画院全体成员要辛勤采风，努力学习，不断提高书画创作水平，办好"纪念孙中山诞辰150周年书画作品展览"，要为民革党员和广大群众提供丰富的精神食粮，为社会主义文化大发展大繁荣作出积极贡献。

2018年5月18日，南充民革诗书画院在嘉湖书院开展以纪念改革开放四十周年为主题的"大学习、大讨论、大调研"专题笔会活动，30余名书画师参加书画创作和研讨活动。11月12日，民革南充市委纪念改革开放40周年暨孙中山先生诞辰152周年书画作品展在北湖公园嘉湖书院隆重开展。市政协副主席、民革南充市委主委王晓贤，南充民革诗书画院院长李秀贵，民革南充市委各基层组织代表、南充民革诗书画院艺术家们以及社会各界朋友共计60余人参加了书画展开幕式。2019年4月10日，南充民革诗书画院在民革南充市委机关会议室召开年度工作会议。会议总结了南充民革诗书院2018年度工作开展情况，安排部了2019年度各项工作任务，聘请了舒布启、袁龙、江仁洪二名同志为诗书画院顾问。

四、中山摄影社

2014年3月12日上午，"南充民革中山摄影社"在南充市凌云山风景区正式成立。民革南充市委副主委兼中山摄影社社长张为钢、副主委冯明义、秘书长陈凤英及中山摄影社成员参加成立大会，南充市摄影家协会主席杨麾应邀出席大会并讲话。

成立大会上，张为钢、冯明义先后讲话。市摄影家协会主席杨麾对南充民革中山摄影社的成立表示祝贺，他说，随着我国民主制度的加强和发展，各民主党派发挥的作用会更大，因此要把自身活动记录好、拍摄好、史存好，今后就是宝贵的历史资料；摄影题材非常广泛，涉及社会生活方方面面，大家要把行将消失的东西用图像记录下来，以留给将来，告诉后人；选择拍摄题材很重要，比如拍摄的抗战老兵系列，这个题材就非常好，这也是南充民革做得很好、有社会影响的事；希望民革中山摄影社和孙中山名字一样，既响亮又能在经济社会发展中发挥作用，取得成绩。

二十年来，民革南充市委各专委会在市委会的领导下，团结一心，积极参政议政、建言献策，提出了许多建设性的、可操作性强的、影响力大的意见和建议，为履行党派职能作出了积极的贡献。近几年来，南充民革诗书画院和中山摄影社在为南充文化事业发展添砖加瓦的同时，丰富了民革党员的业余文化生活，陶冶了党员的道德情操，搭建了党员之间相互交流学习的新平台，提高了成员文化艺术创作水平，展示了民革党员的风采。

特别是2015年6月26日，在川北医学院世纪礼堂大门前举办以纪念抗战胜利70周年为主题的、"纪念抗战胜利70周年抗战老兵图片展和书画作品展览"预展，民革南充市委及所属中山摄影社和书画院同时100余幅48寸的大幅黑白和彩色照片及70多幅书画作品吸引了众多参观者。其中的抗战老兵图片展分为三个部分，第一部分为"上山下乡，寻访老兵"，第二部分为"抗日英雄，民族脊梁"，第三部分为"捐款捐物，奉献爱心"。第一、三部分为彩色照片，第二部分为黑白照片。民革四川省委相关领导、中共南充市委统战部、市政协领导，南充民革对口联系单位，党员所在单位党委负责人，南充广大民革党员参观了展览。

7月4日至5日，民革南充市委、南充民革中山摄影社"纪念抗战胜利70周年抗战老兵图片展"在南充市北湖公园广场正式展出。

五、工作经验交流

开展工作经验交流活动是民革组织活动的重头戏，从上世纪50年代起，民革南充市委就坚持组织党员骨干参加中共及本党召开的各种经验交流会议，或安排机关干部与外地民革组织进行工作交流，一直延续至今。

对于民主党派来说，紧紧围绕地方党委和政府的中心工作，召开各种经验交流会议，交流情况、交流经验、交流体会，促进党派工作开展，提高服务水平，更好地体现在履行参政党的职能中，往往被看作一个民主党派参政议政能力和水平的标志。通过经验交流会议，党员们交流了社会服务工作及参加政治活动方面的经验，提高了党员为社会服务的能力和政治素养，增强了民革南充市委履行职能的能力和水平，推动了党派各项工作的顺利开展。

与外地民革组织的交流是民革南充市委为了更好地发挥机关的职能作用，提高服务水平和参政议政能力的有效举措。通过两地之间民革地方组织的相互交流学习，能开阔眼界，增长见识，提高认识，总结经验，取长补短；使机关服务工作不断完善，使基层组织活动更加丰富，使党派优势得到进一步发挥，使履职工作产生更好的效果。

因此，民主党派的经验交流必不可少。从1959年民革南充市委召开第一次经验交流会后，经验交流会便基本上形成了一种制度。在"文化大革命"前和"文化大革命"后，市委会先后召开了许多以不同内容为主题的经验交流会，而南充民革不同时期的不同经验交流会，极大地激发了民革党员对本职工作和为社会主义建设服务的积极性，有效地提高了民革党员服务地方经济社会发展和参政议政的能力，对民革各项工作的开展起到了积极的推动作用。

（一）"文革"前的工作经验交流

1958年，全国掀起了高举"三面红旗"的运动。在全国"大跃进"的特殊历史时期，民革党员不仅自觉地做好自己份内的工作，还以实际行动参与到实现社会主义的总路线、"鼓足干劲，力争上游，多快好省的建设社会主义"之中，各行各业都涌现了不少南充民革的先进人物。翌年，经民革南充市委研究，决定通过召开经验交流会的方式，认真总结党员在"三面红旗"运动中的先进事迹和所作出的成绩，激发党员为社会主义建设服务的积极性。

1959年11月，民革南充市委在兴顺后街民革市委机关召开第一次工作经验交流会，会期两天。3个基层支部、7名党员先后在会上作了经验交流发言。这次经验交流的中心议题是：支部和党员是如何通过加强思想政治工作和加强社会主义思想改造的，结合支部和党员的工作实际，交流怎样在工作中发挥民革的作用。民革南充市第一支部（机关支部）、第二支部（学校支部）分别结合思想政治工作与教学工作的实际，对支部的工作进行了总结和经验交流。

当时，民革南充市委发展了一些与民革有历史联系，但没有固定工作岗位的党员，并以这些党员为主组成了第三支部（社会支部）。该支部在加强自身思想改造的同时，做了大量的社会工作。支部从"推动和帮助党员进行学习的几点体会"方面总结了支部的工作。李惠民、李晓白、李光煜、雷跃清、徐鸿鹄、宋景蒸和饶雪庵7位党员分别结合自己政治学习、思想改造和工作实际，在大会上作了经验交流。

50年代末，云、贵、川3省的民革地方组织先后组织召开了各种经验交流会，并且在3省的地方组织间进行了信息交流。1960年3月，"云贵川民革工作经验交流会"在成都市召开，民革南充市委主委萧端重和主管组织工作的赵专修出席大会。南充民革党员、市医院针灸科医生刘兰秋结合自己的工作实际和作为民革党员的切身体会，在大会上作了经验交流。

3年自然灾害不仅给国民经济发展带来了很大的影响，同时也给民革的各项工作带来了影响。民革党员在3年自然灾害时期克服困难，坚持工作，涌现出了不少可歌可泣的人和事。1962年7月，民革四川省委在成都召开第三届党员代表大会（实际上是全省的经验交流会），南充民革党员王玉书、刘兰秋二人在大会上现身说法，作了生动感人的经验交流发言。王玉书时任南充市粮食局副局长，在3年自然灾害时期，坚持贯彻党的粮油政策，不辞艰辛，亲临第一线组织粮油货源，保障了南充市市民按定量的粮油供应，得到了粮食局党委的表彰；刘兰秋作为针灸医生，推拿按摩需要付出较大的体力，而他每月只有17斤供应口粮，常常难以支撑远远超乎负荷的工作，但他从不叫苦，坚持"在业务实践中进行自我改造"，从一个普通的针灸医生，成为了川北地区闻名遐迩的针灸名医。因王玉书、刘兰秋二人的事迹典型感人，《团结报》先后对他们的事迹作了报导。

1962年9月，民革南充市委在兴顺后街民革机关举行了一次全市"民革党员服务经验交流会"，全体党员参加会议。3个支部在会上分别就"如何展开支部组织工作、活跃组织生活、增强支部的凝聚力""支部如何通过'神仙会'的方式，群策群力，充分发挥党员的作用，使支部生活充满活力""如何对党员进行思想教育工作"等交流了支部工作的经验。在本职工作中作出突出成绩的刘兰秋、王玉书、张少鲁、邓明聪4位党员在大会上作了经验交流。

1964年8月11日，民革南充市委再次召开"思想政治宣传工作经验交流会"，驻市全体党员在兴顺后街民革市委机关参加1天会议。3个基层支部、6名党员在会上作了经验交流发言。在民革南充市委机关工作的吴漂悦及党员杜汴沧、张观群等，介绍了说服动员自己的子女上山下乡，到苍溪农村插队落户，接受劳动锻炼的经验。被市农业局评为市级劳动模范的女干部李惠民、在南充市医院作针灸医师的刘兰秋、得到外贸局交口称赞的干部林金和在会上介绍了自己的工作经验和工作业绩，南充高中语文教师吕泯钊、南充一中英语教师周正林、南充三中语文教师袁泽民不仅交流了各自在教学改革中的举措和体会，还对改进教学方法的经验作了交流。

当年10月中旬，民革四川省委在成都举行"全省民革党员卫生服务经验交流会"。经民革南充市委推荐，四川省蚕研所副所长、副研究员杨桂攀，南充市六中校办工厂厂长袁泽民，南充市医院医师王菊等3人前往成都出席会议，但未在这次会议上作经验交流。民革南充市委副主委苟纯如出席大会。

从1959年到1964年，民革南充市委共召开了三次经验交流会，参加了两次民革四川省委组织召开的经验交流会、一次云贵川民革工作经验交流会。1965年以后，接踵而至的频繁的政治运动，南充民革的经验交流会一度中断，直到文化大革命结束后才得以恢复。

（二）民革工作恢复后的经验交流

中共十一届三中全会的召开，确定了全国工作重点的转移，以经济建设为中心成了全国人民所瞩目的焦点。民革南充市委与全国各地的民主党派一样，把为"四化"服务作为工作中心，号召全体党员服务于、服从于这一中心工作。在为"四化"服务、为地方经济社会发展服务中，南充民革党员作出了显著成绩和重要贡献。

对于民革南充市委来说，为"四化"服务、为地方经济社会发展作出贡献的民革党员与其他党员交流情况，交流经验，交流体会，能够起到榜样的作用，进而促进党派工作开展，提高服务水平，更好地履行参政党职能。因此，在市委会恢复活动后，多次召开以不同内容为中心的经验交流会，激发了民革党员为社会主义建设事业服务的积极性，极大地提高了民革党员的服务能力和服务水平，有力地促进了南充民革各项工作的开展。

1. 市委会召开的经验交流会

十年浩劫，民革南充市委的工作全面瘫痪，根本无法召开或参加经验交流会。在市委会恢复正常工作后，经验交流会又才得以恢复召开。

当时的民革南充市委十分重视为"四化"服务工作，主委萧端重不仅自己亲自抓，还责成机关干部徐鸿鹄等同志具体抓这项工作，并作出了显著成绩。为了在民革内推广为"四化"服务工作经验，市委会于1979年9月28日至29日在大北街市政协机关召开"南充民革为'四化'服务经验交流会"。这是市委会在"文革"后、恢复工作之初召开的第一次经验交流会。

会议表彰了在一线为"四化"服务且作出贡献、成绩斐然的马先根、王玉书、邓明聪、刘善修等党员。马先根是南充蚕丝界颇具影响的领军人物，"文化大革命"期间被免去南充缫丝二厂副厂长职务，下派到蓬安等蚕桑基地劳动。但他仍潜心于蚕桑基地的建设，不辞辛劳地指导蚕农科学栽桑养蚕，极大地提高了蚕茧产量，为蓬安成为蚕茧万担县作出了重要贡献。"四人帮"倒台后，马先根给中共南充地委领导写了一份两千余字的书面报告，就南充地区蚕丝事业的发展提出了自己独到的见解，引起了中共南充地委领导的高度重视。当时尚未恢复职务的马先根在这次经验交流会上的生动发言，赢得了与会者的交口称赞。王玉书、邓明聪、刘善修等同志也先后在大会上作了经验交流。

从1979年9月召开第一次经验交流会后，民革南充市委的经验交流会便基本上形成了一种制度。1981年5月25日至27日，市委会在兴顺后街民革机关召开全体党员与联系人士会议。会议传达了民革四川省委四届二次扩大会议精神，传达了中共中央总书记胡耀邦在全军政治工作会议上的讲话精神；组织党员与所联系人士，为社会主义现代化建设事业服务的经验交流。民革党员李惠民、全中斯、刘兰秋、刘子清、苟纯如、唐兴瑜、林臻、吴国樑8人在会上作了经验交流发言。当年11月21日，市委会在兴顺后街再次召开"为'四化'服务经验交流会"，民革党员刘兰秋、吴国樑、王守颐、苟纯如、谭崇遂、周正林、林臻等7人在会上作工作经验交流发言。

1982年9月18日至20日，民革南充市委在兴顺后街民革机关，以3天时间，召开"为'四化'服务与促进祖国统一经验交流会"。刘兰秋、袁泽民、李惠民、全中斯等党员在会上作了工作经验交流，侨、台属党员闫起鸢、苟纯如、殷成龙等人结合自己与港、台及海外亲人联系，港台、海外亲人的思乡之情和渴盼与亲人团聚的实际，交流了在促进祖国和平统一工作中的经验和体会。

1984年10月9日至10日，民革南充市委在仪凤街以2天时间召开"为'四化'服务经验交流会"，有17位民革党员先后在会上发言。11月，民革中央在北京召开"为'四化'服务经验交流会"，市委会推荐在蚕桑研究工作方面作出突出贡献的四川省蚕桑研究所副所长、民革党员杨桂攀前往北京出席大会，杨桂攀在大会上作了书面交流发言。

1986年8月31日，民革南充市委召集驻市和外县单联的党员以及联系人士共110人，以1天时间召开"工作经验交流会"。在大会上作经验交流发言的民革党员有退休教师、在南充中山学校贡献余热的庞守容，地区内燃机厂工程师王爱，南充市建材公司经理池文彩，南充地区文化局干部肖善生，南充市高坪镇小学教师李水渝，市委会机关干部傅国才，南充地区变压器厂副科长朱淑琼，京剧团退休演员林臻，南充汽车大修厂生产技术科副科长钟成孝，南充航运公司工业科副科长李真德，南充地区商业车队会计夏则鸣；在大会上作书面发言的有南充市工商行政管理局干部李正鹏、南充地区丝绸公司干部殷成龙等13人。

2. 市政协、市委统战部牵头召开的经验交流会

南充市政协、各民主党派、工商联于1982年12月6日至9日，在南充地区邮电局联合举行"为'四化'服务经验交流及成果展览会"。南充民革党员李惠民、刘兰秋、林瑶、闫起鸢、程显平、罗庆阳等，在大会上作了经验交流发言，谭崇遂、殷成龙、戴汝泉3位民革党员作了书面发言。有12位民革党员为大会组织的"为'四化'服务成果展览"提供了105件展品。提供展品的有获得重大科技成果奖的李惠民，编写京剧剧本共20多部的林臻、闫起鸢，编写10多万字药物讲义的全中斯，发表数学论文并获"优秀论文奖"的苟纯如；有原国民革命军起义人员、在街道企业获得"创造奖"的刘子清，落实

政策后主动为街道服务，义务协助居民办起"青少年之家"的陈慕陶，免费教授青少年学习书法的民革市委机关干部林尚志。

一位爱好摄影技术的民革党员，不辞辛劳，去仪陇马鞍朱德展览馆拍摄展品并制成幻灯片，在此次经验交流会期间向与会人士放映了朱德展览馆展出的、记录朱德一生光辉革命历程的幻灯片，获得了与会者的一致赞誉。在大会闭会后，12位民革党员的发言稿由大会秘书处编印成《发言汇编》，分发给参会者人手一册，并赠送给市级有关部门参阅。

1986年5月，中共南充市委统战部组织召开各民主党派、工商联基层组织工作经验交流会。民革南充市委两个支部主委、副主委参会并发言，交流了坚持四项基本原则，搞好合作共事等方面的经验。

当年10月14日至16日，南充市政协、市民革、民盟、民进、民建、九三、市工商联在市政协礼堂联合举行"为'四化'服务经验交流会"。会上，民革党员王爱、池文彩、朱淑琼、李真德4人作了经验交流发言，书面发言的有庞守容、傅国才两人。上述6人被评为"为'四化'服务先进个人"，由中共南充市委、市人民政府颁发了奖品、奖状。民革南充市第二支部被评为"为'四化'服务先进集体"。在大会期间与闭会后的13天，一直开放成果展览室，前往参观者上千余人次。此次经验交流和成果展览，扩大了民革南充市委的社会影响，产生了很好的社会效果。

1987年4月15日至18日，中共南充地委统战部召开"南充地区统战工作暨'四化'服务工作会议"。民革南充市委副主委、南充中山学校校长苟纯如，副主委、中山蚕种场场长李惠民分别在大会上作了为"四化"服务经验交流。中共南充地委书记康咸熙在会上讲话，他在讲话中高度评价了民革南充市委创办的中山学校和中山蚕种场，对民主党派为"四化"服务的工作给予了充分地肯定。

1989年9月24日至25日，市政协、各民主党派、工商联"为'四化'服务经验交流会"召开。会上，民革四川省委委员、四川广艺丝绸有限公司总经理汪亮，民革党员、南充地区医院外三科副主任周家镇作为"先进个人"代表先后作了书面发言。大会总结了过去的工作，交流了在为"四化"服务活动中的经验。25日下午，中共南充市委召开为"四化"服务表彰大会，对市政协、各民主党派、工商联为"四化"服务成绩显著的79名先进个人代表给予表扬和奖励。民革党员汪亮、周家镇、张乃驹、池文彩、胥凌云、李正鹏、黄文芳、苟纯如8人被中共南充市委评为"为'四化'服务先进个人",获得了表彰和奖励;李惠民荣获中共南充地委、行署颁发的专业技术荣誉证,并代表农业系统受奖。

在1992年10月30日至31日市政协召开的"各民主党派、工商联为'四化'服务经验交流暨表彰大会"上,民革党员李惠民、苟纯如、吴俣、周家镇、李秀贵、阎起鸾6人荣获"为'四化'服务先进个人"称号。阎起鸾和吴俣分别在大会作《晚霞红似火,暮年谱新章》《为我中华为我民族,俯首甘为孺子牛》的书面发言。

2009年3月27日下午,中共南充市委召开"南充市民主党派政治交接学习教育活动经验交流会",会上,民革南充市委作了题为《承前启后,继往开来,发扬光大民革优良传统》的交流发言。随后,在民革四川省委举行的"政治交接学习教育活动经验交流会"上,民革南充市委介绍了开展政治交接学习教育活动及提高党派参政能力和合作共事能力的具体做法和经验。

3. 参加省级以上民革组织的经验交流会

民革南充市委于1979年4月正式恢复组织活动以后,多次派员参加民革省委组织的经验交流会和"民革云、贵、川3省经验交流会",与外地民革组织就服务"四化"、开展基层工作及参政议政等方面的经验和作法进行广泛地交流,产生了很好的影响,取回了宝贵的经验。

1982年7月中旬,"云、贵、川3省民革工作经验交流会"在昆明市召开。民革南充市委副主委周正林与秘书长徐鸿鹄参加会议。周正林代表民革南充市委,在大会上作了"我们是如何作思想政治工作的"经验交流。

1983年1月上旬,四川省各民主党派、工商联在成都举行"为'四化'服务经验交流会"。民革南充市委推荐为"四化"服务工作作出突出成绩的民革党员、南充市医院针灸科主治医师刘兰秋,南充市农业局农艺师李惠民,南充市京剧团编导闫起鸾3人出席大会。刘兰秋在会上作了经验交流,李惠民、闫起鸾在民革小组会上发言。民革南充市委秘书长徐鸿鹄出席了这次大会。

1984年10月，民革四川省委召开"为'四化'服务经验交流会"，南充民革党员杨桂攀、袁泽民、王菊作为"先进代表"出席会议并作了经验交流；同年12月，民革中央在北京召开"为'四化'服务经验交流会"，党员杨桂攀被选为"先进代表"出席了会议，荣获了民革中央的表彰和奖励。会上，杨桂攀以《为人民服务的坚定信念是我们前进的动力》为题，作了书面发言。1985年，民革南充市第二支部被民革四川省委评为"先进基层组织"，受到省民革的表彰；支部主委出席了"四川省民革基层工作经验交流会"，在大会上作了经验交流发言。

1985年9月上旬，民革四川省委在成都召开全省民革党员"为'四化'服务经验交流会"。民革南充市委推荐白手起家、在兴办南充中山蚕种场的过程中克服种种困难，在艰苦的环境下制作出优质蚕种，支持、带领并帮助蚕农脱贫致富的市委会副主委李惠民出席经验交流会。李惠民在大会上作了开办蚕种场的经验交流。

1986年8月5日，"民革西南三省为'四化'服务经验交流会"在贵阳市举行，民革南充市委推荐市委会副主委胡蜀平出席会议。胡蜀平代表民革南充市委以《为"四化"服务，探索新途径》为题，在大会上交流了民革南充市委为"四化"服务的经验。当年底，南充民革党员王爱及中山学校校长苟纯如出席了"四川省各民主党派、工商联为'四化'服务先进集体、先进个人表彰大会"，获得了大会的表彰和奖励，并在会上作了书面交流发言。

当年11月22日至26日，四川省各民主党派、工商联在成都联合举行"为'四化'服务经验交流会"。民革南充市委推选市委会副主委苟纯如、南充内燃机厂工程师王爱出席经验交流会。苟纯如在大会上就南充民革党员创办中山蚕种场、中山业余学校、中山函授中心指导站的先进事迹与代表们作了交流，王爱作了书面发言。

为开辟南充民革为"四化"服务工作新途径，民革南充市委副秘书长蒋才胜接受组织派遣，于1988年8月中旬前往经济发达的福建省学习取经。在福建期间，蒋才胜得到了福建省、福州市民革组织的热情接待，并认真介绍了他们的工作经验。蒋才胜在圆满地完成了学习取经任务后，于9月上旬返回南充。

民革南充市委领导和机关干部还多次外出学习参观和开展交流活动。先后参加了民革四川省委在省民主党派大楼召开的"2008年度参政议政工作培训交流会议"、在重庆召开的"西南5省民革服务社会工作研讨会",南充民革参会人员在会上围绕参政议政工作、经济界人士如何为社会作贡献作主题发言,同与会人员进行了交流。

4.与外地市级民革组织的经验交流

几十年来,民革南充市委为了更好地发挥机关的职能作用,提高机关的服务水平,发挥党派参政议政职能,提高参政议政能力,采取走出去、请进来的方式,积极与外地民革组织联系和交流,总结经验,取长补短,使市委会各项工作顺利开展,并得到长足发展。

1990年8月5日至11日,民革四川省委副主委、民革南充市委主委胡蜀平受省民革委托,率民革南充市委考察组到遂宁市及射洪县对当地工业企业进行实地考察,初步摸清了有关情况,并配合民革四川省委就"科技兴工"和"二引进"工作拟定了初步计划。

1992年4月6日,泸州民革赖高循、周娉平等随泸州市政协妇女工作经验考察团来南充考察,并到南充民革机关座谈,交流党派工作经验。4月23日,由中共南充市委统战部牵头,民革南充市委机关干部赴重庆取经。民革重庆市中区区委、民革重庆市委领导介绍了重庆民革在组织建设、祖统联谊、"四化"服务及宣传等方面的经验。

同年秋天,民革四川省委组织全省各地方组织机关干部,到民革泸州市委、民革宜宾市委考察、学习、取经,学习他们在机关管理、祖统联谊、社会服务等各方面的经验,民革南充市委两位机关干部参加考察学习。宜宾市在祖统联谊工作方面做得非常出色,他们成立了中山书画院,经常与台湾进行文化交流,在宜宾市引进外资方面起到了牵线搭桥的作用。此次考察学习,使市委会两位机关干部受到了很大的启发。俩人回南充后,提出了在南充民革开展孙中山理论研究的建议,得到了市委会的支持,并安排副主委苟纯如负责办理。此后不久,民革南充市委孙中山理论研究工作持续开展了起来。

为了更好地发挥机关的职能作用,提高服务水平和参政议政能力,1995

年以后几年，民革南充市委组织机关人员先后到重庆、内江、自贡、宜宾等地与当地民革组织进行学习交流，参加了由重庆、万县、涪陵、达川（现达州）召集的川东北地区经济协作会议。

进入21世纪以后，民革南充市委每年都要与外地民革组织进行工作交流，或迎接外来学习、取经的客人，或主动走出去考察、学习外地民革组织的工作经验。市委会还组织骨干党员赴重庆特园参观中国民主党派历史陈列馆，赴广安参观邓小平故居，接受统一战线传统教育和爱国主义教育。

为了了解遂宁民革好的工作举措和经验，以利进一步搞好南充民革的各项工作，同时搜集南充民革老前辈、原国民革命军中将李树骅在遂宁期间的历史资料，更好地编撰《南充民革史》，2014年3月10日上午，南充民革一行来到民革遂宁市委机关，两市民革领导和机关同志进行了座谈交流。南充民革党员李隆庆（李树骅之子）参加座谈交流。

为了了解民革中央支持和帮助攀枝花发展阳光健康养老业所取得的成效，2014年12月11日，民革南充市委一行赴民革攀枝花市委开展学习交流活动，实地考察了攀枝花阳光健康养老基地，双方就养老问题及南充"三农"调研基地建设进行了相互交流。

2016年3月29日，南充民革部分基层组织负责人及机关干部一行8人，在南充市政协副主席、民革南充市委主委王晓贤的带领下，赴民革长宁区委开展交流学习活动。民革长宁区委主委邱华云、副主委唐惠萍、马赛，秘书长陈玉屏参加了交流会。此次交流会上，双方还初步达成了签署合作共建协议的意向。会后，长宁民革赠予了自行设计制作的徽章作为纪念。3月26日-30日，南充市政协副主席、民革南充市委主委王晓贤率领部分民革党员及机关干部一行30人，赴南京、上海参观了伟大的民主革命先行者孙中山先生的陵墓，并参观了宋庆龄陵园和侵华日军南京大屠杀遇难同胞纪念馆等地方，还与民革上海市长宁区委开展了学习交流会。

2018年9月12日，南充市政协副主席、民革南充市委主委一行前往民革广州市委考察学习，双方就党务工作进行了深入的座谈交流，通过友好协商，南充、广州两地民革组织达成"结对共建"共识，双方负责人签订了"结对共建协议"，并在中共南充市委统战部常务副部长谷秀春、中共广州市委统战部常务副部长董延军的见证下，在民革广州市委机关举行了民革广州市委、民革南充市委结对共建签约仪式。

2018年9月13至14日，南充市政协副主席、民革南充市委主委王晓贤一行先后与民革中山市委、民革深圳市委就党务工作进行座谈交流。

2018年12月13日，南充市政协副主席、民革南充市委主委王晓贤带领民革南充市委机关同志一行赴广元市就党务工作开展学习交流。王晓贤一行在民革广元市委主委、市林业和园林局局长卢春刚，民革广元市委副主委张泽敏的陪同下参观了广元民革党员之家，并在党员之家会议室召开了工作交流座谈会。会上，王晓贤介绍了南充民革的历史沿革、基本情况，分享了南充民革在机关建设、领导班子建设、基层组织考核等工作上总结的经验和取得的成绩。卢春刚重点交流了广元民革在党员发展尧打造法律服务品牌等方面的心得体会。双方还围绕党员干部实职安排、基层组织工作开展和建设利用好民革党员之家等进行了深入交流讨论。双方表示，将认真吸收借鉴两地民革组织的宝贵经验和先进做法，以苍（溪）阆（中）南（部）协同发展合作协议签订为契机，充分发挥各自资源优势，不断加强两地民革全方位、多层次的交流合作，共同推动两地民革的党务工作迈上新台阶。

十多年来，市委会先后接待了达州统战系统及民革达州市委一行、德阳市统战系统及民革德阳市委一行、民革内江市委一行、民革简阳市委一行、民革上海市委一行、民革广安总支一行、民革四川省委机关一行、民革宜宾市委中山书画院一行。在双方共同举行的座谈会上，大家就民主党派思想建设、组织建设、制度建设等工作进行交流，围绕民革参政议政、祖国统一、社会服务、搞好诗书画院活动等工作进行深入的探讨；双方还介绍各自的先进经验和成功做法，就如何发挥民革优势，更好地履行参政党职能进行交流。在与各地民革组织进行经验交流之后，民革南充市委领导先后陪同各地客人参观了南充火车站、市政新区广场、滨江大道、民主党派新建办公大楼、凌云山中山林，并赴阆中古城进行考察，对南充"新农村"建设等有关问题进行调研。

2015年4月14日，民革凉山州委员会一行4人赴我市学习考察农业科技创新工作，民革南充市委接待并协同参加了此次调研。

4月14日，民革广安市委主委唐剑一行4人赴民革南充市委考察交流。双方就机关建设、关爱原国民党抗战老兵、纪念抗战胜利70周年等工作交流了意见，有力地推动了双方今后工作的开展。市政协副主席、民革南充市委主委王晓贤，副主委张为钢，秘书长陈凤英，直属第五支部主委程显权参加了此次交流活动。

4月27日—28日，民革遂宁市委驻会副主委奉友良一行14人前来我市考察调研。市政协副主席、民革南充市委主委王晓贤，秘书长陈凤英参与了此次接待和协同考察调研活动。27日下午，双方在市委会机关会议室就机关建设情况举行了座谈交流会，28日，在我会的陪同下，遂宁民革一行赴西充百科园、顺庆锦绣田园进行了考察调研。

2016年4月14日上午，实现与民革上海市长宁区委互访，并签订结对共建协议，双方在领导班子管理、后备干部培养、中山理论研究、机关效能建设等方面展开了交流学习，取得良好效果。

2018年8月6日—8日，民革广州市委副主委葛林虎率民革广州市委经济委一行8人前来我市进行调研。民革南充市委全程协助开展了此次调研交流活动。

几十年中，民革南充市委通过召开或参加"经验交流会"，通过在不同岗位的党员先进事迹的经验交流，各支部工作经验的交流，起到了激发党员立足本职工作，积极参与为经济社会服务、为党派履行职能奉献才智的作用，对搞好支部和党派的各项工作起到了很好的推动作用；通过与外地民革组织之间进行工作经验交流，进一步增强了民革党员和机关干部团结协作、拼搏向上的责任意识，激发了广大党员和机关干部的工作热情，进一步提高了党派履职能力和水平；加深了外地民革组织对南充民革的了解，提高了南充民革的知名度，推动了南充民革各项工作更上一层楼。民革南充市委各方面工作取得了突出成绩，形成了丰富经验，充分体现在中共南充市委领导下，在民革中央和民革四川省委指导下，南充民革组织作为一个参政党地方组织，已经在中国共产党领导的多党合作和政治协商制度中不断成长进步，成为一个能够在多党合作事业发挥重要作用的参政党地方组织。

近年来，民革南充市委由于各项工作成绩突出，几乎囊括了本届民革中央颁发的全部奖项，集体分别获得了"民革全国参政议政工作先进集体""民革全国社会服务先进集体""民革全国思想政治宣传工作先进集体""民革全国祖统工作先进集体""民革全国机关工作先进集体"；南充民革党员罗艳、李祥昌分别获得了"民革全国组织建设工作先进个人""民革全国社会服务先进个人"。这是四川民革唯一获此殊荣的地（市、州）级民革组织。

南充民革基层组织

民革基层组织是党派的组织基础和细胞，是民革党员参加民主党派活动的组织形式，也是民主党派开展工作、服务社会、发挥作用的重要基础；民革党员联系着广大群众，代表民主党派在基层的形象，承担着团结党员、发展组织、服务社会、塑造形象及扩大影响的重要作用。

70年来，南充民革各基层组织在上级民革组织的领导下，认真宣传贯彻执行中共中央路线、方针、政策，宣传贯彻执行民革上级组织的决议和决定，不断加强思想建设和组织建设；组织党员过好组织生活，加强政治学习，做好思想政治工作；发动党员开展社会服务工作，促进地方经济社会发展；有计划地发展新党员，做好基层组织的各项工作。

基层党员在各自工作单位，结合地方党委和政府的中心任务，努力做好本职工作，积极调查了解所联系群众的意见、建议和要求，通过组织反映社情民意；通过参加各种有益的组织活动，提高了自身素质，增强了南充民革的凝聚力，广泛调动了广大党员建设中国特色社会主义的积极性。

第一节　川北医学院基层委员会

一、概述

民革川北医学院基层委员会的前身是民革川北医学院支部。1993年4月21日，民革川北医学院支部成立。毛淑芳同志任主委，白权同志任副主委，盛祖谦、李前勋、刘奇玉同志任委员。

2000年11月23日，支部改建为总支。毛淑芳同志任主委，白权同志任副主委，盛祖谦、李宾中、刘奇玉任委员。

2003年10月29日，总支改建为委员会。白权同志任主委，李宾中、幸天勇两同志任副主委，沈成义、刘奇玉、温小兵任委员。

2006年6月28日，民革川北医学院基层委员会第二届委员会成立。李宾中同志任主委，幸天勇、白权同志任副主委，沈成义、余巨明、刘奇玉、温小兵任委员。

2010年5月15日，民革川北医学院基层委员会第三届委员会成立。李宾中同志继任主委，幸天勇同志继任副主委，余巨明、阳建华、温小兵、吕萍任、吴君任委员。

2015年11月13日，民革川北医学院基层委员会第四届委员会成立。李宾中同志继任主委，赖应龙、吴君、吕萍、阳建华当选副主任委员，余巨明、雷枭、严宏伟、彭彬任委员。

民革川北医学院基层委员会是南充民革成立不算最早，但是发展较快、人数较多、层次较高、组织生活健全、充满活力和相当团结的优秀基层组织之一。因工作调动转走组织关系4人（付丹、马润芬、向江、于春水），病故2人（王廉清、贺学升）。

目前民革川北医学院基层委员会共有民革党员80人，其中1位交叉党员。原民革南充市委主委、省民革副主委、民革中央委员1人，具有大专以上文化程度的占总人数的99%以上。她（他）们来自川北医学院及其附属医院的30

余个部门和科室，他（她）们现在或过去都是川北医学院及其附属医院的教学、医疗、科研和管理方面的骨干，他（她）们曾经为川北医学院及其附属医院以及南充市的建设和发展做出了应有的贡献。

二、党员及历届班子成员

民革川北医学院支部（1993.04 ～ 2000.11）

主委：毛淑芳，副主委：白权，委员：盛祖谦、李前勋、刘奇玉。

民革川北医学院总支（2000.11 ～ 2003.10）

主委：毛淑芳，副主委：白权，委员：盛祖谦、李宾中、刘奇玉。下设3个支部，第一支部白权兼任主委，第二支部盛祖谦兼任主委，第三支部许世全任主委。

民革川北医学院基层委员会第一届委员会（2003.10 ～ 2006.06）

主委：白权，副主委：李宾中、幸天勇

委员：毛淑芳、沈成义、刘奇玉、温小兵。

下设川北医学院支部和附属医院支部，李宾中兼任川北医学院支部主委，许世全、温小兵为副主委，幸天勇兼任附属医院支部主委，盛祖谦、刘奇玉为副主委。

民革川北医学院基层委员会第二届委员会（2006.06 ～ 2010.05）

主委：李宾中，副主委：白权、幸天勇

委员：沈成义、余巨明、刘奇玉、温小兵。

民革川北医学院基层委员会第三届委员会（2010.05 ～ 2015.11）

主委：李宾中，副主委：幸天勇

委员：余巨明、阳建华、温小兵、吕萍、吴君。

民革川北医学院基层委员会第四届委员会（2015.11至今）

主委：李宾中，副主委：赖应龙、吴君、吕萍、阳建华

委员：余巨明、雷枭、严宏伟、彭彬。

三、担任党内外职务的党员

（一）任区、市人大代表、政协委员姓名及届数

胡蜀平，民革中央第六届委员会候补中央委员，民革四川省第五届、第六届委员会委员，民革四川省第六届委员会副主委，民革南充市委员会第五届主委，南充市（现顺庆区）第九届、十届人大代表，南充市政协副主席，四川省侨联委员，南充市侨联主席，民革四川省委第八届委员会顾问。

毛淑芳，政协第一届南充市委员会委员，南充市第二届人民代表大会代表。

白　权，政协第二届南充市委员会委员，政协第三届南充市委员会常委。

李宾中，市政协第三届、第四届、第五届、第六届常委，政协第三届南充市高坪区委员会常委。

幸天勇，南充市第三届、第四届、第五届人大代表及常委会委员。

温小兵，政协第三届、第四届、第五届南充市委员会委员。

沈成义，政协第四届南充市高坪区委员会委员。

冯江超，政协第五届、第六届南充市委员会委员。

赖应龙，政协第五届、第六届南充市顺庆区委员会委员。

彭　彬，政协第五届、第六届南充市高坪区委员会委员。

（二）担任南充民革及上级民革组织"专委会"成员姓名及专委会名称

阳建华，曾任民革四川省委员会第十一届理论研究与学习委员会委员。

李宾中，曾任民革南充市委第十二届委员会思想宣传工作委员会副主任。

幸天勇，曾任民革南充市委第十二届委员会组统工作委员会副主任。

严宏伟，曾任民革南充市委第十三届委员会老龄工作委员会委员。

（三）担任特约"七员"者姓名及"特约"单位名称

李宾中，2007年被聘为"南充市特约教育督导员"（南市教办[2007]127号，聘期2007.07—2012.06）；2012年6月被聘为"特约国税监察员"（南充

市国家税务局2012.6.7，聘期2012.06—2017.06）。

（四）兼任社会组织职务者姓名及"组织"名称（均为现任职务）。

李宾中，教育部物理学教学指导委员会西南协作委员会委员、四川省物理学会理事、南充市物理学会副理事长。

幸天勇，四川省医学会乳腺外科学组副组长。

阳建华，卫生部医院管理研究所临床医学工程研究基地专家、四川省医学会医学工程专业委员会常委、中国医学装备协会中国医学装备技术保障专委会委员、四川省财政厅政府采购评审技术专家、《中国医疗设备》杂志社四川省分社副主编、中国医疗设备行业研究中心研究员。

余巨明、四川省医学会老年病专委会副主任、循症医学专委会委员、神经病学专业委员会委员。

冯江超、赖应龙、王亚莉等党员均在各自的专业技术委员会担任委员。

四、参政议政成果

曾任民革川北医学院委员会主委白权同志提出的《建议南充市政府积极向四川省政府申报半夏基地建设立项》的提案为南充最终被四川省政府确立为《半夏规范化种植示范基地》起到了极为重要的作用；提出的《关于进一步规范农贸市场，让人民群众早日吃上放心肉、放心菜的建议》当天就刊登在《南充晚报》上。

曾任民革川北医学院支部主委毛淑芳同志提出的《关于整顿文化巷的建议》被南充市政府及时采纳，收到了良好的效果，受到大家的好评。

民革川北医学院委员会党员中的省、市、区人大代表和政协委员共提交议案5件，提案60余件，社情民意2条，涉及人民群众普遍关心的环境保护、文化教育、食品卫生、城市交通、旅游规划、卫生机构改革、半夏基地建设以及城市建设与管理等方面的内容，认真履行了参政议政职责。

五、党员获得市级以上党内外各种奖项

阳建华，2012.06组织完成的科技成果《FMC400B 薄膜开关面板的国产化研制》获南充市科学技术进步奖"二等奖"（工业组）；2011.03《论数字化医疗设备的质控信息》，获中华医学会医学工程学会"优秀论文奖"；2007.08《论科学发展观的性质》获中共南充市委宣传部"二等奖"；2012.12《改革创新—十八大报告的灵魂》获中共南充市委统战部"三等奖"；2013.07《我的中国梦》获中共川北医学院党委宣传统战部征文"二等奖"；2011.07、2013.07获中共川北医学院党委宣传统战部"优秀党务工作者"称号；2008、2009年度年度获民革南充市委"优秀民革党员"称号。

李宾中，2011年11月获四川省科技期刊编辑学会"优秀编辑"称号；2010年11月，获民革全国基层工作"先进个人"称号；2004年，获四川省青年科技基金会荣誉证书；2010年11月，获民革四川省基层工作"先进个人"称号；还被遴选为"四川省杰出青年学科带头人培养计划人选"并获"荣誉证书"。

幸天勇，2008年9月获四川省总工会四川省"五一劳动"奖章。

任 勤，2013年1月获中共南充市委统战部学习十八大诗歌朗诵"三等奖"。

六、获得上级组织的表彰和奖励

2000年5月，被民革四川省委评为"先进支部"。
2004年，被民革四川省委评为"先进基层组织"。
2011年度，被民革南充市委评为年度考核"二等奖"。
2012年度，被民革南充市委评为年度考核"二等奖"。
2013年度，被民革南充市委评为年度考核"三等奖"。

七、开展社会公益活动情况

2012年6月13日下午，民革川北医学院委员会专家服务团阳建华、吕萍、李丽华、任勤等一行前往西华师大幼儿园，举行了"健康与孩子同行——幼儿保健知识"专题讲座，为该园700多名幼儿家长进行了健康知识讲解，受到了家长及老师的热烈欢迎。

2013年4月17日下午，民革川北医学院委员会专家服务团阳建华、王亚莉、夏羿凡等一行前往西华师大幼儿园，为该园几百名幼儿家长举行了"同心行动　关爱儿童　关注健康——幼儿健康知识"讲座。

2013年9月13日上午，民革川北医学院委员会在中共川北医学院党委宣传统战部的领导下，派出4名党员代表积极参与中共川北医学院临床医学系总支赴西充太平敬老院开展的以"服务群众，锤炼党性"为主题的志愿服务活动，以实际行动响应民革南充市委关于纪念中共中央"五一"口号发布65周年，深入开展"薪火相传，圆多党合作之梦"学习教育活动的通知精神。

据统计，民革川北医学院委员会部份党员医疗专家（幸天勇、冯江超、赖应龙、康后生、刘利、刘小华、余巨明、李丽华、杨雪松、于春水、张焰、李明兰、任华蓉、青晓、易全芳等）以不同途径和方式参与送医下乡活动达20余次，均受到了群众的好评。

民革川北医学院委员会党员白权、李宾中、阳建华、吕萍、马雪华、李丽华、王亚莉等多次向营山、蓬溪县的贫困乡村儿童捐书捐物；民革川北医学院委员会全体党员为支持抗震救灾积极为汶川、芦山、玉树地震捐款，部份党员（赖应龙、夏羿凡等）还参与了一线抗震救灾；阳建华、冯江超、幸天勇等通过不同渠道多次对地震灾区人民捐款捐物。

（撰稿：阳建华）

第二节　西华师范大学基层委员会

一、概述

民革西华师范大学委员会成立于1984年10月18日，当时为民革南充师范学院小组（后南充师院支部）。2003年10月10日，由民革四川师院支部改为西华师范大学委员会。目前委员会有党员36人，其中教授6人，副教授、高级工程师、高级实验师11人，博士后2人，博士3人，硕士6人，现党员平均年龄52岁。

民革西华师范大学委员会的发展历史如下：1984年10月18日成立民革南充师范学院小组，组长胡克曼，党员万舞年、鄢锡恩（黄埔军校学员）、邹泽芳（女）。

1989年1月南充师范学院更名为四川师范学院，小组也因此更名为"民革四川师范学院小组"。1990年5月13日，民革四川师范学院小组进行第一次换届，小组改为支部，主委冯庆煜，委员胡克曼、谢用承（后期副主委）。

1993年8月20日，民革四川师范学院支部进行第二次换届，主委谢用承，副主委胡克曼，委员李惇绪、肖湘渠。

1996年10月25日，民革四川师范学院支部进行第三次换届，主委谢用承，副主委胡克曼（前期），副主委冯明义（后期），委员李惇绪、陈世柱、林定吉。

2000年11月30日，民革四川师范学院支部第四次换届，主委冯明义、副主委谢用承，委员李惇绪、陈世柱、粟斌（女）。2003年4月，四川师范学院更多为西华师范大学，支部因此更名为"民革西华师范大学支部"。

2003年10月10日，民革南充市西华师范大学支部举行了第五届换届选举暨委员会成立大会。主委冯明义，副主委唐绍洪、粟斌（女），委员谢用承、林定吉、刘全忠、刘瑛。

2006年6月8日，民革西华师范大学委员会举行第六届换届选举。主委冯明义，副主委唐绍洪、粟斌（女），委员李兰平、李永春、刘全忠、吴振兴。

2010年5月28日，民革西华师范大学委员会召开第七届换届选举大会。主委冯明义，副主委粟斌（女）、刘全忠，委员陈友军、彭双、马克敏、刘玲娜。

2015年9月28日，民革西华师范大学委员会召开第八届换届选举大会。主委刘全忠，副主委粟斌（女）、马克敏（女），委员彭双、吴振兴、周培、李兰平（女）。

三十年来，民革西华师范大学委员会积极加强组织建设和思想建设，积极参政议政，为社会奉献爱心，受到各界好评，委员会曾被民革四川省委评为"先进基层支部"。成立委员会以来，有6人次先后被民革省委评为"优秀党员"，30余人次获评民革南充市委的"优秀党员""优秀女党员"和各类"先进个人"，8人次获评西华师范大学"统一战线先进个人"。三十年来，党员们在与民革其他基层组织、与校内其他民主党派的交往中，相互学习，相互尊重，友好交往，在校内外教学、科研和管理中取得了突出，为南充市的经济社会发展贡献做出了重要贡献。

三十年来，党员们在国内外刊物上共发表论文500余篇，个人专著8部、合著和合编10余部。其中，在SCI和CSSCI收录期刊发表论文70余篇。完成国家级课题4个，国家自然科学基金项目2个，完成省、部级课题7个，完成省厅级科研、教研项目10余个。20余人次先后获国家、省级、市级奖励。

二、历届班子成员

1984年10月18日，成立民革南充师范学院小组，1989年1月改名"民革四川师范学院小组"（1984.10-1990.05）：组长：胡克曼。

1990年5月，民革四川师范学院小组改为支部，第一次换届（1990.05~1993.08）：

主委：冯庆煜，委员：胡克曼　谢用承（后期副主委）。

第二届支委：（1993.08–1996.10）

主委：谢用承，副主委：胡克曼，委员：李惇绪、肖湘渠。

第三届支委：（1996.10–2000.11）

主委：谢用承，副主委：胡克曼（前期）、冯明义（后期）。

委员：李惇绪、陈世柱、林定吉

第四届支委（2003年4月更名为"民革西华师范大学支部"）：
（2000.11～2003.10）

主委：冯明义，副主委：谢用承。

委员：李惇绪、陈世柱、粟斌（女）。

第五届换届及支部改为基层委员会（2003.10～2006.06）：

主委：冯明义，副主委：唐绍洪、粟　斌。

委员：谢用承、林定吉、刘全忠、刘　瑛。

第六届基层委员会委员（2006.06～2010.05）：

主委：冯明义，副主委：唐绍洪、粟　斌

委员：李兰平、李永春、刘全忠、吴振兴。

第七届基层委员会委员（2010.05～2015.09）：

主委：冯明义，副主委：粟斌、刘全忠。

委员：陈友军、彭　双、马克敏、刘玲娜

第八届基层委员会委员（2015.09至今）：

主委：刘全忠，副主委：粟　斌、马克敏。

委员：彭　双、吴振兴、周　培、李兰平（女）

三、担任党内外职务的党员

（一）曾任、现任区、市人大代表或区、市政协委员姓名及届数

冯庆煜曾担任南充地区南充市第九届政协委员、南充地区南充市第十届政协副主席、政协南充市第一届常委、南充市第二届人大常委、民革四川省第八届委员、民革南充第九届市委副主委、民革南充第十届、第十一届市委主委、政协南充市第三届、第四届委员会副主席、民革四川省委第九届、第十届委员会常委、四川省第十届人大代表，省十届政协委员。

冯明义曾任民革南充市委第十届、十一届委员，任民革南充市委第十二届、第十三届副主委；曾任南充市第三届政协委员，南充市第四、五届人大常委委员，现任南充市第六届政协常委委员。

谢用承曾为顺庆区政协常委。

唐绍洪曾任政协南充市第三、四、五、六届委员。

刘全忠曾任政协南充市第四、五、六届委员，现任民革南充市委第十三届委员。

曾洪伟为政协南充市第六届委员。

粟斌为政协顺庆区第五届、第六届委员。

马克敏为四川省第十二届人大代表，四川省第十二届人民代表大会议案委员会委员。四川省第十三届人大代表。2019年10月，任南充市特约监察员。2018年，马克敏担任南充市党外知识分子联谊会第二届理事会常务理事、副秘书长。

（二）担任党内外职务的党员

冯庆煜：民革南充第九届市委副主委、民革南充第十届、第十一届市委主委、政协南充市第三届、第四届委员会副主席、民革四川省委第九届、第十届委员会常委、四川省第十届人大代表，省十届政协委员。

1996年11月至2007年5月，冯庆煜任西华师范大学计算中心主任；2007年3月至目前，任南充市关心下一代工作委员会常务副主任；2015年10月至目

前，任西华师范大学老教授协会会长。

冯明义：现任民革南充市第十三届委员会副主委、政协南充市第六届委员会常委。曾任民革四川师范学院支部副主委（第三届后期），从2000年11月至2015年9月，先后任民革四川师范学院支部（第四届）主委、民革西华师范大学委员会第五、六、七届主委。曾任民革南充市委第十届、十一届委员，民革南充市第十二届委员会副主委；曾任南充市第四、五届人大常委委员，2006年始，曾任特约国土资源监察专员，参加南充市政府各类国有土地拍卖活动的监督。

2004年2月至2005年6月，冯明义任西华师范大学管理系副主任（主持工作），2005年6月至2010年10月任西华师范大学管理学院院长；2010年10月至2018年4月，任西华师范大学教务处处长；2018年4月至目前，任西华师范大学教学评估中心主任。

刘全忠：曾任民革西华师范大学委员会第七届副主委、第八届主委；民革南充市委第十三届委员。

2009年12月至2017年12月，刘全忠任西华师范大学化学化工学院院长。2018年1月，任西华师范大学化学化工学院国家重点实验室主任。

唐绍洪：民革西华师范大学委员会第五、六届副主委。西华师范大学MPA教育中心副主任。

粟　斌：民革西华师范大学委员会第五、六、七、八届副主委。

马克敏：民革西华师范大学委员会第八届副主委。2009年7月至2012年3月，马克敏受南充市委组织部和市委统战部派遣，到南充市顺庆区人民法院挂职锻炼，任院长助理。

李永春：2009年12月至2016年12月，任西华师范大学美术学院副院长；2016年12月至目前，任西华师范大学美术学院院长。

曾洪伟：2011年6月至2016年3月，任西华师范大学外国语学院副院长；2016年3月至目前，任西华师范大学公共外语学院院长。

彭　双：2011年10月至2018年5月，任西华师范大学商学院副院长；2018年5月，任西华师范大学创新创业中心主任。

四、参政议政成果

1.冯庆煜

因曾任民革南充第九届市委副主委，民革南充第十届、第十一届市委主委，政协南充市第三届、第四届委员会副主席，民革四川省委第九届、第十届委员会常委，四川省第十届人大代表，省十届政协委员（有关参政议政成果，请参见民革市委有关资料）。

2.冯明义

2006年，提交《关于编写南充市旅游消费指南的建议》《加快凌云山风景区建设步伐，促进南充旅游腾飞》，被市政协列为重点督办提案。

2012年，提交《关于拓宽北湖路，缓解交通拥堵的建议》，得到市政府重点督办。

2016年，提交《加大对驻市高校支持力度，促进南充高校发展》。

2019年，提交《关于开展南充市中小学研学旅行活动的建议》。

3.马克敏

2013年1月，在四川省第十二届人代会第一次会议上提出了《关于规范移动基站建设的建议》的建议。

2014年1月，在四川省第十二届人代会第二次会议上提出了《关于修订和完善<四川省保护和奖励见义勇为条例>的建议》《关于纠正我省部分重点中学招收外地生弱化文科现象的建议》《关于加强法官职业保障的建议》《关于加强司法救助的建议》。

2015年1月，在四川省第十二届人代会第三次会议上提出了《关于积极培育、提升我省各设区的市立法能力的建议》《关于纠正四川省各级法院对超过法定退休年龄的进城务工农民因工伤亡的，应否适用<工伤保险条例>的问题的认识的建议》《关于制定<四川省工伤保险条例>的建议》的议案。

2016年1月，在四川省第十二届人代会第四次会议上提出了《关于规范住宅小区停车收费问题的建议》《关于加强对垄断行业有效监管的建议》。

2017年1月，在四川省第十二届人代会第五次会议上提出了《关于规范办理婚前所有房屋产权证书的建议》《关于完善律师查询公民信息权利的建议》。

2018年1月，在四川省第十三届人代会第一次会议上提出了《关于明确已经享受新型农村社会养老保险的进城务工农民工，与用人单位之间形成劳动关系还是劳务关系的建议》《关于进一步促进和完善四川省法律援助工作的建议》《关于传承和保护四川地方优秀传统拳种松溪拳的建议》《关于加强对两轮、三轮电动车管理的建议》《关于制定〈四川省社会文明促进条例〉的建议》《关于对集体户单个成员迁出农村户籍后的房屋继续享有同等补偿权的建议》《关于四川省高级人民法院制定在机动车交通事故责任纠纷案件审理中适用城镇居民人身损害赔偿标准进行裁量的指导意见的建议》。

2019年1月，在四川省第十三届人代会第二次会议上提出了《关于切实减轻中小学生过重学业负担的建议》《关于四川省高级人民法院明确"审查行政再审申请期限"的建议》《关于增加非中心城市高校绩效工资额度和提高教师待遇的建议》《关于支持南充加快建成"大学城"的建议》。

其中，《关于修订和完善〈四川省保护和奖励见义勇为条例〉的建议》被民革四川省委采纳；《关于积极培育、提升我省各设区的市立法能力的建议》被《四川日报》报道；《关于纠正四川省各级法院对超过法定退休年龄的进城务工农民因工伤亡的，应否适用〈工伤保险条例〉的问题的认识的建议》被四川省高级人民法院采纳；《关于加强法官职业保障的建议》的部分内容被四川省高级人民法院采用。《关于完善律师查询公民信息权利的建议》被四川省公安厅采用并《推动了四川省公安厅关于为律师提供省内跨区域户籍人口查询打印服务规范》（暂行）的制定和出台。《关于制定〈四川省社会文明促进条例〉的建议》相关内容在四川省人大法制委员会的立法修法规划、五年立法规划编制和具体立法工作中被采纳。《关于进一步促进和完善四川省法律援助工作的建议》获得四川省高级人民法院院长王树江批示，并在四川省高级人民法院制定的《四川法院国家司法救助案件审查工作规范（试行）等文件中予以吸收。《关于四川省高级人民法院明确"审查行政再审申请期限"的建议》被四川省高级人民法院采纳。

4. 刘全忠

2015年，在市政协上提出《关于解决西华师范大学电力增容问题的建议》。

2018年，在市政协上提出了《关于开展免费公交系统，缓解市区拥挤的建议》的提案。

5. 粟斌

2011年提交顺庆区政协并得以立案的提案：《恢复丝绸文化节，举办"汉服"设计大赛》《组建城市文明督导队（以三区为中心）》。

2013年提交顺庆区政协并得以立案的提案：《建设"环城健身绿道"，促进"绿色、安全"的群众健身行动》。

2014年提交顺庆区政协并得以立案的提案：《改善中小学教育环境　实行小班制教学》《改善城乡人居环境，有效消除噪音污染》。

2015年提交顺庆区政协并得以立案的提案：《加固西河（体育公园--华凤镇段）堤防，美化人居环境》《降低中小学文娱活动比赛规格，切实降低家长负担》。

2016年提交顺庆区政协并得以立案的提案：《增加、改造公厕及其标识，提升美丽顺庆的宜居程度》。

2017年提交顺庆区政协并得以立案的提案：《关于进一步加强对食品安全监管及社会监督的建议》《关于加强对中小学课间运动检查情况的建议》。

2018 提交顺庆区政协并得以立案的提案：《关于对厨余垃圾进行集中收集和处理的建议》《关于增设衣物鞋帽（用品）慈善捐赠柜的建议》《关于对物业公司进一步加强监管、考核的建议》《加强与地方高校的合作，运用高校资源持续帮扶乡村中小学校的建议》，皆得以立案。

2019年提交顺庆区政协并得以立案的提案：《发展近郊乡村庭院式民宿，集中打造养老租赁平台》《推动区内各村（或集合点）农产品上网销售平台建设的建议》《加强对养老机构食品安全监管，制定并落实其负责人（轮流）与养老者共同用餐制度的建议》，皆得以立案。

（据不完全统计）

五、党员获得市级以上党内外各种奖项

1998年，何咏瑞同志参编的《巴蜀文化大典》（四川人民出版社）获四川省教育厅人文社科"二等奖"；论文《青少年挫折心理的表现及调适》，获南充市第五届（2000～2001）"社科界优秀科研成果奖"。

2001年，王华新作品《关山牛》入选中国共产党诞辰80周年美术作品展，获"优秀奖"。

刘瑛的《幼儿饮食现状调查及思考》获高校幼研会"三等奖"，论文《幼儿家庭玩具资源与利用的现状调查》获全国高校幼研会"一等奖"。

2002年，陈友军同志在全国大学生数学建模竞赛中获"四川赛区一等奖指导教师"。

2003年，谌柯的电教课件"宇宙环境"获省教厅电教"一等奖"（集体），课件"三国鼎立"获省教科所"二等奖"；2005年，谌柯同志所撰写的论文《南充市人工湿地的规划》，荣获南充市政协人口资源环境委员会、市社科联、市环保局、南充日报编辑部、南充炼油化工总厂等多家单位主办的"南炼化杯"环境保护与可持续发展征文活动"一等奖"；2005年，谌柯与粟斌合写的论文《城市社区环境污染来源及对策研究》荣获"三等奖"。2008年6月，谌柯的论文《南充市人工湿地的规划研究》获南充市人民政府哲社成果"二等奖"、论文《南充市水土流失人为因素分析及对策研究》获南充市人民政府哲社成果"三等奖"；2008年10月，谌柯参研的项目"嘉陵江千户农家乐策划"获得南充市人民政府科学技术进步"二等奖"。

2004年，陈友军同志在全国大学生数学建模竞赛中获"国家二等奖指导教师""四川赛区三等奖指导教师"等荣誉。

2005年，李兰平指导学生《2003年5月》获四川省第四届大学生艺术节美术类指导教师"一等奖"；2008年，李兰平指导学生《山中秋实图》获四川省第五届大学生艺术节美术类指导教师"二等奖"；2012年，李兰平的画作《寂》入选四川省总工会女职工书画摄影作品展，并荣获南充市2012年女职工摄影书画比赛"二等奖"。2014年，参加四川省教育厅举办四川省第七

届大学生艺术节，指导学生获得一、三等奖，获评指导教师一等奖；参加中国高等教育学会"绚丽年华第七届全国美育成果展评"，指导学生分别获特等奖和一、二、三等奖，获得优秀指导教师奖；2014年作品《满林轻红浮香远》在"大美四川"四川省第三届工笔画学会作品展暨全国工笔画名家作品邀请展中获优秀奖；（四川省文化艺术联合会、四川省美术家协会主办）。2017年作品《雨后》在四川省文化厅主办的第三届"群星璀璨"四川省群文美术书法摄影优秀作品展获优秀奖。

冯明义同志被民革四川省委评为"服务地方经济建设先进个人"和"参政议政先进个人"称号。2014年获四川省高等教育教学成果二等奖；2018年获四川省高等教育教学成果一等奖。

2006年6月，粟斌在南充市统战系统"树立社会主义荣辱观"演讲比赛中获"三等奖"；2007年，粟斌的论文《浅议散文创作的虚构空间》获南充市社科第七届（2004～2005）"优秀科研成果奖"。2011年9月，粟斌、谌柯的论文《促成汉服产业，推进旅游发展——兼议南充旅游文化传播载体的新形式》荣获南充市第九次哲学社会科学优秀成果"三等奖"。2015年，粟斌主编的教材《新编应用写作简明教程》获评中国写作学会2000-2014年出版的教材三等奖。2017年，粟斌同志获评顺庆区第五届政协"优秀政协委员"。2017年，专著《写作技法的规范、应用与纠偏》获四川省写作协会优秀学术成果"一等奖"；2015年、2019年，其论文和参编教材分别获得四川省写作协会优秀学术成果"三等奖""二等奖"。2018年，在"南充市各民主党派开展坚持和发展中国特色社会主义学习实践活动"中被评"先进个人"，获民革南充市委宣传报道工作"先进个人"。

2007年，马克敏与人合著的《公共行政要义》，获四川省教育厅"三等奖"；2010年，马克敏同志被评为民革四川省委"先进党员"；2011年，马克敏同志论文《关于违宪与违宪审查制度的法理思考》获南充市第九届哲学社会科学优秀奖。2013年，马克敏同志论文《川北行署司法队伍建设》获南充市第十届哲学社会科学"优秀奖"。2013年被民革南充市委评为"先进女党员"。2013年被西华师大评为"统一战线先进个人"。2015年制作的课件《婚姻法》获"第十五届全国多媒体课件大赛"高教文科组三等奖。2015年6

月被民革南充市委评为参政议政积极分子。2016年《论孙中山的新闻民主法制思想》获民革南充市委纪念"孙中山诞辰150周年"征文比赛二等奖；2017年、2018年被评为民革南充市优秀党员。

2010年，曾洪伟参与的《中西比较诗学史》研究获评四川省哲学社会科学"一等奖"、《文学治疗研究》获评南充市哲学社会科学"二等奖"；2012年，曾洪伟《哈罗德·布鲁姆文学理论研究》获评四川省哲学社会科学"三等奖"；2013年，曾洪伟《学术失语、学术安全与国家文化安全》获评四川省教育厅哲学社会科学"三等奖"；2018年，曾洪伟同志获批四川省学术和技术带头人专家称号。2019年，曾洪伟系列论文获评四川省哲学社会科学"三等奖"。

唐绍洪：荣获四川省哲学社会科学"三等奖""优秀成果奖"、四川省教育厅哲学社会科学优秀成果"二等奖"、四川省委宣传部"五个一工程"优秀作品奖各1项。2013年，唐绍洪系列论文《我国民主政治制度建设进程中的乡村治理机制构建》，荣获南充市第十次社会科学优秀成果"二等奖"。为南充市政协提交的提案也曾获奖。

2013年，彭双获南充市人民政府第十届社科"二等奖"。

2014年，李永春参加第十二届全国美展，获四川美术家协会"突出贡献奖"。2015年，李永春荣获四川省美术家协会"先进个人奖"。

2015年，周培在中国国际贸易委员促进委员会主办的"高校商业精英挑战赛品牌策划大赛"中，指导的学生组成三个队，其一获大赛一等奖，另外两个队获大赛二等奖，并获"优秀辅导教师"。2016年，周培指导学生参加高校商业精英挑战赛品牌策划大赛，他指导的三个队中有两个队获全国一等奖、一个队获二等奖，并获评"优秀指导教师"。

2016年，吴振兴指导的学生参加中央人民广播电台第三届全国大学生主持人大赛荣获四川赛区亚军，吴振兴获评"优秀指导教师"。

2018年，谌柯、程熙指导学生在"天宇杯"第五届全国高等学校大学生测绘技能大赛中获一等奖、二等奖，他们指导的西华师范大学代表队荣获团体总成绩二等奖。

六、发表宣传南充民革及多党合作制度的作品

2012年，《乡村社会治理主体的创新机制构建》（唐绍洪）、2013年《人民法院在推进社会管理创新中的职能及推进路径》（马克敏）两篇论文被民革中央收录入《加强和创新社会管理研讨会论文集》。

2016年8月13日，冯庆煜同志提出"两学一跟（跟党走）"被市委老干局层层上报，同年被评为"17年度增添正能量先进个人"。2018年，他被市委纳入"改革开放40年照片展示"中唯一党外人士代表。

2017年，粟斌、冯庆煜同志撰写了《 不忘初心 两学一跟——记退而不休的民革老同志冯庆煜》一文，并发表于《南充民革》2017年第3期。

2018年，唐绍洪完成民革南充市委布置的论文《四川乡村振兴战略实施进程中的人才建设》。

文星跃同志在南充市民主党派成员培训班上就《成渝第二城怎么建——对人才队伍建设的思考》发表讲话。

七、基层组织获得上级组织的表彰和奖励。

1991年，支部参加四川师范学院宣传统战部组织的"庆祝中国共产党成立70周年"歌咏比赛，获"一等奖"。

2007年12月，委员会获评民革南充市委"优秀基层组织"。

2008年，委员会获评民革南充市委"先进集体"。

2011年，委员会文科支部获评西华师范大学"民主党派先进基层组织"。

2013年，委员会获评民革南充市委"先进集体"。

2014年6月，委员会响应中共西华师范大学宣传统战部号召，积极参与"多党合作·同心共筑中国梦"统一战线诗歌朗诵比赛，报送的两个节目都荣获二等奖。

2015年，委员会理科支部获评西华师范大学"民主党派先进基层组织"。

2015-2018年，多次获评民革南充市委基层组织评选活动的二等奖。

八、开展社会公益活动情况

2001年，以支部名义为南充市洪灾捐款100元。

2003年在抗"非典"首批捐资活动中，委员会捐资400元。

2006年，市委号召扶贫捐款，委员会捐资200元。

2008年，汶川地震后，委员会捐款500元，党员通过委员会捐款2500元，共计3000元整。各党员另外通过工作所在单位捐款2410元，共计5910元。为灾区人民献爱心、为灾区儿童献爱心、为灾区人民送温暖，先后捐献衣物240余件。

2009年8月，台湾"莫拉克"台湾风灾，委员会捐款200元。

2010年9月，甘肃舟曲泥石流，委员会捐款400元。

2011年9月，为建"同心杯"灾后树苗捐款400元。

2013年4月，雅安地震，委员会全体同志紧急组织起来，捐款3000元。

2015年12月，响应民革市委号召，爱心捐款1000元。

2018年10月，响应民革市委号召，扶贫捐款2000元。

2019年8月，响应民革市委号召为金阳县"一村一幼"捐款3000元。

近几年来，党员同志积极参加各类以购代捐活动计3000余元。多人不定期通过网络平台慈善捐款数千元，另捐献衣物数百件。

（撰稿：粟斌）

第三节　南充市中心医院总支委员会

一、概述

1989年成立民革医院小组，周家镇任组长。

1989年12月23日组建支部，共有党员11人，周家镇任支部主委、李泽惠任副主委。

1993~1998年，院内外多名优秀中青年科技工作者、民营企业家加入，1999年党员已达30人。

2000年，经民革南充市委员会批准，民革南充市中心医院支部改建为民革综合总支，刘志康任主委，曹红任常务副主委并主持日常工作。

2003年4月26日，民革综合总支换届选举，刘志康、曹红继任主委、副主委职务，同时将总支划分为4个支部，即：内科支部、外科支部、医技支部、经济综合支部。

2006年6月17日，民革综合总支中的南充市中心医院党员分离成立民革南充市中心医院总支，并选举，曹红、张爱民分别担任主委、副主委，王静、刘若伟、肖红担任总支委员，当时党员人数34人。

2011年，中心医院总支换届，曹红当选主委，林中超、谢席胜、张爱民当选副主委，臧泽林、王静当选为委员。

2016年，中心医院总支换届，林中超当选为主委，臧泽林、谢席胜、彭洪当选为副主委，岳兵、余红君、冯方当选为委员。

二、支部班子成员

总支现有48名党员，3个支部：内科支部、外科支部、综合支部，余红君、林岭、程瑜、贾军、屈马静、陈福敏、彭洪分别为各支部委员。

三、现（曾）任党内外职务的党员

民革全国九大、十大代表：周家镇。

四川省政协委员：周家镇，曹红，并且周家镇同志曾任四川省政协常委。

南充市政协委员：曹红，林中超，谢席胜，张爱民，刘若伟，并且曹红同志曾任南充市政协常委。

顺庆区政协委员：臧泽林。

南充市监察局特约监察员：曹红。

兼任社会职务的党员：曹红任南充市党外知识分子联谊会副会长。

四、参政议政成果

（一）市政协重点督办提案及获奖提案

1. 2006年曹红提出的《关于整治西河污染的建议》被市政府作为当年重点提案予以采纳实施。

2. 2010年曹红提交的《关于加强城市社区医疗工作的建议》被省政协评为"优秀提案"。

3. 2011年曹红提交的《关于对公立医院改革试点工作的几点建议》在省政协界别会上作了发言。

4. 2012年曹红撰写的《关于加强对小河流域污染治理的建议》被省政协评为"优秀提案"。

5. 2013年撰写的《关于加强对食品药品监管力度的建议》获市政协"优秀提案"奖。

（二）获市领导批示的《社情民意》

曹红提交的《石油大学周边环境亟待整治》得到市委书记的批示，并发表在《南充政协》社情民意（第38期）。

五、党员获得市级以上党内外各种奖项

（一）民革奖励

曹红被省民革评为"优秀女党员"，被民革中央表彰为"全国参政议政工作先进个人"。

（二）政府部门奖励

1. 周家镇荣获国务院颁发的有突出贡献专家特殊津贴。

2. 彭洪《MIF抗体对肝癌细胞的抑制作用及其机理》获南充市2005-2009

年度优秀科技论文"二等奖"。

3. 林中超《双重悬吊治疗环状结缔组织混合痔的临床观察》获南充市
2005~2009年度优秀科技论文"三等奖"。

六、获得民革上级组织的表彰和奖励

2011年被民革四川省委评为"先进集体"。

七、开展社会公益活动情况

民革南充市中心医院总支多次组织党员曹红、谢席胜、林中超、臧泽林、张波、张爱民、何素琴、程渝等到嘉陵区花园乡敬老院、顺庆区桂花乡、西充县多扶镇、仪陇县马鞍镇开展"送医下乡"三下乡活动。

2013年7月，南充市中心医院痔瘘科林中超主任带领部分民革党员前往高坪区长乐镇进行"全国肛肠病流行病学调查"四川片区普查活动，宣讲相关肛肠病防治知识并赠送药品2万多元。

2019年12月13日，赴仪陇县丁字桥开展健康扶贫义诊活动。

（撰稿：林中超）

第四节　南充市联合总支委员会

一、概述

民革南充联合总支委员会是在民革南充第五支部基础上改建成立的。1987年7月，民革南充市委新增建了第五支部；2003年9月16日，成立民革南充市联合总支委员会，第五支部撤销。

2003年10月至今，联合总支建立了《党员考核制度》《组织生活制度》

《经费管理制度》《党员慰问制度》《参政议政及宣传成果奖励办法》等规章制度，使联合总支管理工作做到了有章可循、有规可依。

二、支部历届班子成员

1987年7月，民革南充市委新增建了第五支部（以下简称五支部）。成立之初有党员15名，主委郭延东、组织委员何行政、宣传委员程智。

五支部于1987年9月16日在南充内燃机厂过第一次组织生活。5支部主委郭延东主持会议，内燃机厂党委副书记何春帆、组织科长刘文义参加会议。

1989年9月，主委郭延东、组织委员冯昌鑫、宣传委员何行政。

1992年9月，主委董少华、组织委员冯昌鑫、宣传委员杨克新，经济咨询委员何行政。

1996年9月，主委董少华、副主委冯昌鑫、组织委员杨克新，宣传委员童川军，经济咨询委员王恩林（后增补刘建国）。

2000年10月，主委杨克新、副主委董少华、组织委员童川军，宣传委员朱兴弟，经济咨询委员刘建国。

2003年9月16日，成立民革南充联合总支委员会（下设两个支部），主委杨克新，副主委董少华、乐全林，组织委员刘建国，宣传委员朱兴弟，经济咨询委员青燕。一支部主委朱兴弟、二支部主委乐全林。

2007年12月，主委杨克新，副主委青燕、董少华，组织委员刘建国，经济咨询委员乐全林，宣传委员高兰，参政议政委员池跃武；一支部主委高兰，组织委员程显权，宣传委员杨彦刚；二支部主委池跃武、组织委员田刚，宣传委员李乐。

其间，2008年12月，帮助成立民革南充第五支部。程显权、王恩林、李胜利等8名党员调整到民革南充市第五支部。

2010年5月，主委杨克新，副主委青燕、池跃武，组织委员田刚，宣传委员何良，参政议政委员周永馥、周维南，经济咨询委员杨彦刚，妇女工作委员唐娅苹。一支部主委田刚，组织委员周维南，宣传委员杨彦刚；二支部主委唐亚萍，组织委员周永馥，宣传委员何良。

其间，2011年12月，帮助成立民革南充精神卫生中心支部。池跃武、吴银斌、陈运全等7名党员调整到民革南充精神卫生中心支部。

2015年12月4日，进行第四届换届选举工作。主委周维南，副主委钱红郿、周永馥，委员杨彦刚、何良、唐娅萍、叶科。

三、担任党内外职务的党员

民革南充联合总支现有党员22名。从成立之初至今，共有40余名党员调整到其他支部或调离南充，党员人数累计达到60余名。其中有一名民革地下党员（周之鹄），有国民党原高级将领的后代及侨台属多人；党员分别来自机关、文化教育、医疗、金融、律师、交通、企业等不同行业，其中大部分是各自所在单位的工作骨干，并担任领导职务。先后有7名党员担任市委委员、4名党员担任过民革南充市委副主委、名誉副主委（先后有党员刘兰秋、王爱、王恩林、童川军成为民革南充市委员会副主委、名誉副主委），刘兰秋曾担任民革南充市委顾问。

四、曾兼任社会职务的党员

省政协委员1名（童川军）、市政协委员10名（王爱、王恩林、董少华、童川军、杨克新、刘建国、乐全林、青燕、周维南、杨彦刚）、区政协委员4名（刘兰秋、王爱、杨克新、乐全林）、省公安厅特邀监督员1名（童川军）、市检察院特邀检察员1名（童川军）、市城管爱卫会特邀监督员1名（童川军）。

五、参政议政成果

联合总支全体党员精诚团结，共同努力，为南充经济建设积极建言献策，履行职责；充分发挥党员的智力优势及参政议政热情，在履行职能方面做出了卓有成效的工作。

自南充第一届市、区政协会议以来，联合总支的历届政协委员先后向市、区政协提交提案200余件、社情民意30余篇、调研报告10余篇。部分提案及调研报告被政府有关部门采纳后，取得了较好的社会效益，产生了广泛的社会影响。在每年市政协全委会的提案工作报告中，都有联合总支两件以上的提案作为重点提案被提及。在市政协三届二次会议上有3件提案被评为"优秀提案"。

（一）大会发言

1.《实现教育公平，构建和谐社会》——政协南充市三届一次会议大会发言。

2.《发展志愿服务事业，促进南充和谐建设》——政协南充市四届三次会议大会发言。

3.《新形势下加强农村宗教管理工作的思考》——在省政协民族宗教工作研讨会上发言。

（二）政协督办提案及"优秀提案"

1.《关于加快我市养老服务事业发展的建议》《关于严禁小学校销售小食品的建议》《严禁非"学生奶"进入学校》《关于改革国有企业经营者配置方式的建议》《关于开展打击和预防职务犯罪专项治理工作的建议》《关于延长南充火车客运站公交车收车时间的建议》《关于进一步加强我市食品安全工作的建议》《关于拆除市区主要街道绿化隔离带的建议》被列为市政协重点督办提案。

2.《关于北湖公园实行免费开放的建议》获中共南充市委、二届市政协"优秀提案"奖；《关于尽快在我市实施"食品安全工程"的建议》《关于在本市建立商务危机预警机制的建议》《招商引资应有新举措》《加强我市"低保"人口动态管理》《关于南充火车东站开展一吨集装箱货运业务的建议》《关于我市农业银行储蓄所应设验钞机的建议》被市政协评为"优秀提案"。

（三）社情民意

1.《对南充中小学校校服价格质疑》，受到市政协高度重视，随后对南充各县（市、区）中小学进行全面调查，前后耗时3个多月。事后，实现4条整改措施出台，浙江一休集团见无利可图而撤出南充。

2. 社情民意《招商引资时热，资金到位后冷》，被列为市政协第1号社情民意。

3. 《加强基层司法所建设的建议》，市委书记刘宏建批示，被省政协采用，并转报省委。

4. 《南充监狱安全隐患亟待解决》，市委书记刘宏建书记批示，并解决15个干警指标，被省政协采用，并转报省委。

（四）调研报告

调研报告《关于阆中古城旅游业存在的问题和建议》，指出了阆中古城旅游业发展过程中存在"交通落后，进出阆中不便；体制不顺，旅游管理无序；政策不同，古院落受冷落"等8大问题，提出了8条建议，此后建议大多被采纳。

调研报告《关于社区居家养老服务工作的调查与建议》，市委书记刘宏建对此进行了批示。

六、党员获得市级以上党内外各种奖项

杨克新在担任五支部、联合总支主委期间，热爱民革，积极参加政协工作，在政协开展的"五个一"活动中，积极履职尽责，每年向市、区政协提出社情民意和个人提案20余件，数篇调研报告，累计已达到两百余件。2005年3月，杨克新被民革四川省委授予全省"优秀党员"称号；先后6次被顺庆区政协表彰为优秀政协委员，2009年作为优秀政协委员代表在顺庆区委召开的表彰大会上作典型发言，先后3次被市政协评选为优秀政协委员。撰写个人提案《关于南充火车东站开展一吨集装箱货运业务的建议》被三届市政协评为优秀提案；《建议尽快完善市政新区的道路和配套设施的建设》被四届市政协评为优秀提案；《关于进一步推进我区义务教育均衡发展的建议》被四届区政协评为优秀提案；主笔撰写的民革集体提案《建议进一步加大城区学校布局结构调整》被四届市政协评为优秀提案；《进一步加强社区卫生服务中心建设》被五届市政协评为优秀提案；《关于尽快在主城区建立智能交通管理系统的建议》被五届市政协评为优秀提案；由他主笔撰写的民革集体提案《关于建设将帅故里特设文化长廊的建议》一件，并在市政协现场督办提案时进行陈述，得到了市、区两级政府和部门的高度重视，极大地推进了该项目的建设。他在市政协提交的个人提案《关于深入实施交通智能化管理在中心城区加设电子显示屏的建议》列为市政协重点督办提案。个人提案《加大力度整治客运市场严格查处"黑车"打击非法客运》列为区政协重点督办提案，并在提案现场督办时进行了陈述，得到了市、区两级政府和部门的高度重视，收到了很好的社会效果。他参与顺庆区政协组织的"顺庆区农村中小学现状调研"，主笔撰写了调研报告，受到了区委、区政府的高度重视，极大地推进了农村中小学规范化建设的步伐。

七、支部获得的表彰

2004年5月，被民革四川省委表彰为全省"优秀基层支部"。

2008年12月，被民革四川省委表彰为抗震救灾全省"优秀基层支部"。

八、开展社会公益活动情况

1990年，在五支部党员的倡导和参与下，兴办幼师班，将民革中山业余学校发展为民革中山学校。幼师班从1990年至1998年共招收了5届学生，得到了社会各界的好评。

联合总支部分党员有从事教育工作的特长，他们在总支主委和部分支委的大力倡导下，自筹资金，于2000年9月在北干道兴办育新学前班，先后招收学生近千名，聘用教师多人，解决了附近学生就近入学难的问题，受到了学生和家长的欢迎。

在总支的带动下，总支副主委乐全林为仪陇贫困山区的孩子赞助学费和学习用具，并在乐兴小学建立了"乐氏奖学金"，2003年9月向27名优秀学生，10名贫困学生发放奖励和助学金6400元。

2003年3月13日，南充民革在北湖公园举行纪念孙中山先生逝世七十八周年专家义诊活动，联合总支年近九旬的著名针灸专家刘兰秋先生先后为20多人进行了义诊，受到了患者的好评。

（撰稿：周维南）

第五节　南充市顺庆区基层委员会

一、概述

1993年南充撤地建市，当年12月29日成立新的民革南充市委员会，顺庆区民革党员分散到市直属基层组织中参加组织生活。

经过10余年的发展，顺庆区各行业的党员逐渐增多，为了更好地发挥顺庆区党员的作用，进一步履行参政职能，经民革南充市委主委会议研究，决定成立民革顺庆总支委员会。民革顺庆总支筹委会于2003年9月15日向中共顺庆区委统战部呈报了《关于成立民革顺庆总支委员会的报告》，次日，中共顺庆区委统战部批复了该报告。2003年10月28日，民革南充市顺庆总支委员会成立大会召开。总支下设文卫支部（一支部）、综合支部（二支部）。

2015年11月18日，民革南充市顺庆总支委员会改为民革南充市顺庆区基层委员会，下设机关支部、文卫支部、综合支部，设立参政议政、老龄工作、妇女工作委员会。顺庆民革在民革南充市委、中共顺庆区委的领导下，在中共顺庆区委统战部的关心支持下，加强思想建设、组织建设，积极参政议政，尽力参加社会公益活动，各方面都取得了极大的成效。

二、历届班子成员及党员名单

第一届2003年10月－2006年8月
主委：贺　频，副主委：黄昕、赵元恒，委员：罗文扬、赵阳。

第二届2006年8月～2010年6月

主委：黄昕，副主委：赵元恒、陈华平，组织委员：尹文莉，宣传委员：罗文扬。

第三届2010年6月－2015年11月

主委：黄　昕，副主委：陈华平、熊欣、尹文莉，组织委员：赵元恒，宣传委员：郑江艳。

第四届2015年11月－

主委：覃瑜莉，副主委：尹文莉、李婷、何泓春

组织委员：陈华平，参政议政委员：熊欣，宣传委员：李云峰。

三、担任党内外职务的党员

顺庆民革党员中，现有市人大代表1人、市政协委员4人，区人大代表4名，区政协委员7名，其中常委2名。

贺频为顺庆区人大副主任，覃瑜莉为民革南充市委委员。南充民革仅有的3名地下民革党员，顺庆就有2人，已97岁高龄的张克敏仍健在。

四、主要工作

近年来，民革顺庆围绕基层示范支部创建工作，不断加强基层委员会各项工作，实现了组织建设规范化、党派工作制度化、参政议政高效化、社会服务多样化。

1.以组织建设为统揽，提高政治思想素质

组织建设始终是基层组织发展的根本，顺庆民革将组织建设列为重点工作，做到三个坚持，切实保证示范支部创建工作一以贯之做下去。

一是始终坚持党的领导不动摇。要创建示范支部，必须要深入学习贯彻习近平新时代中国特色社会主义思想和党的十九大精神，始终不渝坚持中

国共产党的领导，增强"四个意识"，坚定"四个自信"，坚决维护习近平总书记核心地位，坚决维护中共中央权威和集中统一领导，坚决贯彻落实中共中央的各项决策部署，坚守传承民革老一辈领导人的优良传统和作风的信念。切实做到与中国共产党在思想上同心同德、目标上同心同向、行动上同心同行。确保示范支部创建工作。

二是始终坚持班子建设不松劲。班子是一个组织的核心，也是推动工作的发动机，顺庆民革根据班子成员的特点，通过定期召开民主生活会、完善中心组学习制度，不断提升班子成员的能力水平；在重大事项上坚持民主集中制，通过集体研究决策，增加了班子成员的凝聚力；在日常和重要工作中，坚持集体领导下的分工负责制，做到事事有安排、事事有落实；由于班子成员各自都有自己的工作，平时也通过微信群、电话等方式沟通交流，促进班子成员间的感情，形成了工作合力。

三是始终坚持学习教育不放松。顺庆民革党员结构多样，为确保党员能在思想上与组织高度一致，在组织生活中，以习近平新时代中国特色社会主义思想、习近平总书记来川视察重要讲话精神为学习重点，并第一时间传达中、省、市、区各类重要会议精神，同时不定期组织党员学习民革党史、党章，让党员思想更加统一，提升了党员对组织的认同感。

2.以工作制度为保障，提高党务工作水平。

制度是工作的保障，围绕示范支部创建工作，顺庆民革明确了1、2、3、4、5工作思路，进一步理顺了基层党组织工作。

"一"即明确1个总体目标：创建特色示范支部。

"二"即提升2个品牌：一是关爱教育关爱儿童服务品牌——借助支部教育资源，长期开展关爱留守儿童和贫困学生的活动，并将此活动延伸至汶川等地；温暖有爱亲情品牌——经常性开展看望老党员、生病党员及困难抗战老兵活动。

"三"即创新3种举措，一是与社区共建，二是与其它支部共享，三是与中共党组织共联。

"四"即打造4个阵地，一是建成民革党员之家，通过党员捐赠房产、党委政府拨付20余万专项资金，多名党员纷纷提供书画、绿植、书籍等，共同打造美丽的"家园",把党员拢在一起,把党员的心聚在一起。二是设立社区服务中心,打造社会服务实践基地;三是建成中山林,多方位打造思想政治教育基地;四是提升办公服务场所。

"五"即夯实五项工作:

一是支部活动多样化。注重与思想教育相结合,开展庆祝中华人民共和国70周年陶艺创作活动;注重组织活动与志愿服务活动相结合,联合户外公益、志愿者协会开展中华健步走、学习雷锋等活动;注重与党员特点相结合。充分发挥民政、安全、教育等系统党员的资源优势,赴社区、高校开展安全卫生知识宣传、摄影展等活动;注重与对口联系单位工作相结合,联合开展调研。

二是党员发展精英化。特别注重发展民革特色和代表性人士,加强思想政治素质考察,进行誓词宣读。

三是参政议政专业化,调研深入,注重质量,全年提交调研报告、提案及社情民意信息近20篇,多篇被省市两级采用,党员撰写的提案促成《南充市城市绿化条例》《南充市市容和环境卫生管理条例》的出台。

四是祖统工作特色化。与市、区台办建立友好合作关系,共同开展对台联络、交流活动,联合开展涉台调研。

五是宣传工作高效化。全年提交宣传稿件28篇,被市委会采用20篇,部分稿件还被团结报刊发。

3.以党员之家为圆心,凝聚党员干事合力。

党员之家是示范支部创建的一个重要部分,是示范支部最终落脚的地方,顺庆民革党员之家位于顺庆区赛场街30号居民院落内,本属于顺庆民革党员陈岗私有房屋,在了解到组织正在打造民革党员之家后,陈岗主动将房屋提供给组织,无偿建设党员之家。顺庆民革党员之家从无到有可以说是充满了党员对民革的热爱,党员之家的完成给顺庆民革也带来了以下三个方面的影响。

一是党员之家增加了党员的凝聚力。除了陈岗,还有很多顺庆民革党员都在这次的党员之家建设中投入了精力、贡献了自己的力量,如老党员李秀贵将自己多幅的字画提供出来免费作为装饰使用,党员李勇主动找来装修队伍对室内进行装饰，党员康小真将自己家种植的绿色植物搬到党员之家，党员罗剑蓉、何凤君、陶李梅等主动将自己的书籍捐出供其他党员借阅。还有其他党员或多或少都为这个党员之家做出了贡献，他们是真正把这个地方当做一个家在经营，这个过程更进一步提升了党员的凝聚力。

二是党员之家提升了党员的归属感。党员之家建立后，终于让党员的活动有了阵地，以前的活动要么在外租会议室、要么直接去饭店，十分不便，如今有了党员之家，每次活动都可以在党员之家开展，除了组织生活，平时党员们来这里画画、看书、品茶、交流，丰富了党员们的活动方式，让党员进一步有了归属感。

三是党员之家开启了顺庆民革的新篇章。党员之家的建立来之不易，既有上级组织的关心指导、也有党员的热心贡献，党员之家的建立也代表着顺庆民革的发展进入了一个新的时期，党员之家如何发展、如何完善、如何巩固，成为了下一步基层组织发展的思考方向。

4. 获得荣誉

基层委员会部各项工作得到大家的充分肯定和好评，获得区委统战部和区政协多项奖励，连续多年被民革南充市委评为先进集体一等奖，多名党员被评为参政议政先进个人、社会服务先进个人、宣传工作先进个人以及优秀党员。民革南充市顺庆区基层委员会综合支部被民革中央评为"民革示范支部"，民革南充市顺庆区民革党员之家被民革中央评为"优秀民革党员之家"。

（撰稿人：覃瑜莉）

第六节　南充市高坪区基层委员会

一、概述

民革南充市高坪区基层委员会是由原民革南充县支部发展而来。1987年6月，民革南充县支部成立，共有党员17名。

1993年10月，南充区划调整，撤消原南充县，设立顺庆、高坪、嘉陵三区，原民革南充县支部更名为民革南充市高坪区支部，共有党员21名。

1997年10月，经民革南充市委员会批准，民革高坪区支部委员会改建为民革高坪区总支委员会，下设3个支部，共有党员33名。

2013年10月，经民革南充市委员会批准，民革南充市高坪区总支委员会改建为民革南充市高坪区基层委员会，下设5个支部，共有党员70名。

高坪民革组织自成立以来，经历多次换届调整，组织结构逐步完善，工作机制逐步健全，党员队伍逐步壮大，党员从1987年的17名发展到2019年的75名，是民革南充市委员会党员最多的基层组织之一，也是高坪区最重要的民主党派之一。

32年来，在中共高坪区委的领导下，高坪民革高举爱国主义和社会主义旗帜，发扬孙中山爱国、革命和不断进步精神，与中共高坪区委荣辱与共、肝胆相照，始终围绕高坪区经济建设和社会发展目标，积极履行参政议政、民主监督职能，大力开展调查研究，切实反映社情民意，充分发挥了参政党作用，为高坪经济建设和社会事业的发展做出了突出贡献，曾多次获得民革四川省委、南充市委的表彰。

二、历届领导班子成员

1987年至2019年，民革高坪组织经历过民革南充县支部变更为民革高坪区支部、民革高坪区支部改建为民革高坪区总支、民革高坪区总支改建为民革高坪区基层委员会三次大的变革，并经过10次换届。在每一次换届过程中，均由上一届领导班子组织全体党员，按照组织程序，通过民主选举产生新一届领导班子。

1.民革南充县支部。原民革南充县支部委员会至1993年共经历两届，其中：

民革南充县第一届支部委员会（1987年6月～1990年10月）。

主委：周正林；副主委：池文彩、夏则鸣；委员：赖凌陶、胥凌云。

民革南充县第二届支部委员会（1990年10月～1993年10月）。

主委：池文彩；副主委：杨秀清；委员：胥凌云、姚道元、胡龙。

2. 民革高坪区支部。建区后成立的民革高坪区支部委员会至1997年仅经历一届。

民革高坪区第一届支部委员会（1993年10月～1997年10月）。主委：杨秀清；副主委：姚道元、胡龙、王政（1994年增补）；委员：王鹤鸣、蒲义忠。

3. 民革高坪区总支委员会。1997年成立的民革高坪区总支委员会至2013年共经历五届，其中：

民革高坪区第一届总支委员会（1997年10月～2000年10月）。主委：王晓贤；副主委：王政、胡龙；委员：唐果蓉、袁素。

民革高坪区第二届总支委员会（2000年10月～2003年11月）。主委：王晓贤；副主委：王政、陈凤英；委员：张迎春、袁素、陈博、胡龙。

民革高坪区第三届总支委员会（2003年11月～2006年8月）。主委：王晓贤；副主委：陈凤英、张迎春、陈博；委员：杨良才、袁素、舒迅。

民革高坪区第四届总支委员会（2006年8月～2009年3月）。

主委：陈凤英；副主委：张迎春、汤岱；委员：刘邦玉、刘德凤、何为、袁素。2007年7月届中调整，增补刘德凤为副主委。2009年3月，陈凤英因工作需要，辞去主委职务。同月，召开全体党员大会，选举刘德凤为主委，增补王晓燕为副主委。

民革高坪区第五届总支委员会（2010年6月～2013年10月）。主委：刘德凤（2013年3月止），2013年4月至10月，由张萍主持全面工作；副主委：张迎春、王晓燕、张萍、罗毅；委员：刘邦玉、何为、罗飚、袁素。

4. 民革高坪区基层委员会。2013年成立的民革高坪区基层委员会至2019年共经历两届，其中：

民革高坪区第一届基层委员会（2013年10月～2015年10月）。主委：张萍；副主委：王晓燕、罗毅、杨琴；委员：马长清、庞凤、何为、李玉兰、罗飚。

民革高坪区第二届基层委员会（2015年10月～2019年）。

主委：张萍；副主委：王晓燕、罗毅、杨琴、李玉兰；委员：马长清、庞凤、何为、罗飚。

5. 现有党员

自1987年以来，高坪民革基层组织按照民革章程的规定有序发展党员，至2019年，党员总人数达到75人。

6. 担任过行政领导及社会职务的党员

1987年至2019年，民革高坪组织内共有8名党员担任过南充市、原南充县、高坪区各级行政领导职务；有1人曾任原南充县人大代表；有6人（次）担任过南充市人大代表（常委）；有17人（次）担任过政协南充市委员会委员（常委）；有1人曾任政协原南充县委员会常委；有17人（次）担任过高坪区人大代表（常委）；有94人（次）担任过政协高坪区委员会委员（常委）；有21人（次）担任过高坪区"特约七员"。

（1）担任过各级行政领导职务的党员

杨秀清曾任南充市政协学习文史委副主任、原南充县副县长、原南充县政协教科文卫委员会专职副主任、原南充县政协提案委员会副主任、民革南充市委驻会副主委兼秘书长。

周正林曾任原政协南充县委员会副主席。

王晓贤曾任高坪区审计局副局长、政协高坪区委员会副主席。

陈凤英曾任高坪区监察局副局长、高坪区财政监督局局长、高坪区工商业联合会主席、民革南充市委秘书长，现任政协南充市委员会副秘书长。

刘德凤曾任高坪区交通局副局长、高坪区公路局局长。

张萍曾任高坪区审计局经济责任审计分局局长（兼政协文史委副主任）、高坪区审计局副局长、高坪区人大民宗外侨委主任，现任高坪区人大社会建设委员会主任。

杨琴曾任政协高坪区委员会专职常委、人资环委副主任，现任政协高坪区委员会人资环委主任。

李玉兰曾任高坪区农机局副局长、高坪区农牧局副局长，现任高坪区农业农村局副局长。

（2）担任过南充市、原南充县、高坪区人大代表的党员龙小平为南充市第二届人大代表。

王晓贤、陈博为南充市第三届人大代表。

张迎春为南充市第四届人大代表。

张迎春、罗飚为南充市第五届人大代表。

龙小平、胡 龙为高坪区第二届人大常委委员

张萍为高坪区第六届人大常委委员。

杨秀清为原南充县第十一届人大代表。

杨良才、王鹤鸣为高坪区第二届人大代表。

王晓贤、袁素、杨良才为高坪区第三届人大代表。

张迎春、袁素为高坪区第四届人大代表。

罗飚、陈晓玲、杨国华为高坪区第五届人大代表。

张萍、罗毅、陈晓玲、刘宇为高坪区第六届人大代表。

（3）担任过政协南充市、原南充县、高坪区委员的党员

杨秀清为政协南充市第一届常委。

杨秀清、王晓贤为政协南充市第二届常委。

杨秀清、王晓贤为政协南充市第三、四届常委。

王晓贤为政协南充市第五届、第六届副主席。

陈凤英为政协南充市第六届常委。

陈凤英为政协南充市第三届委员。

陈凤英、刘德凤为政协南充市第四届委员。

刘德凤、陈凤英、张萍、罗毅为政协南充市第五届委员。

罗飚、张萍、罗毅、杨琴为政协南充市第六届委员。

杨秀清为政协原南充县第四届常委。

杨秀清、姚道元、袁 素为政协高坪区第一届常委。

王晓贤、王 政、袁 素为政协高坪区第二届常委。

王晓贤、陈凤英、袁 素为政协高坪区第三届常委。

陈凤英、刘德凤、邓君蓉为政协高坪区第四届常委。

张 萍、杨 琴为政协高坪区第五届常委。

杨 琴、李雪梅为政协高坪区第六届常委。

杨秀清、袁　素、王　政为政协高坪区第一届委员。

王晓贤、王　政、袁　素、张迎春、王德进、陈国明、谢和笙、张志明为政协高坪区第二届委员。

王晓贤、陈凤英、张迎春、刘德凤、袁　素、张　萍、罗　飚、蒲义忠、谢和笙、姚晓蓉、马长清为政协高坪区第三届委员。

王晓贤、陈凤英、刘德凤、张萍、王晓燕、袁素、姚晓蓉、马长清、任丽萍、李玉兰、张永辉、何志勇、庞凤、杨琴、谢德平、李雪梅、何为、梁蜀林为政协高坪区第四届委员。汤岱、陈晓玲、杨良才、郑玲、张洪文、刘帮玉、邓君蓉、谢兰、蒲义忠届中调整为政协高坪区第四届委员。

王晓燕、任丽萍、李玉兰、张永辉、李雪梅、何志勇、庞凤、刘帮玉、谢德平、马长清、张洪文、何为、梁蜀林、吕竹为政协高坪区第五届委员。

何为、杨纲、马长清、谢德平、李玉兰、王琅、郑根、王晓燕、庞凤、吕竹为政协高坪区第六届委员。

（4）担任过高坪区特约"七员"的党员

陈凤英、罗毅担任过高坪区国土资源监察员。

张迎春、梁蜀林、王琅担任过高坪区地税监督员。

杨秀清、袁　素、刘德凤、吕　竹担任过高坪区特约检察员。

杨良才、王晓燕、陈晓玲、杨　琴担任过高坪区特约审计员，张萍担任过南充市特约审计员。

陈晓玲、杨晓松担任过高坪区国税监督员。

张　萍担任过高坪区教育督导员。

王　政、胡　龙、刘邦玉、张萍　担任过任高坪区特约监察员。

三、参政议政

多年来，全体党员积极履行参政议政职能，深入基层调查研究，充分了解社情民意，共撰写高质量议案、提案200余件，为领导决策提供了依据。

1. 在高坪区第一届人大、政协历次会议期间，组织党员撰写《增加科技资金投入，搞好科技宣传推广》和《搞好农村初级卫生保健》等议案、提案5

件，提出建议21条，均被高坪区政府采纳。

2. 在高坪区第二届人大、政协历次会议期间，组织党员撰写《关于搞好城市环境卫生》《关于设立乡镇科技专职干部》和《关于搞好干部培训》等议案、提案13件，提出建议52条，得到相关部门的肯定。

3. 在高坪区第三届人大、政协历次会议期间，组织党员撰写政协提案58份，提出建议213条。特别是在全区各界人士献计献策会上，王晓贤、陈博分别作的《培育我区支柱产业》和《发展我区畜牧业建设》发言，得到中共高坪区委的充分肯定。

4. 在高坪区第四届人大、政协历次会议期间，组织党员撰写的《关于从源头上整治清溪河工程》《关于重点工程应注意工程质量》《关于政府清正廉洁、倡廉肃贪、主动接受民主监督、重塑形象》的提案，被中共高坪区委、区政府采纳并实施。特别是王晓贤撰写的《关于尽快兑付青居电站集资款的建议》被市政协评为优秀提案，并被南充市政府采纳；陈凤英撰写的提案《关于建设江东现代化农业科技示范园区的建议》在区政协四届一次全委会作大会发言；梁蜀林所撰写的调研文章《关于高坪区石圭镇玛鞍村低保情况调查报告》被列为全国农村低保形式分析会发言材料；张迎春所撰写的《农民在集镇上建房的问题与对策》被民革市委选中作为在市政协会上的专题发言材料。集体提案《整合资源，加强贫困精神病人的监管治疗工作》，促成《南充市贫困精神病人救治办法》的出台。集体提案《关于高坪修建应急避险场地的建议》，在高坪区政协督办下，列入了高坪区长期规划。同时，张迎春在南充市第四届人大第五次会议上对南充市城市规划第七次修编相关问题作了专题发言，赢得与会人员的好评。

5. 在高坪区第五届人大、政协历次会议上，组织党员撰写的《关于进一步加强协税护税工作，确保我区财政收入稳步增加的建议》，引起高坪区政府的高度重视，区政府下发了《关于进一步加强综合治税工作的通知》，多个部门建立了信息共享制度、联席会议制度、重大问题研究报告制度，形成了有效的综合治税工作机制；《加快村级小学建设 推进我区义务教育均衡发展》的调研报告，被选为2013年政协高坪区五届二次全会的发言材料；提案《整治乱搭乱建行为推进魅力高坪建设》作为大会书面报送资料；提案《关于依法引导和规范居民小区物业管理行为的建议》得到高坪区两会的重视并作为大会发言材料；陈凤英撰写的《关于新常态下深入实施项目推进工作的建议》的提案，在市政协全委会上做了发言。同时，在市第五届人代会上，张迎春撰写的议案《保障性住房建设与管理工作的建议》，被市人大列为一号议案。

6. 在高坪区第六届人大、政协历次会议期间，组织党员撰写的《关于推进华诺国际楼盘开发的建议》被民革南充市委采用；《关于加强嘉陵江南充城区段砂石资源保护工作的建议》的提案，作为南充市政协主席督办提案，推动了南充启动实施嘉陵江综合保护生态休闲旅游带，留住了嘉陵江最柔美的身段；《关于规范城市道路交通秩序管理的调查报告》被市人大起草《关于南充市交通道路管理条例》采纳和参考；《关于对南充市森林资源实施立法保护的建议》被市人大作为重点建议，并明确由市人大民宗外侨委进行重点督办。《关于对全区"厕所革命"推进情况的调查报告》引起中共高坪区委的高度重视，区委袁华兵书记作了重要批示，要求全区要强化规划引领，扎实推进建设、管理、运营工作，结合乡村振兴、全域旅游、文明风尚宣传，深入实施好"厕所革命"；《关于在项目建设过程中加强森林资源保护的几点建议》的提案，得到中共南充市委充分肯定。

四、基层组织获奖

1987年至2019年，高坪区民革基层组织因工作出色，先后多次获得各级各部门奖励和表彰。

1999年，被民革四川省委评为"先进集体"。

2007年，被民革南充市委评为"参政议政先进基层组织""先进基层组织"。

2008年，被民革南充市委评为"先进集体"。

2009年，被民革南充市委评先进集体"一等奖""参政政先进集体"。

2010年，被民革四川省委评为"先进基层组织"。被民革南充市委评为集体"一等奖"。

2011年，被民革南充市委评为集体"一等奖"，

2012—2015年连续四年被民革南充市委评为"先进集体"。

2016-2017年连续两年被民革南充市委评为"先进基层组织一等奖"。

2018年，被民革南充市委评为"先进集体一等奖"。

2019年，高坪民革党员之家被民革四川省委评为"全省优秀民革党员之家"

五、党员个人获市级以上奖励

32年来，全体党员扎根基层第一线，积极为建设新高坪献计出力，先后多人多次获得各级各部门的奖励和表彰。

1.1993年，姚晓蓉被四川省体委评为"四川省业务体育训练先进工作者"。

1995年，杨良才获全省水利系统"先进工作者"称号。

1999年，王晓贤被民革中央评为"先进党务工作者"；王政被中共南充市委、市政府授予"科协先进工作者"；杨良才被四川省水电厅评为"水政工作先进个人"。

2000年，袁素被四川省政府授予"特级教师"称号；王政被中共南充市委、市政府评为"双基工作先进个人"；张迎春被民革南充市委评为"优秀基层党务工作者"。

2003年，杨良才获全省水政水资源工作"先进个人"称号；刘邦玉获南充市"职业教育先进个人"。

2005年，杨良才获全省水政水资源工作"先进个人"称号。

2006年，陈凤英获四川省委"社会服务先进个人"；刘邦玉获四川省少先队"优秀辅导员"称号；杨良才获得四川省水政水资源工作先进个人。

2007年，杨汉平获"四川省教育系统优秀教师"称号。杨良才获全省水政水资源工作"先进个人"称号。

2009年，袁素被四川在线评选为"感动四川十大教师"。

2010年，陈凤英获民革四川省委"优秀女党员"称号；张迎春在"三八"国际劳动妇女节100周年之际，被民革南充市委评为"优秀女党员"。

2011年，郑玲娟获国家文化部"全国戏剧小品大赛"优秀演员奖；张永

辉被省水利厅评为"小型农田基本建设先进个人";张迎春被民革南充市委授予"先进女党员"称号和评为"参政议政先进个人"。

2012年,张艳彬获南充市微型课研课题优秀成果"二等奖";陈凤获南充市"优秀公务员"、南充市工商联"先进个人"称号;梁蜀林被市委、市政府评为南充市民政工作"先进个人";张迎春被民革南充市委评为"有特殊贡献先进个人"和授予"先进女党员"荣誉称号。

2013年,庞凤获南充市建设局村镇管理"先进个人"称号;张明强获南充市农牧业局"先进工作者"称号。

2014年,刘邦玉被四川省体育局评为"四川省群众体育先进个人"。

2015年,陈凤英被民革省委评为"反映社情民意信息工作先进个人";马长清被民革市委评选为"优秀民革党员"。张迎春在民革南充市委成立65周年之际,被民革南充市委评为"参政议政先进个人"。

2016年,陈凤英获民革中央"全国机关先进个人"及南充市政协"提案工作先进个人";张萍获民革南充市委"优秀基层党务工作者"称号。

2017年,张艳彬获南充市2017年教师教学论文评比二等奖。

2018年,张艳彬在全国青少年五好小公民"复兴中华,从我做起"主题教育活动中,荣获国家教育部颁发的征文指导"一等奖";杨纲在第十二届"语文报杯"全国中学生作文大赛中,荣获写作指导一等奖。张倩获南充市教育和体育局二等奖;郑玲娟荣获南充市文艺汇演舞蹈三等奖。

六、党员作品发表

据不完全统计,32年来,高坪民革党员在各级媒体发表论文共计300余篇,出版专著10多部,完成省市科研项目及国家课题10项,获国家、省、市表彰奖励20余人次。

1. 谢德平等主研的《留守儿童教育问题及行政对策研究》分别获四川省、南充市人民政府普教教学成果一等奖;

2. 张迎春撰写的《川北民居建筑特色刍议》,被国家建设部《中华建设》杂志(2011年第7期)刊载。

3. 张艳彬撰写的《电子书，想说爱你不容易》在四川教育杂志刊载。

4. 陈凤英撰写的《民族、民权、民生——孙中山思想精髓对中国历史及现实影响》获2013年民革南充市委征文一等奖。

5. 谢德平撰写的《孙中山民主思想的现实意义构建》获民革市委一等奖第一名。

6. 杨纲撰写的《中山陵下的洗礼》获民革市委二等奖。

7. 马长清主编的《高考英语阅读短文七体裁高效训练》荣获南充第二届优秀校本课程成果一等奖。

8. 郑玲娟编导的舞蹈《编.绿》荣获全市文艺调演一等奖。

9. 马长清主编的《高考英语阅读短文七体裁高效训练》荣获南充第二届优秀校本课程成果一等奖。

10. 基层委员会集体通过调研形成的《高坪区"厕所革命"推进情况专题调研》，被南充市委《决策与务实》杂志刊载。

七、社会公益活动开展

1993年至1994年，党员王以泽到黄溪乡帮助发展乡镇企业，承办"中山生物研究所"。

1996年至2000年，开展科技、卫生、文化三下乡活动，分别到江陵、御史、黄溪等乡镇，送养猪、养兔、养鸡及优质水稻栽培技术资料5000余份，开展科普挂画40余幅，咨询答疑1500人次，免费委群众诊病600余次，为学校举办讲座5场。

2001年至2006年，开展"三下乡"活动，继续为江陵、御史、黄溪送技术、送信息、送医药40人次，发各种技术资料600余份，技术咨询200余人次，为农民治病200余次，个人捐资1600元为御史乡二村购买种兔，发展家兔养殖业。在御史乡中小学校开展送课下乡和助教活动，捐赠价值2000元体育用品，发展党员为下岗职工捐款8000元，为阳光助学基金会捐款2000元。袁素、何为等教师在校园里开展爱心助学活动，为贫困生捐款5000余元。

2007年，筹资为御史乡修建6公里村道公路。

2009年，民革高坪总之配合民革南充市委在凌云山景区建设两亩多的"中山林"，而后每年3月12日"植树节"均组织党员开展护林活动从未间断；总支党员为遭受到"莫拉克"台风袭击的台湾灾区捐款3700元。为会龙二小捐赠体育用品35件。

2013年，组织党员为"4.20"芦山地震灾区积极捐款7910元；到黄溪乡开展"送医下乡"活动，诊治病人800余人次，免费发放药品总价值1万余元；组织党员前往御史乡敬老院看望了敬老院内的老人并为他们送去了部分生活用品，到御史乡小学看望了在校的师生，并赠送百余套校服。

2014年，基层委员会组织部分党员和民革市委全体同志一道前往御史乡敬老院看望了敬老院内的老人并为他们送去了棉被和杯子等慰问品。结合党的群众路线教育实践活动，走进基层，在东观镇新顺街举办了一场"送医送药下乡免费义诊"活动，免费为200余名群众提供各项检查，免费发放药品30余种，价值达3万余元，发放宣传资料300余份。

2015年，为胜观镇矮子桥村六户困难户送去慰问金和棉被、米、面、油等生活物资。在御史乡诊治病人500余人次，免费发放药品总价值0.75万余元。

2016年，开展"送医下乡免费义诊"活动，在胜观镇诊治病人900余人次，免费发放药品价值1.5万余元。基层委员会为胜观矮子桥村六户困难群众送去慰问金和棉被、米、面、油等生活物资。

2017年，民革高坪区基层委员会在胜观镇矮子桥村组织召开了扶贫感恩教育座谈会，收集贫困户生产、生活中的困难情况以及对脱贫攻坚工作最真实的看法。在当地村委协助下，就矮子桥村脱贫攻坚工作开展情况以及相关政策内容开展知识问答，并针对回答情况发放了不同的奖品以资鼓励。

2018年，民革四川省委会发出"我为民革扶贫做件事—高原马铃薯以购代捐活动"的倡议活动。高坪民革积极响应，党员纷纷订购，全体党员共订购44件马铃薯，为贫困山区群众尽了一份心，出了一份力；在区委统战部的指导下，为胜观镇矮子桥村捐资3360元购置村活动室设施设备，如期向村民开放。

（撰稿：张萍）

第七节 南充市嘉陵区基层委员会

一、概述

1994年6月14日，民革嘉陵小组成立，共有党员3名。组长胥凌云，副组长王敏。

1996年10月18日，在原民革嘉陵小组的基础上，成立了民革嘉陵第一届支部委员会，共有党员7名。副主委赵燕（主持工作），组织委员王敏，宣传委员陈洁。

2000年12月22日，民革嘉陵第二届支部委员会成立，共有党员7名。支部主委陈洁。

2002年4月29日，民革嘉陵第三届支部委员会成立。主委陈洁，组织委员王敏，宣传委员蒲正春。

2006年6月，民革嘉陵总支成立，共有党员31名。支部主委陈洁，副主委王敏、蒲正春，委员张莉、舒迅。

2013年7月10日，民革嘉陵基层委员会第一届委员会成立，共有党员36名。支部主委张莉，副主委尹鹏程、文海燕，委员唐勇、张献平、肖霄。

2014年2月21日，民革嘉陵基层委员会一、二、三支部成立。一支部（党政支部）主委徐娜、副主委何建军；二支部（文卫支部）主委申裕清、副主委覃凤琼；三支部（建设支部）主委刘涛、副主委徐成军。

2015年12月11日，民革嘉陵基层委员会第二届委员会成立，共有党员36名。基层委员会主委张莉，副主委尹鹏程、文海燕，委员唐勇、张献平、肖霄、李晓丽。

二、党员任职情况

先后有赵燕、陈洁、卓俊娴、张莉、张星、姚碧惠6人担任市人大代表，陈洁、王敏、蒲正春、卓俊娴、徐小康、文海燕、尹鹏程7人担任市政协委员。

区五届人大代表2人（常委1人），区五届政协委员16人（常委4人）。

市六届人大代表3人，市六届政协委员2人。

区六届人大代表6人（常委3人），区六届政协委员16人（常委5人）。

三、参政议政成果

2003年，陈洁在市人大二届一次会议上领衔提出的《关于加快成南高速、达成铁路沿线经济建设的议案》列为一号议案。

2013年，民革嘉陵总支在政协嘉陵区五届二次会议上提出的《加大建设管理力度，将凤垭山打造成我区的休闲旅游胜地》被区委区政府列为重要工程。

张莉于2010年提出的《关于加强餐馆油烟治理的建议》、2011年提出的《关于在我区修建一座上规模的医院的建议》、2013年提出的《关于建设小型运动场的建议》被区政协提案委作为面商提案。

文海燕2009年提出的《关于劳动务工人员返乡创业的现状与建议》在嘉陵区"两会"上发言，2012年提出的《加快新农村综合体建设的建议》被列入区委政府重点工作。

2018年集体提案《关于加强五保户就医监管的建议》被列为嘉区政协重点提案；姚碧惠提出的《关于扩大嘉陵区妇幼保健院新址用地的建议》得到嘉陵区政府重视并采纳，将其作为嘉陵区重大民生项目快速推进。

四、获奖情况

（一）集体获奖情况

2006年总支荣获民革四川省委"参政议政先进集体"；

2007年总支荣获民革南充市委"组织建设先进基层组织"

2012年总支荣获民革南充市委先进集体"三等奖"；

2013年基层委员会荣获民革南充市委先进集体"二等奖"；

2014年基层委员会荣获民革南充市委先进集体"二等奖"；

2017年参加市委统战部"纪念5.1口号发布70周年"征文活动，荣获先进集体；报送的征文1篇获一等奖、2篇获三等奖；

2018年基层委员会荣获民革南充市委先进集体"一等奖"；

2019年基层委员会文卫支部被民革四川省委表彰为"全省示范支部"。

（二）个人获奖情况

赵燕：1998年获农业普查四川省"先进个人"，2000年获第五次全国人口普查全国"先进个人"。

陈洁：2008年获中国红十字总会"汶川地震抗震救灾先进个人""四川省统一战线抗震救灾先进个人""民革四川省委抗震救灾模范"。

张莉：2011年获南充市建设系统安全生产管理"先进个人"、2014年嘉陵区"特殊贡献先进个人"、2017年中心城区重大城建项目建设先进个人、2019年"南充市嘉陵区巾帼建功标兵荣誉称号"。

蒲正春：1998年被嘉陵区国家公务员考核委员会定为"优秀公务员"，2003年至2005年被嘉陵区国家公务员考核委员会定为"优秀公务员"，2004年被中共嘉陵区委评为"优秀爱民干部"，2005年被嘉陵区政协评为"优秀政协委员"；2007年被中共嘉陵区委、区政府表彰为"信访工作先进个人"，2008年被中共嘉陵区委、区政府表彰为"年度大接访工作先进个人"。

王敏：2006年被中国科协和联合国儿童基金会授予的"优秀项目工作者"称号。

文海燕：2003、2004连续两年被市政府办评为"信息工作先进个人"2005年被评为南充市"青年岗位能手"、嘉陵区结对帮扶工作"先进个人"、第二届四川.中国西部国际农业博览会"最佳解说员"，同年被嘉陵区委、区政府评为"提案工作先进个人"，"创满优秀工作者"、2017年市委统战部"纪念5.1口号发布70周年"征文一等奖、2018年省委统战部纪念中共中央发布"五一口号"70周年主题征文活动获三等奖，2019年荣获"公务员记三等功"。

尹鹏程：2008年被评为四川省政府"优秀人民调解员"。

李晓丽：2011年被评为嘉陵区法院"调解能手"、年度"优秀公务员”， 2013年被评为嘉陵区法院"中国梦"演讲比赛"二等奖"，嘉陵区政府记个人"三等功"一次、2019年南充市中级人民法院"十佳法官"。

申裕清：2012年获南充市中小学教师教学竞赛"二等奖"，南充市微型科研课题优秀成果"二等奖"。

刘　涛：2011年被评为南充市城管执法局"先进工作者"，2012年被评为南充市城管执法局"先进工作者"，2013被评为年度市级"优秀公务员"。

何建军：1990年获陕甘宁三省书画展"二等奖"，2012获嘉陵区政协委员暨名家书画展"二等奖"。

张　星：2005年获南充市嘉陵科技进步"一等奖"。

秦　靖：2013年获四川省艾滋初筛实验室考评"优秀奖"。

余志立：2013年被评为嘉陵区建言献策优秀个人奖、嘉陵区工商联合会"先进个人"。

唐清海：2009年获市数学"学科带头人"称号。

张红丽：2009年获市英语"学科带头人"、市青年"骨干教师"称号。

舒　迅：2008年获市青年"骨干教师"、市"优秀班主任"称号。

杨　坤、覃凤琼：2017年市委统战部"纪念5.1口号发布70周年"征文三等奖。

张锦丽：2019年入围由中美协主办的"重温经典"第四届娄东（太仓）全国山水画作品双年展、入选庆祝中华人民共和国成立70周年暨首届"风雨同舟"民革全国书画作品展、入选十三届美展四川省优秀作品展、入选四川省委统战部新中国成立70周年书画作品展。

五、参加社会公益活动情况

1. 2013年9月16日，在嘉陵区李渡镇开展义诊活动，义诊病人260余人，免费发放药品1000余件。

2. 2013年9月23日，在嘉陵区安平镇开展义诊活动，义诊病人380余人，免费发放药品1500余件。

3. 2011年10月11日，在火花开展了法律讲座进社区活动，聘请了2名法律专家宣讲有关法律知识，发放宣传资料2300余份。

4. 2013年8月1日，慰问了10名革命老兵，赠送大米10袋、食用油10桶、慰问金2000元。

5. 2013年9月9日，慰问了敬老院老人，赠送食用油30桶、大米30袋、棉被30床。

6. 2013年12月23日，开展了"佳节送温暖"活动，慰问嘉陵都尉办社区贫困户20户，赠送家庭生活箱20箱，棉被20床。

7. 2013年12月28日，慰问河西、天星敬老院老人，赠送了5000多元的防寒衣和棉被。

8. 2013年12月24日，党员余志立同志冒着严寒，顶着细雨，踏着泥泞山路，到顺庆区紫溪镇石燕子村，给一名抗美援朝的老战士和几位贫困户送去了近8000元的慰问金。几年来，余志立献爱心给学校捐赠款物2万余元。

（撰稿：张莉）

第八节　阆中市基层委员会

一、概述

张征烈和赵专修均是五十年代加入民革的老党员，他们分别于1963年和1966年调入阆中工作，使阆中有了民革的种子。

由于历史的原因，1983年以前民革未在阆中开展组织发展工作；1983年6月，吸收万斯年加入民革，从1984年起，即以阆中民革小组开始活动。

1989年底，民革阆中筹备小组成立，组长为赵专修。1991年8月民革阆中小组正式成立，时有党员6人，组长为王守维。

1992年12月，民革阆中支部正式成立，时有党员13人，主委为王守维。支部分设3个小组。

随着党员人数的增加，1996年8月，民革阆中总支委员会正式成立，即第一届总支委员会，主委为王守维。1997年2月王守维辞职，贺频被选举为总支主委。

1998年3月民革阆中总支改选，时有党员32人，主委为贺频。

2002年6月，因贺频工作调动，民革阆中总支进行换届选举，即第二届总支委员会，选举王旗为主委。

2005年11月，民革阆中总支换届，即第三届总支委员会，主委为王旗。

2010年6月，民革阆中总支换届，即第四届总支委员会，主委为王旗。

2014年5月，因王旗同志工作调动，民革阆中总支改选，曹芳同志为主委。

2015年12月，因组织发展需要，民革阆中市基层委员会成立，即第一届基层委员会，选举曹芳为主委。

民革阆中市基层委员会现有党员84名，下设5个支部。有阆中市人大代表3人，其中常委1人；阆中市政协委员23人，其中常委5人；南充市人大代表2人，南充市政协委员4人。

二、历届班子成员及党员

1992年12月，民革阆中市支部成立。主委：王守维，副主任：何先国。党员13人。

1996年8月，民革阆中市总支成立（第一届）。主委：王守维，副主委：王旗、贺频，委员：苗 武、柯 敏。党员31人。

1998年3月，民革阆中市总支改选。主委：贺频，副主委：王旗、柯敏，委员：苗武、傅丽君。党员34人。

2002年6月，民革阆中市总支换届（第二届）。主委：王旗，副主委：韩兴琪、柯敏，委员：宋怡兵、傅丽君、蒲元义。党员40人。

2005年11月，民革阆中市总支换届（第三届）。主委：王旗，副主委：韩兴琪、宋怡兵，委员：高小蒙、柯敏、秦玉林、傅丽君、蒲元义、文亚波。党员54人。

2010年6月，民革阆中市总支换届（第四届）。主委：王旗，副主委：韩兴琪、文亚波、曹芳，委员：高小蒙、尹利玲、蒲元义、柯敏、杨强。党员59人。

2014年5月，民革阆中市总支改选。主委：曹芳，副主委：韩兴琪、文亚波，委员：高小蒙 尹利玲 张秋菊 陈麒光 杨强 柯敏 秦玉林。党员66人。

2015年12月，民革阆中市基层委员会成立。主委：曹芳，副主委：龙霖、陈麒光、张秋菊，委员：王祖平、邢平、陈栋才、杨强、潘继全。

三、担任党内外职务的党员

第三届南充市人大代表：王　旗。

第四届南充市人大代表：王　旗、文亚波、柯　敏。

第五届南充市人大代表：王　旗、文亚波、柯　敏。

第五届南充政协委员：曹　芳。

第六届南充市人大代表：李亚林、柯　敏

第六届南充市政协委员：曹　芳、陈麒光、鲜小玮、凌元亨

四、向市人大、市政协提交的议案、集体提案

1.《关于切实保障农民工合法权益，有效遏制农民工工资被拖欠的建议》。

2.《关于成立我市社会发展城镇化促进战略专家咨询委员的建议》。

3.《关于加强对政府投资工程建设项目变更签证单规范化管理的建议》。

4.《关于加快构建养老服务体系建设，促进我市社会民办养老机构快速发展的建议》。

5.《关于禁止在市区主要交通干道设置机动车停放泊位的建议》。

6.《关于在我市七里新区规划实施灯饰景观亮化工程的建议》。

7.《关于加强农村村道公路建设及维护的建议》。

8.《关于强化监督，加大对重点项目招投标监督的建议》。

9.《关于加强"失地"农民养老体系建设的建议》。

10.《建设绿色生态走廊，营造嘉陵江秀美景观》。

11.《加强构溪河水资源保护刻不容缓》。

12.《关于建设南充嘉陵江湿地公园的建议》

13.《关于规划建设南充环城骑行步道的建议》

14.《关于恢复西河历史风貌，打造传统村落的建议》

15.《重视工业遗产保护，将原南充炼化厂建成城市主题公园的建议》

（撰稿人：苟小东）

第九节　仪陇县支部委员会

一、概述

中国国民党革命委员会仪陇支部委员会（以下简称民革仪陇支部）于2012年6月8日正式成立，现有党员24人。自成立以来，民革仪陇支部按照民革南充市委会的工作要求，不断加强组织建设，紧扣"参政为公，议政为民"这个主旋律，发挥了维护一方稳定，服务民众的积极作用，取得了一定成绩，赢得了较好的声誉，在本县的政治生活中，塑造了民革的新形象。

二、支部历届班子成员及党员

（一）2012年6月，第一届支部委员会：

主　委：唐国英，仪陇县政协副主席。

副主委：许尔富，仪陇县工商联副主席。

委　员：吴泽兵，仪陇县人社局干部。

（二）2015年，第二届支部委员会：

主　委：唐国英

副主委：许尔富

委　员：佘　玮、吴泽兵、何凤君

期间，何凤君因工作调离仪陇，辞去委员职务。

三、兼任社会职务的党员

唐国英（省人大代表、市人大代表）、许尔富（市政协委员、县政协常委、县光彩促进会副会长）、吴泽兵（市政协委员、县政协常委）、唐瑞（市政协委员）、佘玮（县政协常委）李红梅（县政协常委）、肖岚（县政协常委）、魏剑（县政协委员）。

四、参政议政成果

积极参加中共仪陇县委、县政府、县政协召开的各类协商会、情况通报会和座谈会，对区内政治、经济、文化、教育、卫生、城市建设、发展产业、重点工程建设等方面的问题进行协商、讨论。

自成立以来共撰写议案、提案15份、调查报告2份。其中《关于加强小东山公园配套设施建设的建议》《关于加强住宅小区物业管理的建议》等得到了县委、县政府领导的高度重视，并转批相关部门办理。

五．党员获得市级以上党内外各种奖项

2012年12月，许尔富撰写的《反腐倡廉之我见》在南充市统一战线"学习十八大·同心促跨越"征文活动中获"一等奖"。

2014年10月，许尔富撰写的《为改革想招为改革发力》在南充市统一战线纪念新中国成立65周年暨多党合作制度确立65周年征文比赛中获得"一等奖"。

2014年10月，佘玮撰写的《坚持协商民主 放飞中国梦想》在南充市统一战线纪念新中国成立65周年暨多党合作制度确立65周年征文比赛中获"优秀奖"。

六、开展社会公益活动情况

2013年，芦山"4·20"地震发生后，支部立即召集党员开展"我为灾区献爱心活动"，支部党员累计为灾区捐款6200元。特别是李红梅，不仅个人捐款5000元，还以仪陇时代家居建材商会会长名义号召商会会员积极捐款共6300元；2014年7月，组织全体党员到碧泉乡敬老院慰问，向敬老院老人捐赠价值2000元的生活用品。

七、支部获得民革南充市委的表彰

2013年度，获得民革南充市委考核三等奖。
2014年度，活动民革南充市委考核一等奖。

（撰稿：许尔富）

第十节　蓬安县支部委员会

一、概述

中国国民党革命委员会蓬安县支部委员会（以下简称民革蓬安县支部）于2017年1月12日正式成立，现有党员14人。自成立以来，在民革南充市委和中共蓬安县委的正确领导下，团结带领支部党员，不断巩固多党合作的思想政治基础，切实增强履行参政党职能的责任感和使命感，坚定信心，振奋精神，开拓进取，扎实推进自身建设，为推动蓬安高质量发展献计出力。

二、支部历届班子成员

主　委：杨建芳
副主委：唐　恒
委　员：梁燕辉

三、兼任社会职务的党员

杨建芳（市人大代表、县人大代表、县人大农业与农村委员会委员）、唐恒（县政协委员）、梁燕辉（县政协委员）。

四、参政议政成果

紧紧围绕"历史文化名城、融南发展新城、生态宜居江城"三城建设和十件大事为中心，出谋划策。

自成立以来共撰写议案、提案9份、调查报告132份。其中《关爱留守儿童健康成长的建议》《关于加强企业招工和促进返乡就业对接服务工作的建议》等得到了县委、县政府领导的高度重视，并转批相关部门办理。

五、党员获得市级以上党内外各种奖项

杨建芳：
2017年获得四川省林业厅颁发"四川省绿化"奖彰。
2018年1月获得四川省人民政府"关于四川省建设长江上游生态屏障先进个人"。
2018年2月获得获得民革南充市委颁发的"优秀民革党员"；
2018年11月写的《蓬安成功申报国家级森林公园的背后故事》和《不忘合作初心，助力大城崛起》分别获得民革南充市委颁发的"纪念孙中山先生诞辰150周年暨民革成立70周年征文"二等奖、三等奖。

梁燕辉：

2019年7月获得全省司法所业务技能大比武东部片区模拟调解比赛中荣获优秀奖。

唐光明：

2018年3月获得四川省南充市中级人民法院"全市办案标兵"。

袁　彬：

2018年8月获得四川省法学会"第五届治蜀兴川法治论坛征文"三等奖。

六、开展社会公益活动情况

2017年6月，支部为相如镇固州寨村留守儿童捐赠价值3000元的书包套餐。

2017年8月，支部为蓬安县第二中学贫困学生沈红晨发放助学金4000元、河舒中学贫困学生钟佳桂发放助学金3000元。

2018年6月，支部为蓬安县桑梓小学特殊学习捐赠价值5000元的衣裤。

2018年8月，在全县扶贫募捐中，民革蓬安支部党员积极响应，累计捐款3000元。

七、支部获得民革南充市委的表彰

2017年度，获得民革南充市委考核一等奖。
2018年度，获得民革南充市委考核二等奖。

（撰稿：唐恒）

第十一节 南充市综合支部委员会

一、概述

民革南充综合支部委员会的前身即南充地区医院小组，成立于1986年，当时仅有两人，周家镇任组长。

1989年12月23日组建民革南充综合支部，共有党员11人，周家镇任支部主委、李泽惠任副主委。以中心医院为依托，支部逐渐发展壮大。

2000年，经民革南充市委批准，民革南充市委中心医院支部改建为民革综合总支，下设4个支部，即中心医院支部、内科支部、外科支部、经济综合支部。

2006年，中心医院党员从综合总支分离，组建民革南充中心医院总支委员会，剩下9名党员继续留在综合支部，刘志康任主委。

2013年，副主委钱红宇因工作关系调离南充，辞去副主委职务，从联合总支调入周维南担任副主委职务。当年新发展秦丽、张微、李啸风3位党员，现共有党员12人。

综合支部在民革南充市委的领导下，取长补短，充实提高，积极参政议政和服务社会，为南充经济文化建设做出了应有的贡献，发挥了民革基层组织应有的作用。

二、历届领导班子成员和党员

（一）第一届支部委员（2006年-2010年）
主委：刘志康，副主委：钱红宇。

（二）第二届支部委员（2010年换届）
主委：刘志康，副主委：钱红宇（2013年10月止）、周维南（2013年10月起）。

（三）第三届支部委员（2015年12月换届）

主委：杨克新，副主委：秦丽，组织委员：李啸风（2019年6月辞去委员职务）、何川（2019年6月增补委员职务），宣传委员：赵磊。

其间：郭波、陈燕分别担任支部信息和宣传委员。

三、担任党内外职务的党员

1. 刘志康

第二、三、四届顺庆区政协委员、常委，第二届南充市人大代表，第四届南充市政协委员，第十届、十一届四川省政协特邀委员，第一届民革南充市委新社会阶层人士联谊会会长；2002年5月，任南充市工商联合会副会长；2003年6月，任南充市企业家协会副会长。

2. 杨克新

五支部主委、联合总支主委、综合支部主委，十届、十一届、十二届、十三届民革南充市委委员，十一届、十二届民革南充市委参政议政委员会副主任、十三届民革南充市委老龄委员会副主任；二届、三届、四届、五届、六届南充市政协委员，三、四、五届顺庆区政协委员；顺庆区政府聘请的区教育系统绩效考评专家、南充市教育局教育专家库成员、顺庆区人大任命的人民陪审员。

3. 李啸风

民革南充市委办公室主任，第九届仪陇县政协委员、常委。

4. 李劲松

第二届、三届南充市政协委员。

5. 杨晓欧

第二届顺庆区政协委员；中国预防医学会理事。

6. 冯泽忠

第二届顺庆区政协委员、第三届南充市政协委员。

四、党员获得县、市级以上党内外各种奖项

1. 刘志康：2005年12月，被民革中央评为"民革全国社会服务工作先进个人"；2008年11月，被中国民营企业家联合会评为"全国民营企业创业家"；2010年1月，被中国企业家联合会评为"中国民营企业家"；2012年，评为"南充优秀市民"；2013年，评为"南充十大财经风云人物"。

2. 杨克新：他热爱民革，热心民革党务活动，踊跃参加社会活动，曾任多个专委会的副主任，积极开展工作，无私奉献。他作为基层总支主委，在所属支部工作中成绩显著，他所领导的民革南充联合总支在2004年5月被民革四川省委表彰为全省优秀基层支部、2008年12月被民革四川省委表彰为抗震救灾全省优秀基层支部；2005年3月被民革四川省委授予全省优秀党员。

他关注民生、针对社会的热点和难点问题，认真开展调研，提出了积极的意见和建议，得到了相关部门的认可和采纳，充分履行了一个民主党派成员应尽的职责，为我市社会经济和文化的发展做出了积极的贡献。先后6次被顺庆区政协表彰为优秀政协委员，2009年作为优秀政协委员代表在顺庆区委召开的表彰大会上作典型发言，先后3次被市政协评选为优秀政协委员。

他热爱政协工作，在政协开展的"五个一"活动中，积极履职尽责，每年向市、区政协提出调研报告、社情民意和个人提案二十余件。调研报告、社情民意和个人提案累计已达到两百余件。多次参加视察活动，深入基层开展调研，面对面进行协商，落实提案办理效果。利用政协委员这一特殊身份，为教育公平，基础教育均衡发展鼓与呼，并推进了南充十二中的建设和发展，促使该校由一个占地不足15亩的企业子弟校发展成为现在南充市的高中教育优质名校。

撰写个人提案《关于南充火车东站开展一吨集装箱货运业务的建议》被三届市政协评为优秀提案；

撰写个人提案《建议尽快完善市政新区的道路和配套设施的建设》被四届市政协评为优秀提案；

撰写个人提案《关于进一步推进我区义务教育均衡发展的建议》被四届

区政协评为优秀提案;

主笔撰写的民革集体提案《建议进一步加大城区学校布局结构调整》被四届市政协评为优秀提案;

撰写的个人提案《进一步加强社区卫生服务中心建设》被五届市政协评为优秀提案;

撰写个人提案《关于尽快在主城区建立智能交通管理系统的建议》被五届市政协评为优秀提案;

在市政协的联组发言上,他代表政协民革界别积极呼吁《实现教育公平,构建和谐社会》,获得市委、市政府的高度重视;反映的一些社情民意得到了有关领导的批示和采纳;三篇调研文章并被编入市委统战部统战理论文集中;先后在南充日报上发表数篇参政议政文章,并获得市委统战部和南充日报社等颁发的一、二、三等奖;近年来,他在城市基础教育、社区卫生服务、公交车运营、阳光政务、城市建设,解决停车难、缓解交通拥堵等社会热点问题积极建言献策,一些意见或建议被有关部门采纳后,产生了较好的社会影响。由于他在党派和参政议政工作的突出贡献而受到了南充日报、南充晚报、南充电视台的专题采访报道,得到了社会和同行的赞扬。

近年来,由他主笔撰写的民革集体提案《关于建设将帅故里特设文化长廊的建议》一件,并在市政协现场督办提案时进行陈述,得到了市、区两级政府和部门的高度重视,极大地推进了该项目的建设。他在市政协提交的个人提案《关于深入实施交通智能化管理在中心城区加设电子显示屏的建议》列为市政协重点督办提案。个人提案《加大力度整治客运市场严格查处"黑车"打击非法客运》列为区政协重点督办提案,并在提案现场督办时进行了陈述,得到了市、区两级政府和部门的高度重视,收到了很好的社会效果。他参与顺庆区政协组织的"顺庆区农村中小学现状调研",主笔撰写了调研报告,受到了区委、区政府的高度重视,极大地推进了农村中小学规范化建设的步伐。

3. 李啸风:2013年,被评为"南充市市政协思想政治暨宣传工作先进个人";2014年,被评为"民革四川省委报送社情民意先进个人"。

五、开展社会公益活动情况

1. 刘志康：1998年捐资5万元修建南充市嘉陵区乡村小学，捐资捐物8万元修建嘉陵区乡村堰塘及各类小型等水利设施，捐资10万元开展访贫问苦、送温暖、献爱心活动及朱德故里兴建水利等。

1998年，刘志康捐款21万元资助贫困大学生、公司内部员工及下岗职工子女上学；1999年捐资130万元，修建南充市嘉陵区金凤镇乡村公路；2000年垫资1300万元，修建南充市"顺泸起义旧址——栖乐寺恢复工程"；2002年捐资420万元，修建南充市内首座圆形人行立交天桥（市三公街）；2003年捐资3万元，资助"3·1特大火灾"特困户，捐资2万元慰问抗非典英模和春节慰问"五保户"；2004年捐资3万元支持见义勇为基金，2008年为汶川大地震捐款捐物达200余万元，2009年为青海玉树地震捐款20余万元；2011年8月捐资130万元，修建高坪区小龙敬老院老年活动中心。用于支持市政建设、社区政治、经济建设、支持社会文化事业，地震灾区建设捐资累计捐资数达：1410万元人民币。

2. 秦丽：为贯彻习近平总书记在文艺工作座谈会上的重要讲话精神，2018年9月19日，由南充市顺庆区政协书画院主办，南充民革综合支部、南充市美术家协会协办的"画里.镜外"——秦丽、袁孝正美术摄影展在南充市顺庆区政协书画院开幕。本次展览甄选了民革党员秦丽女士创作的《映山红》《川北影韵》《两袖清风》《春风化雨》《清气永存》《温暖》《爱的奉献》等数十幅入选省级美术展览的优秀美术作品进行展出。南充市政协副主席王晓贤，南充市文联党组书记、常务副主席李永平，区政协党组副书记、副主席张霞，副主席李天祥、杨小虎，秘书长杨忠国出席开幕式并观展。

2014年4月20日，向南部县李勇老幼托管之家共捐赠了价值2000余元的衣服、书籍和食品。

3. 积极创新社会服务。近年来，支部通过捐款捐物、扶贫助学等形式，积极为贫困户、贫困学生、受灾百姓排忧解难，捐款捐物。

为深入学习贯彻中共十九大精神，助力打赢脱贫攻坚战，在民革南充市委主委王晓贤的关心和帮助下，2016年11月，我们联合民革高坪、嘉陵基层委员会通过大力开展扶贫济困、对口帮扶活动，邀请重庆民革基层组织来我市进行工作交流，在民革重庆市九龙坡区五支部主委范忠智和民革重庆市江北区一支部主委史立平率领下，两个支部部分党员赴南充市开展交流学习、艺术支教活动。川渝"两地五个支部"就组织建设、组织活动、学习实践活动等方面进行了愉悦的交流。重庆市九龙坡区五支部主委范忠智感言：天下民革一家亲，希望日后保持联系，加强交流，互相学习，欢迎民革南充组织到重庆交流互动。民革重庆市两个支部党员还参观考察了南充丝绸博物馆和"南充民革中山精神"教育基地凌云山。同时，南充市政协副主席、民革南充市委主委王晓贤带领民革重庆两个支部一行党员来到嘉陵区礼乐小学，活动中，王主席作了热情洋溢的发言，对民革重庆市九龙坡区五支部和民革重庆市江北区一支部来到南充市嘉陵区礼乐小学开展爱心捐赠、义务支教活动表示欢迎和衷心感谢，希望以此激发学生的学习热情，有效提升学生艺术素质。民革重庆市九龙坡区五支部主委范忠智、及重庆知名艺术家谢树权老师，欧道荣老师为礼乐小学学生们分别上了国学、音乐、美术等课程，课堂气氛活跃，学生们沉浸在学习的快乐之中。民革重庆市九龙坡区五支部主委范忠智与民革重庆市江北区一支部党员杨自庆在灿烂的阳光下现场提笔挥毫，赠与礼乐小学和学生代表书法作品，鼓励同学们更加努力学习。为实现精准扶贫，把助力脱贫攻坚活动落到实处，民革重庆市九龙坡区五支部提出了对口资助贫困学生的建议，礼乐小学谭洁兵校长代表学校和被资助学生家长对此举给予了高度赞赏，此次捐赠和支教活动深受礼乐小学广大师生的欢迎。

4. 2018年4月26日，民革南充市综合支部联合南充市卫生和计划生育委员会、南充市人力资源和社会保障局、南充市疾病预防控制中心等相关部门在南充市嘉陵区燕京广场开展了南充市《职业病防治法》宣传周活动，向公众、从业人员普及健康教育知识。群众通过本次宣传活动增加了对职业病的认识，提高了对职业病防治的重视。

2018年开展"送文体进社区""看望抗战老兵""缅怀革命先烈""教育咨询服务"等活动10余次，捐赠书籍、文体用品30余件，到对口帮扶社区参加义务劳动5次，帮扶困难家庭4户，看望慰问老同志、老党员。实实在在提高民革南充综合支部在推动发展、服务群众、促进和谐等方面的形象和作用。

5. 2019年6月26日，在南充建华中学参与禁毒防艾主题宣传活动。为深入贯彻习近平总书记关于禁毒和艾滋病防治工作重要指示精神，持续深化毒品、艾滋病预防宣传教育，深入推进"6.27"青少年毒品预防教育工程，在第32个"国际禁毒日"来临之际，由市重传办、市禁毒办主办，市疾控中心、市艾防协会、市建华中学、民革南充市综合支部联合协办的"喜迎国庆、健康人生、爱我中华"禁毒防艾主题宣传活动于2019年6月25日在南充市建华中学举行。市禁毒办副主任、市公安局禁毒支队副支队长李永康，市重传办主任、民革南充市综合支部委员何川，市建华中学校长杨朝晖，民革南充市综合支部主委杨克新等参加活动，活动由民革南充市委办公室主任李啸风主持。本次活动通过设置活动背景、悬挂宣传横幅、LED屏固定宣传、宣讲禁毒防艾知识、开展签名活动、发放抗击艾滋读本、发放防艾宣传品等丰富多彩的形式，广泛宣传禁毒防艾的重大意义和毒品、艾滋病的危害性。民革南充市综合支部主委杨克新表示，在中华人民共和国成立七十周年之际，民革南充市综合支部通过协办本次宣传活动，让在校学生们增加了艾滋病预防知识，有效提高了学生的禁毒防艾意识和抵御毒品能力。今后，支部将加强与疾控卫生部门的沟通联系，继续深入开展禁毒防艾活动，为建设"健康南充"贡献民革力量。

（撰稿：杨克新）

第十二节　南充职业技术学院支部委员会

一、概述

1988年，民革党员傅国才同志在南充工业学校工作。经他介绍，学校教师刘军成为该校第一名民革党员。1989年又新加入了3名党员，分别是杜睿，杜红东，何阳。4名党员属高坪区支部，支部主委为杨秀清同志。

1989年，南充工业校4名党员承包经营了原市民革所属的中山农场。为了方便工作，成立了民革南充工业校小组，由刘军担任组长。

1993年由何阳担任组长。1996年改为市民革直属小组，由杜红东任组长，小组成员参加市直机关支部组织生活。直到2006年春，成立南充职业技术学院支部。

二、历届支部班子成员及党员

第一届支部委员会于2006年选举产生，由4位同志组成支部委员会。分别是宾德平、杜红东、杜睿、喻斌。宾德平同志担任主委，杜红东同志担任副主委，杜睿同志担任宣传委员、财务委员，喻斌同志担任组织委员。

第二届支部委员会于2010年选举产生。由5位同志组成支部委员会。分别是宾德平、杜红东，杜睿，喻斌，何前儒。宾德平同志担任主委，杜红东同志担任副主委，杜睿同志担任宣传委员，喻斌同志担任组织委员，何前儒同志担任参政议政委员。

第三届支部委员会于2015年选举产生。宾德平担任主委，杜红东担任副主委，杜睿，喻斌，何前儒任委员。

第三届支部委员会于2015年选举产生。宾德平担任主委，杜红东担任副主委，杜睿、喻斌、何前儒任委员。

2018年10月20日，支部委员会进行届中调整，杜子文当选为支部主委，段均当选为副主委，杜睿、喻斌、赖春雪当选为委员。

三、担任党内外职务的党员

（一）担任人大代表、政协委员的党员名单

宾德平同志任政协南充市第四届、第五届、六届委员，政协南充市第六届常委。

杜红东同志任政协南充市高坪区第四届、第五届委员。

（二）任专委会成员的党员名单

宾德平同志任民革南充市第十三届委员会内部监督工作委员会主任、社会和法制工作委员会主任；杜睿同志任第十一届、十二届南充市民革思想宣传工作委员会委员。

四、参政议政成果

宾德平同志的《创新体制机制，消除城区"大班额"现象》一文获得南充市"深入学习实践科学发展观，推进体制机制创新"理论研讨会"优秀奖"、《关于完善义务教育公共财政保障体制的建议》评为市政协"优秀提案"。

五、党员获得的市级以上党内外各种奖励

杜睿同志被评为2002年度南充市农机工作"先进个人"。

宾德平同志被评为2011年度四川省内部审计"先进个人"（四川省审计厅颁发）

何前儒同志被评为2012年度南充市"优秀教师"。

六、支部获得的上级组织表彰和奖励

2007年：被评为"组织建设先进基层组织"。

2008年：南充市"明宇杯"纪念"五一口号"发布60周年知识竞赛活动"先进集体"

2009年：被评为"先进集体"一等奖，2012年：被评为"先进集体"二等奖，2013年：被评为"先进集体"三等奖。

七、支部开展的社会公益活动情况

支部成员参加了多次公益捐款活动。分别有2008年汶川地震捐款，2009年汶川灾后重建捐款，民革希望学校捐款，四川统一战线"同心林"建设认捐，台湾水灾捐款等。

（撰稿：杜子文）

第十三节　四川省蚕丝学校支部委员会

一、概述

民革四川省蚕丝学校支部委员会成立于2011年11月28日，成立时支部5名党员均隶属于民革一支部。现有党员15人，其中在职人员13人，退休人员2人。

二、支部历届班子成员及党员

第一届（2011年11月）
主　委：陈继久
副主委：李　健
委　员：舒好全（届中舒好全调整为刘洋、舒金梅）

第二届（2015年11月换届）
主　委：陈继久
副主委：李　健
委　员：刘　洋、舒金梅（届中增补林涛）

第三届（2019年11月换届）

主　委：李　健

副主委：林　涛

委　员：刘　洋、舒金梅、方俊颖

三、党员任职情况

舒好全任学校综合部部长、李健任学校机电汽修部副部长、陈涛任学校工美部副部长。

四、基层组织获得上级组织的表彰及奖励

2012年、2015年、2017年、2018年，支部获得民革南充市委年度考核"三等奖"。

五、参政议政成果

支部自成立以来，向民革南充市委提交调研报告8篇，其中两篇被南充市政协采用，六篇被民革南充市委采用；向四川省蚕丝学校提交调研报告十余篇，其中被学校采用近十篇。

六、支部开展社会服务活动情况

支部每年都开展"博爱牵手"困难群众活动1次；支部每年都开展捐资助学困难学生2次。

（撰稿：李健）

第十四节　南充精神卫生中心支部委员会

一、概述

民革南充精神卫生中心支部于2011年12月27日正式成立。现有民革党员18人，自成立以来，民革南充精神卫生支部委员会按照民革党章和民革南充市委的要求，加强组织建设，不断发展，服务民众，积极建言、献策。参加社会公益活动，同时也积极参与为贫困山区捐物、捐钱。经常下乡为精神病人及家属举行相关精神病的预防、治疗知识讲座，对他们进行心理咨询和健康教育。为贫困病人送医、送药。在工作中尽职履责，为南充精神卫生中心的发展起到了积极的作用。支部党员经自己努力取得了好的成绩。

二、历届领导班子成员和党员

（一）第一届支部委员（2011年11月27日～2016年2月）
主委：池跃武，副主委：吴银斌，组织委员：陈运全
（二）第二届支部委员（2016年2月24日）
主委：陈运全，副主委：兰勇，委员：吴银斌、邓国平、陈樱
（三）现有党员18人：池跃武、吴银斌、黄莺莺、陈运全、王聪、张和平、陈樱、邓国平、尹正利、黄燕、兰勇、张海燕、王东、谭亮、胥玲、李凤、何梅、冯斌。

（撰稿：陈运全）

第十五节　南充高中支部委员会

一、概述

2011年12月20日，成立民革南充高中支部。支部主委：舒迅；副主委：张红莉；委员：唐清海。支部党员共5人，舒迅、张红丽、唐清海、罗娟、李兴安。

2015年换届，支部主委：舒迅；副主委：张红莉；委员：唐清海。

2014年增加谯小平、冯小娟两名党员（冯小娟后来调离南充），冯小娟调离南充，2018年许根、杨桃两位同志加入支部。支部现有党员8人。

二、党员任职情况

民革南充高中支部党员中，舒迅任学校学工处副主任、嘉陵区政协委员；唐清海任学校数学组教研组组长、嘉陵区政协委员；张红莉任学校英语教研组组长。

三、党员获奖情况

1999年，舒迅获南充市"青年骨干教师"称号；2009年，舒迅获市"先进班主任"称号；2013年，舒迅获市统战系统"先进个人"称号。

2010年，罗娟获南充市"优秀班主任"称号；2011年，张红莉获南充市"三八红旗手"称号；2013年，李兴安获南充市民革"优秀党员"称号；2014年，唐清海获市"高考贡献奖"。

（撰稿：舒迅）

第十六节　第一支部委员会

一、概述

民革南充市委第一支部（以下简称一支部）于1955年4月26日成立，是南充民革成立最早的3个基层组织之一。截止到2014年底有党员16人，其中教师8人、文化界2人、企业界2人；大专以上学历占70％以上，具有高级职称的占70％，退休人员占50％。现有政协委员2人。

一支部成立以来，已经历14次换届，现任主委程晓蕾，成员主要来自文艺界和教育界。

二、支部历届班子成员及现有党员

（一）支部历届主委

初成立时支部有党员8人，主委张大本。

1958年9月29日换届，第二届主委张征烈。

1961年9月、1963年8月两次换届，第三、四届主委王玉书。

此后，由于历史原因支部活动停止。直到十一届三中全会后，南充民革于1979年恢复组织活动，一支部于1980年6月进行组织调整换届，第五届主委林金和。

1984年6月换届，第六届主委林尚志。

1987年、1990年第七、八届主委阎起鸾。

1994年、1997年、2000年换届，第九届、十届、十一届主委黄秀兰。

2003年、2006年换届，第十二届、十三届主委陈松雪。

2010年换届，第十四届主委程晓蕾。

2016年换届，第十五届主委程晓蕾。

（二）本届支部班子成员

主　委：程晓蕾，副主委：邓　量

委　员：张　帆（2019年3月辞去支部委员）

三、开展社会公益活动情况

支部党员苟纯如、黄文芳、庞守容、李水伦等人先后承办南充中山学校、举办幼师班、中药材技术培训班20余期，培训学员1000多人，其影响深远，做出了一定贡献。党员肖善生与他人合作共同创作的长篇电视连续剧《桐子花开》拍摄完成后，在中央电视台及部分省级电视台播出。

近年来，支部还支助了家住金堂县金龙镇就读淮口中学高2007级6班的特困学生陈金容上学，并资助其完成学业。2008年汶川大地震，支部以各种方式向灾区捐款、献血，陈松雪还两次亲赴灾区指导救灾和重建工作；2009年向台湾因"莫拉克"台风受灾同胞捐款活动，党员们纷纷踊跃捐款，共捐款1320元；2010年为西南五省大旱和玉树地震捐款活动，支部共捐款1690元；其后向甘肃舟曲受灾群众捐款，支部党员依然踊跃，又捐款1400元。

支部开展了形式多样、内容丰富的组织活动。组织党员学习统战理论、民革历史、时事政治，不仅提高了支部的凝聚力和战斗力，而且坚定了党员们的思想政治立场，为南充民革输送了大批的骨干人才。

2011年，支持四川省蚕丝学校的党员分离出来，成立了民革南充市蚕丝校支部，支部副主委任该支部主委，为南充民革的组织建设贡献了力量。

四、组织活动

一支部成立以来，除"文革"期间停止了10多年的组织生活外，历届班子成员精心组织党员开展形式多样、内容丰富的组织活动。组织党员学习统战理论、民革历史、时事政治，不仅提高了支部的凝聚力和战斗力，而且坚定了党员们的思想政治立场，为南充民革输送了大批的骨干人才。

五、党员发表文章及获奖情况

一支部党员历年来在各种刊物上发表论文500多篇，出版专著20余册；有20余人获省、市、县（区）先进工作者荣誉称号。有10余人先后担任市、区政协委员，他们积极撰写提案，踊跃建言献策，为南充经济社会发展贡献了力量。

六、支部获奖情况

2000年6月，一支部被南充民革市委评为"先进支部"。

2009年1月，一支部被评为先进集体"一等奖"。

2010年获得先进集体"三等奖"。

2011年获得先进集体"二等奖"。

2012年获得先进集体"三等奖"。

2013年获得先进集体"二等奖"。

（撰稿：程晓蕾）

第十七节　第二支部委员会

一、概述

1955年4月26日，民革南充市委召开第一次党员代表大会时，成立"民革南充市委员会"，同时组建民革南充市第二支部委员会，这是南充民革最早的3个支部之一。张恢先担任第一届主委，全中斯、李惠民分别担任组织委员和宣传委员。现有党员20人。

二、支部历届班子成员

1958年9月29日支部换届改选，由李光煜任主任委员，贺学陞、雷跃卿分别担任组织委员、宣传委员。

1961年9月7日，支部换届改选。仍由李光煜、贺学陞、雷跃卿、袁泽民4人组成第三届支部委员会，李光煜任主任委员，贺学陞、雷跃卿分别担任组织委员和宣传委员，增选袁泽民为候补委员。

1963年8月16日，支部再次换届改选。李光煜、贺学陞、雷跃卿、袁泽民4人再次进入支部领导班子，所担任的职务不变，袁泽民仍是候补委员。

1966年文化大革命后，民革市委受到冲击，机关处于瘫痪状态，支部生活亦处于停滞状态。从1966年下半年开始，近14年未开展组织生活。

1980年6月，支部重组后，进行了新的领导班子选举。新一届第二支部委员会由全中斯、戴汝泉、贺学陞3人组成，全中斯为主任委员，戴汝泉、贺学陞分别担任组织委员和宣传委员。

1984年6月5日，支部进行选举，二支部由林裴文、傅碧波、夏则鸣3人达成新的班子，林裴文任主任委员，傅碧波、夏则鸣分别担任组织委员和宣传委员。二支部的党员中，有一半以上都是侨台属，所以，又称为"侨台支部"。

1987年6月26日，支部换届改选。增选了王清玉、傅国才为支部委员，林裴文任主任委员，傅碧波、夏则鸣分别为组织委员和宣传委员，王清玉为妇女委员。为突出民革祖统联谊工作特色，曾设傅国才为祖统联谊委员。

1990年4月，支部换届。主任委员林裴文因年事已高，主动提出让年轻人担重担，同时傅碧波也因年老多病提出退居二线。支部党员投票选举，产生了谢树坚、王清玉、李久久等5人组成支部领导班子。谢树坚任主任委员，李久久任经济工作委员，王清玉仍为妇女委员。

1992年10月22日，为组织委员兼祖统联谊委员。由肖皓天、陈在洋、王清玉等5人组成支部领导班子，肖皓天为主任委员，陈在洋为副主任委员，王清玉主管妇女工作。

1997年5月7日，支部换届。选举罗忠福、陈在洋、钟森涛、王清玉等5人组成支部委员会，罗忠福为主任委员，陈在洋为副主任委员，钟森涛为宣传委员，王清玉仍为妇女委员。

2002年4月26日，支部选举了由陈在洋、傅国才、钟森涛、王清玉、张尚周5人组成的支部委员会，陈在洋为主任委员，傅国才为组织委员兼祖统联谊委员，钟森涛为宣传委员，王清玉为妇女委员，张尚周为副主任委员兼经济工作委员。

2005年支部提前换届改选。由陈在洋、蒲冬梅、罗忠福、王清玉、钟森涛5人组成支部委员会。陈在洋为主任委员，蒲冬梅为副主任委员，钟森涛为宣传委员，王清玉为妇女委员，傅国才协助支委作祖统工作和组织工作。

2008年9月，经请示民革南充市委同意，对支部领导班子进行了调整，由何明为主任委员，陈在洋为副主任委员，傅国才为组织委员兼祖统联谊委员，钟森涛为宣传委员，王清玉为妇女委员。

2011年，经报请民革南充市委同意后，对支部进行了调整。陈在洋任主任委员，赵朝珍为副主任委员，但石泉为宣传委员，胥志勇为经济工作委员。傅国才协助支委作支部生活安排及祖统联谊工作。

2015年10月，支部换届。选举赵朝珍、傅小茜、王一茹、但石泉、吴鹏5人组成支部委员会，赵朝珍为主任委员，王一茹为副主任委员，傅小茜为妇女委员兼经济工作委员，但石泉为宣传委员，吴鹏为组织委员。

三、支部特色及所做的工作

（一）支部的特色

第二支部委员会是南充民革最早建立的支部，有着60年的悠久历史；党员中有海外关系及港、澳、台关系的占大多数，是具"促进祖国和平统一"优势的侨台支部，党员中大多数是60岁以上的老人。

（二）支部的优良传统

支部具有较强的亲和力，凡党员生病住院，都要送慰问品去医院探望；凡端午、中秋、重阳、春节及"三八"妇女节、抗战胜利纪念日和孙中山先生的诞辰、忌辰都要召开支部座谈会，作历史的回顾，除缅怀孙中山先生的丰功伟绩外，对其进行了深入的研究。

三、党员获得市级以上党内外各种奖项

（一）支部获奖情况

二支部曾于1959年、1962、1964年3次评为民革市级"先进支部"。上世纪八、九十年代，在祖统联谊工作、党务工作、组织发展工作及宣传工作上作出了突出的成绩，先后3次被评为市级"先进支部"，1次被评为省级"先进支部"，并数次在经验交流会上作经验交流。2013年、2014年、2015年均被民革南充市委评为先进支部。2016年、2017年、2018年支部工作在市委会考核评比中均获得二等奖。

（二）党员获奖情况

党员罗忠福已出版5部长篇小说，是享受国务院特殊津贴的专家；党员傅国才多年来研究孙中山及其理论，是民革中央孙中山理论研究会四川分会的理事，多篇关于孙中山的理论研究文章获得表彰奖励。2016年11月，《解读孙中山医嘱》获民革南充市委孙中山理论研讨征文一等奖，《辛亥革命是成功而不是失败》获三等奖；2017年11月，《孙中山先生晚年的英明决策》获民革南充市委孙中山理论研讨征文二等奖；2018年4月，《不忘初心 牢记使命》获中共南充市委统战部征文一等奖。此外，2019年10月，傅国才荣获北京宏达集团"祖国建设功勋奖"，2019年11月，获四川省首届双传杯演讲比赛"欣欣向荣"奖。党员赵朝珍曾获得南充市结核病防治先进个人。

（撰稿：傅国才）

第十八节　第三支部委员会

一、概述

民革南充市委第三支部委员会（以下简称三支部）于1955年4月26日成立，是南充民革成立最早的3个支部之一。文革期间，三支部停止了组织生活，1979年恢复组织活动。当时因党员人数少，三支部党员合并到一、二支部参加组织活动，1984年6月正式恢复三支部建制。

二、支部历届班子成员及党员

第一届：1955年4月26日-1958年9月29日
主　委：李光煜。

第二届：1958年9月-1961年9月7日
主　委：徐鸿鹄。

第三届：1961年9月-1963年8月16日
主　委：林尚志。

第四届：1963年8月-1984年6月
主　委：林尚志。

第五届：1984年6月-1987年9月
主　委：王菊，委员：曾昭泰、冯玉华、彭秋蓉。

第六届：1987年9月-1990年11月
主　委：王菊，委员：曾昭泰、冯玉华、彭秋蓉。

第七届：1990年11月–1995年10月

主　委：张述昆，委员：陈明翔、朱淑琼、曾昭泰。

第八届：1995年10月–1999年6月

主　委：吴俣，委员：陈明翔、朱淑琼、冯思源。

第九届：1999年6月–2002年11月

主　委：冯思源，委员：陈明翔、朱淑琼。

第十届：2002年11月–2006年

主　委：吴小红，委员：明峰、陈民祥、朱淑琼。

第十一届：2007年–2010年

主　委：吴小红，委员：明峰、刘红勇、肖湘渠。

第十二届：2011年–2014年

主　委：吴小红，委员：明峰、刘红勇、张昌祥。

第十三届：2015年8月–2018年8月

主　委：胡晓秋，委员：张昌祥、明峰、刘红勇。

第十三届（届中调整）：2018年8月至今

主　委：张昌祥，委员：明峰、刘红勇、陈龙

三、担任党内外职务的党员

冯泽臣任南充市顺庆区第一届人民代表大会第一次会议代表、南充市（现顺庆区）第十二届人民代表大会第一次会议代表，吴小红任南充市第三届、第四届政协委员。

四、在省级以上党内外媒体发表作品

张昌祥《提高城乡低收入群体收入水平的对策研究》被民革四川省委编信息采用。《四川民革》2014年第1期22页），四川省政协信息采用。

（撰稿：张昌祥）

第十九节　第四支部委员会

一、概述

民革南充市委第四支部委员会（以下简称四支部）成立于1984年。在30余年的发展历程中，四支部全体党员在社会主义和爱国主义旗帜的引领下，继承和发扬孙中山先生爱国、革命、不断进步的精神，在加强自身建设、履行参政党职责、服务地方经济、促进祖国和平统一等方面做出了显著成绩。

自2009年以来，四支部在民革南充市委年度考核中，连续10年荣获基层组织考核"一等奖""二等奖"，2011年被民革四川省委评为"先进基层组织"。

支部现有党员21人，其中市政协委员3人；支部有2人曾担任民革南充市委副主委，10余人曾担任市委委员，4人曾获得中央级表彰，11人曾获省级表彰。

二、支部历届班子成员及党员

第一届（1984年）
主　委：殷成龙，委员：左宏英、程显平，支部党员共18人。

第二届（1986年）
主　委：殷成龙，委员：左宏英、程显平。

第三届（1989年）

主　委：张乃驹，委员：左宏英、程显平、林臻、李惠民。

第四届（1992年）

主　委：易仁富，副主委：杨代炳，委员：左宏英。

第五届（1998年）

主　委：杨代炳，副主委：赵元恒，委员：左宏英。

第六届（2003年9月）

主　委：覃瑜莉，副主委：杨慧兰，委员：郑敏、左宏英、殷成龙。

其间支部为恢复成立顺庆总支输送了贺频、左宏英、赵元恒、熊丽华、黄昕5名党员。2004年10月18日，支部增补赵林为支部委员。

第七届（2006年4月）

主　委：覃瑜莉，副主委：杨慧兰，委员：赵林、殷成龙。

2009年7月，市委会筹建第七、八支部，四支部又为其输送党员杨慧兰、李祥昌等17人。

第八届（2010年6月）

主　委：覃瑜莉，副主委：胡珊、杜铮，委员：吴开、明芳。

2011年2月22日，支委明芳因身体原因提出辞呈，支部增补张翼飞为支部委员。

第九届（2015年3至今）

主　委：杜铮；副主委：张翼飞、胡珊；委员：林波、吴开

三、担任党内外职务的党员

30年来，支部有2人担任了民革南充市委第八届、九届副主委（李惠民、汪亮）；有11人先后担任民革南充市委委员（李惠民、汪亮、易仁富、郑瑞祥、郑敏、任启畅、彭化民、覃瑜莉、李祥昌、贺频、杜铮等），有12人先后担任了市人大代表、政协委员（李惠民、汪亮、杨代炳、郑瑞祥、易仁富、郑敏、贺频、覃瑜莉、杜铮、张翼飞、吴开、林波等）。其中3人担任了市人大、政协常委（汪亮、郑敏、杨代炳），4人先后担任了南充市"特约四员"及市教育行风评议员、市人民检察院特约检查联络员（郑瑞祥、杨代炳、郑敏、覃瑜莉）。

四、兼任社会职务的党员

林波，南充市人民政府市长热线首席法律顾问、中国法学会会员、中国刑事科学技术协会会员、中国行为法学会会员、全国律协行政法专业委员会委员、全国律协宪法与人权专业委员会观察员、北京大学人权与人道法研究中心观察员、四川律协刑事辩护专业委员会委员、四川律协民事专业委员会委员、百度知道专家委员会刑事诉讼特聘专家、深圳证券交易所上市公司独立董事、中国百强大律师（刑事辩护）、南充市政协委员。

胡　珊，南充女企业家协会常务副会长、南充蓬安商会副会长。

张翼飞，四川省电视艺术家协会会员、南充市政协委员。

杜　铮，南充非物质文化遗产协会理事、南充市心理咨询师协会常务理事、南充市政协委员。

五、参政议政成果

2003年以来，支部党员中的人大代表、政协委员提交建议、提案、社情民意累计150余件。其中：吴开代表提出的《关于规范邀请招投标的建议》《关于对公路交通环境综合整治工程采取联合执法的建议》《关于漾新路恢复和增设缆索护栏等安全设施的建议》等建议案均得到了政府的高度重视；《关于重新修建南充市动物园的建议》被列为人大城环资委督办的重点建议。

2009年支部撰写的调研报告《引导大中专学生调整就业心态的思考》，被市委会作为中共南充市委召开的小范围谈心会发言材料，并得到市委领导的一致好评。

2018年张翼飞撰写的《关于尽快在主城区建立智能交通管理系统的建议》，被评为市政协优秀提案，

2018年王炳淏撰写的提案获得民革四川省委采用、民革南充市委采用，被评为"民革南充市议案提案先进个人"。

六、党员获得市级以上党内外各种奖项

郑敏被评为四川省城镇"巾帼建功活动"标兵，李惠民被评为民革四川省"优秀党员"，覃瑜莉被评为民革四川省"优秀女党员"，龚举敏被评为民革四川省"祖统先进个人"。

连续四年考核"一等奖"，使支部荣获民革省委"先进集体"荣誉称号。

杨代炳曾荣获国家财政部"先进个人"称号，郑瑞祥曾获得国家审计部门"先进个人"称号。

李惠民多次荣获市省以上"先进个人"称号，汪亮曾多次荣获市科技进步奖及省丝绸业表彰奖励，林波、龚举敏曾获得的市统战系统与市宣传部联合举办的统一战线与和谐社会征文"二等奖"和"优秀奖"。

在纪念建国60周年演讲比赛中，支部党员张丽代表民革市委参加了全市统战系统组织的"与祖国同行"演讲比赛，并获"优秀奖"。老党员殷成龙撰写的征文荣获民革中央征文"三等奖"的表彰。张翼飞的征文获市宣传部门表彰。

杜铮2015年获得四川省优秀心理咨询师表彰；2018年荣获"南充市优秀政协委员"。

张翼飞分别在2015年、2018年获得南充市"十佳"新闻工作者评选中荣获"十佳"主持人称号；2017年荣获"新春走基层"先进个人称号；2018年

荣获政协南充市委员会教科文卫体委员会2018年度"优秀委员"；2000年5月所播《南充新闻》节目获得四川广播电视新闻奖电视播音类三等奖；2003年12月参加南充市广播电视系统播音员、节目主持人比赛获电视播音类第一名；2006年2月参与创作稿件《顺庆区创建学院街和谐社区》获得2005年度南充市好新闻评选优秀作品。

王炳淏：被评为市师德先进标兵、市先进教育工作者。

七、宣传南充民革及多党合作制度的作品

龚举敏曾经在省政协报上刊登相关论文一篇。

贾明哲、龚守胤、殷成龙编纂的《南充蚕丝志》在国内外发行，获得了省、市有关部门颁发的荣誉证书及奖金。

八、获得民革上级组织的表彰和奖励

荣获民革四川省委2011年度"先进基层组织"称号。

九、开展社会服务活动情况

支部充分发挥党员的人才优势，努力为社会做好事、做实事，为发展南充地方经济做出了应有的贡献。

1. 1988年，支部党员筹资6000元创办南充市中山商行，党员秦群林自筹资金，于1989年成立中山亨达商行，后更名为"雅豪实业公司"；

2. 市农业局农艺师李惠民为发展南充茧丝绸优势，创办了中山蚕种场，为我市蚕丝业的发展做出了积极的贡献；

3. 从事于丝绸纺织业的总工程师汪亮发明了重磅绢丝及其生产方法和设备，为南充、广安的丝绸发展做出了积极的贡献，虽然退休多年，却仍在为丝绸业的振兴做贡献；

4. 党员林波，多次利用法律武器为蒙冤者伸冤，为弱势者献策，为确保

地方稳定和社区和谐倾心尽智，被聘为"南充市市长热线（12345）法律顾问"获得了市上相关部门的表彰；

5. 党员胡珊利用自身优势和通过自己不懈的努力，不但成为南充美容行业的领军人物，还成功地进驻成都创立了四川香巴拉拉科技有限公司，她追寻的目标是创建养生基地和成立本土最大的慈善基金，她从1998年起她就开始捐助贫困大学生，并每年到养老院为孤寡老人献爱心。

6. 汶川"5.12"大地震发生后，支部党员踊跃捐款，80高龄的老党员贾民哲身患重病仍让支部同志带去捐款500元；党员郑瑞祥身患尿毒症卧床不起却心系灾区献出爱心；民企党员李祥昌号召员工为汶川捐赠27750元，并将救灾物品和药品亲自送往绵竹汉旺镇和南充红十字会。为帮助灾区重建，他积极主动参与民革市委会组织的赴德阳黄河路小学献爱心活动，为学校购买了3000余元的体育用品；

7. 国家二级心理咨询师、党员杜铮，在震后首先发出倡议，让全市的同行们携起手来，共同帮助人们平安度过震后心理恐惧期。并联合南充市团委、南充电子科技学校共同举办"关注灾后心理，构建和谐心灵"的大型灾后心理健康系列咨询活动，并运用市长热线对有震后恐惧心理的市民进行免费的心理辅导等；

8. 新社会阶层党员涂仕兵长期捐助贫困大学生，常常为弱势群体捐款捐物。其他党员更是不甘落后，主动多次为东南亚海啸、青海玉树、甘肃舟曲、我省特大山洪、雅安地震等一系列灾情捐款。

9. 2012年支部为献爱心与市委会、一支部、七支部联合前往南充市福利院探望了残疾儿童，为福利院老师和儿童送去了价值万元的学习用品和生活用品。在响应市委会开展的手牵手活动中，支部积极联系困难党员，为他们分忧解难，送寒送暖，得到好评。

10. 2014年12月13日，组织部分党员参加了由合众公益协会、中国青少年发展基金会主办，合众人寿南充中支、高坪区关工委、高坪区团委承办的"爱心捐助，心系山区贫困学生"活动。对地处南充边缘山区的高坪鄢家小学学生捐助了爱心运动和文娱用品，并进行一对一地认捐，以实际行动为山区贫困儿童献爱心。

11. 2015年4月18日，组织部分党员到位于顺庆、蓬安、南部三县（区）交界处，处于半山腰的南部县王家镇七层山村小，为留守学生们送去书包、字典、科普书籍、写字本、笔和跳绳、羽毛球、乒乓球等学习和体育活动用品。

12. 支部多次到南充市福利院为残障儿童捐款捐物、进行心理辅导。

民革南充市第四支部在民革南充市委的领导下，秉承长期共存、互相监督、肝胆相照、荣辱与共的宗旨，认真履行职能，为南充市的繁荣昌盛与和谐构建，积极努力，尽职尽责。

（撰稿：杜铮）

第二十节　第五支部委员会

一、概述

1987年7月，民革南充市委新增建了第五支部（以下简称"五支部"），郭延东任支部主委；1987年9月16日，五支部在南充内燃机厂过第一次组织生活，中共内燃机厂党委副书记何春帆、组织科长刘文义参加支部活动。2003年9月，五支部改建为民革南充市委联合总支委员会，五支部建制取消。

2008年12月21日，民革南充市委恢复五支部建制。当时从联合总支、一支部、二支部共抽调12人组成新的五支部。五支部现有党员30名，其中24人为企业界人士，4人为教师，退休人员占25%；五支部现有3名市政协委员，1名"特约监督员"、1名市政协"社情民意信息员"。

2010年初，五支部建立了《党员考核制度》《组织生活制度》《经费管理制度》《党员慰问制度》《参政议政及宣传成果奖励办法》等规章制度，使支部管理工作做到了有章可循、有规可依。

五支部在民革南充市委领导的关心、支持和帮助下，在支部全体党员的支持和配合下，组织活动开展得有声有色，参政议政工作卓有成效；为社会公益事业，为地方经济社会发展，为南充民革履行职能做出了积极的贡献。

二、支部历届班子成员及党员

（一）第一届（2008年12月）
主委：程显权，副主委：明海全。
委员：李友瑛、何　川、冯　轶。

（二）第二届（2010年换届后）
主委：程显权，副主委：明海全。
委员：冯　轶、李友瑛、谢　维。

（三）第三届（2015年底换届后）
主委：程显权，副主委：何欣。
委员：明海全、李友瑛、陶李梅。
2017年9月–2018年10月，朱兴弟、杨淋杰、陶李梅、明海全、宋清、宋邦金、青海军先后调出支部。

三、担任党内外职务的党员

冯轶、何川、张黎辉任第五届南充市政协委员，程显权、何川、鲍俊兵任第六届南充市政协委员。程显权任民革南充市委委员、南充市地税局"特约监督员"，朱兴弟任南充市政协"社情民意信息员"。

四、兼任社会职务的党员

程显权：关爱抗战老兵团队负责人
何　欣：南充"8号俱乐部"负责人
明海全：海全基金会理事
何南英：向日葵基金会理事

五、参政议政成果

五支部自成立以来，充分发挥党员智力优势及参政议政热情，在履行职能方面取得丰硕成果。先后有多件提案被市政协作为重点提案督办，有多件提案被市政协评为"优秀提案"，有多件社情民意获得市领导批示，有的建议还促成南充地方法规的出台并实施。

（一）市政协重点督办提案及获奖提案

1.《关于尽快归还南充青居电站借款的建议》

2.《关于在我市实施"公交优先战略"的建议》

3.《关于我市建立"新闻发言人制度"的建议》

4.《关于加大对我市渔类资源保护力度的建议》

5.《关于将滨江大道打造成平安大道的建议》

6.《关于拆除城区道路绿化隔离带的建议》

7.《关于排查南充嘉陵江段排污口的建议》

（二）获市领导批示的《社情民意》

1. 2010年：《关于我市建立"新闻发言人制度"的建议》《扫街扬灰污染环境，来往行人怨声载道》《破旧出租车损害阆中形象，更换新出租车刻不容缓》；

2. 2011年：《关于企业特殊工种职工正式退休后停缴医疗保险金的建议》《我市出租车行业管理体制改革刻不容缓》《城区缺少出租车停靠点，司机停车被罚喊冤叫屈》《关于加大城市公交投入和管理的建议》；

3. 2012年：《应重视保障性住房的管理和分配》《关于在南充市辖城区新建室内游泳池的建议》《建议恢复南充嘉陵江端午节龙舟赛》；

4. 2013年：《电梯事故频发，亟待加强监管》《违背民意指定车型，前车之鉴不容忽视》《五里店交通拥堵亟待整治》；

5. 2014年：《外地企业在南充非法融资应引起高度重视》《医保缴费年

限被清零的问题亟待纠正》《加大对原国民党抗日老兵的关爱力度》《重拳打击非法营运刻不容缓》。

（三）"建议"促成4件地方法规出台并实施

1.《关于出台新的南充市出租汽车管理办法的建议》，促成《南充市出租汽车客运管理办法》（南府办发〔2012〕29号）出台，并于2012年8月1日实施；

2.《应重视保障性住房的管理和分配》，促成《南充市公共租赁住房管理暂行办法》（南府办发〔2012〕61号）出台，并于2013年1月1日生效；

3.《关于我市餐饮垃圾定点处置的建议》，促成《南充市餐厨垃圾管理办法》出台，并于2013年9月1日开始正式实施；

4.《电梯事故频发，亟待加强监管》，促成《南充市民用电梯管理办法》出台，并于2014年3月1日开始实施。

六、党员获得市级以上党内外各种奖项

（一）民革奖励

1. 程显权获2009年度"民革四川省抗震救灾先进个人"荣誉称号；

2. 程显权获2010年度"民革四川省先进个人"荣誉称号；

3. 李胜利获2006～2011年民革四川省委"祖统工作先进个人"荣誉称号；

4. 朱兴弟获2012年度民革南充南充市委"特殊贡献奖"。

（二）政府部门表彰奖励

1. 2009年，在南充市公安局交警支队面向全国有奖征集"南充城区交通秩序整治"建议活动中，朱兴弟获唯一的"金点子"奖。

2. 2010年，朱兴弟获南充市城管执法局"最佳城市管理广告语""城市管理好点子""优秀城市管理广告语"3个奖项；《"万卷楼景区"规划创意方案》获西山风景区管理局的"规划创意"奖。

3. 2011年，朱兴弟撰写的《保护嘉陵江，珍惜水资源》获南充新闻网、康源水务征文"一等奖"。

4. 2012年，在"南充城市重点建设项目及畅通工程建言献策有奖征文"活动中，朱兴弟获征文"一等奖"，程显权获征文"二等奖"；朱兴弟撰写的《政协委员要提高参政议政实效》获市委宣传部、《南充日报》"学习党的十八大精神征文大赛"活动"二等奖"。

5. 2013年，在《四川日报》、四川日报网推出"实施多点多极支撑发展战略·天府问计"大型网络讨论暨征文活动中，朱兴弟撰写的《打造川东北投资首选地，促进实体经济大发展》《将南充"万卷楼"打造成三国文化园的建议》分别获"二等奖""三等奖"；

当年 11月18日，朱兴弟被市政协评为2013年度"市政协社情民意信息员先进个人"。

6. 2014年，在全市统一战线开展的"协商建诤言，合作促发展"征文比赛中，朱兴弟撰写的《多党合作赋》获"一等奖"、《多党合作，前景辉煌》获"二等奖"；

同年11月18日，朱兴弟被市政协评为2014年度"市政协社情民意信息员先进个人"。

七、开展社会公益活动情况

1. 年近70的王菊数年如一日地照顾一名长期生病的女台属刘菊仙。

2. 2010年，青海玉树大地震、舟曲特大泥石流灾害发生后，五支部党员先后共向灾区捐款12200元。

3. 2011年，何欣捐款2万元给顺庆区龙桂乡修建乡村公路，冯轶赞助"嘉陵江新诗研究会"5000元。

4. 2012年，明海全向15名藏区贫困学生每人发放了助学资金1500元，共计22500元；国庆、中秋假日期间，五支部党员在前往西藏旅游时，顺道前往西藏那曲县香茂乡中心小学看望藏族小学生，并自费购买了价值3000多元钱的书籍和文具赠送给孩子们。

5. 2013年，明海全组织发起的海全基金会9+3扶困助学活动，给长乐初中同学捐赠出价值10多万元的服装和价值5000多元的体育器材；何欣创办的"8号俱乐部"向仪陇县中坝乡大仪村小学捐赠课桌椅凳、学生书包及学习用具、教师教学用具、教室用电设施及设备、乒乓球台及球拍等体育设施共价值3万多元的6大类物品。

6. 2014年2月，五支部开展寻找、慰问南充原国民革命军抗日老兵活动；至年底，寻访到118位原国军抗日老兵，他们大多生活在贫困线下。从当年6月开始，五支部通过民间慈善组织，先后为南充48名抗日老兵申请到每月300元、400元、500元不等的民间救助金。7月，五支部提交的《加大对原国民党抗日老兵的关爱力度》获市委书记批示；8月，《补助方案》获市政府常务会议通过；从9月开始，生活困难的原国军抗战老兵每月获得政府固定补助至终生，他们的生活保障问题得到有效解决。

7. 2016年底关爱抗战老兵活动。由党员鲍俊兵给10位老兵发慰问金200元/人。

8. 2017年清明节与南充市抗战历史文化研究会、四川普善公益协会共同出资组织实施10名抗战老兵重返昔日战场活动。一路滇西、一路湖南长沙等地。

9. 2017年8月与南充市抗战历史文化研究会、四川普善公益协会、深圳龙越基金共同出资拍摄出品"南充籍抗战老兵口述历史影像资料"。

八、支部获得民革南充市委的表彰

2010年，荣获民革南充市委2009年度先进集体"三等奖"称号。
2011年，荣获民革南充市委2010年度先进集体"二等奖"称号。
2012年，荣获民革南充市委2011年度先进集体"一等奖"称号。
2013年，荣获民革南充市委2012年度先进集体"一等奖"称号。
2014年，荣获民革南充市委2013年度先进集体"一等奖"称号。
2015年，荣获民革南充市委2014年度先进集体"一等奖"称号。
2016年，荣获民革南充市委2015年度先进集体"二等奖"称号。
2017年，荣获民革南充市委2016年度先进集体"三等奖"称号。

（撰稿：程显权）

第二十一节　第六支部委员会

一、概述

民革南充市委第六支部委员会（以下简称六支部）于1993年11月13日成立，现有党员22人，其中中、高级职称20人。

二、支部成立及班子成员

1993年11月13日，六支部正式成立，组成第一届支部班子。主委张乃驹，副主委蒋才胜，委员杨桂攀、李再茂、秦群林。

三、支部的6次换届及班子成员

六支部从成立到2019年11月，历经6次换届。

1. 1996年10月，六支部换届，组成第二届支部班子。主委李再茂，副主委蒋才胜，委员游平、罗云扬。

2. 2003年10月，六支部换届，组成第三届班子。主委游平，副主委杨时兴，委员蒋才胜。罗文扬、何大茂、李正鹏、薛世民、王晓信5人调往顺庆总支。

3. 2006年8月，六支部换届，组成第四届班子。主委游平，副主委雍玉红（兼任组织委员），宣传委员朱兴弟，经济委员廖辉。

4. 2010年6月，六支部换届，组成第五届班子。主委游平，副主委周龙强，组织委员雍玉红，经济委员廖辉，宣传委员李全义。

2014年10月，因工作原因，游平辞去六支部主委职务，支部工作由副主委周龙强主持。

5. 2015年12月，六支部换届，组成第六届班子。主委周龙强，副主委刘展，组织委员雍玉红，经济委员廖辉，宣传委员李全义。

2019年刘展辞去支部副主委，增补姚红均为支部副主委。

四、担任党内职务或人大代表、政协委员、特邀信息员的党员

党员杨汉翔曾任民革南充市委第八届、九届主委，四川省第七届、八届人大代表，南充市第一届政协专职副主席，南充市第二届人大常委会专职副主任。

党员雍玉红为南充市第二届、三届人大代表。

党员杨时兴为南充市第二届、三届政协委员。

党员游平为南充市第二届、三届、四届、五届政协委员。

党员秦群林、胥凌云、杨桂攀、李再茂、杨赐端都曾任南充市（现顺庆区）的人大代表、政协委员。

党员廖辉为南充市第六届政协委员，杨霖杰为南充市顺庆区政协委员。

党员朱兴弟为南充市政协特邀信息员。

五、参政议政情况

（一）近三年六支部党员提交市、区政协提案：

1. 2017年：《关于对无视政府公告违法采砂者予以惩罚的建议》《关于加快南充丝绸产业发展的建议》《关于加大打击力度，严禁残疾人车非法客运的建议》《关于南充城区"缓堵保畅"的建议》《关于加强我市城市人防工程开发和利用的建议》……

2. 2018年：《关于加强对国企纪检监察工作的建议》《关于加强我市农村扶贫资金管理的建议》《建议编辑南充文史资料专辑（建设攀枝花的南充人）》《关于建设"四好农村路"的建议》《关于在我市校园开展"非遗"传承教育工作建议》……顺庆区政协提案：《关于拆除顺庆区延安路绿化隔离带的建议》《关于规范共享单车停放问题的建议》《建议清明举办首届"中国·南充公祭陈寿大典"》……

3. 2019年：《关于发展我市低碳旅游的建议》《关于为顺庆区花园坝电脑城几条小街命名的建议》《关于修建"抗日将士阵亡纪念碑"的建议》

《关于加强对居民小区业委会指导和监管的建议》《建议调整南充市区巡游出租车起步价》……顺庆区政协提案：《关于开通顺庆区外环公交线路的建议》《关于加强顺庆区助力电单车规范管理的建议》。

（二）近三年六支部党员提交市政协社情民意情况：

1. 2017年：《建议在全市乡村道路的岔路口设置"路标"》《关于抢救、传承与发展南充面塑艺术的建议》《关于农业供给端结构性改革与食品安全问题的建议》《政府购买公共文化服务除了规范招投标还应重视事后监督》。

2. 2018年：《顺庆区滨江中路景观带周边应配套建设停车位》《关于在西充县印铁山修建"抗日英雄纪念碑"的建议》《关于出台南充客运车辆管理办法的建议》《关于加强政府购买公共文化服务监督力度的建议》《关于弘扬三国文化，助力南充旅游业发展的建议》。

3. 2019年：《建议加强机构改革中的档案移交工作》《建议对我市悬挂光荣牌工作进行检查督促》《建议终止市辖三区"黄包车"营运》，区政协：《关于在顺庆城区过街人行天桥修建雨篷的建议》《关于建立城市"精细化管理服务岗亭"的建议》。

（三）近两年开展社会服务情况

1. 2018年：2月10日下午，支部主委周龙强带领党员先后来到顺庆区贫困户侯小林和民革机关退休干部蒋才胜家里，向他俩分别赠送了食物和500元现金；5月13日下午，六支部和五支部、顺庆总支委员会5名党员前往嘉陵区里坝镇，看望96岁的台湾返乡抗日老兵任金介，并赠送慰问品；8月31日，周龙强带领5名党员，来到营山县柏坪乡关坪村，看望并慰问4户当地贫困户，向他们分别赠送了食物；9月2日，周龙强带领5名党员，来到蓬安县南燕乡，看望并慰问杨忠仁、胡西江俩位抗日老兵，分别赠送了慰问品和500元慰问金；9月初，支部积极响应民革四川省委的号召，发动全体党员购买稻城县傍河乡普牙村马铃薯，人平购买1件多，为高原藏区群众早日脱贫解困尽了一名民革党员的绵薄之力！

2. 2019年：1月27日，支部主委周龙强带领党员来到南充友谊医院，看望并慰问住院的5位抗日老兵，给每位老兵各赠送500元现金和慰问品；春节前，六支部组织党员来到民革老党员蒋金海家中、南充市友谊医院、顺庆区何家观社区看望并慰问民革党员、抗日老兵和社区特困户，给他们送去了民革组织的关怀、慰问和祝福。2月25日下午，六支部党员将大家捐款为何家观社区残疾人潘友林购置的一部电动轮椅送到他家中，民革南充市委秘书长罗艳参与捐赠活动；6月5日、6日，六支部周龙强、杨霖杰主动参与由《南充晚报社》组织的"高考爱心专车"活动，免费将高考学子送到考场；9月10日下午，支部主委周龙强带领几名党员，先后来到顺庆区何家观社区残疾人潘友林家中、李家镇庞家庵村抗日老兵何俊家中，给他俩分别送去了中秋慰问品和节日祝福，民革市委罗艳参加此次活动；10月20日，六支部党员到嘉陵区为百岁抗日老兵蒲康九祝寿，为蒲老敬献了1000元生日礼金和生日礼物。

（撰稿：周龙强）

第二十二节　第七支部委员会

一、概述

2009年7月16日民革南充市第七支部第一届委员会成立。当时支部有党员7人，主委李祥昌，副主委袁君，委员董瑜。

2010年6月，民革南充市第七支部增补康本荣为副主委。

2015年11月，支部换届，民革南充市第七支部第二届委员会成立。李祥昌任主委，刘媛媛任副主委，向斌、姚青顺、张钦峰任委员。

期间，张钦峰调离支部，并于2018年12月，增补秦超为支部委员。

支部现有党员21人。

二、担任党内外职务的党员

罗艳现任民革南充市委秘书长，南充市第六届人大代表；李祥昌现任四川省第十一届政协委员、南充市第六届人大代表和民革南充市委委员，周红现任南充市第六届政协委员；姚青顺、杨冬梅、张刚和向斌均为市红十字志愿者协会志愿者。

三、参政议政成果

（一）七支部党员罗艳撰写的《关于我市小城镇建设的建议》被市政协评为优质稿件。

（二）在市两会期间，市人大代表李祥昌提交了5个建议意见案。题目如下：《关于及时兑现国家资助资金的建议》《关于加快发展我市现代职业教育的建议》《关于严厉打击虚假广告、建立诚信社会秩序的建议》《关于免收绕城高速（清泉寺大桥至青莲段）通行费的建议》和《关于提高城管执法水平的建议》。

（三）在市两会期间，市人大代表罗艳提交了7个建设意见案。题目如下：《关于大力推进川东北区域金融中心建设的建议》《关于创新财政资金使用方式的建议》《关于加快南充丝绸产业发展的建议》《关于加强共享单车管理的建议》《关于加强老旧小区环境综合整治，彻底治理"蜘蛛网"乱象的建议》和《关于加强我市食品安全监管工作的建议》。

（四）在市两会期间，市政协委员周红提交了6个提案，具体如下：《关于规范保健品市场的建议》《关于规范城区住宅改商用的建议》《关于在上中坝大桥高坪段修建人行楼梯通道的建议》《关于农村环卫管理体制的建议》《关于堵住"地沟油"的建议》和《关于落实我市民企职工带薪休假条例的建议》。

（五）2017年11月，民革南充市第七支部主委李祥昌提交的《督导儿童苯丙酮尿症求助体系的建议》，被评为"2017年度政协南充市委员会优秀社情民意"。

（六）2019年3月，民革南充市第七支部党员周红提交的《关于大力实施学前教育行动计划的建议（并案）》，被政协南充市委员会通报表扬为2018年度"优秀提案"。

四、党员获得市级以上党内外各种奖项

1. 2010年10月，民革南充市第七支部党员罗艳荣获"民革全国优秀宣传干部"。

2. 2012年12月，李祥昌获得"民革全国社会服务先进个人"荣誉称号。

3. 2012年12月31日，民革南充市第七支部党员董瑜代表民革南充市委参加中共南充市委统战部举行的"学习十八大同心促跨越"演讲比赛，荣获二等奖。

4. 2013年6月19日，罗艳参加民革省委在成都举行的"实现伟大中国梦——薪火相传，圆多党合作之梦"主题演讲比赛，获得"优秀奖"。

5. 2013年7月24日，民革省委机关干部职工与民革南充市委机关干部职工进行了气排球体育比赛，七支部党员向斌参加的民革南充市委机关干部职工队荣获"亚军"。

6. 2013年12月，党员姚青顺被市红十字协会评为"优秀志愿者"。

7. 2013年12月，党员向斌同时被市妇联和市红十字协会志愿者协会评为"优秀志愿者"。

8. 2015年6月，民革南充市第七支部副主委刘媛媛被民革南充市委评为南充民革成立65周年"优秀民革党员"。

9. 2017年11月，民革南充市第七支部党员罗艳被民革中央评为"民革全国组织建设工作先进个人"。

10. 2017年11月，李祥昌被民革中央评为"全国社会服务工作先进个人"荣誉称号。

11. 2017年11月，民革南充市第七支部党员罗艳被政协南充市委员会评为"2017年全市政协系统反映社情民意信息工作先进工作者"。

12. 2018年7月，李祥昌、罗艳被市人大常委会评为"2017年度优秀市人大代表"。

13. 2018年12月，民革南充市第七支部主委李祥昌被民革南充市委评为

"2018年度优秀党务工作者"。

14. 2019年9月，民革南充市第七支部主委李祥昌被金阳县人民政府评为"金阳教育扶贫卓越贡献奖"。

基层组织获得上级组织的表彰和奖励

1. 2011年支部荣获民革南充市委2010年度先进集体"二等奖"。

2. 2012年支部荣获民革南充市委2011年度先进集体"一等奖"。

3. 2013年1月，民革南充市第七支部荣获民革市委"2012年度先进集体一等奖"。

4. 2014年1月，民革南充市第七支部荣获民革市委"2013年度先进集体三等奖"。

5. 民革南充市第七支部在基层组织考核评比中荣获"2014年度先进集体二等奖"。

6. 2015年12月，民革南充市第七支部在民革南充市委2015年度基层组织考核评比中荣获"先进集体二等奖"。

7. 2017年1月，民革南充市第七支部荣获民革市委"2016年度先进集体三等奖"。

8. 2018年1月，民革南充市第七支部荣获"2017年度先进集体二等奖"。

9. 2018年12月，民革南充市第七支部在民革南充市委2018年度基层组织考核评比中荣获"先进基层组织二等奖"。

六、开展社会公益活动情况

1. 2012年9月29日，民革南充市第七支部协同民革南充市委开展残疾儿童关爱活动，深受残疾儿童的欢迎。

2. 2013年8月团市委发起了为我市的贫困生圆大学梦的"金秋圆梦"活动，支部主委李祥昌积极响应，为贫困学生吴金林捐赠1万元，为其他8名贫困生捐款4万元。本次活动李祥昌共捐赠五万圆，帮助贫困孩子踏进了学校门。

3. 为让南充广大的舞蹈爱好者能有展示自己的平台，圆他们的舞蹈梦，党员向斌策划了"流金岁月"杯首届南充体育舞蹈大赛。从2013年4月19日至5月

16日，为期一个月的舞蹈大赛倍受社会各届的关注，参加人数1500之多。

4. 2014年12月民革南充市第七支部、四支部联合开展爱心助学活动，捐赠价值近一千元的书箱和文具。

5. 2014年5月29日，向斌策划了由市妇联主办，多家爱心企业赞助的"手拉手.心连心.共同托起中国梦"关爱留守儿童活动。在他的倡导下，爱心企业家为该校近2000名学生带去了价值2万元的学习用品及体育用具。另外，爱心企业家们还集资8万元，为该校修建篮球场出一份力。

6. 2015年11月，民革南充市第七支部主委、南充泽英教育集团董事长李祥昌带领七支部党员赴南部县开展扶贫帮扶捐赠现金贰万元。

7. 2016年11月10日，民革南充市第七支部主委李祥昌协同民革南充市委向仪陇县柳垭小学捐赠400套课桌和学习用品。

8. 2018年9月1日，民革南充市第四、七支部到南部七层山小学开展春蕾助学活动，捐赠价值一千元的学习用具。

9. 2019年3月16日"手拉手情系乡村乡村小伙伴"民革南充市委、南充民革七支部走进嘉陵区二龙山村小关爱留守儿童活动，南充市新的社会阶层人士联谊会副会长，南充民革七支部主委李祥昌代表南充市新的社会阶层人士现场捐款两余元。支部党员捐赠近千元的衣物。

10. 多年以来，党员姚青顺坚持长期无偿献血。截至2019年1月，他已经献血26次，共献血5200毫升。

（撰稿：刘媛媛）

第二十三节　第八支部委员会

一、概述

2009年7月28日，以民革南充市第四支部部分财税系统党员为骨干，组织成立了民革南充市委直属第八支部。第一届支部主委杨惠兰，副主委杨莉平、委员王波。成立时共有党员12人；截止2013年12月，第八支部新加入成员（包括关系转移及新加入）5人；至2019年11月，新加入5位，转出及去世共3位现有党员19位。

二、历届班子成员

2009年7月28日成立时，支部主委：杨惠兰，副主委：杨莉平，委员：王波。

2010年6月，按照民革南充市委统一部署支部换届，支部主委：杨惠兰，副主委：杨莉平，委员：邱玮、王波。

2013年12月，根据工作需要，支部改选调整，支部主委：王波，副主委：邱玮，委员：杨惠兰、杨莉平、郑立循。

2015年换届，支部主委：王波；副主委：邱玮；委员：杨惠兰、杨莉平、郑立循、傅良颖。

三、担任党内外职务的党员

支部党员王晓贤任市政协副主席、民革南充市委主委。

四、党员获得市级以上党内外各种奖项

1987年，易仁富获南充市人民政府税收"工作先进者"称号。

1992年，易仁富获南充市人民政府"工作先进者"称号。

1994年，易仁富获南充市人民政府"先进个人"称号。

2000年，杨惠兰获民革四川省委"优秀基层党务工作者"奖励。

五、基层组织获得上级组织的表彰和奖励

2012年和2018年，支部获得"三等奖"。

（撰稿：杨惠兰）

人物传记

第一节　传

一、裴昌会传

裴昌会（1896-1992），字同野，山东潍县（现潍坊市河滩区）人。出生于工商业世家，由于家境殷实，裴昌会从小就受到了良好的教育。他先后就读于潍县私立高等小学、潍县中学、山东高密县胶莱中学。当时，山东属德国的势力范围，儿时的裴昌会目睹了半封建、半殖民地人民饱受帝国主义列强欺凌的现状。从那时起，他便萌生了要改变中国积贫积弱现状，使国家强盛起来，不再受帝国主义任意凌辱的强烈愿望。受辛亥革命的影响，裴昌会看到了国家的希望。在中学时期，他就参加了孙中山领导的同盟会，走上了民主革命的道路。1917年，裴昌会中学毕业后，决心走实业救国的路，便考入了北京民国大学商预科就读。

1917年7月，张勋率辫子党在北京搞臭名昭著的"张勋复辟"，妄图颠覆民国新生政权，北京局势十分混乱。包括北京民国大学在内的多所高校都提前放假，裴昌会只好回到山东潍县。次年春，北京高校纷纷复课。可裴昌会却因生了一场重病而延误了返校复课。长达三个月的生病，使他失去了在大学深造的机会。

上大学深造机会的丧失，给了裴昌会一次较大的打击。但是，从小聪颖好学的他并未因此放弃继续求学的机会。1918年秋，保定陆军军官学校因"复辟"，而使招生工作受到严重影响。原来，保定陆军军官学校是从各地陆军小学、陆军中学招收次第上升的学员，从来不愁生源。为保证学校教学工作正常开展，军校决定从山东等地招收社会上的高中生、大学生，作为军事人才培养的对象。裴昌会得知这一消息后，立即报名投考。学习成绩本来就很优异的他终于如愿以偿，被录取为保定军校第八期学员，分配到步兵科学习。

裴昌会不仅勤奋学习军事知识和各种军事技能，还善于思考，善于分析，各科成绩都很优秀，是军校不可多得的人才。从1918年到1922年，学校因直皖战争休学一年。但裴昌会不仅未因此放弃对军事的学习，还成为了陆军大学第六期特别班的旁听生。在保定军校的三年，为他今后成为优秀的军事指挥员，打下了坚实的基础。

毕业前，裴昌会与同班同学陈诚等商议，准备南下广州，参加国民革命军。毕业后，军校将裴昌会等分配到汉口孙传芳部，到汉口后他们认为，这批学生大多数是北方人，如到广州，不会粤语，语言不通，交流不便；同时气候也不适宜，环境又不熟悉，存在诸多不便。同时，他们看到，汉口有不少保定军校的同学，可以相互照顾，故认为，留在汉口比较好。他们决定留在汉口，未再提到广州之事。

裴昌会被分配到北洋陆军混成旅作见习排长，不久便到学兵连任排长、连长、上尉参谋。1926年，第二、三混成旅在湖北合编为第七师，裴昌会由上尉参谋升为少校团副。1927年8月，孙传芳部与北伐军交战失利，孙传芳避走天津，孙传芳所属主力部队被蒋介石收编为国民革命军。

裴昌会加入国民革命军后，1929年被任命为第9军47师141旅第7团上校团长。1931年，裴昌会随部队到兴国县参与围剿红军，后退守永丰、吉水一带休整。继后，第47师部分人员被编入到郝梦龄的54师，裴昌会升任郝部160旅少将旅长，1931年12月7日，裴昌会荣膺蒋介石颁发的五等宝鼎勋章。

1932年上海"一二八事变"后，第9军47师开往江苏昆山待命。裴昌会调离54师，升任47师少将副师长，在苏州河一带布防。

1933年8月3日裴昌会升任47师中将师长（辖两旅）。

1934年，裴昌会随上官云相率部至贵州堵击红军。部队到达贵州后，红军已渡过大渡河，未能与红军遭遇，乃留在贵州修筑滇黔公路。在此期间，上官云相经蒋介石批准去德国考察，郝梦龄接任第9军军长，裴昌会升任副军长兼47师师长。1935年4月13日，蒋介石令裴昌会叙任陆军少将。裴昌会率部完成修路任务后，于1936年10月5日晋升为陆军中将；11月12日，荣膺四等宝鼎勋章。翌年7月，47师调湖北黄陂、浠水一带休整。

1937年7月"卢沟桥事变"后，47师奉命开赴河北抗日前线。同年11月9日，裴昌会任第49军副军长兼47师师长。部队到达河北涿县后，先在白沟河一带协同第30军作战，担任40华里的警戒任务。面对武装精良、拥有炮兵群和战车的日寇的疯狂进攻，在前线友军节节失利的情况下，裴昌会督饬所部顽强作战，在坚守阵地达7天之久后，方奉命冲破敌人的封锁线，经易县转移到保定城关固守；继而转移到元氏县及其以西高地，多次抗击日寇进军。之后他率部奉调晋北，归还第9军建制。然后经阳平关越太行山，昼夜兼程，由太原到忻县参加忻口战役。在一系列反击日寇的侵略战争中，裴昌会屡建奇功，在国军中赢得了儒将的美誉。

忻口会站打响后，由于需要掩护老百姓安全撤退，影响了47师的行军进程。当部队赶到忻县时，守军已奉命西撤，47师乃受命掩护第9军及其配属部队向忻口以南地区转移。国共两军在忻口会战中所表现出来的团结与合作，给裴昌会留下了深刻的印象。

忻口战役结束后，裴昌会率部在横岭关布防，控制运城、闻喜以西山地。在此期间，国共双方军队团结一致，共御外侮，经常互相交换情报，配合打击敌人。1938年5月中旬，八路军总部绛县侦察组通告，绛县据点敌人以一个大队的兵力，要在三日内向横岭关阵地进攻。裴昌会接到通告后，以两个团的兵力在横岭关以北设置伏击阵地，以部分兵力诱日寇进入包围圈，再发动攻势；八路军以一个团的兵力乘机歼击留守绛县的敌人。两军按计划部署后的第三天，盘踞在绛县的日寇果然向横岭关方向发动进攻。裴昌会率部与八路军密切合作，使日军遭受沉重打击。

1939年1月下旬，八路军总部又密电："太原日寇派出一个联队计三千人，沿同蒲路南下，到风陵渡一带增防"。裴昌会即率47师在洪洞、古县一带阻击敌人，八路军陈赓部的一个纵队和薄一波决死队的一个旅及国军刘戡部互相配合，前后夹击敌人。经过两天半激战，敌人损失惨重，溃不成军，只剩几百人狼狈逃窜。国共两军在这次战斗中缴获了大量的日军武器。

同年，裴昌会升任第9军军长。他按照战区部署，率第9军逐次向太原以东转进，长期住豫北、济源一带打击敌人，一直坚持到1942年春。在此期间，他同国共双方军队的关系处得很好，在沟通关系，调解纠纷上做过大量工作，并且从粮食弹药等方面尽力对八路军予以调剂补给，对国共两党团结抗日起到了积极作用。

1942年5月，裴昌会调任第4集团军副总司令，驻河南巩县。到任不久，就奉调到陆军大学（重庆）特六期将官班学习一年半。1944年春，他学习结束后仍回到河南，任第4集团军副总司令，代理总司令。就是在这一期间，他的家乡潍县沦陷，家人迁居河南洛阳一个小村庄。不久，这个村庄遭到日军飞机轰炸，因为缺乏防御能力，他的妻子姚琳卿、三儿子钧、侄女、外侄孙及随行人员共七人被日寇杀害。当时，日寇正向第1战区司令长官蒋鼎文和副长官汤恩伯所统辖的部队发动较大规模的攻势。裴昌会奉命率第4集团军占领泗水以东的虎牢关高地。会战受挫后，他将部队撤退到卢氏县坚守阵地，一直到抗战胜利。

1945年8月日本宣布投降后，裴昌会率部屯兵河南。9月22日，他参加了在郑州举行的日军投降签字仪式。23日，裴昌会奉命兼任郑州日俘管理处处长，将投降日军分批遣送回国。

因裴昌会在抗日战争中功勋卓著，1945年10月10日获蒋介石颁发的胜利勋章；同年12月20日，再次获蒋介石亲自颁发的忠勤勋章；1946年12月16日，裴昌会再一次获得蒋介石颁发的四等云麾勋章。

抗战胜利后，裴昌会以为中国即将转入和平建设时期。可他得到命令却是要将部队转到陕西，为进行内战做准备。

1947年3月初，第一战区长官司令部改组为西安绥靖公署，胡宗南任主任，裴昌会任副主任兼前进指挥所主任。同年3月，一战区在洛阳的指挥所转移到洛川，由裴昌会任第一战区副司令长官兼洛川指挥所主任。胡宗南由西安抵洛川主持军事会议，战区副参谋长薛敏泉向师参谋长以上军官宣布进攻延安的作战计划，要求在3月13日发动总攻击。在胡部进攻延安前，中共中央、人民解放军总部和边区政府已撤离延安，同时实行坚壁清野，使延安成为一座空城。3月19日，胡宗南部进占延安，另立延安指挥所，代替洛川指挥所，仍由裴昌会任指挥所主任。胡军进驻延安后，蒋介石对此大为嘉奖，于5月28日向裴昌会晋颁了三等云麾勋章。

因延安是有计划撤离，胡宗南部对解放军的行动无从侦察，只能到处乱闯，盲目出击，再加上所有进攻延安的部队都是胡宗南的嫡系，名义上虽由裴昌会指挥，实际上则是听胡宗南的调遣。裴昌会的命令往往在执行中受阻。胡宗南的嫡系部队阳奉阴违，部队一次次受到人民解放军的打击。经过10个月的作战，胡部损兵折将，疲惫不堪。1948年2月底，胡部主力撤至延安以南休整，同时撤销延安指挥所；1948年3月，裴昌会奉胡宗南之命，率师全部撤出延安。至此，历时一年之久的胡宗南进占延安的计划宣告结束。

1948年3月，胡宗南兼任第五兵团（辖整编第三十六师、三十八师、六十五师）司令官；4月，第一战区长官司令部改称西安绥靖公署，并将潼关指挥所扩编为第6兵团司令部。裴昌会以绥靖公署副主任兼兵团司令官的身份，指挥所属部队参加阻止解放军南下的壶梯山、大荔以北诸战役后，遂向四川方向撤退。同年9月30日，裴昌会再次获得蒋介石晋颁的二等云麾勋章。

部队撤到宝鸡时，裴昌会遇到原部队的军需处长李希三（系地下共产党员，被派往宝鸡策动裴昌会起义）。两人情谊较深，无话不谈。李希三对蒋介石挑起的内战极为愤慨，对裴昌会说："革命的目的为的是国家的复兴、民族的繁荣与幸福，作为一个有爱国心的人，应该投到真正的革命阵营中去。中国共产党是允许和鼓励反动营垒中的人弃暗投明、立功赎罪的。"并说："如果信得过我的话，愿意效力。"这时，部队官兵领的金圆券在市场上买不到东西，官兵们便强买强卖，导致民怨沸腾。裴昌会经反复考虑，感到长此下去，自己所带领的十多万将士的前途将不堪设想。于是他决心走起义的道路。裴昌会向李希三说："只要使所带领的部队人身安全得到保障，能各得其所，内战中的一切直接责任由我个人承担。"他当即委托李希三设法去西安代他同解放军联系起义并约定：如有眉目，立即同兵团总务处长李梅村、军医主任冯子让联系，以免直接接触引起特务的注意。

在阻止解放军南下的战斗中，带领整编28旅、担任主阵地壶梯山守备任务的"三民主义同志联合会"地下成员李规，根据组织的安排提前撤退，致使钟松师部遭到重创。胡宗南得知后，亲自到大荔开会，把李规扣押起来，以贻误军机罪，当场宣布三天后执行枪决，并要裴昌会通知李规的家属到西安见最后一面。这时，地下"民联"西北区特派员袁伯扬（当时任西安铁路局专员）和李规的妻子一起来请裴昌会营救李规。裴昌会认为，壶梯山战役失败，钟松应负责任，如处死李规，在军内可能会出乱子。他一面向胡宗南直陈利害，建议改变对李规的处理，一面给李规妻子出主意，要她向李规的

堂兄李文（时任华北剿总副司令、北平警备司令、胡宗南的黄埔一期同学）
发电报求援。后来，胡宗南在各方压力下，改变原来的决定，将李规交军法
审判。不久，经袁伯扬等活动，得到监狱看守的支持，李规逃出，安全转移
到解放区。

1949年7月，裴昌会率领的部队到了川陕公路、川甘公路交界处的双石
辅。他见这里地势十分险要，计划趁机起义。但后来他考虑到正面部署的第1
军是胡宗南的亲信，兵团部各处室的人又大多是由西安绥署调来的，起义没
有把握，只得作罢。8月中旬，李希三绕过胡宗南部的封锁，由西安到双石
辅，向裴昌会转达了解放军第一野战军总部欢迎他起义的口信，对他现在的
处境表示理解。还传达了一野政治部胡耀邦同志的话：既然对部队起义没有
把握，还是再等机会的好。要不然，事情没搞好，让裴老头也赔进去就不划
算了。要他自己权衡，捕捉起义时机。

9月中旬，胡宗南把大巴山预备队阵地的部队编成第7兵团，任命裴昌会
为第7兵团司令官。划归第7兵团的部队都是刚整补和尚待整补的部队，配合
在大巴山山脉，东自通江县东北之竹峪关起，经巴峪关、牢固关、碧口，西
至成都。这条预备阵地带，除牢固关左右地区构筑了一点简单工事外，其他
地区连单人掩体都没有，粮秣准备更谈不上。裴昌会认为这条防线很长，交
通通信极为困难，各部队守备的正面宽，运动不易；尤其军队建制零乱，军
饷粮食装备领运不便，想把部队部署作一些调整，但胡宗南不同意调动。

11月，胡宗南在秦岭一带的守备部队开始撤退入川。12月8日，第38军到
达广元归建，由第7兵团指挥。李希三也随第38军到达广元。这时，第7兵团
在大巴山的部队已处在第一线，又与胡宗南南北隔离，裴昌会认为这是发动
起义的好机会。但第38军军长李振西却说要考虑考虑，认为这样重大的事，
不能希望一蹴而就。没过几天，南下的解放军迫近大巴山防线，首先在牢固
关发生战斗，战事逼近广元。15日，第7兵团部转移到剑阁县，李希三留在广
元负责联络。

经李希三同一野联系约定，解放军第7兵团的后卫部队保存半天行程（约
30华里）的距离，以让裴昌会从容起义。

为便于发动起义，在第7兵团部到达剑阁县城后，裴昌会即令大巴山左右

地区部队分别在巴中、旺苍、苍溪、剑门关、青川、中坝等地区集结，并以第38军之第55师配备在两河口、剑门关东西之线，与交警总队朱兴汝部（临时指挥的）联系，第38军（55师）控制在剑阁县城北。16日午间，他与李希三反复商讨，认为兵团部离成都尚远，容易控制，剑门关又是古代有名的关隘，形势险要，在这里起义影响大些。随即让李振西到兵团部面谈，李振西当时表示绝对的遵从。

裴昌会同李振西密谈刚一结束，第57军军长冯龙奉胡宗南命令率直属部队到达剑阁。裴昌会很清楚，冯龙是胡宗南派来监视自己的，便设法让冯龙离开兵团部，免生麻烦。他以"前方情况紧急、直属部队没有作战经验，一遇紧急情况容易混乱"为由，将冯龙支到了绵阳。

冯龙南下后，裴昌会得到李振西的电话：右翼交警总队已溃散，第55师去向不明，情况很混乱，应当后撤一段距离再作处理。李振西说完这些之后就将电话拆收了，此后，裴昌会再也找不到李振西的部队了（后经多方联络了解到，李振西已沿川陕公路西南侧窜逃）。此时，剑阁城北、城西也响起密集枪声。在这种情况下，裴昌会只得率兵团暂退梓潼。

12月18日，裴昌会率兵团部撤到绵阳。他决定将计就计，先把监视自己的冯龙制住。于是他让冯龙带着第57军直属部队、第90军人力输送团的一个营和刚报到的第36团，先在绵阳涪江西岸占领阵地，作暂时掩护。冯龙极不情愿，但也不敢违抗，悻悻率部出城布防。之后，冯龙退罗江，再返德阳，总是跑在兵团部的前面。

22日拂晓，裴昌会率兵团部到达绵阳城北。随后，裴昌会率兵团部转到德阳以西的孝泉镇。22日晚，经解放军一野总部同意，裴昌会决定在孝泉起义。23日晚，李希三和一野总部的陈明韶来到兵团司令部后，裴昌会即把交呈毛泽东、朱总司令的起义电文交李希三、陈明韶转发。接着，他电令所属部队就地起义。川陕公路以西的部队（除失去联系的第38军）、成都的第119师都复电响应。第76军和第17军虽复电同意起义，但仍向西南急进，经解放军追击，才在三台西放下武器。这样，随兵团起义的部队近十万人。

第二天，裴昌会应胡耀邦之邀，偕兵团参谋长李竹亭和第一处作战科长李福和，从孝泉镇赶到德阳。会见后，他即送上第7兵团所属各军态势要图和全部人马、武器、弹药、器材等表册，介绍了各部的驻地和补给情况。

胡耀邦说："我们的来意，一是慰问你和起义部队，二是征询你还有什么疑难问题，有什么要求？"胡耀邦还笑着说，"我们是一家人了，请你敞开谈吧！"裴昌会回答说："没有什么疑难问题求教，也没有什么要求，只是觉得在秦岭、广元、剑门关三次起义，有负你们对我的期望，推迟了三个多月，似有非到兵临城下不低头之嫌。"胡说："这没有什么可嫌的，你在蒋介石、胡宗南部队中的处境我们都深知，早已向你传过口信。请你慎重相机行事，不要过于冒险，这话你应当记得。现在你没有失信，实现了你的愿望，我和你都高兴嘛！"

25日上午，裴昌会和李竹亭等在德阳县署东北面一家别墅，与贺龙司令员（抗战时期在洛阳会见过）会见。

28日，贺龙从广元回到德阳。对裴昌会说："你准备好，元旦我们要到成都去，还要举行入城仪式，你就跟着我一块走吧！"裴昌会欣然同意。贺龙要裴昌会带上电台和一个警卫营，并派敌工部的副部长刘玉衡和他在一起。"

1950年元旦，裴昌会率第7兵团司令部的部分人员随贺龙司令员到达成都。随即他一面敦促第38军放下武器，一面接收西安绥署所属各部散布在成都的人员。这时，贺龙要求裴昌会给李振西发电报，让他把部队带回剑阁，还算他起义。裴昌会遵嘱去电后，李振西不从。1月21日，解放军在茂县包围了李振西部。李振西急得一夜之间连发了二十几封电报，请裴昌会指点行动。未几，裴昌会受贺龙委托，派副官处长调一部车子把李振西接来。贺龙见李振西时说："投诚的，起义的，都是革命大家庭的一员，你先到高级研究班去学习，将来再分配工作。"

是年4月，裴昌会担任西南军政委员会委员，与一野军代表黄立清一起，将第7兵团起义部队集中在中江、三台、盐亭进行整训，并派员在守经街、大慈寺设登记点，接收了原西安绥署散落人员3000多名，将他们分别安排在西南军大川西分校和18兵团随营学校学习。

裴昌会在解放战争的关键时期义无反顾，果断地高举起义旗帜，站到革命队伍中来，化干戈为玉帛，为全国解放事业作出了重要贡献。

西南息兵的明智之举，得到了中国共产党的赞扬。1950年6月，裴昌会作为爱国起义将领，被特邀参加全国政协一届二次会议。他在会上对新中国成立以后的大好形势和自己走上的起义历程，以及党对起义人员的英明政策和关怀照顾，作了诚挚的发言。

6月23日，毛泽东单独接见了裴昌会，亲切地询问了起义部队的整训情况和生活安排。裴昌会一一作了回答。1955年，中央人民政府授予裴昌会"一级解放勋章"，以表彰他的功勋。

在起义部队开始整编时，裴昌会曾向贺龙提出想退出军界，转业到地方工作的愿望；在部队整编结束后，他又向贺龙提出转业的要求。贺龙说：那好，你跟胡耀邦很熟，到他那里去好不好？

1950年10月，裴昌会到了胡耀邦任主任的川北行署，担任行署副主任兼工业厅长，同时还兼管交通、农林方面的工作，并担任了川北土改工作委员会副主任。

1951年初，作为川北区行署主任兼中共川北区委统战部部长的胡耀邦认为，民革川北区地方组织尚在筹建过程中。川北区的民革需要有一定声望、具有相当影响力的人担任主要领导职务，裴昌会应当是最佳人选。于是胡耀邦亲自致电给民革中央主席李济深，推荐裴昌会参加民革。李济深当即以民革中央和个人的名义，回电中共川北区委统战部，特批裴昌会为民革党员。

同年9月，经民革重庆川康临时工作委员会批准，结束民革川北临工小组的工作。同时经民革中央批准，同意成立民革川北区分部兼南充市支部筹备委员会。9月30日，南充民革川北临工小组宣布结束工作。10月1日，民革川北区分部兼民革南充市支部筹备委员会正式开展筹备工作，裴昌会主持了整个筹备过程。1952年1月20日，民革川北区分部暨民革南充市支部筹备委员会成立大会在川北旅社（当时的川北行署招待所，现盛华堂旧址）大礼堂召开，大会选举裴昌会为民革川北区分部主任委员，由裴昌会、李炳英等9人组成民革川北区分部，同时兼作民革南充市支部筹委会的工作。

1952年冬，南充撤区并省，经胡耀邦指示，裴昌会暂留南充处理川北行署的善后工作和民革的后续工作。在裴昌会的主持下，11月20日，民革川北分部兼南充市支部筹委会工作宣布结束，成立了新的民革南充市支部筹委会。裴昌会亦将工作交与了李炳英负责。同年11月底，他调任西南纺织工业局局长，一直到1958年6月。

此时的裴昌会已年近花甲，主管工业完全是从头学起。但他不畏辛苦，不顾年迈，努力学习，逐渐由外行变内行，后来还领导搞了西南几个大型纺织厂的基本建设。1958年7月，裴昌会担任重庆市副市长，分管轻工业，再次为西南和重庆轻纺工业的建设和发展作出了贡献。

在新中国建立后的40多年中，裴昌会长期担任民革的领导职务。他与中共肝胆相照、风雨共舟、荣辱与共、真挚合作，积极推动爱国统一战线的各项工作。裴昌会调到重庆后，先后担任民革重庆市委员会副主委和民革四川省委员会主委，1979年当选为民革中央副主席，1987年任民革中央名誉副主席。三十多年中，裴昌会在民革的组织建设和思想建设，发展爱国统一战线，推进中国共产党领导的多党合作制度发展等方面做了大量的工作。他一贯致力于祖国的统一大业，拥护"和平统一，一国两制"方针，主张国共两党再度合作，共同建设繁荣昌盛的祖国；他无限思念在台湾的亲属和海外的亲朋故旧，切盼祖国和平大业早日实现；他积极向海外宣传党的十一届三中全会以来，社会主义建设事业取得的巨大成就，为促进祖国统一做出了贡献。

裴昌会曾先后担任第一至七届全国人大代表，第五、六届全国人大常委，第一至三届国防委员会委员等职务。在担任全国人大常委期间，他每年都要到基层视察。因地域关系，他先后对重庆的城市建设、环境保护、职工住宅、公安工作、中小学教育等十多个方面的工作进行了详细的视察，对发现的问题分别向中央和有关部门反映情况，提出建议。如部分老的纺织厂负担退休职工工资过重，中小学急需改善教学条件和解决环境污染等建议，都得到了主管部门的重视。1986年，90岁高龄的裴昌会还到山东青岛、烟台潍坊、淄博等城市进行了一个多月的视察，行程5000多公里，视察了40多个事业和企业单位。在通过听取主管部门的汇报和实地调查，深入了解贯彻《义务教育法》中存在的问题后，他向中央主管部门提出：要尽快制定贯彻《义务教育法》的实施细则，大力发展师范教育，建立一支符合质量要求、相对稳定的教师队伍；进一步提高教师的社会地位和经济待遇；从中央到地方都要拨出专款支援贫困地区，以保证《义务教育法》的实施。他还对开放城市在外引内联的管理制度、资金使用、具体政策等方面存在的问题，以及青岛、烟台经济开发区的建设等提出了具体的建议，受到了中央主管部门的重视。

裴昌会的一生，是始终热爱祖国、热爱人民、追求真理的一生。他从自己的经历中深刻认识到，只有中国共产党才是人民利益的忠实代表，只有社会主义才是实现中华民族繁荣富强的唯一正确道路。他矢志不渝地追求共产主义的崇高理想，即使是在"文化大革命"的十年浩劫中，身处逆境，也丝毫没有动摇对共产党和社会主义的坚定信念。1989年，93岁高龄的裴昌会光荣地加入了中国共产党，实现了从一位著名的爱国起义将领到一名忠诚的共产主义战士的伟大转变，得到了光荣的政治归宿。

1992年3月23日，裴昌会在重庆病逝，享年96岁。

二、李炳英传

李炳英（1889-1957）本名江灵，字蔚芬，祖籍为湖南郴州府宜章县，清嘉庆年间迁居四川省中江县杰兴乡。李炳英自幼思维敏捷、聪颖好学，智力过人，在杰兴乡读私塾时，先生所授知识不仅接受很快，还能博征旁引，举一反三。其父见李炳英是可塑之才，幼时即将其送至广西柳州伯父处就读新学。

光绪30年（1904年），李炳英15岁时征得父亲和伯父的同意，考入了上海中国公学就读。上海公学是20世纪初中国留日学生回国创办的一所进步学校，革命气氛浓厚，是当时反清革命志士的大本营。其间，他"受时局严重和帝国主义压迫的刺激，革命机关报宣传的启发，由"显亲扬名"的封建思想转变为民族主义的革命思想。他刻苦攻读英语、日语等外语，为日后赴日留学打下了扎实的基础。他还在课余和夜间挤出时间作英文《大代数》的翻译工作，在上海中国公学毕业之前，他即将这部英文《大代数》完整地翻译出来，交商务印书馆出版发行。这部学术译著竟出自一个年仅十八九岁的弱冠青年之手，这无论是在当时还是在已过百余年后的今天，都是十分罕见的。

当时，孙中山先生领导的资产阶级民主革命运动像磁石一样，吸引着像李炳英这样的有志青年。为改变中国积贫积弱、任人欺凌的现状，他决定东渡扶桑，留学日本，寻求革命救国的道路。那时，李炳英家并不是十分富足，要支持李炳英留学，十分困难。李炳英的父亲想留住当时已崭露头角的儿子在国内发展，以断绝资助相胁迫。为追求革命真理，李炳英毅然将《大代数》的版权一次性卖给商务印书馆，以200元的整笔稿酬作为路资，于光绪34年（1908年）只身东渡日本，考入东京宏文学院作自费留学生。当时除去赴日路资，李炳英的稿酬已所剩无几。为不影响学习，他节俭度日，与朋友合租"三铺席地"山屋，自带冷饭到学校作为午餐，半月打一次"牙祭"都是以豆腐代肉。他穿的棉衣到春天时便拆去棉花当作夹衣，到了夏天再拆去里层作单衣穿。他就是在这十分艰苦的环境下刻苦攻读，坚持了大半年，不仅稿资耗尽，还落下了严重的胃疾。他不甘就此罢休，坚持继续求学。凭着自身扎实的基础和优异的成绩，于次年考入了东京高等工业学院学习化学工业（印染），同时，考取了官费生（由当时的清政府供给）资格，这才摆脱了食不果腹的窘迫境地。

留日期间，李炳英先生与具民主革命思想的熊克武（锦州）、但懋辛（怒刚）、李培甫（植）诸君交谊甚笃，对章太炎（炳麟）先生推崇备至，他们同在章氏门下听讲《庄子》《说文》《楚辞》等书，列名称弟子，章太炎先生在讲学的同时，大力宣传革命思想，与孙中山先生的革命活动相呼应。李炳英接受了章太炎的民主革命思想，积极参加留日学生组织的社会活动和革命活动。他所学习的丰富的古文知识，为其后来创办革命报刊和从事高校教育打下了坚实基础。在张太炎的指导下，他接受了孙中山的民主革命思想。经章太炎、钟正懋介绍，李炳英先生于1911年初在东京加入了孙中山领导的中国同盟会。

辛亥革命首义成功，李炳英先生备受鼓舞，他赓即回到上海，接受同盟会总部指令。1911年11月20日，《民意报》已在天津创刊，12月初，孙中山先生亲自委派李炳英先生运送军械弹药到天津的京津同盟会机关（设在《民意报》馆内）。李炳英先生出色地完成了任务，留津担任了《民意报》主笔兼编辑。

李炳英先生积极参加京津同盟会的革命活动，常在《民意报》上撰文针砭时弊、宣传革命、鼓吹共和。还写专文揭露沙俄侵华行径及华俄道胜银行倒闭的内幕。1912年8月，孙中山应袁世凯电邀，自上海北上赴京，途径天津停留一日，发表了对记者的谈话，表明此行目的为研讨振兴实业。"调和南北感情，巩固民国基础"。李炳英先生再次见到了孙中山先生，并到场聆听了孙中山先生的谈话。

1912年11月20日，孙中山先生发表了《"民意报"周年纪念祝词》，对该报开办一年来所取得的成绩给予了充分肯定，勉励该报坚持"毋激而过，无党而偏，以利国利民为前题（提）"的办报方针，希望《民意报》自"历千秋万岁而不崩不骞"。对李炳英先生作为主笔的《民意报》给予了极高评价。李炳英先生牢记孙中山先生"当综全国而陈词"，"毋激而过，无党而偏"之教诲，潜心办报。

1913年南北议和后，李炳英常作专论或公开撰文揭露袁世凯背叛革命、独裁专制的罪恶行径，还多次撰文揭露日军分化中国的种种阴谋。驻津日军与袁世凯爪牙勾结，借口《民意报》刊登日军凶殴卖鸡蛋的中国农村妇女消息不实，竟派兵到报馆，将李炳英先生捕押至日军驻津司令部，要李炳英先生认错赔礼、登报"辟谣"。李炳英先生不屈淫威、慷慨陈词、据理反驳。日军理屈词穷、恼羞成怒，将李炳英先生逐出营门，并派暴徒尾随跟踪。李炳英先生乘人力车绕道回报馆，行至途中，跟踪暴徒蜂拥而上，乱棒交加，致使车倒人翻，炳英先生坠入路侧水沟中，暴徒们则扬长而去。水沟很深，幸得人力车夫及一法国友人奋力相救，炳英先生才得以脱险回馆。

同年，《民意报》因激怒了袁世凯而被查封，李炳英先生被通缉，京津同盟会的工作被迫转入地下，李炳英亦被迫南下，更名为李绍白，于当年秋受聘于武昌高等师范学校作学监主任，次年辗转四川，供职于万县第四师范学校，作主任教员，讲授物理课。

1917年初，熊克武就任靖国军川军总司令，他挥师西进，力克名城，收复成都。3月8日，孙中山大元帅亲命"熊克武为四川督军"。洪宪皇帝的垮台，尤其是挚友熊克武，在护法战争中所建奇功，更坚定了炳英先生民主革命的信心，应熊克武之邀，李炳英先生担任了督军府秘书。因熊克武始终对抗北洋军阀不低头，李炳英先生遂将自己的政治出路寄托在他身上。当时，刘伯承为督军府参谋，与李炳英先生同为熊克武的得力助手。此间，炳英先生与刘伯承、吴玉章交往甚密，关系甚笃。1919年，经省参议会议会长李伯中（肇甫）推荐，李炳英先生应允作了省参议员。

1921年，李炳英先生出任南充县知事。一日，张澜先生应邀赴县署公宴，见一友人被看管于公署，其人见张澜即大声呼叫，要张澜为其开脱，李炳英坚持要把事情弄清楚，坚信张澜先生不会护短。当时满座皆惊，认为李炳英太让张澜先生难堪了，而张澜却认为李炳英做得很对。李炳英先生任职不足一年，这段佳话却成了他勤于政事，不营私殉情的写照。在南充人民心目中建立了极好的口碑。

应熊克武力邀，李炳英先生辞去南充知事职务。离任回成都后，仍作督军府总部秘书，掌管机要文电，日夜操劳。1922年，李炳英就任嘉陵道尹公署秘书长，勤于政务。张秀熟后来曾撰文称赞他是当时"很进步的人物"。

1923年6月4日，熊克武奉孙中山先生之命，出任四川讨贼军总司令，因受四川军阀排挤，加之次年军事受挫，遂率军出川，南下广东。1925年蒋介石夺熊克武兵权，囚熊克武于虎门，同时李炳英挚友熊晓严亦被囚拘。李炳英获悉此事十分气愤，认为"蒋介石原是陈英士青红帮要脚（角）"，因此"一直看不起蒋介石"。他对政治仕途感到失望，决心脱离政界，走教育救国之路。

李炳英在东京留学期间就开始投身民主革命活动，辛亥革命后，在政界、军界工作十余年。军阀连年混战，局势动乱不已，民生日益凋敝，严酷的社会现实使李炳英感到非常失望，对政治感到厌倦，不能不重新选择自己的生活道路。

1926年，李炳英先生经留日同窗李培甫介绍，就教于成都公学。同时，经田伯伦先生引荐，兼任刘文辉部国民革命第24军司令部顾问。"4.12"事变后，李炳英毅然辞去顾问职务，脱离军政界，潜心走"教育教国"之路。他先后执教于成都公学、石室中学、成都县中（今七中）。他治学严谨，授课深入浅出，"一遵章太炎先生的治学道路，提倡实事求是的朴学"，在教学上颇有建树，深受师生敬佩，在教育界享有很高的声望。

李炳英应邀参加了1928年至1932年四川大学的改组。1932年（民国21年），国立成都大学、国立成都师范大学、公立四川大学合并，定名为国立四川大学。合并后的四川大学由王兆荣（宏实）任校长，张颐（真如）为文学院长，李炳英被聘为川大专任教授。1935年8月，王兆荣辞去川大校长职务，我国著名化学家任鸿隽（叔永）继任校长，李植（培甫）任中文系主任。两任校长及张颐、李植均为李炳英好友。任鸿隽是李炳英在上海公学和日本留学的同窗，同在日本参加同盟会，曾担任四川分会的书记和会长、张颐也是老同盟会员，曾留学英美，获双博士学位。

李炳英先生执教于中文系，与向宗鲁（永周）、庞石帚（俊）、龚向农（道耕）、李培甫诸君共事，交谊甚笃。李炳英先生主要担任《庄子》《史记》《历史文选》的教学，在学术上建树颇丰，深得校长器重、学生爱戴。1935年李维伦作省教育厅厅长时，经同盟会老会员曾子玉引荐，李炳英先生兼任了教育厅主任秘书，期间为四川教育事业做了不少有益的工作。1937年6月，任鸿隽辞去川大校长职务，国民政府任命张颐为代理校长。随后，张颐聘朱光潜为文学院院长，李炳英为中文系主任。

抗日战争爆发后，川大于1937年8月14日成立了"抗日后援会"、除校长和各院院长外，公推黄宪章、熊子骏、李炳英为教职员之常务委员。李炳英先生支持了赴温江、郫县、新繁等抗日宣传活动，参加了援战反奸运动，并在汉奸理论检讨的同时，对各种投降理论进行了批驳。

1938年10月，广州、武汉相继被日军侵占，国民政府迁都重庆，四川为国统区政治、经济、文化中心。为贯彻蒋介石提出的党化教育方针和加速推进"地方中央化"，12月13日，行政院通过了"CC派"要员程天放为川大校长的任命案，激起川大学生和社会各界的强烈反对。16日午后，川大朱光潜、向宗鲁、熊子骏、李炳英等60余名教授联名致电教育部，要求收回成命，这就是著名的《拒程宣言》。22日上午，教授、讲师、助教等80余人集会文殊院，主张罢教，以示抗议。由李炳英执笔写了《罢教宣言》。李炳英、向楚、龚道耕等均在《罢教宣言》上签名，请求社会各界支援。川大自12月23日起罢教罢课，直至次年元月9日，程天放辞退秘书长孟寿椿，并提出办好川大的保证书后，川大方才复课。

1939年，川大迁到峨眉，程天放施行党化教育，派特务监视进步学生言行。当时已是国共合作时期，川大被迫让共产党员张宣复学，但张宣言行遭特务严密监视。作为中文系主任的李炳英先生竭力保护张宣等进步学生，但终因势单力薄，未能保住张宣在校继续就读。教员叶某的离去和中文系四年级学生张宣的离校，使李炳英先生异常气愤。

川大迁到峨眉后不久，国民党即成立反共的"特别委员会"，陆续制定和颁发《限制异党活动办法》《共党问题处置办法》等一系列反共文件，实行消极抗日、积极反共的政策。程天放趁机在校内推行党化教育，大力发展国民党、三青团组织（仅半年间即有240余名教职员、学生由程天放介绍加入国民党），剥夺师生的思想自由和学术自由，打击迫害反对专制主义的进步教师和学生，彻底背弃了他当初向川大师生保证"建设新川大"的承诺。在这样的恶劣环境下，一时特务横行，进步师生时遭迫害，李炳英在中文系的工作也经常遇到麻烦。李炳英由于对程天放的"法西斯统治"强烈不满，于1941年愤然辞去了川大中文系主任职务。

1939年，李炳英先生再次作省参议员，因川大迁峨眉，很难出席会议，在一次闭会后，李炳英先生曾撰文，公开谴责国民党当局的反动政策。抗战胜利后，蒋介石发动了内战，李炳英在参议会的一次大会上慷慨陈词，反对称共产党为"共匪"、称共产党军队为"匪军"，李炳英先生的气魄、胆识为不少人士所称赞，同时也引起了国民党当局的密切关注。

李炳英先生因不满继任校长黄季陆的专制，1944年，他拒绝了川大的续聘，愤然离校，受聘华西大学任教授。1945年，李炳英先生与庞石帚先生一起创办了成都光华大学（后改为成华大学中文系），他受聘担任成华大学文学院院长，兼作川大教授。李炳英在成华大学任职一直到1949年全国解放。

1949年，春夏间，李炳英先生为川康民众自卫委员会起草宣言，痛斥国民党反动派的黑暗统治。他明显倾向革命的一系列举动使特务大为光火。黄季陆（川大校长）、徐中齐（成都市警察局长）之流认为，李炳英是中共驻成都搞文化工作的负责人，至少也是民革的主要负责人，徐中齐还说："李炳英敢于公开反对称"共匪"，所写的文章政治色彩极为鲜明，简单说，只差一句"共产党万岁"没有写出来罢了"，并将其列入秘密抓捕名单。关心李炳英的人把这些情况告诉了李炳英，他被迫离家，密藏于他的学生屈守元寓所避难。特务四处查访李炳英的踪迹，甚至散布李炳英已经死亡的谣言，妄图从李炳英的好友口中探得一点线索。幸好人民解放军迅速分道入川，成都很快和平解放，炳英先生才免遭于难。

中华人民共和国成立后，李炳英先生应原成华大学校长、当时的川北大学校长王兆荣（宏实）之聘，担任川北大学中文系系主任（后为四川师范学院），并兼川北行署土改工作委员会委员、川北区一级暨南充市一级机关三反联合人民法庭审判员。1951年，经胡耀邦主任推荐、民革中央主席李济深亲自批准，加入民革组织，并成为民革川北区筹备委员会主要负责人之一。1952年底，南充撤区并省后，李炳英成为南充民革的主要负责人。在繁重的教学管理和具体的教学工作的同时，在中共南充地、市委的直接领导下，带领南充民革党员，为筹备民革南充市委的成立，作了大量的工作。1954年，李炳英先生调任四川省文史馆副馆长（组织同意留居南充）。1955年7月5日，民革南充市委成立，李炳英当选为民革南充市委主任委员，随后，李炳英担任了民革四川省委委员、四川省政协委员、南充市政协副主席，同时还被选为省、市人大代表，南充市人民委员会委员。

李炳英先生暮年多病，身体羸弱，却仍抱病执鞭讲坛。李炳英先生无论教学，还是科研都十分严肃认真，一丝不苟。他通晓英语、日语。对《庄子》《孟子》《汉书》等研究造诣颇深。他所著《史记讲义》《庄子补注》翻译日本学者武内义雄的《庄子概说》，从日本泷川龟太郎《史记会注考证》中所摘译的《史记正文佚文纂录》等著述，都具有极高的学术价值，在学术界产生了很大的影响。他早年研究《庄子》《史记》的部份论著，曾由川大、华大刊印流播，受到史学界高度重视。中华人民共和国成立后，人民出版社等单位多次向李炳英先生约稿，他从百忙中抽时间整理出来20万字的手稿《孟子文选》于1957年10月由人民文学出版社出版，并列入《中国古典文学课本丛书》重印多次，此书受到海内外学者的一致好评，七十年代末，香港一家出版社还重印了此书。他还计划选注《庄子文选》，定了选目，并写下部份注文，因病缠身，未能完稿。

李炳英先生忠诚于党的教育事业，川北大学改组为四川师范学院时，他即把自己珍藏多年的万余本书籍，包括百衲本《史记》《古逸丛书》《全唐诗》等不下千卷捐给了川师图书馆。

1957年4月，李炳英先生抱病参加了四川省政协会议，在大会上作了关于中共与民主党派长期共存、互相监督方针的体会发言。李炳英发言后突然昏倒，经医院诊断，确诊为食道癌。在住院治疗期间，民革中央副主席熊克武及省党政领导多次前往探望。6月28日，李炳英先生不幸在成都病逝。熊克武、但懋辛等民革中央、省市领导送了挽联。李炳英先生逝世后，有关部门先后在成都、南充举行了追悼会，省、市领导及李炳英生前好友数百人参加追悼会，表示对李炳英先生的深切怀念。

三、李树骅传

李树骅（1893-1966），遂宁县吉祥乡（今属蓬溪县）人。李树骅中学毕业后，于民国2年（1913）考入四川陆军小学堂。民国3年（1914）加入国民党。民国4年（1915）在上海加入"中华革命党"，追随孙中山从事国民革命工作。是年，袁世凯称帝，李树骅于12月参加蔡锷在云南组织的讨袁护国军，曾任蔡锷部少校参谋，与朱德、周世英同事，受到进步思想的熏陶。民国6年（1917），李树骅任川北靖国军总司令部参谋长兼二团团长，之后，任马边县知事、盐源县镇守使、四川省烟酒分局局长等职。

李树骅与李家钰在陆军小学堂时就交往甚密。李家钰任边防军总司令驻军遂宁时，李树骅被委任为边防军农村警备部（民团组织）司令，负责遂宁地区民防工作。民国17年（1928），李树骅经王叙五、王子度介绍加入中国共产党。民国18年（1929），中共四川省委指示李树骅，要其率部配合旷继勋在射洪嘴（即永兴乡）起义。旷继勋部被军阀黄隐（江防军司令）所逼，处于困境，乃提前起义。因旷继勋部起义提前，李树骅部未能按预先约定时间同时起义。之后，李家钰因旷继勋部起义引起警觉，为钳制李树骅部并为自己扩充实力，采取兼并李树骅的民团，让李树骅部成为自己的下属部队，并委任李树骅为农村边防军指挥部司令（实为原李树骅的民团）。民国19年（1930）6月1日，李树骅接到中共地下党的指令，获悉李家钰部将进击吉祥乡民团（该民团系共产党地下武装），要李树骅去吉祥乡通知民团撤离。与此同时，李树骅又接到李家钰的命令，迫令李树骅率部去进剿吉祥乡民团。当时李树骅感到十分为难，通知吉祥乡民团已经来不及，只好率部到吉祥乡见机行事。李家钰边防军部人马比李树骅部提前赶到了吉祥乡，并已经与民团交上了火。李树骅一赶到，就被一颗飞来的子弹击中左耳而落马。在交战中，吉祥乡民团因人数较少，武器装备差，双方实力相差悬殊而被击溃，民团手枪队队长、共产党员吴尔笃及队员10人均遭杀害。为此，李树骅被开除共产党党籍。在这次事件中，李树骅虽中枪落马，仍竭力保护共产党员。他率部和边防军夹击吉祥乡民团时，该民团中的共产党员赵子文、李戴浦、程俊夫正研究应变对策之际，被李家钰的边防军包围，他们三人对边防军说："我们是李树骅司令部的人"。李树骅带伤向李家钰表示，以上3人是自己司令部的人，并护送他们出了包围圈而幸免于难。李树骅任农村警备司令部司令期间，还先后掩护过共产党员王叙五、李戴浦等。

吉祥乡事件对李树骅刺激很大。李树骅认为，吴尔笃等人虽是在混战中被杀害，但其部下亦参加了这次围剿，自己有不可推卸的责任。因此，他对开除共产党党籍没有任何怨言，相反地却认为自己欠下了共产党的债，对不起共产党，因此决定在今后的行动中弥补自己的过失。李树骅虽已不再是共产党员，但仍与中共川北区地下党组织联系密切，为掩护地下党作了不少工作。

1930年后，李树骅为了摆脱李家钰的控制，对其农村边防军（实际就是自己所属的民团）进行了改编，改投邓锡侯麾下。邓锡侯对李树骅十分赏识。先后任命李树骅为川军第10军参谋长、28军混成旅少将旅长、45军步兵旅旅长、95军直属旅旅长。民国22年（1933），李树骅曾参加邓锡侯、刘湘联军，赶走刘文辉，使刘文辉只得率部退据雅安。

1935年中，李树骅率部在昭化、广元、旺苍、南江一带阻击红四方面军北上，继到天全、芦山、宝兴追堵红军，旋到阳平关、洛阳阻击红军。李树骅曾经是共产党员，受过中国共产党的教育和熏陶，对共产党的革命目标非常清楚。李树骅深知，红军战士差不多都是穷苦人家出生，他们只是为了改变自己的命运而参加红军；同时，无论是中央军还是红军，都是炎黄子孙，不应当"兄弟阋于墙"。因此，李树骅并不是对红军力剿，而是常常制造机会，让红军能安全撤退。

抗日战争爆发后，李树骅积极主张停止内战，共同抗日。当时，经邓锡侯申报，李树骅被任命为川西疏散警备区指挥部少将指挥长，1940年晋升为川西疏散区警备司令部中将司令、防空司令，主要负责温江、郫县、崇庆、新津、灌县的治安及凤凰机场的安全。李树骅初上任时，温、郫、崇、新、灌的社会治安极差，土匪四处扰民，搞得人心惶惶。为保证抗日后方的稳定，他利用自己在帮会，尤其是在袍哥组织中的声望，通过警备司令部和袍哥组织，对各类土匪晓之以理，要各路土匪信守民族大义，参与维护地方治安秩序，为民族抗战营造一个安定的大后方，使前方将士能安心抗日。绝大多数土匪都深明大义，收敛了自己的行为。个别匪首不听劝阻者，李树骅组织了力剿。经李树骅的精心治理，在他任职期间温、郫、崇、新、灌五县及周边地区，基本上绝了匪患。抗战胜利后，李树骅不再担任川西警备区司令，温、郫、崇、新、灌地区又匪患四起，扰民事件时有发生。

在此期间，李树骅对地下党员及进步人士亦加以保护。成都警察局搜捕协进中学进步人士，该校教务主任何时光回校时，见军警密布，知有变故，急去李树骅公馆（协中对面）躲避，李树骅正在家中，他毅然掩护，使何时光得以脱险。

1942年，美国飞虎队一部分飞行员从昆明迁至成都凤凰机场，当时一飞行员的金表被盗，作为防空司令的李树骅对此十分气愤，因李树骅一直与当地袍哥组织交往甚密，便通过司令部与袍哥组织两个渠道进行追查，终于查清是一原中央军的排长，因吸食鸦片缺钱而盗走金表。当瘾君子在当铺典当时，被抓了个正着。李树骅不仅追回了金表，将表送还了飞行员，还对盗表的瘾君子进行了惩治。飞虎队队长陈纳德对此十分感激，将此事呈报给蒋介石，蒋介石对李树骅给予了嘉奖。

在抗战时期，李树骅还奉命为抗日前线的川军部队征召壮丁（不是抓壮丁）。当时，四川青年抗日热情很高，自愿报名上前线抗击日寇者众多，百万川军出川抗日，李树骅功不可没。

李树骅对中共的抗日统一战线非常拥护。他当时与中共川北区工委的王叙五、王子度、王涵等领导关系非常密切。受他们的感染，对中共一致对外，共同抗日的主张有深刻的理解。他虽被开除中共党籍，但是他对中国共产党的革命宗旨是十分清楚的，他知道，自己已无恢复中共党籍的可能，便把这一希望寄托在了子女身上。民国27年（1938）李树骅亲自将女儿李隆蔚送去了革命根据地——延安。民国33年（1944），周恩来对李隆蔚说："你父亲虽是国民党高级将领，但他在政治上还是抗战派，私人财产也不多，当了中将还没有私人汽车，可以争取做些川军策反工作。"民国34年（1945）春，李隆蔚奉派回川，她向父亲转达了周恩来的指示，李树骅对周恩来为自己的前途关心甚为感激，当即表示愿意尽力作川军策反工作。

抗战中期，遂宁广德佛寺的水源被当地恶霸霸占，广德寺断了饮用水。当时，李树骅作为川西疏散警备区司令，在遂宁几乎是尽人皆知。有人向广德寺主持提议，要他到成都去找李树骅这个"大官"，才能夺回水源。广德寺主持便到成都找到了李树骅。李树骅秉性刚直，好打抱不平。同时他又是信佛之人。当他得知这一消息后十分气愤，当即与主持一道返回遂宁，直奔恶霸府第，责令其立即归还广德寺水源。这一恶霸虽是一方"土皇帝"，也不敢得罪拥有兵权的李树骅，当即表示将水源归还给广德寺。（这一事件在建国后还成为了遂宁的善举传闻）。

抗日战争胜利后，李树骅调任第95军126师长。当时蒋介石整编川军，邓锡侯拟提升李树骅为副军长，并报请蒋介石审批。蒋介石认为李树骅虽是将才，领军作战和治理地方治安均是一把好手，但却将自己的女儿送到延安，此人可用但不能委以重任。因此蒋介石即削去李树骅的军权，同时，为安抚李树骅，委以了中将高参的虚衔。李树骅深知蒋介石的这一招，实际上是让握有军队实权的他成为了空有中将军衔的"光杆司令"，是对自己不信任，再留在军中已经没有什么意义，不久，即退职返乡了。他回到遂宁后，当上了袍哥总舵把子。民国36年（1947），李树骅参加竞选"国大代表"，因得到遂宁袍哥支持，以压倒多数的得票、击败蒋介石钦定的候选人贺国光而当选为"国大代表"。民国37年（1948）他去南京参加"国大"代表联谊会时，因是民选代表而被拒在会场门外。当时，13位未能进入会场的民选代表抬棺大闹总统府，迫使蒋介石让其参加了这次会议。同时经邱祖双介绍，李树骅加入了中国国民党革命委员会（简称"民革"）。

1948年，遂宁农高、遂师教师联合会支持成都"反饥饿争温饱"斗争，进行罢教，专员李泽民欲逮捕罢教主持人，李树骅得悉此事，经他劝说，李泽民才没有行动。

　　李树骅回遂宁后，国共两党的斗争愈来愈烈。他本来就有吉祥乡事件这块"心病"，迅猛发展的革命形势使他看到，回报共产党的时机已经到了。他本来就与中共川北地下工委关系密切，抗战时期是对共产党秘密支持的，这时则是公开接触，直接交往了。同年，中共川北工委书记华健的爱人徐邦嘉遭敌特追捕，地下党员李俊烈找到李树骅求助，李树骅设法用小汽车将徐邦嘉转移到了成都。

　　1949年，为了支持中共对国民党上层人物做策反工作，李树骅介绍地下党员王叙五（川北工委书记）、进步青年王涵到谢德堪师部去开展策反活动。这一时期，李树骅对中共川北区工委及地下武装的支持可以说是"倾其所有"。中共川北区工委委员、遂宁地委书记王子度在河沙乡被敌追捕脱险后，缺乏活动经费，得到李树骅所给的银元和金条，供作活动开支。地下党员曾益、艾永生到三台县从事革命活动，李树骅不仅给了现金，还送了不少开展工作所必须的物品，给予帮助。李树骅在建国前支持中共地下党的活动经费除金条外，不下一千银元，先后支援地下党游击队武器弹药无数，仅枪支就送了三百支以上。

　　李树骅谨遵周恩来的嘱托，不失时机地作川军的策反工作，1949年12月9日，以民革地下党员为主体的国民党高级将领汇聚彭县，刘文辉、邓锡侯、潘文华、李树骅等高级将领在《反对蒋介石通电》上集体签名，并同时宣布起义。李树骅为迎接解放做了积极工作。

　　1949年12月，应时任中共川北区委组织部长王叙五之邀，李树骅举家从成都迁到南充。王叙五认为，李树骅在建国前对中共川北区工委及地下武装支持很大，又是起义高级将领，地下民革党员，到川北区工作，无论是政治上，还是工作上，都能得到很好的发展。

　　李树骅到南充后，中共川北区委十分重视。李树骅以民革党员的身份参加了川北区第一届各界人民代表大会筹备会；以民革副首席代表的身份，出席了南充首届"各代会"。以龙杰三为召集人，李树骅为第二召集人，筹备并成立了民革川北临工小组，参与了民革川北区分部暨民革南充市支部筹备小组的工作。中共川北区委对李树骅十分重视对其作了重要的政治安排，他不仅是剿匪委员会的副总指挥、禁烟委员会的副主任，还是川北行署的政务委员。

1950年秋冬至1951年春，李树骅率剿匪部队在三台、梓潼等地平息匪乱，同时作治理地方治安的工作，其工作业绩得到了中共川北区委的充分肯定。胡耀邦主任还亲自争取财政拨款，解决了李树骅及民革党员、部分宗教界人士的减租退押退赔问题。

1951年4月，清匪反霸工作已宣告结束，但有人抓住李树骅三十年代的问题，向中共川北区委统战部举报，称李树骅是双手沾满共产党鲜血的、罪大恶极的刽子手，要求严惩。共产党对起义高级将领的政策是既往不咎，何况所举报的问题与事实大相径庭，根本谈不上要对其追究责任。在组织部长王叙五的竭力争取下，李树骅才免遭于难，但却未逃脱不公平的对待——停职审查，停发厅局级工资，发给每月60元的生活费。南充撤区并省后，李树骅调民革成都市委，对他未作任何结论，仍按60元的工资标准，当作一般干部对待，被安置在民革成都市委作秘书处干事。1958年，李树骅错划为"右派分子"，并被开除公职，交居民段管制。1959年摘帽，由成都市东城区统战部按起义将领身份，每月发给33元的生活费。因政治上长期受不公正对待，思想负担过重，李树骅身体一直不好，以致抑郁成疾，1966年3月，李树骅在成都病逝，终年73岁。直至改革开放后的1978年，李树骅的问题才得以彻底平反昭雪，恢复名誉。

四、萧端重传

萧端重（1903-1986），别名子泽，四川省阆中县人。萧端重13岁时在阆中县城高小毕业。1923年，萧端重在阆中县保宁联立高级中学毕业。毕业后在阆中助其父在本县办理义务教育4年。1927年秋，萧端重考入国立成都大学，在法学院经济系学习3年后，转学到上海吴淞口中国公学普通商学系学习，本科毕业。在读书期间，他多次参加学生运动。"九一八"事变发生后，萧端重联合上海8所学校的一些爱国学生到南京总统府请愿。1931年1月28日，日本炮击吴淞时，学校同时遭到日军炮击，萧端重等被迫赴苏州避难。其间，他报名参加蔡廷锴军救护工作，后因家中电召回川。因在赴上海求学前，曾助其父开办义务教育学校，对教育事业情有独钟，返川后，即到

29军军部政务处教育科任股长，继后，又先后在梓潼、南部两县教育局任教育局长、教育科科长等职。1935年，四川省政府开办县政人员训练所，萧端重由眉州专员公署科员职务调训3个月，毕业后派往四川十二行政区辖县办理督查禁烟事宜，继又调四川省政府秘书处任助理秘书、视察员、股长等职。1939年调任纳谿县县长，一年半后又调任古蔺县县长，任职一年多卸职调任川康兴业公司西康毛革公司经理。1945年，萧端重到四川省政府财政厅任科长、秘书等职。1947年全国选举"国大"代表时，萧端重因在阆中有相当影响，当选为阆中的民选国大代表。

建国前，萧端重在中国共产党统一战线政策的影响下，参与了刘文辉、邓锡侯反蒋倒王（王陵基）活动，曾联合组织以反蒋倒王为目的的"川康渝建设协会"。这一组织是刘文辉领导的进步组织，与地下民革有密切的联系。

1948年6月，萧端重加入刘文辉为首的"川康建设促进会"（民革川康分会外围组织），并在小组内任职。

1949年9月，萧端重在成都经杜仲石、黄骈介绍，参加了民革组织。

1950年5月，萧端重由成都分配到南充工作，先在南部县军政大学学习1个月后，于1950年5月调川北行署财政厅研究室工作。

四川解放后，萧端重对共产党十分支持，他主动将阆中县城一条街的祖业房屋，悉数捐献给了人民政府。在川北行署财政厅工作期间，他与龙杰三、李树骅、塞幼樵、尹子勤一道，作为民革的代表，参加了川北区第一届各界代表会议。会议期间，龙杰三、李树骅、萧端重等5人一道，商量了筹建川北区民革地方组织的事宜。在胡耀邦及中共川北区委统战部的支持下，筹建工作开展得非常顺利。1950年7月5日，民革川北区临工小组正式成立，萧端重从川北行署财政厅调至民革机关工作，担任民革川北区临工小组的专职秘书。从此，萧端重与南充民革结下了不解之缘，从秘书到民革南充市委的领导，他将自己后半生的心血，全部倾注在了南充民革身上，为南充民革的组织发展、组织建设作出了突出的贡献。

民革川北区分部成立后，萧端重作为专职主任秘书，承担了民革机关的大部分工作。南充撤区并省后，因李炳英兼职负责领导民革南充地方组织的筹建工作，绝大多数时间放在教学和科研上。萧端重作为李炳英的得力助手，担起了南充民革地方组织筹建的重任。

1955年4月24日，民革南充市委正式成立，萧端重被推选为副主委。李炳英去世后，萧端重虽然只是副主委，却担起了南充民革的主要领导责任。从1961年9月的第三届起至1984年的第六届止，萧端重一直担任民革南充市委主委，在南充民革连续工作长达26年，是民革德高望重的老前辈、老领导。

川北区第一届各界人民代表会议成立时，萧端重即担任代表。他还是第二届至六届人民委员会委员，四川省政协第三、四、五届委员，南充市政协第一至七届常委和第六届、七届副主席。民革四川省委员、民革中央团结委员会委员。

几十年来，萧端重对南充民革的开创、建设、发展，以及巩固和发展爱国统一战线作出了卓越贡献。

萧端重在上世纪五十年代、六十年代、七十年代，曾三次去北京出席民革中央代表会，数十次去成都参加民革四川省委员会的工作会、代表会和全委会等。

萧端重自主持民革机关工作以来，勤勤恳恳，认真负责，积极努力，有高度的事业心和责任感。凡是较为重要的会议或者对外讲话稿都是亲自草拟，大小会议只要不在病中，很少缺席。他对民革机关工作部署周到，检查仔细。尤其是"文革"后，民革组织恢复工作的年代，萧端重为推动党员和联系人士投身四化建设、祖国统一工作、开创民革工作新局面等，更是日夜操劳。他虽然年事已高，但事业心与责任心始终如一，对民革工作事事挂在心上，以致积劳成疾。1986年8月31日，南充民革举行"为'四化'服务经验交流会"，这是萧端重组织的最后一次经验交流会。其中党员的成果展览问题，他很不放心，晚上9点多钟，还扶杖去展览室事事过问，逐件检查，他对民革工作兢兢业业、鞠躬尽瘁。南充民革副主委苟纯如在悼念萧端重的挽联中写到："力争朝夕，甘酬孺牛愿；慎度春秋，尽献赤子心"。这是对萧端重一生恰如其分的真实写照

民革机关每周的办公会、不定期的市委全委会、党员为"四化"服务的经验交流会、培训新党员座谈会等，萧端重的身体凡能支持的，他都亲自主持；即使在病中，也要坚持按期举行。他在生病卧床期间，曾多次召集有关

人员在他卧室研究重要事宜。

萧端重对待学习马克思列宁主义、毛泽东思想一贯认真，数十年来，他写的读书笔记达数十本。无论是理论学习、政治学习，还是领导的报告、讲话及在各种会议上的发言，他都虚心地听取，并作好会议记录。七八十岁高龄还坚持认真作日记。他常说："年老记忆力差，作笔记好处多，这对工作有一定的帮助"。

萧端重十分注意自身的思想改造，对自己要求严格，思想觉悟、政策水平提高较快，在民革党员中享有极高的声望。萧端重一生谦虚谨慎，对人和蔼可亲，平易近人，彬彬有礼，深受党员和联系人士的爱戴和尊敬。中共四川省委统战部在悼念萧端重的唁电中写到："萧端重是与我党长期合作的老同志，建国以来，在社会主义革命和建设事业中，作出了积极的贡献；萧端重同志的逝世，使我们失去了一个老朋友，是我省爱国统一战线的一个损失。"

萧端重十分怀念台湾的亲朋故旧，殷切期望第三次国共合作，早日实现台湾回归，完成祖国统一大业。自从民革组织在1979年恢复工作后，十分重视促进祖国和平统一的工作。作为时任民革南充市委主委的萧端重，高度重视和关心政协及民革机关对台工作的具体活动，每次的工作会或者座谈会、一年一次的中秋茶话会、春节茶话会等，只要身体能支持，他必定亲自参会，并多次即席赋诗作词。他对旧体诗是有研究的，在1981年的中秋侨台属茶话会上，即兴赋诗两首，其中一首写道："月到中秋分外明，喜看祖国更峥嵘。良宵美景邀共尝，归来联欢喜相迎。一纸诗笺寄深清，两岸骨肉心连心。三次和谈顺民意，四化同建颂昇平。"表达了萧端重期盼大陆和台湾两岸和平统一的赤子之心。

1982年春节期间，萧端重因病住院，未能出席民革所举办的迎春茶话会，他在医院病床上抱病填词三首，表达了自己对迎春茶话会的关切和祝愿。

萧端重在一些重要场合的讲话和即兴创作的诗词，多次在南充市广播站、《南充日报》以及民革中央所办的《团结报》上发表。

为了促进"一国两制"的实施和早日实现祖国统一，萧端重多次给台湾故旧写信，发了十多封稿件告知大陆家乡的变化情况，其中给对台广播电台撰写了新闻稿件6篇，这些稿件对促进祖国的和平统一起到了积极的作用。

萧端重对戏剧的创作和改编较有研究。他在六十年代写的川剧《罗汉钱》《廉颇与蔺相如》，南充川剧团曾多次上演；还与政协戏剧组的老人们联合改编过《郑成功》，协助京剧团整理过《满江红》《大别山上红旗飘》等剧本。

1986年9月15日，萧端重因心脏病复发，住院医治抢救无效，与世长辞，享年83岁。

五、马先根传

马先根（1912～1984），字涤尘，四川省长寿县双龙乡帏子湾人。马先根自幼丧母，家道殷实。其父马国璠，嗜好鸦片，坐吃祖业，使家道渐衰。马先根于1918年入私塾。1926年越级考入重庆私立东川中学高中部。后经教员杨振声介绍，加入吴玉章领导的重庆莲花池国民党左派。1927年3月31日，马先根参加重庆市民打枪坝集会，抗议英帝国主义炮轰南京的罪恶行径，军阀王陵基派兵镇压，马先根身负刀伤、枪伤各一处。为躲避军警收捕，马先根被迫辍学返乡。

1928年，马先根考入重庆军事学校。1930年春，由重庆市政府申送，进入北京警官高等学校。"九一八"事变发生后，马先根参加了北平学生抗日救亡活动，被选为北平警高抗日救亡后援会交际宣传股主任和北平学生抗日救国联合会执行委员。是时，他四处奔走，呼吁抗日，慷慨陈词，唤起民众。在包围顺录王府的请愿中，马先根作为学联代表。直接向张学良递交请愿书，敦请其率兵出关，收复失地；在参加北平学联南下请愿团时，他参加了北平前门车站卧轨3昼夜的示威斗争；在总指挥被特务秘密绑架后，他毅然代理总指挥，率队继续南下请愿。并将支援抗日的衣物、药品等送往天津、张家口慰劳抗日将士。马先根的这些行动引起警高校方不满，将其开除，后经多方交涉才得以恢复学籍。

1933年夏，日本侵略军进犯华北，马先根辍学返渝，任重庆市公安处参议。当时，马先根从警备司法科黄恩普处获悉：《新蜀报》记者邝抱斋，因揭露时弊，抨击当局，警方拟将其逮捕。马先根出于正义，即密告于邝，使其幸免于难。

从1934年至1940年间，马先根还担任过成、渝两地警察分局局长，川江航务管理处主任等职，并先后在国民党军事委员会庐山暑期训练团、国民党中央训练团受训。

经举荐，他于1944年担任蒙藏委员会驻藏办事处一科科长。当时，英、美等帝国主义国家妄图趁第二次世界大战结束时的困难局面搞西藏独立、分裂中国的活动。在一次与蒙藏委员会驻藏办事处的官员及英国外交官的宴会上，马先根对英国外交官试图分裂祖国的言行给予了严厉驳斥，为此得罪了英国的外交官和驻藏委员会的长官，他因此被撤职调离。十三年的官场生涯也使他看清了国民党政府的腐败。他认为无论多么正直的官员，都不可能凭一个人的力量去改变国家积贫积弱的现状。由此，他产生了走实业救国道路的想法。

1945年3月，马先根应舅舅孙文鸣之邀，到印度加尔各答负责四川蚕丝的交易事务，从此他与丝绸结下了不解之缘，开始了他的丝绸生涯。马先根在跨国蚕丝贸易中初显身手，得到了孙文鸣的赏识。1945年冬，马先根从印度加尔各答调回重庆，担任四川丝业公司总务科主任兼北碚蚕种场场长，同时担任了南充办事处经理、重庆贸易会总干事。

此后的四年多时间里，马先根对蚕丝的对外贸易，蚕种场的栽桑、养蚕、制种流程掌握得滚瓜烂熟，对四川养蚕基地的分部、缫丝企业以及织绸的布局掌握得一清二楚。这为他在中华人民共和国成立后开展各项工作打下了坚实的基础。

马先根是北京警官高等学校毕业的高材生，在警界服务十多年，凭着他对工作的认真，执法的刚正不阿，在警界有相当的影响，深受警官们敬重。他在成都、重庆及四川各地都有广泛的影响力。临近解放时，他借助在重庆的同僚、朋友、同窗、同事中的关系，联系并说服了重庆近万名警官弃暗投明，迎接解放。原重庆市警察局在重庆市杨柳街青年大厦装备了大量的电讯设施及电器设备，价值高达数十万美金。蒋介石在撤离重庆前曾交代，如不能将此设施运往台湾，即就地销毁。

马先根考虑到这一大批设施，对新中国的警务建设有极大的价值。在他和弃暗投明警官的共同努力下，完整地保护了这批设施、设备，使之未遭到丝毫破坏。他们将这批设施、设备逐一登记造册，完整地交由重庆市军管会接管。马先根为重庆的和平解放作出了应有的贡献。从这件事可以看出，虽已是置身蚕丝管理的马先根，仍有着强烈的爱国责任心，虽已脱离政界，仍关心国家的前途，心系国家的和平统一。

1950年3月，一种为四川蚕丝事业高度负责的责任心，驱使马先根由重庆回到南充。马先根深知，南充是四川蚕丝业生产的最大基地，有着设施比较完善的、生产流程较为先进的3个大型缫丝厂。而南充的缫丝厂都是官商合办。国民党政府的官员们从自身的政治前途考虑。都不愿意将缫丝厂交由新政权管理。他们宁愿给共产党留下一副烂摊子，也不愿将企业完整的交给共产党。甚至，他们还想毁厂毁设施。而投资开办缫丝厂的民族工商业者们，并不希望一生的心血被毁于一旦。

马先根积极响应共产党保护民族工商企业的号召，积极斡旋于缫丝厂的创业者和投资者之间，说服他们不要斥资，同时发动工人保护工厂设施不遭破坏。马先根密切配合并协助军管会顺利地接管了官商合办的南充丝二厂、丝三厂、阆中丝厂等三大缫丝工厂，保证了工厂设施的完好。因马先根在接收缫丝厂工作中的突出表现，被任命为南充丝三厂厂长、川北蚕茧委员会副主任。

在军管会及马先根等同志的共同努力下，丝厂很快恢复了生产。马先根为保护缫丝企业不遭破坏，为南充的缫丝工业的健康发展留下了浓墨重彩的一笔。

当时，新中国刚建立，形势严峻，百废待兴。在整个西南地区，蚕农因蚕茧收购价格较低而严重影响了栽桑养蚕的积极性，毁桑毁蚕现象时有发生。1950年4月，西南蚕丝公司召开了第一次联合会。栽桑养蚕形势的严峻性及缫丝工业将面临原料紧缺的局面，引起了会议的高度重视并提上议事日程。针对这一问题，马先根提出了蚕茧收购应以质论价的观点，建议制定"五等九级"的收购价格设想，并作为收购价格规定标准贯彻到蚕茧收购的工作中。马先根的这一合理建议得到了与会者的一致支持，总公司采纳了这一建议，并形成文件，下发到所属各级蚕丝公司，要求按等级标准收购蚕茧。文件下达后，极大地鼓舞了川北地区百万蚕农栽桑养蚕的积极性，从很大程度上缓解了缫丝企业原材料紧缺的矛盾。"五等九级"的收购标准从

1950年开始，一直沿用到1964年。

这次会议，是马先根在丝绸企业管理上的首次崭露头角。从那时开始，马先根在川北地区及南充丝绸界不可低估的影响力已经表现了出来。

新中国成立以前，南充的缫丝企业虽然相当发达，甚至可与沿海缫丝工业媲美，但织绸工业相对比较薄弱。川北地区及南充虽然有一定数量的织绸厂，但大多是处于作坊式生产或小型的、较落后的生产方式生产丝绸，这与南充缫丝行业的发展极不匹配。

马先根在1945年就担任了四川丝业公司总务科主任，重庆贸易会总干事，对四川丝绸企业的布局了如指掌。1952年底，抗战时由江浙迁往四川乐至的内迁厂——美亚绸厂准备重新迁回江浙。马先根得知这一消息后，立即四处奔波，并向有关当局提出将该厂及重庆华源丝厂一并迁至南充，组建成一个大型织绸厂的建议。此建议于1953年报经国务院纺织工业部批准，美亚绸厂与华源绸厂迁至南充，与南充的几家小型织绸厂合并，建成了现代化的大型织绸企业——南充绸厂，厂址建在原南充火柴厂的原址上。从此南充有了设备精良、全国一流的大型织绸企业——南充绸厂。后来，南充绸厂发展成为了全国的第一大绸厂。绸厂落脚南充，马先根功不可没。通过以上重大举措，奠定了马先根作为南充现代丝绸企业奠基者和领军人的地位。

1955年3月，马先根调任南充专区蚕丝事业办事处主任。刚一上任，就"捧上了"西充、阆中、南部、苍溪四县因天旱导致蚕农桑叶紧缺的"烫手山芋"。已有部分蚕农忍痛倒掉了蚕宝宝。中共南充地委迅速作出了"抢救蚕茧生产"的决定。为了及时解决蚕农桑叶紧缺的矛盾，在经过及时调查后，马先根立即派人分别到合川、铜梁、武胜等桑叶富裕县，设立桑叶收购点收购桑叶。同时，派出二十多辆大货车昼夜兼程，赶运桑叶至灾区，以解蚕农燃眉之急。但是，"远水"救"近火"，毕竟存在着时间上是否来得及的棘手问题。为了不折不扣地完成地委的指示，马先根当机立断，背着可能受行政处分的危险，毅然命令将南充回龙国营蚕种场和阆中的三个国营蚕种场，把已近二眠的蚕宝宝全部倒掉，同时将蚕种场的桑叶及时运到灾情最严重的灾区蚕农手中。

由于马先根采取了"双管齐下"的举措，处理十分得当，及时解了蚕农的燃眉之急，保证了蚕茧生产的问题。当年南充地区的蚕茧仍然获得了丰收，灾区及南充地区百万蚕农的栽桑养蚕的积极性更高了。

马先根在这次解决蚕农问题上所表现出来的果断魄力，不仅赢得了蚕农的广泛敬重，同时也在蚕丝界获得了令人叹服的极佳口碑。

1957年，马先根调任南充丝二厂副厂长，主管原料采购等工作。他经常深入基层甚至蚕桑生产基地，与蚕桑工作人员、蚕农一道，参与上簇、采茧、堆凉、烘炕等生产环节，并对其进行深入的研究。在西充茧站蹲点期间，他将其上述生产环节进行了深入研究，科学总结出了《烘茧十大技术要点》。

1960年，马先根作为四川代表团首席代表，出席了全国"蚕茧收烘工作会议"。会上，马先根作了《烘茧十大技术要点》的中心发言，在大会上进行了交流。该论文被作为全国蚕桑界学习的经验进行推广。马先根将此技术用于丝二厂缫丝生产工作流程中，丝二厂的蚕茧解舒率连续七年名列全国之冠，被誉为全国缫丝业学习的一面红旗。

1962年，四川省轻工厅聘请马先根主编《茧站工作手册》。他组织工程技术人员，对蚕茧生产、茧站管理、评茧、烘茧、财务、烘灶改革等业务技术要求作了系统的论述，并作了具体的规定，总结出了"一手抓烘灶，一手抓生产"的两手抓指导模式。四川省在各茧站推广运用了《茧站工作手册》，规范了茧站的生产和收购工作，促进了茧站各项工作的开展。

1965年，马先根到蓬安会龙公社蹲点，竭力开展并推广蚕桑科技实验，鼓励蚕农科技养蚕。并指导蚕农从育苗、栽桑、养蚕做起，激发蚕农栽桑养蚕的积极性，致使该公社的蚕茧产量跃居全地区首位。此后，会龙公社的栽桑养蚕工作一直作得很好，得到了各级领导的首肯。1979年12月，国务院书面嘉奖"蓬安县会龙公社在社会主义建设中成绩优异"。

"文化大革命"期间，马先根被扣上"政历不清""唯蚕桑论"等帽子受到冲击，这并没有动摇他对党和蚕桑事业的热爱。"文革"期间，到处武斗、炮火连天，如临战场，马先根仍然马不停蹄地到各县去检查蚕桑生产和收茧工作。

1979年11月，马先根作为全国丝绸厂的唯一代表，出席了全国蚕桑学会第四届年会。会上，他发表了《在同一蚕品种、同一季节、同一饲养条件的情况下，西充县的蚕茧解舒率从来都比广安、岳池等县高的初步探索》和

《关于设立中国蚕桑丝绸专业公司体制问题的建议意见》两篇论文，引起了与会代表的广泛关注。

马先根从来不计较自己职务的高低，即使在"文化大革命中"他受到冲击和不公正待遇，也从未放弃过对蚕丝行业的关注和执著追求。他被解除丝二厂副厂长职务后，仍一心扑在蚕桑工作中。

"四人帮"倒台后，百废待兴，激励着马先根在有生之年加倍工作。1978年2月，他给中共南充地委领导写了一份二千余字的书面报告，建议对南充地区蚕丝事业作出重新估价，并提出了独到的见解和建议。

直至1980年元月，他才恢复丝二厂副厂长的职务。因他在蚕丝工业中作出的成就，1981年被任命为南充地区蚕桑局副局长。

正当他全力以赴干"四化"之际，病魔严重损害了他的健康，然而他不顾医生和厂领导的劝阻，执意拖着病体参加各级蚕桑生产会议，巡回各县检查蚕桑工作情况，并为蚕桑工作人员上技术课。眼看他的健康状况越来越糟，厂里只得采取措施，派车与医生将他护送到内江工作的女儿处，使之远离工作，异地休养。

马先根，于1963年3月参加民革。1980年3月，在南充民革第五届委员会上，他当选为第一副主委，在兼任副主委期间，他对民革的工作十分关心，提出了不少切实可行的意见和建议，抽空对个别党员做思想工作，在民革组织内有很高威望。

1982年，马先根被选为民革四川省对台工作委员会委员。他对这项工作十分重视，为实现祖国统一，积极带头撰写对台稿件，与台湾的亲朋好友通信，宣传"一国两制"、和平统一祖国的政策。在他病逝前几个月，还强撑病体撰写了题为《实现祖国统一，为子孙后代造福》二千余字的对台广播稿，情辞恳切地以其亲身经历现身说法，消除台湾军政人员顾虑，呼吁他们以民族利益为重，为完成祖国统一大业多作贡献。

马先根曾任南充市第一、二、三、四、五届政协委员，民革四川省候补委员。

建国后，马先根以留用人员的身份，得到共产党和人民政府的重视、信任和关怀。30多年来，马先根一直工作认真负责，除"文革"时期受到不公正待遇外，从来没有受过任何处分。他曾先后得到中共川北区党委、川北行署、西南纺管局、西南蚕丝公司、四川省工业厅，以及南充地区、南充丝二厂领导的表扬和奖励。1978年，四川省轻工业厅对马先根在南充地区建设产茧万担区的工作所作出的贡献，评其为先进个人。

马先根长期主管丝二厂原料工作，出差频繁，他是行政十五级，按规定完全可乘专车，但他却买票乘客车，有时连车费钱都自己负担。他有子女8人，经济本不宽裕，1957年丝二厂精减人员，他考虑到国家困难，第一个动员爱人何瑞珊退职回家，此后一家十口人，全靠他115元月薪作为生活费。可是每次调资，他都主动提出说："我是全厂工资最高的，让工资低的同志调"。

马先根一贯生活俭朴，在旧社会的官场生涯中，身居闹市，出没于灯红酒绿、纸醉金迷的场所，并没有染上嫖赌烟酒的恶习，堪称鹤立鸡群。几十年来，他储藏有两箱字画，其中有郭沫若书写的条幅和慈禧太后亲笔题字的一幅古画，1969年红卫兵抄家时被劫走。

马先根病危住院，临终时，他对守护在身边的八个儿女说："我没有给你们留下一点财产，留下的只有自己的一点荣誉。另外，我从来没有作过对不起人民的事，望你们要好好的做人"。事实也是如此，马先根的儿女们，在他们父亲高尚情操熏陶下，离开学校后，有的当上了工程师、技术人员，有的当上了教师、医生和干部。

1984年9月14日凌晨2时，马先根因患胆管炎、肝硬化，医治无效，在南充石油职工医院不幸去世。在马先根的追悼会上，中共南充地委领导在悼词中说："马先根是爱国的，是我们的忠实朋友"。

第二节　记

一、龙杰三

龙杰三，生于清光绪十五年（1889～1956），名渊，三台县安居乡人。

龙杰三于四川陆军小学毕业后，到保定速成军官学堂学习，后又在北京陆军大学学习毕业。龙杰三在保定参加同盟会。辛亥革命时在上海任学生军长；"护国讨袁"时在陕西第二混成旅任营长。民国十年，龙杰三返川任川东边防军参谋长，后任邓锡侯"清乡"督办署参谋长。

1926年，龙杰三倡议四川将领停止内战，出兵参加北伐，未被接受。他又提出改雇佣兵役制为义务兵役制方案，亦未能实现，遂邀请友人集资在家乡置田产，经营农耕。民国十七年，龙杰三任成都军事政治学校教育长，并出任第29军成都行营参谋长，做交际工作。民国二十四年，因田颂尧"剿共"溃败被撤职，第29军改为第41军，龙杰三任军部中将参议兼善后督办署参议。

1937年，抗日战争开始后，龙杰三任成茂师管区司令，并加入国民党。成茂师管区两年余征集壮丁约10万人，训练新兵22个补充团，送往抗日前线。

1944年春，龙杰三应友人邀请回县，与王棣之、霍新吾等人兴建地方水利，次年当选为三台县参议会议长。民国三十五年秋，龙杰三与谭卫根等人筹办川北农工学院（民国三十七年改为川北大学），任常务董事。民国三十六年由农会选为"国大"代表，赴南京开会，因提出停止内战的和平方案，被国民党斥为违反国策言论，愤而赴泸。经郭春涛介绍参加民革组织后，龙杰三任民革川康临时工委执委，负责秘密策反工作。

1949年12月9日，国民党三台县长徐均良逃走，龙杰三同赵伯先等组成三台解放委员会，策动盐警队和团管区训练大队起义。11日召开大会，宣布三台自动解放。随后，龙杰三率起义人员移师安居、象山，与中共川北区工委王子度领导的游击纵队会合。

1949年12月29日，三台解放，龙杰三任支前委员会副主任，积极筹措粮秣，支援解放军，在成都受到贺龙司令员接见。

1950年初，奉重庆民革川康分会指派，龙杰三作为召集人，到南充筹建民革川北区地方组织。他与李树骅作为民革代表，参加了川北区第一届各界人民代表大会筹备会议。在出席川北区第一届各界人民代表会议期间，龙杰三与李树骅、蹇幼樵、尹子勤、萧端重一道，会商了筹备成立民革川北区临工小组事宜，并报经民革中央批准，在成立民革川北区临工小组后，担任第一召集人。同时，龙杰三还担任了川北区人民行政公署委员。

1951年9月30日，民革川北区临工小组工作结束后，龙杰三协助裴昌会作民革川北区工委暨民革南充市支部筹委会的筹备工作。1952年1月20日，民革川北区工委暨民革南充市支部筹委会正式成立，龙杰三是其组成人员之一。

南充撤区并省后，龙杰三调民革成都市委工作。1953年任四川省政协委员、四川省参事室参事。民革成都市委成立后，龙杰三当选为民革成都市委委员。1956年龙杰三在成都病逝，享年67岁。

二、王玉书

王玉书（1919-1992），号宗华，四川南充共兴乡人。原南充市（现顺庆区）粮食局副局长。1956年加入民革，历任南充民革第三届委员会候补委员，第四届委员，第五届、六届副主委，第七届顾问。

王玉书严以律己，宽以待人，对工作勤勤恳恳，兢兢业业。在三年自然灾害期间，他已是粮食局副局长，但他从不以权谋私，不仅生活节俭，从不搞特殊，在严格执行国家粮油政策的同时，还想方设法节约出一点粮票，支援那些有正在长身体的孩子却又缺粮的家庭。

改革开放以后，王玉书作为民革的副主委，十分重视民革的各项工作，他虽已是年逾花甲的老人，但仍身体力行，为民革的组织发展、机关建设、"四化"服务、祖统工作献计献策，多次在省市为"四化"服务经验交流会上作经验交流，多次被评为"先进个人"。

1992年2月5日，王玉书因病医治无效与世长辞，享年73岁。中共南充市委统战部及粮食局的领导参加了王玉书的遗体告别仪式，粮食局领导在悼词中对王玉书给予了高度评价，称"王玉书同志的逝世，使我们失去了一位好领导，统一战线失去了一位好朋友。"是粮食局和民革的一大损失。

三、周正麟

周正麟（1917-2012），四川省崇宁县桂花村人。周正麟出生仅几月，父亲即被大地主兼袍哥大爷打死而成为孤儿，母亲领其回彭县外祖母家，与外祖母、舅舅、舅母一同生活。后母亲因生活困难改嫁，周正麟仍随外祖母生活。周正麟至5岁起就随二舅父读书，1931年入县立第一小学，四年后以同等学历考入县中。因家庭生活困难，学习特别刻苦，三年中有五学期获第二名，一学期获第一名，年年获得学校的助学金。1934年秋，周正麟考入成都四川省立工学院附属高中，获彭县教育局奖学金，期末又以名列第一获得学校的助学金。1935年5月，周正麟在母亲资助路费的情况下，赴南京报考航空学校，因身体条件不合格落选，由于生活困难就回到镇江在通信兵团当学兵。1936年7月，考入南京中央军校（黄埔军校）第十三期炮兵科，次年底，军校迁入四川铜梁。1938年9月，周正麟毕业后与同学6人直接奔赴抗日前线——山西中条山，进入国民革命军第9军54师任见习少尉排长，直接投入到抗日战争中；1939年，周正麟赴河南第30军30师任中尉排长（军佐队副队长），负责对即将上前线的专业上士、师务长及作战部队上士的培训；1939年底，步兵团添设迫击炮连，被调任该连连长，并赴前线直接作战；1940年6月，周正麟由河南调防湖北大洪山，升任先遣团参谋；1942年3月，升任第1团第3营营长；3个月后，因一直与日军作战，并在作战中屡立战功，周正麟升任中校作战科长；1944年5月，周正麟转至川军第22集团军总部，仍任集团军中校参谋，同年9月，第41军新成立野战炮兵营，即调任炮兵营中校营长，直接带队与日军作战，直至抗战结束。1948年12月，周正麟在淮海战役中升任骑兵团上校团长；1949年1月9日，在淮海战役中，周正麟随孙元良师投诚，遂在华野高级军官团学习。在学习中，周正麟表示希望回原部队策反，争取立功。经同意，周正麟于1949年回到四川，10月份调任第47军2师905团上校团长。12月初，部队开往成都；12月9日，周正麟带领一团官兵赴彭县参加刘文辉、邓锡侯、潘文华领导的起义，为四川及大西南的解放作出了贡献。起义后，周正麟被分配到成都川西起义高级军官班工作。1950年底，周正麟任重庆军政大学高级研究班教员，后被分配到第二炮兵学校任教员；1952年升任主任教员，1954年转业后调任南充市人民委员会民政科副科长，并被选为市人民代表。

周正麟工作兢兢业业、刚正不阿、敢于正义直言。1956年8月经龙宇成介绍加入中国国民党革命委员会，成为民革党员。在1957年反右斗争运动中，周正麟被错划为右派分子，受到了撤职降级处分，后又被下放参加劳动，受到极不公正的待遇。但周正麟坚信，问题总有一天会得到解决。直至1979年周正麟才得到平反，继后被安排在白塔中学任教。1982年，周正麟当选为民革南充市第五届委员会副主委，同时担任南充县政协副主席。周正麟热爱民革组织，积极为民革组织的发展和建设献计献策，曾担任民革四川省委祖国统一工作委员会委员，参加了川滇黔三省民革经验交流会，并在大会上作了经验交流。周正麟退休后，仍积极支持民革的各项工作，经牵线搭桥将南充中山学校毕业的幼师介绍到云南省个旧市工作。

周正麟关心同志，帮助和扶持年轻民革机关干部，并言传身教，指导他们的工作。不少机关干部在他的帮助下获益匪浅，进步很大。同时，周正麟还很注意身体锻炼和老年养身，即使在90多岁的高龄仍积极参加民革的组织生活和各种活动。2012年，周正麟以96岁的高龄辞世。

四、刘兰秋

刘兰秋（1916-2010），四川安岳县人，大学文化，生前专门从事针灸医疗工作，系南充第四人民医院副主任医师。1956年12月加入民革组织，1982年补选为南充民革副主委。

刘兰秋是川东北地区享有盛名的针灸专家。他医德高尚，针灸技术精良，被人们誉为"神针"，无论是在病员中，还是在医院中，都深受爱戴和尊重。

刘兰秋于1946年开始学习针灸，1949年在家乡安岳石羊场开设诊所。一天，一位半身瘫痪、失去知觉的病人，被抬来诊所求治。刘兰秋采用"缪针法"治疗，术毕，患者竟奇迹般站了起来，步行而去。当时围观者皆惊讶不止，"神针"之名自此不径而走。刘兰秋亦远近闻名，求医者络绎不绝。

1952年12月，刘兰秋由川北医士学校卫生行政干部班分配到南充市人民政府卫生科作卫生行政管理干部。1960年调南充市人民医院（现南充市第四人民医院）针灸科作针灸医师。

刘兰秋调到南充第四人民医院针灸科工作以来，极为重视服务和医疗质量。除认真向学生传授针灸技术外，还十分重视针灸科研工作。他在临床中总结并写出了《针灸、水针综合治疗急性腰部软组织损伤疗效观察》（治愈率达到72.7%），《梅花针、中药、红外灯照射综合治疗顽癣46例的初步观察》（有效率达82%）两篇论文，这两篇论文都于1980年刊登在《南充卫生——中医专辑》上。他撰写的《多针透刺治疗面神经麻痹108例疗效观察》总的有效率达98%，于1982年在西南四省针灸学术经验交流会上作过交流，并被摘要收集在大会《针灸资料摘要选编》上。1979年，刘兰秋以《经络的功能及临床应用》为题，在中医分会上作学术报告，总结了《奇穴与经穴注射小剂量链霉素治疗肺结核，疗效初步比较观察》，"奇穴"切有效率达百分之71.5%，远远高于"经穴"注射的疗效，这一成果曾在我市中医经验会上交流。他编写的《针灸学问题解》被中华医学会南充地区分会收印在《中医问题解答》一书中。刘兰秋在临症实践中，写出了具有较高医学价值的医案30多例。

刘兰秋乐意为病员分忧解愁，从1981年起，他给瘫痪、疾重病人创办了"针灸家庭病床"，不管是数九寒天，还是盛夏酷暑或吹风下雨，他都定时将医疗技术和方便带出医院大门，送到病人床边，并坚持始终。有的瘫痪病人长期卧床，经刘兰秋诊治后重新站了起来，生活可以自理。如杨家巷秦某某在"家庭病床"治疗一段时间后，可以自己扶仗到医院门诊；百货公司的袁婆婆逢人便说，"刘医生给了我第二次生命，我才能活到今天"。这些临床经验、学术交流和便民措施，受到领导的重视和广大病员的信任。据统计，南充第四人民医院针灸科，每年的就诊人次在全院门诊科室中排第三位，每天就诊病员络绎不绝，针灸科门庭若市

刘兰秋具有高超的针灸技艺，并从中总结出了一整套行之有效的针灸理论，将其运用在针灸临床实践当中。他不仅仅要针治门诊病人，还要带徒授艺，为前来请教的各地针灸医师和学生授课，加上刘兰秋有着较多的社会活动，每天的时间都安排得满满的，就连双休日、节假日，都很难得到休息。

他不仅培养了为数众多的针灸医师，还亲自编写教材，为各种培训班和川北医学院学生授课。他所带的徒弟及培养的学员，现不少已成为南充市的

针灸骨干，先后都获得了中医师、中医主治医师等技术职称。

1958年，市卫生局、市卫协组织举办了"针灸疗法讲习班"，全市各医疗单位、工矿、学校等医务室的全体医务人员共150多人参加学习，由刘兰秋编写讲义并进行针灸技术传授。学员通过学理论与临床实践，取得了良好的效果，针灸疗法很快在南充市各医疗单位、工矿及学校医务室普遍开展了起来。

多年来，刘兰秋曾为南充医专（现川北医学院）西医学习中医班、中医学徒班、中医班、成都中医学院函授大学南充函授站，以及各类卫生人员训练班等20多个班次，约1万多人次授课，讲授针灸理论及针灸临床治疗等课程。此外，他还承担了成都中医学院，南充医专，仪陇、蓬安等县的卫生学校中医班的针灸实习指导，以及蓬安、南充、岳池等县，陆军五十一医院，丝二厂，军分区干部休养所，武警部队，市属集体医疗机构的针灸专业人员进行培训。

1986年，南充地区中医学会为了提高全区针灸医疗技术水平，委托刘兰秋首次承办了有23名针灸人员参训的针灸培训班，收到预期效果。

历年来，跟刘兰秋临床学习，继承针灸医疗技术的徒弟有13人，这些人在省内各自岗位上，多数成为针灸科室的骨干。

由于刘兰秋在针灸工作中所取得的突出成就，1964年被推选为南充市科协第二届委员；1978年、1983年先后出席了南充市科学大会，并荣获《荣誉证书》及物质奖励；1978年被推选担任中华医学会南充地区分会理事、常务理事及所属中医分会委员；1979年、1983年两次代表南充地区出席了全国中医学会四川分会第一、第二届成立、改选、学术交流大会，并被选为省会理事及所属针灸分科学会委员；1982年被推选担任南充地区针灸学会组长；1985年被选为南充地区中医学会常务理事；1985年10月，成立四川针灸学会被选为针灸学会委员。他还多次出席西南四省针灸学术交流大会和南充地区中医学术经验交流大会。

历年来，刘兰秋多次受到文卫系统、卫生局、医院、市人民政府等授予的"优秀工作者""五好干部""科技先进工作者"称号，他的事迹多次在文化宫、电影院厨窗宣传，多次获表彰和奖励。

刘兰秋1956年加入民革。1982年，被推选为民革南充市委员会第五届、六届副主委。

1961年以来，中共党委安排刘兰秋为南充市政协第三、第四届政协委员。1980年、1984年连选为南充市（现顺庆区）第八届、第九届市人大代表。

1979年晋升为针灸主治医师。1984年特聘为南充地区科学技术顾问。刘兰秋退休后仍坚持工作，在90高龄时，还经常骑自行车到患者家中为其针灸。2010年，刘兰秋因病去世，享年94岁。

五、苟纯如

苟纯如，1921年出生于四川南充金台乡。1935年，苟纯如在金台大林寺小学读书；1941年毕业于南充中学高九班，同年考入国立中央大学法学院政治学系，1945年7月毕业。同年，在泸县担任粮政督察员，1946年5月至9月，任国民党青年军203师政治部政治教官，先后在重庆市立师范学校、达德商业专科学校担任教师，曾任三青团重庆四分团书记、国民党重庆市市区党部副书记、帕米尔书店经理，1949年返回南充，任南充县南充中学校教师。从1952年起，先后在南充一初中、南充师院附中、南充三中、南充一中任教。1980年11月经吴漂悦、袁泽民介绍加入中国国民党革命委员会。1982年苟纯如当选为民革南充市委副主委，主管四化咨询服务、法律咨询服务和对台工作。1964年12月6日，经南充市市长刘永焰亲自批准，成立了南充市中山业余学校，苟纯如任校长。中山学校为南充市，县乡镇企业局、南充市石油地调处、南充市卫生局等培训了乡镇企业会计人才，职工高中文化补习及在职职工成人高考文化补习，先后培养学员达6000余人。1989年又率先在南充社会力量办学中开办了幼师专业培训，取得了良好的社会效果。南充中山学校先后被评为省、市级先进办学单位，四川省各民主党派、工商联为四化服务先进集体。同时，苟纯如还担任了民革四川省委祖统工作委员会委员，他积极与在台湾的故旧、同学、亲属联系，促其苟显禹等台湾高级将领回南充探亲考察旅游；促成国民党高级官员任卓宣夫人、台湾大学著名教授尉素秋回大陆访问，并专程到南充考察。在促进祖国和平统一工作上，苟纯如作了大量的工作。后因年老体弱多病而退居二线，于200年去世。

六、杨桂攀

杨桂攀，1927年2月出生，1953年毕业于西南农学院蚕桑系。毕业后，被分配到西南蚕丝公司成都家蚕选种站作技术员。1961年1月调到省蚕研所，作蚕桑技术员，主要从事蚕桑生产的指导，改进传统栽桑养蚕在设备和技术上的提高和创新方面的研究。

南充有着"丝绸之乡"的美誉，是四川省蚕桑生产的重要基地。蚕桑生产直接关系着南充丝绸企业的生产。杨桂攀深知栽桑养蚕在茧丝绸工业生产与发展中的重要性，蚕桑生产的基地是农村，从事蚕桑生产的是南充的百万蚕农；要提高蚕茧的质量和产量，必须改变传统的养蚕方式，深入到栽桑养蚕的基地去作艰苦的调查研究，从实践中总结出一套能使蚕桑生产科学化的、能指导蚕农接受科学养蚕方法的理论，才能对蚕茧生产质量和产量的提高有所裨益。

杨桂攀先后从事和主持农村蚕茧生产实验，推广科学养蚕技术、簇具的实验研究，推动土法生产蜕皮激素类似物在蚕业上应用，以及稚蚕土坑蚕棚经济养蚕法、大蚕棚架蚕台养蚕法、小蚕专业化饲养等栽桑养蚕的工作实践和指导，在此过程中，进行了全方位的系统研究，取得了一整套科学指导栽桑养蚕的科研成果，成为了蚕研所的蚕桑科研带头人。

杨桂攀酷爱蚕桑事业，他身体不是很好，却经常带病坚持工作。他负责的课题实验，大都在农村艰苦的环境条件下进行，但他总是积极主动地深入到蚕桑生产第一线去调查研究、收集素材，为他的科研打下了坚实的基础。他虽是搞科研的，但无论是采购，还是其它工作，都从不推诿，乐于接受。

杨桂攀十分重视对蚕桑科技人员的培养，积极从事蚕桑科技普及活动。经常在蚕桑和蚕种专业会、蚕桑学术会、蚕桑技术学习班讲授科学养蚕知识，借此提高蚕桑干部业务技术水平，并通过蚕桑干部具体去指导蚕桑生产，这对提高南充蚕茧生产的质量和数量，起到了很大的作用。

杨桂攀是四川省农业厅蚕桑试验站（现蚕研所）副研究员、蚕研所副所长。对蚕桑科学具有较坚实的基础理论知识和专业知识，他把这些知识运用到蚕桑科研实践中去，取得了丰硕的成果，对我省蚕桑生产作出了重大贡献。

杨桂攀总结的《地龙胆草熬水添食促进蚕儿早》《稚蚕土坑蚕棚经济养蚕法》，被农科院评为省内技术水平的成果，后一篇还荣获了1978年四川省重大科技成果"三等奖"。1979年到1985年，杨桂攀连续7年荣获四川省政府、省农科院、省科协、省蚕学会、省农业厅等部门"科技成果奖"或荣获"先进工作者"称号。

自1975年以来，杨桂攀先后撰写了《地龙胆草在蚕业上的应用》《土法生产蜕皮激素类似物在蚕业上的应用》《稚蚕土坑经济养蚕法》《怎样进行大蚕室外棚育》《家蚕室外一条龙简易养蚕法简介》《怎样才能提高上茧率》等14篇蚕桑科技论文分别在《川蚕动态》《四川蚕业》《中国科技消息》《中国农业科技通讯》《江苏蚕业科技》等刊物上发表。

杨桂攀退休后，仍将生命的最后一页撰写在了四川各地及少数民族的蚕桑事业发展史上。他退而不休，甘献余热，不仅涉足于南充各县市的蚕桑基地，还响应民革南充市委的号召，积极主动地参与蚕桑智力支边的工作。他将自己关于"小蚕共育"方面的科研成果，带到西昌凉山等少数民族地区去推广和指导，为促进少数民族地区的蚕桑生产作出了积极的贡献。

杨桂攀作为四川及南充的蚕桑学科带头人，将自己的毕生经历奉献给了南充的蚕桑事业，并留下了宝贵的蚕桑科研成果，是南充蚕桑丝绸事业界不可多得的科技人才。

杨桂攀于1982年加入民革，1987年当选为南充民革副主委。他关心、支持民革的各项工作，积极为南充民革的组织发展、组织建设尽职尽责，为"四化"咨询服务献计献策，在民革享有很高的声望。2009年，因病住院治疗无效，不幸去世。

七、张恢先

张恢先（1901-1970），1901年出生于南充市，其祖父是织绸工人，父亲是晚清秀才，后从事教育工作。1915年至1918年，张恢先在张澜开办的南充县立中学毕业；1919年1月至12月在川军第六师范营学校就读；1920年11月至

1923年4月在川军第1军独立2旅1团2营作副官；1924年在合川升任上尉副官、连长，1928年调至大足升任少校团副、中校团副；1937年任独立营营长，1944年在遂宁升任团长，1949年在陕西升任副旅长，后因病请假回南充，任南充县自卫总队副队长。

1949年11月，南充解放前夕，中共地下党员李惠端、王殿伦（王若痴）、王化三同志代表中共南充地下党组织与张恢先就实现南充和平解放进行谈判，达成接受中国共产党领导，率领自卫总队和平解放南充的协议，为南充的和平解放作出了杰出的贡献。

南充解放后，张恢先不仅保证了南充各机关、学校、团体、银行等均未遭到破坏，还武装占领了监狱，营救出被关押的地下党员。中华人民共和国成立后，张恢先先后担任过中国人民解放军南充警备团副团长、南充市各届人民代表会议副主席、南充市政协副主席、南充市人民委员会副市长。1956年9月，经萧端重、杜汴沧介绍，张恢先加入中国国民党革命委员会。

中华人民共和国成立初期，因南充警备团无办公地点，张恢先将位于二府街一栋占地1.56亩的私宅，出借给警备团办公，自己全家人却租住民房。在担任政协和政府领导职务时，张恢先工作认真负责、任劳任怨，建立了良好的口碑，赢得人民的敬重；加入民革后，因与李炳英、萧端重等交谊甚笃，一直积极支持和参与民革的工作。"文化大革命"期间，张恢先受到了冲击，遭受了不公正待遇，在"文化大革命"中的1970年不幸逝世，享年69岁。改革开放后，张恢先才落实了政策。

八、万斯年

万斯年（1937-2009），1937年9月24日出生于重庆，1955年毕业于雅安速成中学，毕业后即参加中国人民解放军，在186所后勤处担任护士、战士；1959年12月转业，调至丹巴云母矿地质队工作；1960年转调阿坝州茂汶云母矿二矿区作技术员。

1962年，三年自然灾害时期，万斯年因其父亲在台湾教育部工作，大哥在美国而受到株连，被强迫精减回家，退回阆中。从1962年开始直至1972年万斯年都在阆中做临时工以养家糊口，直至1973年才进入阆中装卸公司做汽车修理工，后升任该公司管委会主任。

1982年6月，经民革南充市委主委萧端重、副主委周正林介绍，万斯年加入中国国民党革命委员会。加入民革后，万斯年积极与台湾的父亲和美国的大哥联系，为促进祖国的和平统一作出了积极的贡献。

1987年3月至1990年3月，万斯年当选为阆中市政协副主席（驻会），在此期间他还担任了南充升钟水库指挥部副指挥长。他常常深入到升钟水库一线调研，为南充市最大的农村水利工程的建设和发展作出了积极的贡献。2009年3月28日，万斯年因积劳成疾、医治无效不幸去世，享年72岁。

第三节　表

一、胡蜀平

胡蜀平，1933年8月出生于四川省乐山市，系原国民党高级将领胡临聪之子。胡蜀平于1954年毕业于四川医学院，大学文化，毕业后被分配在乐山医士学校做病理教师，1956年调至南充医士学校做病理教师。1958年，医士学校升格为南充医士专科学校后，胡蜀平先后任病理教师、讲师、病理教研室主任等职，系川北医学院副教授。

1983年3月，胡蜀平加入民革。1984年至1987年，胡蜀平任民革南充市第六届委员会副主委；1986年9月15日，萧端重主委去世后，9月20日经民革四川省委任命为代主委。1987年，胡蜀平当选为南充民革第七届主委，增挂民革南充地区委员会牌子后任民革南充地区委员会主委。胡蜀平还先后担任民革四川省委第五届候补委员，第六届、第七届副主委，第八届顾问，民革中央第七届候补委员、第八届委员；先后担任南充市政协第七届、第八届副主席，政协南充地区工作委员会委员，四川省第六届、第七届政协委员。

胡蜀平在病理研究方面颇有建树，为南充地区病理检验起到了开创作用，他所撰写的《流行性出血热的垂体性昏迷》等多篇学术论文，在省级以上医学杂志发表。

胡蜀平十分重视促进祖国和平统一工作，在旅美探亲期间，参加了旅美华侨欢迎李先念主席访美的接待活动。1989年，他通过海外亲人牵线搭桥，成功引进了美国先进医疗设备，在成都创建了第一家外资医疗机构——麦格眼科医疗中心，《团结报》对此进行了报道；1991年，他又成功引进了植物健生素"茂尔多"，在绵阳、南充、广安、乐山等地区广泛推广，取得了良好的社会效果。

胡蜀平退休后，仍十分关心南充民革的建设和发展，支持南充民革的各项工作。

二、杨汉翔

杨汉翔，1938年9月出生于重庆，其父为原国民党高级将领杨森。杨汉翔在成都高中毕业后，于1956年考入成都工学院（现四川大学）水利工程系河川结构及水电站水上建筑专业就读。1957年，杨汉翔被错划为右派分子；1969年7月被下放到广安县恒升公社参加劳动。1978年10月落实政策后，杨汉翔调任广安恒升中学做物理教师；1984年8月，调广安一中任副校长，并任广安县政协兼职副主席。1986年，杨汉翔获南充地区"优秀教师"称号；1987年9月被安排为广安县政协专职副主席。

1987年1月，杨汉翔经胡蜀平、万舞年介绍加入中国国民党革命委员会，1990年3月任广安县政府副县长；1991年11月任南充地区侨联主席。1992年10月，杨汉翔任民革南充地区第二届、市第八届委员会主委；1993年任南充市（顺庆区）人大副主任、政协南充地区工委委员；1994年任民革南充市第八届委员会主委、市政协副主席、市侨联主席；1997年5月当选为民革南充市第九届委员会主委；1999年任南充市人大副主任。杨汉翔还先后担任过民革四川省第八届委员会常委、四川省人大代表、四川省侨联常委、南充市侨联主席、南充市台联会长。2001年，杨汉翔获四川省人民政府授予的"四川省双基工作先进个人"称号，2004年退休。

三、冯庆煜

冯庆煜，1950年8月11日出生于四川中江县。1977年2月毕业于南充师范学院数学系，大学学历，教授。1969年3月至1973年9月为中江县宝塔公社知青；1973年9月至1977年2月在南充师范学院数学系就读；1977年2月至1983年3月为南充师范学院教师；1983年3月至1986年7月任南充师范学院事务科副科长；1986年7月至1988年9月任南充师范学院绿化科科长；1988年9月至1990年1月任四川师范学院科技开发中心副主任（副处级）；1989年4月加入中国国民党革命委员会；1990年1月至1991年3月任四川师范学院劳动服务公司经理；1991年3月至1992年10月任四川师范学院就业处副处长；1992年10月至1993年3月任民革南充市委副主委、四川师范学院就业处副处长；1993年3月至1996年11月任民革南充市委副主委、四川师范学院科研处处长（1993年3月至1994年1月任原南充市政协副主席）；1996年11月至1997年10月任民革南充市委副主委、四川师范学院计算中心主任；1997年10月至2000年4月任民革南充市委副主委、四川师范学院计算中心主任（正处级）（其间：2000年3月至2002年3月兼师范学院基建处处长）；2002年4月至2004年3月，任西华师大计算中心主任、2002年4月后任民革南充市委主委、市人大常委；2004年3月至2012年1月任第三届、四届南充市政协副主席，省十届人大代表，省十届政协委员。在2008年汶川大地震抗震救灾工作中被评为"全国抗震救灾先进个人"。2011年1月至2013年，冯庆煜任市政协顾问，2013年退休。

四、王晓贤

王晓贤，1963年8月24日出生，南充市嘉陵区人，大学本科学历。1985年7月毕业于南充地区财贸学校商业会计专业；同年8月参加工作，在南充县氮肥厂工作从事财会工作。1986年5月至1987年10月，王晓贤参加四川省自学考试获西南财大会计专业大专毕业证书；1992年2月调入南充县财政局任南充会计师事务所南充县办事处主任；1995年成立高坪区会计师事务所，任副所长主持工作；1997年转任高坪区财政局企业财务股股长。1993年9月至1995年12月，王晓贤参加四川省委党校经济管理专业函授学习，获大学本科毕业证书，在此期间经过考试先后取得会计师专业职称和注册会计师、注册资产评估师执业资格。

1995年12月，王晓贤加入民革，1997年10月担任民革高坪区总支主委，同年担任高坪区第二届政协常委。1998年6月调任高坪区审计局副局长；1998年5月增补为民革南充市第九届委员会委员；2000年10月、2003年11月民革高坪总支两次换届改选继任主委。1999年1月至2011年，王晓贤担任南充市政协第二届、第三届、第四届常委；2002年4月至2011年11月任民革南充市第十届、十一届委员会副主委；2002年12月至2008年6月任高坪区政协第三届、第四届副主席；2008年7月至2011年11月任民革南充市委驻会副主委兼秘书长；2011年12月任民革南充市第十二届委员会主委，2012年1月任政协第五届南充市委员会副主席；2016年8月任民革南充市第十三届委员会主委，2017年1月任政协第六届南充市委员会副主席。现任南充市政协副主席、民革南充市委主委。

1999年11月，王晓贤被民革中央评为"优秀基层党务工作者"；2005年6月被民革四川省委评为"先进个人"；2011年2月被民革中央授予"学习践行社会主义核心价值体系先进个人"荣誉称号。

五、李惠民

李惠民，女，1926年生于四川省剑阁县。李惠民于1947年1月至1949年7月在剑阁县人民蚕种场工作；1951年7月在西南革命大学川北分校学习；1952年1月1日被分配到西南蚕丝管理局川北分局工作；1952年8月，经赵专修等人介绍加入民革。川北行署撤区并省后，李惠民被分配到南充市人民政府蚕桑局工作。李惠民在工作中积极肯干、任劳任怨、敢于思考与创新，尤其是对栽桑养蚕及制种工作多有建树，多次被评为"先进工作者""劳动模范"。所写的《论小蚕共育》获四川省科技进步三等奖。1980年，李惠民增补为民革南充市委委员，1982年当选为民革南充市委副主委，并先后担任南充市政协委员、四川省政协委员。李惠民在长期的工作中，先后担任技术员、农艺师、高级农艺师，退休后创建了南充中山蚕种厂，以新建乡、文峰乡等地作为栽桑养蚕基地，为蚕农脱贫致富作出了积极贡献。1990，李惠民荣获"全国老有所为精英奖"。

六、王爱

王爱，女，1941年2月23日出生于重庆市，1960年9月至1964年7月就读于四川省农机学院；1964年8月至1965年4月在南充专区农机厂担任实习技术员；1965年5月至1966年11月担任南充社教工作团工作组成员；1966年9月至1980年8月担任南充地区农机厂技术员；1980年9月至1981年8月担任南充地区内燃机厂助理工程师；1981年9月至1986年5月担任南充内燃机厂机械工程师。1986年5月，王爱经林裴文、苟纯如介绍加入民革，1986年11月被中共南充市委（现顺庆区委）评为各民主党派、工商联"为'四化'服务先进个人"，1987年当选为民革南充市委副主委，后晋升为高级工程师。

七、汪亮

汪亮，1938年12月24日出生于安徽歙县，1955年9月至1960年10月就读于华东纺织工学院（现中国纺织大学）纺织工程系；1960年10月至1980年11月在四川省南充织绸厂工作，先后担任技术员、工程师；1980年12月后，在四川省南充地区丝绸公司先后担任副总工程师、总工程师、高级工程师（教授级）。1987年5月，汪亮经蒋才胜、殷成龙介绍加入民革；1992年当选为民革南充市委副主委。汪亮退休后，为引进外资在南充开办伊格尔丝绸有限公司牵线搭桥，并担任该公司的技术总顾问，为南充丝绸工业及四川服装工业的发展作出了卓越贡献。

八、杨秀清

杨秀清，女，1944年5月出生于四川省南充市顺庆区，1961年3月至1964年4月，在原南充市游幼儿园、友好机械厂、栖凤街小学任教；1964年4月至

1971年10月在原南充县剧团当演员及创作人员；1971年10月至1977年6月，任原南充县潆溪中学教师；1977年7月至1986年7月，任白塔中学教师。其间，1979年9月至1984年7月，在原南充师范学院五年制本科汉语言文学专业函授学习并毕业；1986年7月至1989年2月，在原南充县大中专招生办公室工作。1988年，杨秀清经罗仙友、赖玲涛介绍加入民革；1989年3月至1990年2月任原南充县政协教科文卫委员会专职副主任；1990年2月至1993年2月任原南充县第九届人民政府副县长；1993年3月至1993年12月任原南充县第十届人民政府副县长；1994年1月至2002年4月担任民革南充市委驻会副主委兼秘书长；2002年4月担任民革南充市委名誉副主委。

九、周家镇

周家镇，1942年2月出生于重庆市，1968年毕业于四川医学院医学系；1968年被分配到南充地区医院工作。1988年，周家镇经苟纯如、蒋才胜介绍加入民革，先后担任南充地区医院外二科副主任、主任、主治医师、副主任医师、主任医师、教授及学科带头人、导师，四川省南充中心医院副院长、四院名誉教授、享受政府特殊贡献津贴的专家。他先后任市政协委员、省政协委员、常委，民革南充中心医院支部主委，1987年当选为民革南充市委副主委，曾先后参加民革四川省第八次代表大会，民革中央第九次代表大会。1989年北京动乱期间，周家镇组织中心医院儿科专家、教授及医院民革党员与民革南充市委干部一道，对南充市五大厂矿幼儿园儿童免费进行体检。受到中共南充地、市委表彰。周家镇通晓医学普外及儿外专业技术及学问，是南充小儿外科创始人和心脏手术开拓者，他荣获科研成果奖4项；获发明专利5项，其中3项获第44届尤里卡世界发明博览会金奖，获骑士勋章一枚。他对"家族性结肠息肉病"的研究和治疗及"灯钩小切口胆囊切除术"属国际领先水平。

十、王恩林

王恩林，1944年10月14日出生于四川省南部县，1965年2月至1976年11月在原铁道部第二铁路工程局工作；1976年11月后，先后担任南充齿轮厂（后更名为亿龙齿轮责任有限公司）干部、科长、副厂长、总经济师等职务，主管企业经营工作。1992年6月5日，王恩林经冯昌鑫、董少华介绍加入民革，1997年当选为民革南充市委副主委。其间，先后担任南充市政协第一届常委，民革四川省第九届委员会委员。

2007年，南充亿龙齿轮责任有限公司改制，已经退休的王恩林却留任公司主管善后工作。作为留守组负责人，他担起了全面负责该公司后续工作的重任。同年，南充市国资委任命王恩林为该公司董事长兼总经理，全面主持该公司的工作——成功地解决了企业人员的安置问题，圆满地处理了包括企业债权债务在内的资产处置问题，妥善解决了职工宿舍区水电器的改造以及善后诸多复杂而棘手的相关工作。王恩林多次荣获省、市"先进个人"称号，他还参加了全省的工业企业普查工作，并被评为"先进个人"。

十一、童川军

童川军，生于1956年8月17日，江苏省盱眙县人，大专文化。1975年8月至1977年12月在南充市东风公社当知青；1977年12月至1984年10月在南充齿轮厂工作，期间先后被团市委等部门授予"新长征突击手""三八红旗手""先进生产工作者"等称号，多次被评为省地"优秀质量管理工作者"、单位先进工作者"。

1984年10月至2002年2月，童川军先后任南充地、市轻工局、工业局科员、主任科员、副处长等职务，期间：1995年至1997年下派到南充天元食品股份有限公司（原南充罐头厂）任生产经营副厂长，1995年5月加入民革，当选为第九届民革南充市委委员。

2002年2月，童川军借调到民革南充市委机关任副秘书长；2002年4月至2007年当选为第十届、十一届民革南充市委委员、副主委（驻会）兼秘书长，期间：先后担任第九届四川省政协委员、民革四川省委思想政治宣传工作委员会副主任、民革四川省委妇女工作委员会委员、第三届市政协副秘书长（兼职）等职务。

2008年5月，童川军当选为四届南充市政协常委，调任第四届南充市政协社会法制工作委员会主任、第四届政协妇女工作委员会主任。2009年3月被南充市妇联授予南充市"三八红旗手"称号。2012年1月离任。

十二、张为钢

张为钢，1958年10月26日出生于四川省武胜县。1982年7月毕业于西南师范大学数学系，大学本科，理学学士，1975年8月参加工作。张为钢于1975年8月至1978年8月在南充县漤溪区当知青；1978年9月至1982年6月在西南师范大学数学系就读；1982年7月至1983年6月在武胜县烈面中学任教；1983年7月至1986年6月担任南充县文教局教研室主任中学数学教研员；1986年7月至1999年10月担任南充市教育局职教科任科员、副主任科员、主任科员、副科长。1997年1月至1999年1月参加西南师大教育学硕士课程研修班学习，1999年11月至2001年12月任南充市教育局勤管科科长，2002年1月至2018年9月先后任南充市教育局高教社管科科长、职成科科长、基教科科长。2018年10月退休。

张为钢于1990年11月加入民革，1992年10月至2002年3月当选为民革南充市第八届、九届委员会委员；1993年12月至2004年2月当选为南充市第一届、二届政协委员；2002年4月起，先后担任民革南充市第十届、十一届、十二届委员会副主委。2004年3月至2016年12月，张为钢先后担任政协第三届、四届、五届南充市委员会常委，地方联谊委副主任。2007年4月至2012年，张为钢任民革四川省委第十届、十一届委员会委员，民革四川省祖统委委员。

十三、贺频

贺频，1963年6月1日出生于四川省阆中市。2003年12月毕业于四川大学财政专业，大学本科，注册税务师；1982年9月在阆中市税务局柏垭税务所工作；1984年9月至1986年6月于四川省财政学校就读；1986年7月至1994年8月在阆中市税务局工作；1992年2月起担任保宁税务分局副局长；1994年9月至

1996年7月在阆中市地方税务局，任税政科长。

1995年7月，贺频加入民革。1996年1月至2001年11月任阆中市政协委员、政协常委；1996年8月至2001年1月任阆中市地方税务局直属分局局长；1996年8月至2001年11月当选为民革阆中总支副主委、主委；2001年2月至2001年9月任阆中市地方税务局稽查局局长；2001年10月至2005年8月任顺庆区地方税务局副局长。

2002年4月至2012年，贺频任民革四川省第九届、第十届委员会委员；2002年4月起，先后任民革南充市第十届、十一届、十二届委员会副主委。2003年10月至2006年6月，贺频任民革顺庆总支主委；2004年3月任顺庆区政协常委；2004年3月至2008年4月任南充市第三届政协常委；2005年9月至2007年9月任顺庆区开发区地方税务局副局长；2007年10月任顺庆区政府副区长；2008年1月至2012年任四川省人大代表；2012年1月任南充市第五届政协常委；2016年12月任顺庆区人大常委会副主任。现任顺庆区人大常委会副主任。

十四、曹红

曹红，1962年10月14日出生，四川省南充市人，1985年7月毕业于重庆医科大学医学系，大学本科，1985年7月参加工作。曹红于1985年8月至1992年10月在南充地区医院内科担任住院医师；1992年9月至1993年8月在华西医科大学进修血液专业；1992年11月至1998年3月在南充市中心医院内科担任主治医师；1998年4月至2006年11月在南充市中心医院内科担任副主任医师；1998年4月担任四川省血液专业委员会委员。

2000年9月，曹红加入民革。2000年10月至2006年6月担任民革南充市综合总支第一、二届副主委；2001年9月至2002年8月在四川大学华西医学中心血液研究生班进修。2002年4月起，曹红先后担任民革南充市第十届、十一届、十二届委员会委员；2004年3月至2008年4月担任南充市第三届政协常委；2006年6月担任民革南充市中心医院总支主委；2006年12月担任南充市中心医院内科主任医师、教授；2007年7月担任市纪委监察局特约监察员；2008年2月当选为四川省第十届、十一届政协委员；2008年6月担任南充市党外知识分子联谊会副会长；2009年10月至2010年9月在清华大学现代医院管理高级研究班学习；2009年10月至2017年9月，担任民革南充市第十一届、十二届委员会副主委。

曹红现任四川省第五人民医院主任医师、教授。曹红曾被民革中央评为"全国参政议政先进个人"，民革四川省委评为"优秀党员"，所提提案多次被四川省政协、南充市政协评为"优秀提案"。

十五、冯明义

冯明义，1964年1月10日出生，四川省仪陇县人，1986年7月毕业于西南师范大学地理系。1998年10月加入民革。

冯明义于1986年7月至1987年8月在南充师范学院地理系任教；1987年9月至1988年7月在东北师范大学地理系进修；1988年8月至1991年7月在四川师范学院地理系任教；1991年8月至1993年11月在华中师范大学旅游学院攻读硕士研究生，毕业后获理学硕士学位，当年评为讲师；1993年12月至1996年2月任教于四川师范学院地理系；1996年2月至1996年7月在四川联合大学出国人员培训中心培训；1997年12月被评为四川师范学院地理系副教授。2001年2月至2003年11月，冯明义在中国科学院成都山地灾害与环境研究所攻读博士研究生，毕业后获理学博士学位；2013年11月被评为地理学教授。2002年4月至2011年11月，冯明义当选为民革南充市第十届、十一届委员会委员；2003年6月至2008年4月被聘为南充市教育局特约教育督导员；2003年10月当选为民革西华师范大学委员会主委；2003年12月，在西华师范大学管理系任教，同时任环境科学专业硕士研究生导师；2004年3月至2005年5月任管理系副主任；2004年3月至2008年4月任南充市第三届政协委员；2005年6月至2006年6月任管理系主任；2006年7月至2010年9月任西华师范大学管理学院院长；2008年5月至2016年12月担任南充市第四届、五届人大常委；2010年10月至2018年3月担任西华师范大学教务处处长；2011年12月当选为民革南充市第十二届委员会副主委；2016年8月当选为民革南充市第十二届委员会副主委；2017年1月任政协第六届南充市委员会常委；2017年7月任民革四川省委委员；2018年4月至今任西华师大教学督导与评估中心主任。

冯明义现任西华师大教学督导与评估中心主任、教授，民革南充市第十三届委员会副主委、政协第六届南充市委员会常委。

2004年，冯明义获中国科学院"刘永龄特等奖学金"，2006年获民革四川省委"服务地方经济先进"，2014年获四川省"高等教育教学成果二等奖"。

十六、陈凤英

陈凤英，1964年5月23日出生，四川省南充市人，2003年12月毕业于四川省委党校函授学院法律专业，大学本科，1985年8月参加工作。陈凤英于1985年8月至1994年3月在南充县酒厂财务科工作，1989年任财务科副科长；1994年4月至1999年9月在高坪区会计师事务所工作，取得会计师职称和注册会计师、注册资产评估师执业资格，1997年任会计师事务所所长；1999年10月至2003年3月任高坪区监察局副局长。

2000年2月至2012年，陈凤英任高坪区第二届、三届、四届政协常委；2000年5月加入民革；2003年3月至2009年3月任高坪区财政监督局局长兼高坪区非税收入监管中心主任；2003年9月至2007年任高坪区特约监察员；2004年3月当选为南充市第三届、四届、五届政协委员；2006年6月至2009年4月当选为民革高坪总支主委；2006年8月当选为民革南充市第十一届委员会委员；2007年聘为高坪区国土局特约监察专员；2009年3月至2011年12月任高坪区工商联主席、高坪区总商会会长；2011年12月至2017年9月任民革南充市委秘书长；2012年被聘为南充市人民检察院"特约检察员"，2013年1月兼任政协第五届南充市委员会副秘书长；2017年1月任市政协副秘书长。现任南充市政协副秘书长、常委。

2006年被民革四川省委评为"社会服务先进个人"，2010年被民革四川省委评为"优秀女党员"，2014年被南充市妇联评为"南充市'三八'红旗手"，2016年11月被民革中央评为"全国机关工作先进个人"。

十七、宾德平

宾德平，1967年8月14日出生，四川省营山县人，1985年8月参加工作，在职研究生学历，高级会计师。1985年8月至1993年12月，先后在营山星火小学、营山翠屏职高任教，1994年至今在市教育体育局工作。2004年任市教育局计财科副科长，2008年8月任市教育局监审科科长，2015年5月任市教育体育局计财科科长、项目办主任。1982年9月至1985年8月在营山师范中师学习，1988年9月至1990年8月在南充教育学院化学专业学习，2008年9月至2011年6月在四川省委党校公共管理专业研究生学习。

宾德平于2005年10月加入民革，2006年5月至2018年10月任民革南充职业技术学院支部主委，2008年5月至今先后担任政协第四届、第五届、第六届南充市委员会委员，2014年3月至今先后任市政协第五届、第六届常委。2012年10月至2016年12月任南充市特约审计员、南充市特约监察员，2011年10月至2016年8月任民革南充市第十二届委员会委员、内部监督委员会副主任。2016年8月至今任民革南充市第十三届委员会委员、副主委。

宾德平现任四川省人民政府教育督导评估专家委员会成员，2011年被省审计厅表彰为2008-2010年内审工作先进个人，《耿耿情怀系民生》的事迹在中央民革网站等进行了专题报道。

十八、王一茹

王一茹，1973年10月5日出生，四川省南部县人，1996年7月毕业于四川外国语大学英国语言文学系，大学本科学历，文学学士。2009年毕业于中共四川省委党校公共管理专业，在职研究生学历。

1996年7月至2001年8月在四川省南部中学任教，2001年8月至2003年5月为南部县政府办公室干部，2003年5月至2006年11月任南部县招商局副局长，2006年11月至2009年1月任南部县妇联副主席，2009年1月至2009年7月为南充市人大常委会办公室综合科干部，2009年7月至2010年12月任南充市人大机关妇委会主任，2010年12月至2012年8月任南充市人大教科文卫委秘书科副科长，兼任人大常委会机关妇委会主任，2012年8月至2012年11月任南充市人大教科文卫委秘书科科长，兼任人大常委会机关妇委会主任，2012年11月至2015年10月任南充市外事侨务办公室副主任，2015年10月至2018年3月任南充市人民对外友好协会驻会副会长，2018年3月至今任南充市金融工作局副局长。

王一茹自2003年起先后担任南部县政协常委、南部县人民检察院"特约检察员"、南部县特约监察员，南充市第三、第四届人大代表，四川省第十次、十一次妇女代表大会代表，南充市国税局特约监督员。2017年当选南充市第六届政协常委。王一茹于2014年4月加入民革，2015年10月当选民革南充市委第二支部副主委，2016年8月至今任民革南充市第十三届委员会副主委。

工作以来，先后多次荣获四川省先进妇女工作者、南充市先进妇女工作者及南充市维护妇女儿童合法权益先进工作者、南充市"大调解"先进个人等荣誉称号。

十九、文海燕

文海燕，1982年3月6日出生，四川省南充市嘉陵区人，2000年毕业于南充师范学校，自考通过汉语言文学大学本科毕业。2001年9月至2002年7月在南充市嘉陵区世阳中学教书，2002年9月至2002年10月在南充市嘉陵区人民政府办公室从事文秘工作，2002年10月至2007年10月任南充市嘉陵区人民政府办公室信息科副科长、科长。

2004年7月，文海燕加入民革，2007年10月至2013年9月任南充市嘉陵区人民政府办公室后勤服务中心主任，2011年2月任嘉陵区政协常委，2013年6月任民革嘉陵基层委员会副主委，2013年10月至2016年5月任南充市嘉陵区地方志办主任，其间：2013年6月至2014年6月被市委组织部、市委统战部选派到四川南充经济开发区挂任投资服务中心副主任，2015年12月至2016年5月被市委组织部选派到嘉陵区李渡镇任镇长助理，2016年5月2016年12月任南充市嘉陵区一立镇镇长，2016年12月当选为嘉陵区人大代表、南充市政协委员，

2017年2月至2019年5月任南充市嘉陵区统计局局长，2019年2任民革南充市委驻会副主委。

2007年，文海燕被评为南充市"青年岗位能手"称号，2015年被评为南充市"三.八红旗手"称号，2013、2014、2015年连续三年被评为"优秀公务员"，记嘉奖"三等功"，2018年撰写的《不忘合作初心 勇担时代使命》被中共南充市委统战部评为"一等奖"，被中共四川省委统战部评为"三等奖"。

二十、罗艳

罗艳，1981年3月出生，四川省营山县人，大学本科学历，2000年8月参加工作。2000年7月毕业于四川省仪陇师范学校；2004年6月通过自学考试取得四川师范大学汉语言文学专业大学专科学历；2008年12月通过自学考试取得四川师范大学汉语言文学专业大学本科学历。2000年8月至2006年11月在营山县龙伏完小任教；2006年11月通过公招考调进入营山县城管执法局工作；2009年3月通过公招考调进入民革南充市委工作，2009年5月加入民革，2010年4月任民革南充市委组宣部副部长，2012年4月任组宣部部长；2013年6月至2014年6月下派挂职任南充现代物流园管委会办公室副主任；2015年12月至2016年12月参加南充市第一批80后正科级年轻干部递进培养，挂职任嘉陵区礼乐乡人民政府乡长助理；2017年1月当选为南充市第六届人大代表；2018年12月任民革南充市委委员，2019年2月至今担任民革南充市委秘书长。

2012年10月罗艳被民革中央评为"民革优秀宣传干部"并荣获表彰；2017年11月被民革中央评为"全国组织工作先进个人"。

附　　录

为便于读者查考本书有关内容的背景资料，特将相关资料编辑在本书《附录》中。

主要内容：

附录一　参加第二次宣誓的民革党员名单

下列107名宣誓党员名单中，刘忠良、许启嗣为中共交叉党员。宣誓时间为1952年6月。

裴昌会 刘忠良 伍非百 蹇幼樵 王宏实 侯耀南 张永龄

李炳英	龙杰三	夏昌槐	萧端重	谢维琳	李树骅	尹子勤
吴文光	陈炳藻	戴权帝	苏正嘉	高宗恺	李长祜	贺学陛
张耳昌	王永珍	熊德华	陈在新	刘善修	王元德	彭元东
贾居怀	张征烈	蔡东平	徐孝恢	曹钧全	陈安策	张才德
王兴禄	成岱山	朱先培	董正中	宁劳夫	李光煜	黄荣龄
蒋 恆	王紫腾	李汉光	严律己	刘文圻	肖亚曦	吴廷辅
王俊光	李长荣	袁泽民	贺鲲明	刘宗邦	傅盛荣	赵济刚
余子云	杜汴沧	刘君伯	吴漂悦	吴济春	赵文硕	张伯霖
何经益	刘之彬	彭光清	张志芳	李惠民	唐兴瑜	傅良模
冯敬修	刘琼华	陈家猷	袁桂林	懋克恩	韩守斋	林文华
全中斯	覃锡昌	蒋显衡	郑性明	胡可俊	吴萍溪	杨戴隆
胡 恐	魏德华	王 林	肖光蓉	金述贤	许启嗣	王东臣
刘 沛	李冰石	刘应端	唐戴阳	郑园亭	梁文钦	陈树芬
邓微心	段绪辉	李晓白	邬泽龙	陈克谦	梁德辉	张大本
龙宇成	曾维义					

附录二 历届民革南充市委员会及专委会

民革南充市委领导班子换届，是保持领导班子年青化、知识化、专业化，保证民主党派与时俱进、朝气蓬勃的有效举措。

1955年4月26日，民革南充市委员会第一次代表大会召开，直到"文化大革命"前的10年间，民革南充市委领导班子皆为3年一届。1978年12月，中共十一届三中全会之后，民革逐步恢复活动；1980年2月4日，民革南充市委召开第五次代表大会（"文革"后的首届）。此后根据工作及实际需要，"市委会"领导班子换届时间先4年，后3年，再5年。

南充民革自成立以来，民革南充市委共计召开了13次全体党员代表大会。从南充民革组织成立，到"文化大革命"前的1964年的14年时间，市委会共计召开了4次党员代表大会。"文革"期间，民革南充市委停止开展活动时间长达13年。从1979年市委会恢复活动到2019年的40年时间，共计召开了9次党员代表大会。

民革南充市委在"文化大革命"后恢复活动以来，为了充分发挥本党党员的智力优势，为南充经济社会发展服务，组织党员中的专家、学者成立了3个咨询服务小组；1990年以后，相继成立7个专门委员会。不论咨询服务小组还是专门委员会，都紧紧围统中共南充市委、市政府的中心工作奉献智慧，建言献策，充分地履行了参政党职能。

一、历届党员代表大会及"市委会"成员

（一）第一次党员代表大会前

1. 川北区临工小组（1950年7月5日）

召集人：龙杰三

组　员：龙杰三、李树骅、尹子勤、蹇幼樵、萧端重

2. 川北区区工委（1952年7月20日）

主　委：裴昌会

委　员：裴昌会、刘忠良（中共交叉）、龙杰三、蹇幼樵、王宏实、伍非百、李炳英、侯耀南、夏昌槐

3. 南充市支部筹委会（1952年11月22日）

召集人：李炳英

委　员：李炳英、郭德茂（中共交叉）、侯耀南、唐斌、刘庆五、杜汴沧、萧端重

（二）历次党员代表大会

第一届：1955年4月26日至1958年10月22日。

1955年4月24日至26日，民革南充市第一次代表大会在南充市兴顺后街民革机关召开，到会党员34人。

由李炳英在会上作《工作报告》。他在《报告》中提到，南充民革在川北区筹委会期间，号召所属党员参加抗美援朝、拥军优属的宣传工作，协助

人民政府办好中苏友好月、宣传贯彻婚姻法、普选、总路线等一系列政治运动。《报告》要求，要督促和帮助党员发挥积极性、主动性和创造性，努力做好本职工作：政治思想教育一定要与政治运动，和业务工作结合进行；要根据不同的思想情况，采取大会与小会相结合，个别谈话与小组讨论的方法来解决具体问题和思想问题，今后要不断加强思想政治工作。并对民革南充市委的中心工作和本届工作进行了安排部署。

民革四川省分部筹备委员会派曾聿修、梁则刚两人来南充指导党代会并监选。大会选举产生了民革南充市第一届委员会，选举萧端重、侯庆五、赵专修、戴汝泉、李光煜5人为出席民革四川省党员代表大会代表。

主委：李炳英，副主委：萧端重。

委员：李炳英、萧端重、侯耀南、杜汴沧、赵专修，候补委员：徐鸿鹄。

第二届：1958年10月25日至1961年9月6日。

1958年10月23日至25日，民革南充市第二次代表大会在南充市兴顺后街民革机关召开，到会党员49人。

民革南充市委委员赵专修在大会作第一届委员会《工作报告》，《报告》总结了民革南充市委3年来的主要工作，提出了为社会主义服务和自我改造的中心工作和重点。一是为社会服务。诸如为市政协编写文史资料，配合市政协改编和创编有教育意义和历史价值的戏剧剧本；号召全体党员和社会联系人士，投入到技术革命、技术革新和增产节约运动中去。二是自我改造。在思想政治改造方面，要贯彻"神仙会"的精神，采取"和风细雨"的方法，严肃认真地开展自我改造活动。

民革南充市第二支部在会上作了工作经验交流发言。大会选举产生了民革南充市第二届委员会。

主委：本届未设，副主委：萧端重，秘书长：徐鸿鹄。

委员：萧端重、赵专修、张恢先、龙宇成、徐鸿鹄。

候补委员：李锡申。

第三届：1961年9月7日至1964年9月15日。

1961年9月5日至7日，民革南充市第三次代表大会在南充市兴顺后街民革机关召开，到会党员47人。

副主委萧端重在会上作第二届委员会《工作报告》。《报告》指出，当时中国正处于三年特大自然灾害时期，民革南充市委要坚持大讲形势，大讲政策，号召全体民革党员要认清形势，明确方向，克服困难，继续前进；要响应共产党的号召，有福同享，有难同当，坚持与广大人民一道，同甘共苦，共渡难关。大会《决议》提出，要进一步加强团结，加强工作，加强改造，更好的发挥民革组织在统一战线中的作用，为社会主义革命和社会主义建设贡献力量，把资产阶级性质的政党改造成为真正为社会主义服务的政治力量。

民革四川省委副主委兼秘书长罗成烈和张承智来南充指导党代会并监选。大会选举产生了民革南充市第三届委员会，推选张恢先、刘兰秋等9人为出席民革四川省党员代表大会代表。

主　委：萧端重，副主委：本届未设，秘书长：徐鸿鹄。

委　员：萧端重、龙宇成、赵专修、徐鸿鹄、张恢先。

候补委员：李光煜、王玉书。

第四届：1964年9月16日至1980年2月3日。

1964年9月14日至16日，民革南充市第四次代表大会在南充女子中学（现二中）召开，到会党员46人。

萧端重在会上作第三届委员会《工作报告》。《报告》指出，由于南充认真贯彻执行对国民经济的"调整、巩固、充实、提高"的方针，加强了农业生产战线的工作，贯彻执行"三自一包"正确方针，才能扭转三年自然灾害所造成的严重困难局面，进而取得巨大的成就（这成为后来萧端重被批斗的主要罪状之一）。报告强调，民革南充市委员把活跃组织生活作为党务工作的主要内容来抓，通过委员扩大会、支部委员联系会、全体党员大会，加强对支部工作的领导，促进、活跃支部组织生活；通过机关专职干部、市委委员具体分工，依人定点，分片包干，分别联系自己所负责的支部，开展好各支部的组织生活；把半月一次的市委委员会和一月一次的支委联系会议作为制度定了下来，把改进市委的领导作风和机关干部的工作作风提上了工作日程。由于措施得力，方法得当，各支部的组织生活都开展得十分活跃，增强了组织的凝聚力和党员对组织的向心力。本届举行了3次经验交流会，出席了民革四川省委的经验交流会和在南充、成都的经验交流会，会上21人次作了经验交流发言，获省市表彰的党员17人，占当时党员人数的40%。

大会《决议》要求，要组织党员认真学习马克思列宁主义、毛主席著作；推动党员参加全民增产节约运动、"五反运动"和参加生产劳动实践；继续加强支部工作和社联工作，继续推动党员和社会联系人士积极参加反对国内外敌人妄图分裂祖国的斗争，为祖国的统一事业贡献力量。

大会选举产生了民革南充市第四届委员会。大会推选马先根、周正林等5人为出席民革四川省党员代表大会代表。萧端重当选为民革省委委员、民革中央团结委员会委员。

主委：萧端重，副主委：本届未设。

委员：萧端重、张恢先、曾维义、赵专修、徐鸿鹄、李光煜、王玉书。

第五届：1980年2月8日至1984年6月4日。

1980年2月4日至8日，民革南充市第五次代表大会在原南充市政协机关召开，到会党员27人。

萧端重在会上作第四届委员会《工作报告》。《报告》指出，在空前浩劫的"文革"期间，民革工作瘫痪，停止了一切活动；民革党员普遍受到不同程度的打击，民革事业受到重挫，民革党员经受了严峻的考验。中共十一届三中全会作出了把工作重点转移到四个现代化建设上来的战略决策，是历史性的转折。革命的统一战线已经明确表述为由"全体社会主义劳动者、拥护社会主义的爱国者和拥护祖国统一的爱国者的广泛政治联盟。"根据民革中央四届三中全会精神，要求党员和联系人士，把服务与改造紧密结合起来。报告指出，从1964年到"文化大革命"开始前的这段时间，南充民革在"参、代、监、改"四个方面发挥了应有的作用。不少党员在"四人帮"横行时仍坚守岗位，虽然受到了冲击和不公正待遇，仍坚信党会公正处理和正确对待历史问题。党员们在"文化大革命"中站稳了政治立场，经受住了考验和锻炼。

第五次代表会议作出以下决议：推动全体党员和所联系的人士，调动一切积极因素，为社会主义现代化服务；充分发挥民革的特点和优势，为争取台湾早日回归祖国，完成统一大业而努力；积极参加国家政治生活，认真贯彻"长期共存，互相监督"的方针，发扬社会主义民主，加强社会主义法制，发展安定团结的政治局面；推动和帮助党员和联系人士，认真学习马克思主义、毛泽东思想，端正思想路线，结合为"四化"服务实践，继续进行自我教育，自我改造；建全，充实组织机构，认真贯彻民主集中制，切实改进工作作风。

民革四川省委副主委刘元宣和机关干部卜靖安专程来南充指导党代会并监选。大会选举产生了民革南充市第五届委员会。

主委：萧端重，副主委：马先根、王玉书。

委员：李光煜、马先根、王玉书、周正林、刘兰秋、戴汝泉、徐鸿鹄、龙宇成、萧端重。

1982年4月18日，增补李惠民、万舞年、苟纯如3人为市委委员，4月19日增选周正林、刘兰秋为副主委。

这次民革南充市委换届改选，《南充报》、南充广播电台均派记者到会采访，市广播站先后作了3次新闻报道，《南充报》也在显著版面先后作了3次文字和图片报道。

第六届：1984年6月8日至1987年6月23日。

1984年6月5日至8日，民革南充市第六次代表大会在南充市兴顺后街民革机关召开，到会党员95人。

萧端重在会上作第五届委员会《工作报告》。《报告》指出，中共十一届三中全会以来的历史性转变，爱国统一战线的大好形势，给民革带来了新的生机和活力，南充民革的组织面貌发生了巨大的变化，同共产党在政治上的一致性空前增强。民革南充市委广泛开展了"五讲、四美、三热爱"的宣传和学习，在推动党员和联系人士为社会主义物质文明和精神文明建设中做出了成绩。同时积极配合中共南充地委、市委统战部，做了大量纠正冤假错案的工作。4年多来，就党员和联系人士在"文革"中受到的各种错误对待，以及历史上的遗留问题，继续进行了详细的调查和了解，认真负责、实事求是的反映情况，提出处理意见，联系和协同有关部门研究解决。"文革"中立案审查的38名民革党员的错案全部推翻并平反，历次运动中被错误处分的11名党员全部纠正并平反；17名党员被扣发的3.2万多元工资全部补发，11名党员被抄家的物资已按政策退回或折价赔偿。通过对党员在历次政治中所受到的不公正待遇的纠错和平反，极大的激发了党员的工作积极性。

会议《决议》号召，全体党员要以服务社会主义现代化建设为中心，以坚持促进祖国和平统一为工作重点，做好组织发展工作，加强骨干和新党员培训，充分发挥民革的优势和作用，为南充"富民升位"做出积极贡献；坚持以服务社会主义现代化建设为中心，以促进祖国统一为重点的工作方针，进一步推动党员和联系人士立足本职，面向社会，努力开展智力服务、智力支边及咨询服务工作，力争作出新成绩。

民革四川省委副主委王与立、办公室副主任张承志来南充指导党代会并监选。大会选举产生了民革南充市第六届委员会。

主委：萧端重，副主委：胡蜀平、苟纯如、王玉书、李惠民（女）、刘兰秋。秘书长：苟纯如（兼）。

委员：王玉书、万舞年、胡蜀平、苟纯如、李惠民（女）、刘兰秋、戴汝泉、杨桂攀、刘子青、阎起鸾（女）、冯玉华、林金和、任胜畅、袁泽民、萧端重。

萧端重于1986年9月15日去世，9月20日民革四川省委通知，由胡蜀平代理民革南充市委员会主委。

第七届：1987年6月26日至1992年10月21日。

1987年6月24日至26日，民革南充市第七次代表大会在南充市仪凤街市政协礼堂召开，来自南充、阆中、岳池、广安、蓬安五县及南充市的105名党员代表出席了大会。

苟纯如在会上作第六届委员会《工作报告》。《报告》对民革南充市委为"四化"建设服务作了全面总结，对法律、医卫、建筑等领域开展的咨询服务工作给予了充分的肯定；对中山学校、中山蚕种场所取得的成绩给予了较高的评价；对民革举办的祖统工作展览所产生的强烈社会反响给予了充分肯定，对孙中山先生诞辰120周年所出的专刊给予了高度评价。大会《决议》号召全体民革党员和所联系人士要发挥自身优势，继续坚持以经济建设为中心，以促进祖国和平统一为工作重点，加强自身建设，搞好组织发展工作，充分发挥民革在政治生活中的积极作用。

民革四川省委主委刘元宣和张京、施永坚来南充指导党代会并监选。大会选举产生了民革南充市第七届委员会。

主委：胡蜀平，副主委：苟纯如、李惠民、杨桂攀、王爱（女），秘书长：苟纯如（兼）。

委员：王爱、汪亮、刘子青、杨桂攀、胡蜀平、冯玉华（女）、任胜畅、郑瑞祥、李惠民（女）、苟纯如、袁泽民、郭延东、阎起鸾（女）、蒋才胜、彭化民。

顾问：王玉书、刘兰秋。

本届胡蜀平当选为民革省委副主委、民革中央候补委员。

经中共南充市委同意，民革四川省委批准，南充民革增挂"中国国民党革命委员会南充地区委员会"牌子，实行两块牌子、一套班子开展工作。

1990年4月18日，南充民革与民盟、民建、民进、九三学社在原行署礼堂共同召开民主党派"南充地区委员会"成立大会。

第八届：1992年10月24日至1997年5月4日。

1992年10月22日至24日，民革南充地区第一次、民革南充市第八次代表大会在南充市仪凤街市政协礼堂召开，到会党员90人。

苟纯如在会上作第七届委员会《工作报告》。《报告》从加强民革党员思想建设、加强组织建设、积极参政议政、为改革开放多做实事、加强祖国统一联谊工作、促进"一国两制"和平统一祖国5个方面，对上届委员会的工作作了全面回顾。并从进一步完善参政党机制，提高参政议政能力，加强自身建设和"两个文明"建设，发挥党派优势，多做实事，服务经济建设，促进祖国早日实现和平统一等方面提出了今后5年的任务。要求全体民革党员认真把握中发〔1989〕14号文件的实施给民革带来的参政议政契机，充分发挥民革参政党的作用。

民革四川省委副主委胡蜀平和欧阳明远、崔羽指导党代会并监选。大会选举产生了民革南充市第八届、民革南充地区第一届委员会。

主委：杨汉翔，副主委：王爱（女）、汪亮、冯庆煜。

委员：王爱（女）、毛淑芳（女）、冯庆煜、杨汉翔、汪亮、李秀贵、周家镇、易仁富、张为钢、郑瑞祥、谢用承、董少华、彭化民；

顾问：李惠民（女）、苟纯如、刘兰秋、杨桂攀、王玉书。

本届杨汉翔当选为民革省委常委。

1994年1月杨秀清调入机关，增补为驻会副主委兼秘书长，主持机关工作。

1994年底增补王大文为民革南充市委委员。

第九届：1997年5月7日至2002年4月23日。

1997年5月5日至7日，民革南充市第九次代表大会在南充市政协召开，大会代表70人。

杨汉翔在会上作第八届委员会《工作报告》。《报告》对民革南充市委过去5年的工作作了全面总结。《报告》指出，1993年底，由于原南充地区行政区划进行了调整，于1992年选举产生的原民革南充地区第二届、民革南充市第八届委员会随区划调整，实行整体转制进入了新的南充大市，组建了新的民革南充市第八届委员会。5年来，民革南充市委积极履行参政议政、民主监督职能，努力提高能力和水平；坚持为改革开放和社会主义"两个文明"建设服务，不断取得新进展；努力开展海外联谊和招商引资工作，为南充经济建设牵线搭桥；大力加强自身建设，提高素质，增强组织凝聚力和活力。《报告》最后提出了下一届市委会的主要工作任务，即：紧紧围绕经济建设这个中心，围绕"富民兴南"的奋斗目标，不畏艰难，不怕困难，同心协力闯出新天地；认真履行参政党职能，提高参政议政、民主监督的能力和水平；遵循中共中央领导关于祖国统一问题的重要讲话精神，推进祖统联谊和招商引资工作取得实效；结合换届选举，切实加强自身建设。

民革四川省委主委钮小明和张京等来南充指导党代会并监选。大会选举产生了民革南充市第九届委员会。

主委：杨汉翔，副主委：冯庆煜、杨秀清、周家镇、王恩林，秘书长：杨秀清（兼）。

委员：王旗、王大文、王恩林、毛淑芳、冯庆煜、杨汉翔、杨秀清、杨时兴、李再茂、李秀贵、周家镇、易仁富、张为钢、郑敏、谢用承、谢树坚、童川军。

顾问：李惠民、苟纯如、刘兰秋、杨桂攀、王爱、汪亮。

杨汉翔继任民革省委常委。

1998年，谢树坚因故辞职后，当年增补王晓贤为市委委员。

第十届：2002年4月26日至2006年8月21日。

2002年4月25日至4月26日，民革南充市第十次代表大会在南充市人大法制中心召开，大会代表99人。

杨汉翔在会上作第九届委员会《工作报告》。《报告》从民革南充市委参政议政、民主监督等履职能力的提高，为经济建设服务途径的拓展，祖统联谊工作的开展，自身建设力度的加强等方面对上届工作作了回顾。提出了必须坚持正确的政治方向，必须坚持围绕中心、服务大局，必须坚持发挥群体优势，必须建立完善的工作机制"四个必须"；要求全体民革党员在今后5年要深化思想政治工作，继续加强自身建设；提高参政议政水平，努力发挥参政党作用；发挥民革特点和优势，推进祖统联谊工作；围绕中心、立足本职，为经济建设和社会发展服务。

《决议》提出，民革党员要继承孙中山先生爱国、革命和不断进步的精神，继续高举邓小平理论伟大旗帜，按照江泽民同志"三个代表"重要思想的要求，突出民主和团结两大主题，坚持中国共产党的领导，坚持和完善中国共产党的多党合作和政治协商制度，振奋精神，求真务实，为南充的经济发展、社会进步和稳定作出更大贡献。

民革四川省委副主委张庆成和许晓晖等来南充指导党代会并监选。大会选举产生了民革南充市第十届委员会。

主委：冯庆煜，副主委：张为钢、童川军（女）、贺频（女）、王晓贤，秘书长：童川军（兼）。

委员：王敏（女）、王晓贤、冯庆煜、冯明义、李在茂、李宾中、杨禾（女）、杨克新、杨时兴、吴小红（女）、张为钢、幸天勇、郑敏（女）、贺频、袁素、曹红（女）、韩兴琪、童川军、蒲冬梅（女）。

名誉主委：杨汉翔。

名誉副主委：杨秀清、周家镇、王恩林。

本届冯庆煜当选为民革省委常委，贺频当选为民革省委委员。

第十一届：2006年8月23日至2011年12月13日。

2006年8月21日至23日，民革南充市第十一次代表大会召开。大会代表103人，选举产生了民革南充市第十一届委员会。

冯庆煜在会上作第十届委员会《工作报告》。《报告》对民革南充市委在"认真学习，加强思想政治建设的力度不断提高""参政议政，履行职能的能力和水平不断增强""发挥优势，为经济建设和社会发展服务的途径不断扩大""祖统联谊，促进交流和发展的渠道不断拓展""整合资源，使组织的凝聚力和向心力不断增强""强基固本，促进自身建设的力度不断加强"6个方面的工作作了回顾。《报告》认为，过去的5年是民革南充市委不断进取，求真务实，开拓创新的5年。通过组织全体党员认真学习，加强思想政治建设的力度不断提高；通过参政议政，党派履行职能的能力和水平不断增强；通过发挥党派优势，为经济建设和社会发展服务的途径不断扩大；通过祖统联谊，促进交流和发展的渠道不断拓展；通过群策群力，使组织的凝聚力和向心力不断增强；通过强本固基，促进自身建设的力度不断加强。《报告》对下一届市委会提出了以下建议：认真学习，继续加强党员思想政治素质建设；围绕中心，充分发挥参政议政、民主监督职能；拓展思路，积极为地方经济和"三个文明"建设服务；发挥优势，切实抓好祖统联谊工作；与时俱进，努力开创南充民革各项工作的新局面。

民革中央副主席、四川省人大副主任、民革四川省委主委钮小明和副主委王宇坤一行专程来南充指导监选，钮小明作了重要讲话。大会选举产生了民革南充市第十一届委员会。

主委：冯庆煜，副主委：张为钢、童川军（女）、贺频（女）、王晓贤，秘书长：童川军（兼）。

委员：王敏（女）、王旗、王晓贤、冯庆煜、冯明义、吴小红（女）、张为钢、杨克新、李宾中、李祥昌、陈洁、陈凤英（女）、陈松雪、幸天勇、贺频、曹红、黄昕、童川军、游平、韩兴琪、覃瑜莉（女）。

本届未设名誉主、副委和顾问。

冯庆煜再次当选为民革省委常委，贺频、张为钢当选为民革省委委员。

2008年7月，童川军因工辞去副主委兼秘书长职务，王晓贤调入民革机关任驻会副主委兼秘书长。

第十二届：2011年12月15日至2016年8月19日。

2011年12月13日至15日，民革南充市第十二次代表大会在北湖宾馆召开，大会代表103人。

冯庆煜代表民革南充市第十一届委员会向大会作《求真务实，不断进取，全面开创民革各项工作新局面》的工作报告。《报告》从"突出思想建设主线，夯实政治理论基础""突出参政议政主体，提高履责能力""突出资源优势特点，推进和谐社会发展""突出祖统工作重点，拓展发展交流渠道""突出活动载体作用，凸显自身亮点"5个方面对过去5年工作作了回顾。并从"必须坚持以邓小平理论和'三个代表'重要思想为指导，深入贯彻落实科学发展观""坚持中国共产党的领导""坚持中国共产党领导的多党合作和政治协商制度""坚定不移地走中国特色社会主义发展道路"4个方面作了工作总结。还从"紧扣时代主题，进一步加强思想建设""围绕发展，稳定大局，进一步履行参政党职责""发挥资源优势，进一步开展社会服务工作""搞好祖统工作，进一步突出民革特色""探索党务工作方式，进一步强化自身建设"5个方面，提出了今后5年的工作任务。

省人大副主任、民革四川省委主委王宇坤，副主委刘家强、何一立，秘书长曹丰平到会指导并讲话。大会选举产生了民革南充市第十二届委员会。

主委：王晓贤，副主委：张为钢、贺频（女）、曹红（女）、冯明义，秘书长：陈凤英（女）。

委员：王旗、王晓贤、冯明义、刘全忠、刘德凤（女）、吴小红（女）、张为钢、杨克新、李宾中、李祥昌、陈洁、陈凤英（女）、陈松雪、幸天勇、贺频（女）、宾德平、曹红（女）、黄昕、游平、韩兴琪、覃瑜莉（女）。

期间：王旗、游平、陈洁先后辞去市委委员，于2014年10月10日召开十二届十五次全委（扩大）会议，增补张萍、张莉、曹芳为市委委员。

第十三届：2016年8月19日

2016年8月18日至19日，民革南充市第十三次代表大会在北湖宾馆召开，大会代表159人。

王晓贤代表民革南充市第十二届委员会向大会作《同心创辉煌 携手谱新篇》的工作报告。王晓贤从"全面加强自身建设""切实履行参政党职能""有效推进社会服务""积极开展祖统工作"等四个方面对过去五年的工作作了回顾。王晓贤还从"牢牢把握正确的政治方向，坚持不懈地抓好思想政治建设""切实抓住履职能力建设，持而不息地服务地方经济社会发展""积极推进自身建设，持之以恒地建设高素质参政党""突出民革特色，开创祖统工作新局面"等四个方面，提出了今后五年的工作任务。

民革四川省委副主委郑学炳到会指导并讲话。大会选举产生了民革南充市第十三届委员会。

主委：王晓贤，副主委：曹红（女）、冯明义、宾德平、王一茹（女），秘书长：陈凤英（女）。

委员：王一茹（女）、王晓贤、文海燕（女）、冯明义、许尔富、李祥昌、吕萍（女）、李宾中、刘全忠、杜铮（女）、杨克新、陈凤英（女）、张萍（女）、张莉（女）、林中超、宾德平、曹红（女）、曹芳（女）、覃瑜莉（女）、程显权、陈晓蕾（女）。

期间：因工作调动，曹红辞去民革南充市委委员、副主委职务，陈凤英辞去民革南充市委委员、秘书长职务，并经2017年10月25日召开的13届7次全委（扩大）会议审议通过。2019年2月22日召开第13届20次全委会议，选举增补文海燕为副主委、任命罗艳为秘书长。

二、专委会的设置及成员构成

为了更好地发挥民革参政党职能和民革党员的群体优势，提高参政议政能力，扩大参政议政范围，民革南充市委根据党员的专业情况和特长，于20世纪80年代成立了经济、文教、医卫3个参政议政小组。此后，市委会根据组织活动和履职工作的需要，分别建立了祖统、老龄、经济、妇女、思想、参政议政、内部监督共7个工作委员会。各个专委会均由民革党员中的人大代表、政协委员、特约监察员、特约审计员和各相关部门及单位参政议政能力较强的党员组成。

经过不懈努力，南充民革建立起了完备、系统、有效地参政议政体制机制，充分发挥南充民革参政议政资源优势，积极调动各专委会及全体党员的参政议政积极性，将参政议政工作作为每个专委会的重点工作之一，调整成祖统工作委员会、老龄工作委员会、经济工作委员会、社会和法制工作委员会、青年和妇女工作委员会、"三农工作"委员会、内部监督工作委员会，全面提升参政议政的能力和水平。

2019年2月22日调整后"专委会"及内部监督机构组成人员名单如下：

（一）老龄工作委员会

主任：王晓贤

副主任：杨克新、覃瑜莉、唐国英

委　员：舒迅、陈运全、陈继久、姚红均、王晓燕、余志立、陶李梅、严宏伟

（二）经济工作委员会

主　任：冯明义

副主任：许尔富 、林中超、李祥昌

委　员：周维南、杨建芳、张昌祥、杨彦刚、张钦峰、明海全、秦超、李婷

（三）社会和法制工作委员会

主　任：宾德平

副主任：刘全忠、曹芳、程晓蕾

委　员：尹鹏程、肖霄、林波、明峰、陈龙、陈岗、廖辉、尹文利

（四）祖统工作委员会

主　任：王一茹

副主任：李宾中、程显权、杜子文

委　员：王波、雷枭、蒙甜、阳建华、马克敏、陈洁、粟斌、傅小茜

（五）"三农"工作委员会

主　任：文海燕

副主任：张莉、杜铮、周龙强

委　员：何泓春、赵朝珍、陈蓉、张政、林佳贤、敬丹丹、何雅馨、白磊

（六）青年和妇女工作委员会

主　任：罗艳

副主任：张萍、吕萍、张翼飞

委　员：刘媛媛、王虹颖、王琅、杨坤、何川（综合支部）、何凤君、向斌、杨纲

（七）内部监督工作委员会

主　任：宾德平

副主任：覃瑜莉、张萍

委　员：许尔富、马克敏、廖辉、李晓丽

附录三　历届民革界别市人大代表、市政协委员

一、市人大代表

第一届市人大代表，共计5人（1993年–1997年）：

胥凌云、杨代炳、王爱、秦群林、黄同达

第二届市人大代表，共计9人（1998年-2002年）：
副主任：杨汉翔
杨汉翔、冯庆煜、刘志康、毛淑芳、罗忠福、秦群林、卓俊娴、王旗、陈洁

第三届市人大代表，共计7人（2003年-2007年）：
幸天勇、赵燕、覃瑜莉、黄兴、王旗、雍玉红、陈博

第四届市人大代表，共计11人（2008年5月～2012年1月）：
常委：幸天勇、冯明义
代表：覃瑜莉、张迎春、赵燕、王旗、文亚波、柯敏、雍玉红、李祥昌、吴开

第五届市人大代表，共计11人（2012年1月-2014年12月）：
常委：幸天勇、冯明义
代表：尹义莉（女）、覃瑜莉（女）、张迎春（女）、罗飚（女）、赵燕（女）、文亚波（女）、王旗、柯敏、李祥昌

第六届市人大代表，共计11人（2017年1月至今）：
代表：李祥昌、罗艳、杨彦刚、尹文莉、唐国英、张莉、姚碧惠、张星、柯敏、李亚玲、杨建芳

二、市政协委员

1989年，四川省政协以川政协党字〔1989〕11号文件，任命胡蜀平为四川省政协南充地区联络委员会委员；1990年，四川省政协以川政协办〔1990〕68号文件，任命胡蜀平为四川省政协南充地区工作委员会委员。

1993年，四川省政协以川政协办〔1993〕49号文件，任命杨汉翔为四川省政协南充地区工作委员会委员，免去胡蜀平四川省政协南充地区工作委员会委员职务。

第一届市政协委员，12人（1993年–1997年）：

副主席：杨汉翔

常　　委：杨秀清、汪亮、冯庆煜、王恩林

委　　员：周家镇、郑瑞祥、董少华、毛淑芳、张为钢、张述昆、郑敏（95年增补）

第二届市政协委员，21人（1998年–2002年）：

常　　委：杨秀清、王晓贤、郑敏

委　　员：王大文、白权、冯泽忠、朱兴弟、杨克新、陈松雪、游平、张为钢、欧儒全、童川军、杨禾、赵燕、贺频、刘建国、李劲松、胥凌云、韩兴琪（2000年增补）、吴小红（2001年增补）

第三届市政协委员，28人（2003年–2007年）：

副主席：冯庆煜

常　　委：王晓贤、曹红、贺频

委　　员：乐权林、冯庆煜、刘若伟、杨克新、杨时兴、郑敏、柯敏、游平、蒲正春、唐绍宏、杨禾、文亚波、吴小红、刘建国、陈凤英、王敏、冯明义、李宾中、陈松雪、张为钢、温小兵、白权、陈洁、宋怡斌、李劲松

第四届市政协委员，29人（2008年5月–2012年1月）：

副主席：冯庆煜

常　　委：王晓贤、张为钢、李宾中、童川军

委　　员：冯江超、刘全忠、刘志康、刘若伟、刘德凤、张爱民、杨克新、周红、宾德平、游平、蒲正春、卓俊娴、吴小红、青燕、何川、陈凤英、徐小康、陈松雪、高小蒙、唐绍洪、黄昕、温小兵、李劲松、陈洁

第五届市政协委员，30人（2012年1月–2016年12月）：

副主席：王晓贤

常　委：贺频、张为钢、曹红、李宾中

委　员：冯轶、冯江超、刘全忠、刘德凤、杨克新、陈凤英、周红、林中超、宾德平、游平、谢席胜、张黎辉、卓俊娴、吴小红、曹芳、何川、陈松雪、罗毅、青燕、唐绍洪、黄昕、温小兵、张翼飞、陈洁

备注：2014年1月宾德平增补为市政协常委，刘德凤于2014年1月被免去市政协委员职务，增补张萍为市政协委员。

第六届市政协委员，40人（2017年1月至今）：

副主席：王晓贤

常　委：冯明义、宾德平、王一茹、陈凤英、李宾中

委　员：尹鹏程、冯江超、杨琴、杨克新、周维南、罗毅、林波、唐绍洪、程显权、鲜小玮、陈麒光、廖辉、鲍俊兵、陈蓉、唐瑞、青燕、卓俊娴、曹芳、覃瑜莉、文海燕、罗飚、何川、张萍、周红、林中超、邓量、张钦峰、凌元亨、张翼飞、杜铮、刘全忠、许尔富、吴泽兵、陈岗

附录四　市政协评选的南充民革部分"优秀提案"目录

南充市政协第一届会议（1993年–1997年）一共表彰了32件提案，因没查到本届获奖提案目录，故无法录入。从南充市政协第二届至第六届会议（1998年–2019年），民革南充市委共有42件提案被评为"优秀提案"。

第二届（1998年～2002年）

1.《彻底清理，认真查处两次或者多次享受国家优惠政策购房的各级干部》（提案人：杨秀清）。

2.《关于北湖公园实行免费开放的建议》（提案人：朱兴弟）。

第三届（2003年-2007年）

1.《关于尽快在我市实施"食品安全工程"的建议》（提案人：民革南充市委）。

2.《关于南充火车货站开展一吨集装箱货运业务的建议》（提案人：杨克新）。

3.《关于我市农业银行储蓄所应设验钞机的建议》（提案人：刘建国，撰稿人：朱兴弟）。

4.《关于在本市建立商务危机预警机制的建议》（提案人：民革南充市委，撰稿人：朱兴弟）。

5.《药价混乱谁来整治》（提案人：游平）。

6.《建议进一步加大城区学校布局结构调整》（提案人：民革南充市委，撰稿人：朱兴弟）。

7.《招商引资应有新举措》（提案人：民革南充市委，撰稿人：朱兴弟）。

8.《加强我市"低保"人口动态管理》（提案人：民革南充市委，撰稿人：朱兴弟）。

第四届（2008年-2012年）

1.《合理用地，实现保护和发展双赢的建议》（提案人：民革南充市委，撰稿人：朱兴弟）。

2.《关于抓好青居电站借款兑付工作的建议》（提案人：王晓贤）。

3.《关于完善市政新区道路和配套设施建设的建议》（提案人：杨克新）。

4.《关于建设江东现代农业科技示范园的建议》（提案人：民革南充市委，撰稿人：朱兴弟）。

5.《关于修建滨江大道过街人行天桥的建议》（提案人：吴小红、雍兴明）。

6.《关于综合整治西门坝街及西门市场周边环境的建议》（提案人：宾德平）。

7.《关于加大对我市天然水域鱼类资源保护力度的建议》（提案人：王晓贤）。

8.《关于拆除顺庆城区部分街道绿化带缓解交通拥堵的建议》（提案人：童川军、施应融）。

9.《关于加快南充城市交通和产业发展的建议》（提案人：赵大伦、卓俊娴、袁和平）。

10.《关于加快我市北部新城建设的建议》（提案人：民革南充市委，撰稿人：朱兴弟）。

第五届（2012年-2016年）

1.《关于进一步加强社区卫生服务中心的建议》（提案人：杨克新）。

2.《关于加强民办职业教育管理的建议》（提案人：民革南充市委）。

3.《关于建立大病救助机制的建议》（提案人：曹红、林中超、谢席胜）。

4.《关于加大对嘉陵江南充段沿江排污口排查治理力度的建议》（提案人：王晓贤、苏俊富）。

5.《关于加大投入改造老旧城区基础设施的建议》（提案人：游平）。

6.《关于完善义务教育公共财政保障体制的建议》（提案人：宾德平）。

7.《关于创新大学生村官培养使用机制的建议》（提案人：唐绍洪、李兰英、胡蓉、张秀莲、李辉、邓秀珍）。

8.《关于清理规范我市投资理财机构的建议》（撰稿人：朱兴弟）。

9.《关于加强我市民间投资理财机构监督管理的建议》（撰稿人：朱兴弟）。

10.《关于尽快在主城区建立智能交通管理系统的建议》（提案人：张翼飞、杨克新）。

11.《关于促进城乡基础教育协调发展的建议》（提案人：宾德平）。

12.《关于推动南充旅游转型升级的建议》（提案人：曹芳）。

13.《关于缓解我市主城区交通拥堵问题的建议》（提案人：张为钢、李宾中、冯江超等）。

14.《关于规范电动三轮车行驶及使用安全的建议》（提案人：林中超、吴泽兵）。

15.《关于加大我市江河鱼类资源保护力度的建议》（撰稿人：朱兴弟）。

16.《关于加强基层卫生人才队伍建设的建议》（提案人：曹红、谢席胜、林中超）。

第六届（2017年–2019年）

1.《关于创建南充三国文化创意产业园的建议》（提案人：文海燕、许尔富）。

2.《关于大力推进川东北金融中心建设的建议》（提案者：民革南充市委）。

3.《关于加强共享单车管理的建议》（提案人：覃瑜莉）。

4.《关于强化农村道路交通安全管理的建议》（提案人：宾德平、李宾中等）。

5.《关于进一步推进南充现代物流园健康发展的建议》（提案人：民革南充市委）。

6.《关于大力发展普惠性学前教育的建议》（提案人：陈凤英）。

附录五　市委机构人员编制及办公室场所搬迁情况

从20世纪50年代的川北临时工作小组，到2016年换届后的第13届民革南充市委员会的几十年中，南充民革的领导机构及机关工作人员编制发生了多次变化，以适应党派开展工作和履行职能的需要。

民革南充市委自成立以来，机关办公场所进行了5次搬迁。直到2004年6月，南充民主党派大楼落成，民革南充市委的办公场所才固定下来。

一、"市委会"机构设置及人员编制

根据民革章程规定，民革南充市委设主任委员1人、副主任委员若干人，机关设秘书长1人、副秘书长1至2人，机关工作人员5至8人。

历届市委机关设置情况如下：

1950年7月5日，川北临时工作小组成立，有机关工作人员4人，未设中层机构，只设有秘书组和副组长。1951年9月30日，川北临时工作小组工作结束，停止活动。

1951年10月1日，民革川北区分部筹备委员会兼民革南充市支部筹备委员会成立，机关工作人员9人。1952年11月20日，川北行署并省，民革南充市支部筹备委员会调整重组，成立民革南充市委员会筹备委员会。

1955年4月24日，召开第一次党员代表大会，民革南充市委员会成立。同时建立3个支部和1个社会成员小组。

第一届（1955年），民革南充市委员会仅设秘书组，机关编制由民革川北区分部筹备委员会的10人减少为7人。

第二届至第四届（1958年至1979年），增设组织组、宣传组，机关设秘书长一职，编制仍为7人。

第五届（1980年），市委会始设秘书长1人，主持机关日常工作，指导和协调基层组织的工作。

第六届（1984年），经中共南充市委统战部批准，增设副秘书长1人，同时增设组织宣传部。当时机关人员编制数由民革中央核定为10名，1986年机构改革核定编制数为7名，直到1987年才增加编制1人，时为8人。

第七届（1987年）以后，市委会机关从仅有办公室一个机构变为两个部门：即办公室和组织宣传部。

1990年4月18日上午，民革南充市委与民盟、民建、民进、九三学社等民主党派隆重举行"地区委员会"成立大会。民革南充市委升级为地（市）级地方组织，增挂"中国国民党革命委员会南充地区委员会"牌子，行政级别由区级升格为县级，与"中国国民党革命委员会南充市委员会"实行两块牌子、一套班子的建制，同时增设民革南充地委办公室。

第八届（1993年），南充撤地建市后，民革南充市委（地级）成立，在原仅设办公室的基础上，于1994年增设中层机构--组织宣传部。

到1994年底，民革南充市委机关编制为8人（包括驾驶员1人）。机关设一室一部，即办公室、组织宣传部。

第九届（1997年），到2001年，机构改革"三定"方案时，民革南充市委机关干部编制为5人，工勤人员1人，职位设为驻会副主委兼秘书长1人，科级干部2人，至此机构设置基本完成。

第十届（2002年），机构改革核定编制为6名，其中行政编制5名、工勤编制1名。

第十一届（2006年），机关编制为7名，其中行政编制6名（含单列编制1名）、工勤编制1名。

第十二届：（2011年），增加机关秘书长编制1名，机关编制为8名，其中行政编制7名（含单列编制1名）、工勤编制1名。

第十三届：（2016年），机关编制8名，其中行政编制7名（含单列编制1名）、工勤编制1名。2019年5月，减少单列编制1名。

二、民革南充市委机关历年职工名册

（一）川北区临时工作小组时期

龙杰三（召集人），任职时间：1950年7月至1952年8月。

萧端重（秘书），任职时间：1950年7月至1952年8月。

龙凤钧（通讯员），任职时间：1950年7月至1952年8月。

王开和（炊事员），任职时间：1950年7月至1953年8月。

（二）川北分部筹委会时期

萧端重（秘书组长），任职时间：1952年8月至1955年4月。

赵专修（干事），任职时间：1952年8月至1955年4月，后调阆中市政协，2013年逝世。

谢维林（干事），任职时间：1952年2月至1952年10月。

肖亚曦（助理干事），任职时间：1952年6月至1952年10月。

李树骅（干事），任职时间：1952年6月至1952年10月，后调民革成都市委，1966年7月在成都病故。

王俊光（干事），任职时间：1952年6月至1952年10月，后调中共南充市委统战部。

王元德（干事），任职时间：1952年6月至1952年10月，后调民革四川省委工作。

龙凤钧（会计），任职时间：1950年7月至1952年8月。

仲希树（通讯员），任职时间：1950年7月至1952年10月。

王开和（炊事员），任职时间：1952年10月至1958年2月，后调市工商联工作。

（三）"市委会"时期

萧端重（主委），任职时间：1955年4月至1986年9月15日，在南充病故。

赵专修（组长），任职时间：1955年4月至1965年9月，调阆中市政协工作。

徐洪谷（秘书长），任职时间：1957年2月至1983年7月，退休。

吴漂悦（副组长），任职时间：1953年2月至1977年2月2日，退休。

王俊光（会计），任职时间：1955年4月至1955年6月，调市政协后调地委统战部。

张大本（会计），任职时间：1958年9月至1962年3月，在南充病故。

龙凤钧（助理干事），任职时间：1952年10月至1957年1月。

仲希树（通讯员），任职时间：1952年10月至1958年5月，后调南充二中。

王开和（炊事员），任职时间：1952年10月至1958年2月，后调市工商联工作。

陈启金（炊事员），任职时间：1964年3月至1981年3月，退休。

林尚志（干事），任职时间：1966年6月至1985年3月，退休。

童炳南（副秘书长），任职时间：1981年1月至1983年12月，后调中共南充市委统战部。

程智（会计、宣传部长），任职时间：1981年2月至2011年4月，退休。

蒋才胜（副秘书长），任职时间：1982年5月至1994年4月，退休。

曾宪烺（组宣部长、助理调研员），任职时间：1984年8月至2012年2月，退休。

傅国才（组宣部长），任职时间：1986年7月至1998年6月，退休。

王大文（办公室主任），任职时间：1988年8月至2002年，调中共南充市委统战部。

龚举敏（办公室主任），任职时间：1991年9月至2011年4月，退休。

黎万德（办公室副主任），任职时间：1995年1月进入机关，2007年9月任办公室副主任。

杨秀清（副主委兼秘书长），任职时间：1993年5月至2004年4月，退休。

童川军（副主委兼秘书长），任职时间：2002年7月至2012年3月，退休。

王晓贤（主委），任职时间：2008年7月至2011年12月，任驻会副主委兼秘书长；2011年12月至今，任民革南充市委主委；2012年1月至今，任市政协副主席。

陈凤英（秘书长），任职时间：2011年12月至2017年9月任民革南充市委秘书长，2017年1月任市政协副秘书长（专职）。

文海燕（专职副主委），任职时间：2019年2月任民革南充市委专职副主委。

罗艳（秘书长），任职时间：2009年3月进入机关，2019年2月至今，任民革南充市委秘书长。

李啸风（办公室主任、一级主任科员），任职时间：2012年10月进入机关，2014年7月任办公室主任，2019年10月晋升为一级主任科员。

张帆（组宣部长），任职时间：2012年10月进入机关，2019年10月任组宣部长。

陈黎（四级主任科员），任职时间，2016年4月进入机关，2019年10月晋升为四级主任科员。

三、机关办公场所的搬迁

从20世纪50年代川北临时工作小组成立，到2004年6月南充民主党派办公大楼落成，南充民革机关办公场所进行了5次搬迁才固定下来。

（一）第1次搬迁

1950年7月5日，民革川北区临时工作小组成立时，由中共川北区委统战部指定，将南充县女子中学（现南充二中）校长郭受康女士捐献的南充市大北街78号大院（现南充中心医院对面原郭家院内）作为民革办公用房。临时工作小组在此办公至1952年11月。

（二）第2次搬迁

1952年11月18日，民革南充市支部筹备委员会由大北街迁往南充市兴顺后街17号办公。此地为建国前工商业者文绍周私人寓所，后出售给川北革命大学。川北革命大学校部将房屋产权转让给川北民革、民建两个单位，作为办公场所和职工宿舍使用。楼上7间归民革，楼下7间归民建，小礼堂与收发室、厨房共用。南充民革机关在此住用了31年11个月又7天。

（三）第3次搬迁

1984年10月29日，民革南充市委机关由兴顺后街迁往南充市仪凤街78号新建楼房办公，职工宿舍同时迁至仪凤街78号。

（四）第4次搬迁

2002年9月，因仪凤街机关办公大楼拆迁改造，民革南充市委机关暂时迁往市模范街原轮船公司内的金帆宾馆办公。

（五）第5次搬迁

2004年6月23日，民革南充市委机关迁往南充市顺庆区玉带中路2段55号新落成的民主党派办公大楼办公。

附录六 大事记（1950年—2019年）

1950年

2月8日，中共川北区临时工作委员会在南充市小西街成达中学（现南充职业教育学院）召开南充市第一届各界人民代表筹备会议。当时已建立联络关系的民革党员龙杰三、李树骅、蹇幼樵、尹子勤、萧端重5人应邀出席会议。

4月，川北行署主任、中共川北区委书记兼统战部部长胡耀邦，中共川北区委统战部常务副部长刘玉衡与民革代表龙杰三商议，由其负责筹备成立"民革川北区工作小组"。

7月5日，中国国民党革命委员会"川北区临时工作小组筹备委员会"正式宣布成立，龙杰三为召集人，萧端重为秘书。

"民革川北区临时工作小组筹备委员会"时期的中心任务是：协助政府征粮、减租退押、清匪反霸、肃特、工商业改造、发展生产以及各种政令的宣传与推行工作。

1951年

1月19日，龙杰三收到中国国民党革命委员会中央委员会复函指示：成立"民革川北区临时工作小组"，由龙杰三为召集人；"民革川北区临时工作小组"由龙杰三等5人组成，由龙杰三主持临时工作小组的工作。

1月20日，"民革川北区临时工作小组筹备委员会"正式更名为"民革川北区临时工作小组"，"筹委会"工作宣布结束。该时期，"民革川北区临时工作小组"隶属民革川康（重庆）临时工作委员会领导，属省级机构编制。

随后，经胡耀邦推荐，民革中央批准，川北行署副主任裴昌会、川北大学中文系主任李炳英教授、川北行署的刘忠良先后参加了民革组织，支持并协助龙杰三开展南充民革的各项工作。

在此期间，"民革川北区临时工作小组"根据民革中央的指示，着手对建国前参加民革组织的党员进行登记，履行入党手续；清除了冒名登记的假民革党员，并于1月21日在《川北日报》登报申明，纯洁了组织队伍。

9月30日，奉民革川康（重庆）临时工作委员会的指示，撤销"民革川北区临时工作小组"。

10月1日，"民革川北区分部暨民革南充市支部筹备委员会"在川北行署招待所（现五星花园宇豪大酒店处）召开会议。大会主席裴昌会宣布，"民革川北区分部暨民革南充市支部筹备委员会"正式成立。裴昌会当选为"民革川北区分部暨民革南充市支部筹备委员会"主任委员。

1952年

1月28日，"民革川北区分部暨民革南充市支部筹备委员会"在南充市大北街天主教礼堂内举行第一批93名新党员宣誓仪式，其中2名共产党员、8名新民主主义青年团团员。

6月，南充107名民革党员举行第2次集体宣誓仪式。

9月1日，"民革川北区分部"被撤销，"民革南充市支部筹备委员会"调整重组。南充73名民革党员的组织关系随即迁往成都，分别隶属民革四川省筹备委员会和民革成都市筹备委员会管理。留在南充市的34名党员重新组建了新的"民革南充市支部筹备委员会"，组织领导关系隶属于民革四川省筹备委员会，李炳英担任支部筹备委员会负责人。

10月，"民革南充市支部筹备委员会"向民革四川省筹备委员会申报成立地方组织。经民革四川省筹备委员会同意，并报经民革中央批准，同意成立"中国国民党革命委员会南充市委员会"。

1951年至1952年，南充民革党员积极参加抗美援朝宣传活动，并参与捐献飞机大炮、捐献寒衣、认购公债等活动。

1953年

3月24日，中共南充地委召开全区第四次统战工作会议，着重研究对全区民主人士的鉴定问题。会后，对在册的南充民革党员逐一进行历史问题和政治思想方面的鉴定。鉴定工作于同年5月初结束。

8月8日，民革南充市支部筹备委员会第24次委员会通过了思想政治教育工作的10项决定，对党员的思想政治教育工作进行宏观管理和指导。

11月，民革南充市支部筹备委员会组织党员和所联系人士，学习过渡时期的总路线和宪法，加强"社会主义是我国的唯一道路"的学习和宣传。

1954年

3月，根据中共南充地委转发中共中央《关于"五反"遗留问题的处理原则》，要求全区尚未结束"五反"遗留问题的地方迅速作出计划，争取尽快完成。此后，民革南充市支部筹备委员会全体党员学习了相关文件精神，对自1952年2月以来，"筹备委员会"成员参与"五反"运动的情况进行了梳理和讨论，写出了汇报材料。

6月10日，南充地区成立《中华人民共和国宪法（草案）》学习讨论委员会；6月15日，《中华人民共和国宪法（草案）》正式公布。随后，民革南充市支部筹备委员会全体党员开始学习和讨论《中华人民共和国宪法（草案）》，并提出了十多条修改意见。

1955年

2月23日，为积极响应中国人民政治协商会议和中国人民保卫世界和平委员会联名发起的、反对使用原子武器签名运动的号召，南充全体民革党员在世界和平理事会常务委员会《告全世界人民书》上签名。

4月24日至26日，民革南充市第一次党员代表大会在市兴顺后街民革机关召开，到会党员34人，会期3天。"民革南充市委员会"正式成立，会议选举产生了民革南充市第一届委员会，由李炳英任主委，萧端重任副主委。同时建立3个支部和1个社会成员小组。

1955年至1956年，民革南充市委在社会主义革命高潮中，参加宣传政策、清产核资、债权债务清理和对资本主义工商业的改造，推进公私合营等工作。

1956年

4月，中共中央提出与民主党派"长期共存，互相监督"八字方针，民革南充市委认真组织了学习讨论。

6月1日至25日，民革南充市委对散处在南充市的原国民党军政人员进行调查摸底和登记工作。

1957年

7月，南充第一批开展整风运动的单位转入反右派斗争。南充民革11名党员被错划为"右派分子"，机关工作处于"闭门改造"阶段。

9月17日，民革南充市委召开第74次委员会议。会议决定，当天与南充市政协（现顺庆区）联合成立"整风运动领导小组"。

1958年

3月至5月，民革南充市委选派萧端重、吴漂悦、张征烈等10人参加四川省民革整风代表会，机关停止办公长达3个月，只有1名干部和1名通讯员留守。

9月，机关全体人员参加"大炼钢铁""大战四秋"活动，机关再次停止办公。

10月23日至25日，民革南充市第二次党员代表大会在市兴顺后街民革机关召开，到会党员49人。本届未设主委，肖端重当选副主委，徐鸿鹄任秘书长，赵专修、张恢先、龙宇成等5人为委员。

当年，南充开始修建火花飞机场，民革南充市委的机关干部除1人留守单位外，其余都到飞机坝参加平整土地、挑卵石、拌混泥土等体力劳动。大多数党员还参加了大炼钢铁、炼石油、造化肥、制农药、修建莲花池（现南充市北湖公园）等活动和劳动实践。

1959年

9月，民革南充市委向全体党员传达中共中央《关于反对右倾思想的指示》及省委《关于执行中央〈关于反对右倾思想的指示〉的紧急通知》。

11月，民革南充市委在南充市兴顺后街民革市委机关召开第一次"工作经验交流会"，会期两天。3个基层支部、7名党员分别结合自己政治学习、思想改造和工作实际，先后在会上作了经验交流发言。

1960年

3月，"云、贵、川民革工作经验交流会"在成都市召开，民革南充市委主委萧端重和主管组织工作的赵专修出席大会。南充民革党员、市医院针灸科医生刘兰秋结合自己的工作实际和作为民革党员的切身体会，在大会上作了经验交流。

6月底，根据中共中央、四川省委关于开展反贪污、反浪费、反官僚运动的指示，民革南充市委召开全体党员会议，进行"三反"动员和学习，要求大家揭发批判干部的贪污、浪费和官僚主义行为。

1961年

9月5日至7日，民革南充市第三次代表大会在市兴顺后街民革机关召开，到会党员47人。肖端重当选主委，本届未设副主委；徐鸿鹄任秘书长，龙宇成、赵专修、张恢先等5人为委员。同时对3个基层支部班子进行了改选。

10月，民革南充市委根据中共南充地委"生产自救、节约度荒"的指示，号召全体党员大种蔬菜，大搞代食品。

1962年

7月，民革四川省委在成都召开第三届党员代表大会，南充民革党员王玉书、刘兰秋两人在大会上作了生动感人的发言。

9月，民革南充市委在兴顺后街民革机关召开全市"民革党员服务经验交流会"，全体党员参加会议。3个支部和刘兰秋、王玉书、张少鲁、邓明聪4位党员在大会上作了经验交流。

1962年

3月1日，中共中央发布《关于厉行增产节约和反对贪污盗窃、反对投机倒把、反对铺张浪费、反对分散主义、反对官僚主义运动的指示》。此后，"五反"运动在全国部分城市逐步展开。随后，民革南充市委有领导、有步骤地在全体党员中开展这个运动。

9月6日至27日，中共中央在北京举行工作会议。会议制定《关于农村社会主义教育运动中一些具体政策的规定（草案）》，《规定》强调"以阶级斗争为纲"。此后，民革南充市委组织党员参与了在全国范围内广泛开展的"社会主义教育运动"。

1963年

6月1日至17日，参加以增产节约为中心的思想教育座谈会的46名南充民革党员提出问题和建议共98条，增强了对社会主义、爱国主义和国际主义的认识。

8月11日，民革南充市委召开"思想政治宣传工作经验交流会"，驻市全体党员在兴顺后街民革市委机关参加1天会议。3个基层支部、6名党员在会上作了经验交流发言。

9月14日至16日，民革南充市第四次代表大会在南充女子中学（现二中）召开，到会党员46人。肖端重当选主委，本届未设副主委；张恢先、曾维义、赵专修等7人当选为委员。同时进行了支部改选。

从1964年冬到1965年春，民革南充市委在全体民革党员中进行爱国主义、国际主义、社会主义教育工作。

1965年

3月至次年5月，6名无固定工作的民革党员分为3组，在市区各大医院义务为病员填写病历，引导病人就诊。平均每天填写病历60份以上，受到医院和统战部多次表扬，这次大型义务活动到文化大革命开始才告中断。

1966年

6月15日以后，民革南充市委机关被造反派查抄，全部书籍被付之一炬；公章、档案及公物全部交由统战系统造反派接管，主委萧端重等被抄家。

8月13日，民革南充市委组织全体党员参加由市委统战部安排的集会和游行，拥护中共八届十一中全会公报和《中共中央关于无产阶级文化大革命的决定》。

1967年至1968年

民革南充市委机关瘫痪，停止办公。机关职工全部被集中在南充城区嘉陵江中坝开荒，然后转至砖瓦厂劳动。

1969年

南充统战系统、民主党派干部职工全部被集中在民革、民建驻地学习，集中食宿，行动受到限制。

1970年

民革干部职工与各民主党派，工商联干部职工一道，集中参加"一打三反""清队""批清"运动学习班学习。

1971年至1975年

民革干部职工被集中在南充市大北街政协机关学习《毛泽东选集》1～5卷，并要求写出学习心得体会。

1971年9月13日林彪叛逃后，中共南充市委统战部组织各民主党派、工商联机关工作人员集中学习，同时参加了"批林批孔"运动。

1976年

9月9日毛泽东病逝，全国各地举行大规模哀悼活动；9月18日，南充民革全体党员集中到南充市人民广场（现环形商场处）参加毛泽东追悼大会。

10月底开始，民革南充市委机关人员集中在南充市大北街市政协机关，声讨王洪文、张春桥、江青、姚文元"四人帮"反革命罪行，庆贺粉碎"四人帮"的胜利。

1977年

10月18日，中共中央统战部召集各民主党派、全国工商联联合办事组临时领导小组成员开会。会上由统战部负责人童小鹏传达中共中央关于各民主党派、工商联恢复活动的指示。

1978年

南充民革开始着手对民革党员和联系人士进行调查了解，做恢复机关工作的准备。

1979年

4月19日，民革南充市委机关在停止办公13年后，正式挂牌，开始恢复工作并开展活动。

9月28日至29日，民革南充市委在大北街市政协机关召开"南充民革为'四化'服务经验交流会"。这是"市委会"在"文革"后、恢复工作之初召开的第一次经验交流会。会议表彰了在一线为"四化"服务且作出贡献、成绩斐然的马先根、王玉书、邓明聪、刘善修等党员。

年底，民革南充市委成立了落实政策工作组，协助中共南充市委、市政府按照中共中央文件精神，落实有关统战政策，陆续平反了一批有影响的冤假错案，为被错划为"右派"的部分民革党员作了改正。

1980年

2月4日至8日，民革南充市委第五次党员代表大会在原南充市政协机关召开，到会党员27人。肖端重当选主委，马先根、王玉书当选副主委，李光煜、周正林、刘兰秋等9人当选委员。

11月7日，民革南充市委召开"为'四化'服务暨对台工作经验交流会"，8名党员在会上作经验交流发言。

12月，民革南充市委在组织发展中断时间长达22年之久后，开始恢复发展新党员的工作。

1981年

5月25日至27日，民革南充市委传达胡耀邦总书记在全军政治工作会议上的讲话精神及民革省委第二次扩大会议精神，并以1天时间进行工作经验交流，8名党员在会上作经验交流发言。

7月12日～15日，南充遭特大洪水袭击，民革南充市委拨款100元支持救灾工作，党员纷纷捐献衣物、粮票、现金给灾民。

9月，由萧端重倡议，市政协、各民主党派、工商联联合创办了"嘉陵文化补习学校"，萧端重为学校领导小组组长。

11月21日，民革南充市委在兴顺后街再次召开"为'四化'服务经验交流会"，民革党员刘兰秋、吴国樑、王守颐、苟纯如、谭崇遂、周正林、林臻7人在会上作工作经验交流发言。

1982年

1月，中共中央提出与各民主党派"肝胆相照、荣辱与共"的方针，称民主党派是与中国共产党长期共存、风雨同舟的诤友。民革市委组织全体党员、各支部多次学习和座谈。

2月，民革南充市委成立了"对台工作领导小组"。此后，民革南充市委副主委马先根、周正林先后当选为"民革四川省委祖国统一工作委员会"委员。

5月，"市委会"成立了法律咨询服务组、医药咨询服务组，两个服务组由18名民革党员组成。

6月底，在对民革成员和所联系的人士中的起义投诚人员、去台人员在大陆的亲属、和国民党有关系的"三胞"的落实政策情况和存在的问题进行深入的调查研究后，"市委会"连同典型材料报送民革四川省委。

7月中旬，"云、贵、川3省民革工作经验交流会"在昆明市召开。民革南充市委副主委周正林与秘书长徐鸿鹄参加会议。周正林在大会上作了《我们是如何作思想政治工作的》经验交流发言。

9月18日至20日，民革南充市委在兴顺后街民革机关，以3天时间召开

"为'四化'服务与促进祖国统一经验交流会"。刘兰秋、袁泽民、李惠民、全中斯等党员在会上作了工作经验交流

12月6日至9日，民革南充市委在南充地区邮电局举行"为'四化'服务经验交流及成果展览会"。南充民革9位党员在大会上作了经验交流发言。

12月16日至19日，市政协、各民主党派、工商联联合举行"为'四化'服务经验交流会"，南充民革有12人提供成果助展，9人作了经验交流。

1983年

1月上旬，四川省各民主党派、工商联在成都举行"为'四化'服务经验交流会"。民革南充市委推荐为"四化"服务工作做出突出成绩的党员刘兰秋、李惠民、闫起鸾3人出席大会，并作经验交流。民革南充市委秘书长徐鸿鹄出席了这次大会。

8月12日，中共南充地委召开电话会议，要求各地党委加强领导，积极组织干部群众学习《邓小平文选》。接着，民革南充市委下发文件，要求南充民革各基层支部组织党员学习《邓小平文选》（1975～1982），广泛开展建设有中国特色的社会主义宣传教育活动。

11月，民革南充市委根据民革中央和民革四川省委的指示和会议精神，传达、学习中共十二中全会精神和邓小平、陈云的重要讲话，认真研究南充民革的组织建设和党员思想建设，防止、消除思想战线上的精神污染；进一步加强全体党员的政治思想工作，加强社会主义教育和多党合作制度的教育，自觉抵制资产阶级自由化思想和封建残余的影响。

1984年

6月5日至8日，南充民革市委第六次党员代表大会在市兴顺后街民革机关召开，到会党员95人。肖端重当选为主委，胡蜀平、苟纯如、王玉书、李惠民（女）、刘兰秋当选为副主委，苟纯如兼秘书长，万舞年、戴汝泉、杨桂攀等15人当选为委员。同时对支部进行了调整改选，由原3个支部调整为4个

支部，并在四川师范学院新建一个小组。

6月，成立"祖国统一联谊工作委员会"，次年更名为"祖国和平统一工作委员会"，专门负责南充民革的祖统宣传、联谊及统一促进等工作。

9月，成立教育咨询服务组。

10月9日至10日，民革南充市委在仪凤街以两天时间召开"为'四化'服务经验交流会"，有17位民革党员先后在会上发言。

10月中旬，省民革召开"为'四化'服务经验交流会"，南充民革党员杨桂攀、王菊、袁泽民3人出席会议并作了经验交流。

11月，民革中央在北京召开"为'四化'服务经验交流会"，杨桂攀被推选为"先进代表"出席会议，荣获民革中央的表彰和奖励。会上，杨桂攀以《为人民服务的坚定信念是我们前进的动力》为题，作了书面发言。

12月6日，经市政府批准，南充民革先后成立了"南充中山业余学校""南充中山蚕种场"，苟纯如任中山校校长，李惠民任蚕种场场长。

1985年

2月，民革南充市委组建建筑咨询服务小组，为南充丝绸厂测绘设计了职工医院，改建了一个车间，为蚕研所绘制了桑园平面图，为市政协设计了院坝绿化方案。

5月，成立南充中山函授中心指导站。南充民革副主委苟纯如、王玉书成为指导站领导班子，民革党员任盛阳、夏则鸣参加函授中心指导站的实际工作。

9月上旬，民革四川省委在成都召开全省民革党员"为'四化'服务经验交流会"。民革南充市委副主委李惠民出席经验交流会，并在大会上作了开办蚕种场的经验交流。

12月23日，民革省委召开"为'四化'服务经验交流会"，林斐文，池文彩出席会议，并在大会上作了经验交流。

1986年

1月12日至17日，民革南充市委在会议室举办了为期6天的祖统联谊工作展览。展出照片、实物116件，接待参观者近千人次，《南充日报》、南充电视台对此予以报道。

5月，中共南充市委统战部牵头召开"各民主党派、工商联基层组织工作经验交流会"。民革南充市委两个支部的主委、副主委参会并发言，交流了坚持四项基本原则，搞好合作共事等方面的经验。

8月5日至8日，"云、贵、川三省民革为'四化'服务经验交流会"在贵阳举行。民革南充市委副主委胡蜀平出席会议并在大会上作了经验交流。

8月31日，民革南充市委召集驻市和外县单联的党员以及联系人士共110人，以1天时间召开"工作经验交流会"。13名民革党员在大会上作经验交流发言。当天，民革南充市委在原南充市政协礼堂会议室举办了为"四化"服务成果及对台工作展。展览分为中山业余学校、中山蚕种场、中山函授站、推进"一国两制"实现祖国统一共4个部分。展品共有400余件。

10月14日至26日，民革南充市委举办了"推进'一国两制'实施、实现祖国和平统一"展览。展出了民革南充市委祖国统一工作委员会的工作成果。其中有侨、台属与海外亲人合影的照片92幅，台属亲友、港澳同胞及海外侨胞赠画、赠书、赠物等实物50余件。

10月22日至26日，四川省召开"各民主党派，工商联为'四化'服务经验交流会"，南充民革党员王爱出席会议，中山学校校长苟纯如出席了大会并作了经验交流，中山学校被评为"先进集体"并获奖杯。

11月12日至16日，民革南充市委举办了再现孙中山革命业绩的大型图片展览，除在民革南充市委驻地展出外，还在南充市中心五星花园展出。

11月22日，民革南充市委编印孙中山先生诞辰120周年专刊，同时举办了祖国统一联谊（对台）工作展览。

11月22日至26日，四川省各民主党派、工商联在成都联合召开"为'四化'服务经验交流会"。民革南充市委推选副主委苟纯如，民革党员、南充内燃机厂工程师王爱出席经验交流会。苟纯如在大会上就南充民革党员创办中山蚕种场、中山业余学校、中山函授中心指导站的先进事迹与代表们作了交流，王爱作了书面发言。

至年底，被错划为右派的南充民革党员全部获平反，落实政策率达到100%；待遇得到恢复，做到了不留尾巴，不留死角。

1987年

6月24日至26日，民革南充市第七次党员代表大会在南充市仪凤街市政协礼堂召开，来自南充、阆中、岳池、广安、蓬安五县及南充市的105名党员代表出席了大会。胡蜀平当选为主委，苟纯如、李惠民、杨桂攀、王爱（女）当选为副主委，苟纯如兼秘书长，汪亮、刘子青、冯玉华（女）等15人当选为委员。同时进行支部调整改选，建立民革南充市第五支部和南充县支部。

6月28日，在李炳英逝世30周年时，民革举行了缅怀辛亥革命老人李炳英的座谈会，并撰文在《南充日报》发表。

9月，经与中共南充县委统战部磋商后达成一致意见，建立民革南充县支部。

11月30日，民革南充市委隆重集会，庆祝民革成立40周年。

1988年

5月3日，民革南充市委成立"妇女工作组"。市委会副主委王爱任组长，林斐文任副组长，王爱、林斐文、阎起鸾、王菊、左宏英、张克敏、庞守蓉任委员。

6月，"黄埔同学会南充市联络组"宣告成立，南充民革党员林尚志任联络组组长。

11月12日，民革南充市委在南充市五星花园中心支行外，举办孙中山先生诞辰122周年大型图片展，展出照片200幅，参观群众达2000余人次。

11月12日，民革祖国统一联谊工作委员会与民革第二支部（侨台支部）联合举办了为期一周的祖国统一联谊工作展。

1989年

6月14日至19日，民革南充市委组织中心医院民革党员及儿科专家，到南充地、市两级各大企业幼儿园，为1400多名儿童义务体检，此举受到中共南充地委、市委统战部的肯定，民革《四川通讯》《四川统一战线》对此专题报道。

6月27日，民革南充市委召开会议，学习《人民日报》社论。大家一致表示，坚决站稳立场，反对动乱，与中共中央保持一致。

9月24日至25日，南充市政协各民主党派、工商联召开"为'四化'服务经验交流会"，南充民革7位代表参会。民革南充市委副主委苟纯如、党员周家镇在大会上交流并获表彰。

11月12日至15日，民革南充市委祖统联谊工作委员在仪凤街民革会议室举办"祖统联谊工作展览"，展出时间4天。展出书信、海外亲人照片及各种外币、奖状、奖品、书画作品等实物共计250余件。

12月11日至17日，民革南充市委在会议室再次举办为期7天的"祖统联谊工作展览"。展出38名民革党员提供的照片、书画作品、书信以及实物共计238件。

12月23日，南充中心医院成立民革支部。

1990年

年初，南充民革党员杨汉翔当选为广安县副县长，党员杨秀清（女）当选为南充县副县长。

2月16日，民革南充市委组织学习《中共中央关于坚持和完善中国共产党领导的多党合作和政治协商制度的意见》（中发〔1989〕14号文件），贯彻民革中央确定参政议政、民主监督为本党基本职能的重要精神。

4月，民革南充地区委员会成立，实行地、市两块牌子，一套班子的管理。

同月，民革南充市委在原"统战理论研究小组"基础上，成立"政策理论研究小组"。此后，研究小组1篇文章获地区统战理论研究"一等奖"，并被《文摘周报》转载。

1991年

民革南充市委积极参加中共南充地、市委统战部组织的"统科合作，科教兴南"活动，中山学校被评为"先进集体"，周家镇，白权等人被评为科教兴南"先进个人"。

当年，市委会组织党员为达成铁路捐资，认捐9960余元；加上党员在单位上的捐资，捐款总额在3万元以上。

是年，民革党员，蚕桑专家、研究员杨桂攀亲自赴凉山甘洛、攀枝花、黔江等地考察、讲学，制定蚕桑发展规划，引进蚕桑管理和技术人才，为边区蚕桑事业发展作出了贡献。

11月12日至14日，民革南充市委在市五星花园银行大楼旁举办"纪念辛亥革命80周年，孙中山光辉一生大型图片展"，展出民革中央制作的孙中山光辉一生图片200张。展出时间3天，参观者超过了2000人次。

1992年

10月22日至24日，召开民革南充地区第一次、民革南充市第八次党员代表大会。杨汉翔当选为主委，王爱（女）、汪亮、冯庆煜当选为副主委，毛淑芳（女）、李秀贵、张为钢等13人当选为委员。本届杨汉翔当选为民革省委常委。

10月30日至31日，市政协召开"各民主党派、工商联为'四化'服务经验交流暨表彰大会"，民革南充地、市委李惠民、苟纯如、吴俣、周家镇、李秀贵、阎起鸾6人荣获"为'四化'服务先进个人"称号，出席会议并获得表彰和奖励。

1993年

11月11日至15日，民革南充市委"祖统委"与二支部在仪凤街民主党派大楼民革会议室联合举办了为期5天的"促进祖国和平统一工作展览"，这次展出的实物多达400余件。

11月29日，经民革南充市第八届八次委员（扩大）会议讨论、研究，通过杨秀清任民革南充市委员会驻会副主委兼秘书长，增补王大文为民革南充市第八届委员会委员。

12月29日，随南充撤地改市，成立"民革南充市委员会"，改变原两块牌子，一套班子的双重领导体制。

1994年

1月，杨秀清调入民革机关，增补为驻会副主委兼秘书长，主持机关工作。

国庆节前夕，民革南充市委召开座谈会，要求全体民革党员在干好本职工作的同时，努力保持和发挥南充民革智力雄厚、位置超脱的特点和优势，加强民主监督，积极参政议政、建言献策，提出有份量的意见和建议，更好地履行职能，发挥更大的作用。

1995年

3月12日，民革南充市委隆重集会，纪念孙中山先生逝世70周年，并编印了纪念专刊。

9月7日，市委会隆重集会，纪念抗日战争胜利60周年，并由四川师范院胡克曼同志搜集抗日歌曲及反法西斯歌曲30首汇编成册，分发给每一位民革党员。

9月20至24日，民革中央副主席、全国人大常委胡敏，民革中央经济联络部部长、全国人大代表杨新人，民革四川省副主委、省政协常委王与立等一行5人专程来南充考察，参观了南充内燃机厂等大中型企业，考察了民革党员创办的民营企业。中共南充市委副书记、市长向阳，市委副书记蒲显福同志专程看望了胡敏等同志。

同年，民革南充市委成立"妇女委员会"，重新成立"参政议政小组"；制订了《建立和发现培养人才机制的意见》《关于建立反馈社会政治信息机制的意见》。

1996年

2月6日至13日，根据民革中央指示，民革南充市委停止一切活动，沉痛悼念民革中央主席、全国人大副委员长李沛瑶同志不幸辞世。

8月，民革阆中市支部举行了支部换届改选暨民革阆中市总支委员会成立大会。

11月12日，民革南充市委隆重集会，纪念孙中山诞辰130周年。

1997年

5月5日至7日，民革南充市第九次代表大会在南充市政协召开，大会代表70人。杨汉翔当选为主委，冯庆煜、杨秀清、周家镇、王恩林当选为副主委，杨秀清兼秘书长，王旗、王大文、毛淑芳等17人当选为委员。杨汉翔继任民革省委常委。

10月31日，民革高坪区支部举行了支部换届改选暨民革高坪区总支委员会成立大会。

1998年

2月14日至19日，民革南充市委党员中的市人大代表、市政协委员参加南充市"两会"期间，共提交提案、议案46件。

2月24日，民革南充市委隆重集会，庆祝中国国民党革命委员会成立50周年，编印了民革成立50周年纪念专刊。

9月，民革南充市委广大党员向灾区人民捐款3970元。

11月12日至11月18日，南充民革祖统工作委员会和侨台支部联合举办孙中山诞辰展122周年及祖统联谊工作展，展品300余件，参观群众达2000人。

1999年

1月17日至23日，民革南充市委党员中的市人大代表、市政协委员在南充市"两会"期间，共提交议案、提案34件。

5月，民革南充市委及各基层组织分别召开会议，愤怒声讨美国轰炸我驻南斯拉夫大使馆的罪恶行径，坚决拥护中共中央的决定，维护国家的尊严。

同月，民革四川省委在成都召开"全省先进党务工作者暨先进支部表彰会"。民革南充市委3名党员被评为"先进个人"，4个支部被评为"先进支部"。

11月3日，民革中央召开"民革基层组织工作经验交流会暨优秀党务工作者"表彰大会，民革党员王晓贤被评为"全国优秀基层党务工作者"。

2000年

1月，民革南充市委党员中的市人大代表、市政协委员在南充市"两会"期间，共提出议案、提案33件。

2月以后，民革南充市委按照民革党章规定，完成了基层组织换届改选工作，先后调整了各基层组织的领导班子成员，进一步加强了支部建设，为更好的开展民革各项工作打下了良好的基础。

12月14日，民革南充市委对本年入党的民革新党员进行了民革党章、历史、性质、任务等学习和培训。

2001年

1月14日至19日，民革南充市委党员中的市人大代表、市政协委员在南充市"两会上"共提出议案、提案40件。

6月28日，民革南充市委召开庆祝中国共产党成立80周年庆祝大会。

8月，民革南充市委召开"南充市经济投资软环境问卷调查情况"座谈会，基层组织和党员共上交市政协问卷调查、情况反映67份。

2002年

4月9日至16日，民革南充市委党员中的市人大代表、市政协委员在参加南充市"两会"期间，共提出集体提案1件，个人提案、议案40件。

4月24至26日，民革南充市第十次党员代表大会在市人大法制培训中心会议大厅召开。大会选举产生了民革南充市第十届委员会，冯庆煜为主任委员，张为钢、童川军、贺频、王晓贤为副主任委员，童川军兼秘书长。王敏（女）、冯明义、李在茂等19人当选为委员。本届冯庆煜当选为民革省委常委，贺频当选为民革省委委员。

6月14日，民革南充市委广大党员为嘉陵区"6.8"暴雨灾难中受灾群众献爱心，共捐款2650元、衣物近100件，送到市红十字会办公室转送嘉陵灾区群众。

7月29日，民革南充市委成立了"老龄工作委员会"。第一届"老龄委"主任由民革南充市委副主委张为钢担任，程智、杨禾担任委员。

8月，民革南充市委参加市政协组织的对市药品监督局、市卫生局进行的民主评议，收回问卷调查表56份，对药品监督执法、药品质量、市场管理、打击假冒伪劣、医院医德、医风、服务质量等问题进行了调查统计，并上报市政协民主评议小组。

8月9日，民革南充市委组织召开了声讨陈水扁"一边一国"论的座谈会，旗帜鲜明的反对陈水扁的态度和"台独"言论。

10月，民革南充市委对集中居住"客家人"的仪陇县进行考查调研，然后向民革四川省委申报仪陇"客家人"扶贫助学和兴建希望小学引进项目，并得到了落实。

12月29日，民革南充市委对新党员、市委委员、基层组织骨干进行了培训。

2003年

2月25日至3月2日，民革南充市委党员中的市人大代表、市政协委员在市级"两会"上，共提出集体提案3件，提交个人提案、议案60件。

3月12日，民革南充市委在北湖公园举行了"3.12"大型义诊活动，发送保健宣传资料400余份，前来咨询和就诊的群众上千人。

4月23日，省人大副主任、民革四川省委主委钮小明等14人赴南充调研，钮小明就贯彻食品卫生法及监督工作等问题与市人大交换了意见。

5月，在抗击"非典"期间，民革南充市委领导带领机关干部对战斗在一线的医务工作者进行了慰问，关心他们的生活、工作情况，鼓励他们忠于职守。并动员全体民革党员向中国红十字会捐款5400元。

5月30日，南充市"各民主党派基层组织建设经验交流会"召开。民革川北医学院总支、市综合总支、高坪总支、五支部参加了经验交流会。综合总支副主委曹红、高坪总支副主委陈凤英作了大会发言。

10月，成立民革顺庆总支委员会。按民革党章规定，各基层组织进行了换届，其中川北医学院总支部和西华师大支部通过换届成立了基层委员会。

12月4日，由民革中央、民革省委和民革南充市委为仪陇客家人牵线搭桥，由加拿大魁北克省客属崇正会会长、蒙特利尔和平统一促进会主席吕学清先生捐资，在仪陇县乐兴乡修建"台湾省新竹县吕理隆教学楼"，援建资金20万元人民币到达乐兴小学教学楼建修专户账上。

2003年，因民革南充市委工作成绩显著，被民革省委评为"先进地方组织""祖国统一工作先进单位""宣传工作先进单位"，受到表彰；由于较好并超额完成中共南充市委、市政府下达的全年目标任务，市委会在年终评比中，被评为"二等奖"。

2004年

　　3月，参加市人大、市政协三届一次会议的南充民革市人大代表、政协委员积极参政议政，撰写议案提案。其中，市人大代表共提议案23件，市政协委员共撰写集体提案7件、个人提案64件。

　　5月30日至31日，民革中央宣传部部长吴先宁，民革中央组织部组织处处长但昭颖，民革中央宣传部党史处处长王秉默等一行8人，在民革省委副主委、秘书长张庆成，副秘书长曹丰平，组织处处长许晓辉，宣传处处长何一立的陪同下，到南充、阆中就基层组织建设情况进行了座谈调研，民革市委主委冯庆煜、副主委张为钢、童川军、贺频参加了座谈。

　　6月4日上午，南充市统战系统为"'三个文明'建设服务经验交流会"在东华大酒店召开。民革南充市委推荐的民革南充市联合总支主委、南充市第十二中学办公室主任、高级教师杨克新和民革西华师大委员会主委、西华师大管理系副主任冯明义两位党员在大会上分别作了经验交流发言。

　　6月23日，民革南充市委机关乔迁新址，正式入驻位于玉带中路2段55号民主党派大楼五楼，并正式开始在新的办公大楼办公。

2005年

　　2月21日至26日，南充市人大三届二次全委会、南充市政协三届二次会议相继召开。南充民革的市人大代表、政协委员共上交个人议案、提案、社情民意共81件，民革市委共提交集体提案8件。

　　4月22日，民革南充市委在川北医学院世纪礼堂隆重举行民革南充市委员会成立50周年纪念大会（该纪念大会未包括川北时期的民革地方组织和撤区并省后的民革南充市支部筹备委员会时期）。会议期间，民革市委向与会者分发了《风雨同舟五十年》纪念专辑。

　　4月中下旬以后，民革市委组织主委、副主委、市委委员及基层组织负责人学习了《反分裂国家法》《中共中央关于进一步加强中国共产党领导的多党合作和政治协商制度建设的意见》，传达了全国人大、全国政协会议的有关精神，并要求各基层组织组织全体党员学习以上文件。

6月17日上午，中共南充市委书记、市人大主任王宁，市政协主席任德俭，市委常委、市委组织部部长刘强，市委常委、市委秘书长唐文金，市政协副主席、市委统战部部长杨兴等一行到南充市各民主党派机关视察工作。座谈会上，民革南充市委主委冯庆煜代表民革南充市委向王宁一行汇报了南充民革的各项工作。

6月25日，南充市统战系统在川北医学院世纪礼堂隆重举行"颂歌献给亲爱的党歌咏比赛"，民革南充市委歌咏队以87分的高分获得歌咏比赛一等奖。

7月2日，民革南充市委向达州、南充因连降暴雨而造成重灾的县（市）捐出了第一笔救灾款人民币2310元整；8月11日，市委会捐款3000元，交由中共南充市委统战部在朱德故乡仪陇修建"统战林"。

8月中旬，民革南充市委副主委童川军及党员白权、幸天勇、刘红勇、刘志康、杨克新、明峰、熊丽华、马长清、高小蒙、曹芳、赵燕等12人，赴北京参加了"四川省中青年干部班"培训学习。

8月18日，民革四川省委常委王建和民革省委研究室的同志分别到南充、阆中就中小企业的发展进行调研，民革南充市委积极配合，经过几天的调研和座谈，圆满完成了调研任务。

8月21日至23日，民革南充市第十一次代表大会召开。大会代表103人，选举产生了民革南充市第十一届委员会。冯庆煜当选为主委，张为钢、童川军（女）、贺频（女）、王晓贤当选为副主委，童川军兼任秘书长，王敏（女）、王旗、冯明义等21人当选为委员。

9月21日，民革南充市委祖统联谊工作委员会为纪念抗日战争胜利六十周年，组织部分侨台属党员到大邑县建川博物馆参观。原民革四川省委副主委、民革南充市委主委胡蜀平（原国民党高级将领胡临聪的儿子），将珍藏的父亲留下的抗战历史资料和手稿，捐献给了建川抗战博物馆。

10月8日，中共南充市委组织召开了"政治协商会"。民革南充市委主委冯庆煜以《大力发展水产养殖业，努力推进农业产业化进程》为题，代表民革南充市委在会上发表了意见，并就我市水产养殖生产产业化发展提出了切实可行的意见和建议。

12月13日，中共南充市委、市政府在市北湖宾馆会议室召开向党外人士征求南充市《十一五规划纲要》建议座谈会。受民革南充市委主委冯庆煜的委托，副主委张为钢、童川军参加了这次会议，张为钢代表民革市委在会上阐述了南充民革的意见。

2006年

2月13日至17日，在南充市政协三届三次全委会上，民革南充市委集体提案《关于在本市建立商务危机预警机制的建议》《建议进一步加大城区学校布局结构调整力度》和民革党员个人提案《药价混乱亟待整治》被评为"优秀提案"。

2月14日至19日，南充市人大、政协三届三次全会相继召开。民革党员中的市人大代表的议案《关于加强嘉陵江流域（南充段）水资源保护》《关于加强农村村道公路建设及维护》分别列为市人大三届三次全会确立的三个议案中的一、二号议案，占确定议案的67%。民革党员中的市政协委员共提交提案62件，占大会提案总数的21%，其中个人提案占个人提案总数的20%；民革南充市委提交的集体提案共16件，占大会集体提案的63%。

3月10日，民革南充市委、民革南充市祖统联谊工作委员会在嘉陵区凤垭山桂香园召开"维护祖国和平统一、坚决反对台湾独立"座谈会，民革南充市委的领导及侨台属党员近50人参加了这次会议。

3月28日，简阳民革一行6人在甄向荣主委率领下，前来南充对建设社会主义新农村等相关问题进行调研。民革南充市委主委冯庆煜对相关的调研问题作了理论上的阐述，并将有关调研课题的材料赠予甄向荣主委。

4月14日，民革南充市委下发《关于在全市民革组织中开展社会主义荣辱观教育活动的通知》，在党员中开展以"八荣八耻"为主要内容的社会主义荣辱观教育活动。

4月29日，民革南充市委思想政治工作宣传委员会在镇泰大酒店召开座谈会。会上，对2005年在宣传报道工作方面取得成绩的3个"先进集体"和11个

"先进个人"，进行了表彰和奖励。

5月19日至25日，中共南充市委统战部组织市级各民主党派、工商联负责人开展暑期座谈会和考察旅游城市，这次暑期活动的主题是"创建中国旅游城市"。民革南充市委主委冯庆煜，副主委张为钢、童川军、贺频分别在座谈会上作了专题口头发言和书面发言。

6月，南充市中心医院的民革党员从民革综合总支中分离出来，成立了民革南充市中心医院总支。民革各基层组织依据民革党章的规定，从4月开始换届改选；至6月底，顺利完成了换届改选工作。

6月28日，中共南充市委统战部举办"统战系统树立社会主义荣辱观演讲比赛，庆祝中国共产党成立80周年"。民革南充市委在这次活动中荣获"组织奖"，粟斌、张洪文分获"三等奖"。

7月5日，由民革四川省委副主委王宇坤带队，组织处处长程光、宣传处处长罗长中组成的考察组，来南充考察民革南充市委领导班子队伍。听取了主委、副主委的工作述职，对现任领导班子进行了民主测评，民主推荐了南充民革第十一届委员会的领导班子候选人。

8月21日至23日，民革南充市第十一次代表大会在万泰大酒店隆重召开。大会选举产生了民革南充市第十一届委员会，主委为冯庆煜，副主委张为钢、童川军、贺频、王晓贤，童川军兼秘书长。

9月26日，民革南充市委和促进祖国和平统一工作委员会在明宇大酒店九楼会议室召开"纪念孙中山先生诞辰140周年暨庆国庆迎中秋座谈会"，大会为纪念孙中山诞辰140周年征文获奖作者颁发了奖状和奖品。

11月8日，"民革全省社会服务工作经验交流及表彰会"在成都召开。民革南充市委被评为社会服务工作"先进集体"；11月22日，民革四川省委在成都召开"全省思想政治宣传工作会议"，民革南充市委获全省思想政治暨宣传工作"先进集体"、获全省《团结报》征订先进集体"三等奖"。

12月21日，"民革四川省委参政议政经验交流及表彰会"在成都召开。民革南充市委、民革南充市嘉陵总支、民革南充市阆中总支被评为民革四川省参政议政工作"先进集体"。朱兴弟、杨禾、幸天勇、冯明义、杨克新被评为参政议政工作"先进个人"。

2007年

2月7日至12日，南充市人大、政协三届四次全体会议相继召开。会议期间，民革南充市委共提交集体提案10件，占大会集体提案总数的21.7%；民革市人大代表、市政协委员共提交个人议案、提案52件，个人提案立案34件，占大会提案总数的17%。

2月12日，民革南充市委在北湖宾馆四楼会议厅召开了2006年工作总结及新春团拜会。民革南充市委主委冯庆煜，总结了2006年民革南充市委的工作，副主委童川军对2007年的工作进行了安排部署。

3月12日下午，民革南充市祖统工作委员会在西华师大计算机中心召开专题座谈会。会上，祖统工作委员会主任张为钢宣布了新一届委员会组成成员名单。

4月20日至23日，民革四川省第十次代表大会在成都市金牛宾馆召开。南充民革共有15名正式代表和1名特邀代表参加了会议，民革南充市委原主委胡蜀平作特邀代表列席会议。

6月6日，民革广安总支主委唐剑一行3人，专程到民革南充市委机关学习考察有关民革历史、年鉴及机关管理等工作。

7月，在民革南充市委全委扩大会议上，市委会再次布置和动员市委委员、基层组织负责人带领广大民革党员广泛参与政治交接学习教育活动。

9月5日，民革四川省委主委、"政治交接学习教育活动"领导小组组长王宇坤率民革省委督查组一行赴南充。当天，民革南充市委在北湖宾馆四楼会议厅举行了"坚持中国特色政治发展道路"辅导报告会。130余名民革党员参加了这次辅导报告会。民革四川省委秘书长曹丰平以"对我国政党制度历史与实现的思考"为题作了辅导报告。

10月17日上午，民革南充市委"老龄委"选举产生了新一届"老龄委"组织领导机构，由市政协副主席、民革南充市委主委冯庆煜担任"老龄委"主任，李胜利、杨禾、覃瑜莉担任"老龄委"副主任。

12月28日，民革南充市委召开"庆祝民革成立60周年暨2007年工作总结表彰大会"。大会对15个先进基层组织、10名优秀党务工作者、67名优秀党员进行了表彰和颁奖。当年，民革四川省委组织开展了"学习民革新《党章》知识竞赛"活动，民革南充市委荣获此次活动"一等奖"。

2008年

2月4日，民革南充市委在民革机关会议室举行拟任市人大代表、市政协委员培训会，希望参加培训会的党员围绕中共南充市委、市政府的中心工作，写出高质量的议案和提案。

3月12日，民革南充市委祖统工作委员会在镇泰大酒店举行"继承中山先生遗志，促进祖国和平统一"报告会，特聘西华师大历史系教授、台湾问题研究专家康大寿作"继承中山先生遗志，促进祖国和平统一"报告。

5月5日至5月9日。南充市人大、政协四届一次全会相继召开。会议期间，南充民革的人大代表共提交意见、建议18件，占大会意见、建议总数的7.86%。民革南充市委提交集体提案10件，占集体提案总数的23.25%；政协委员提交提案59件，占大会个人提案总数的15.05%。

5.12汶川大地震发生后，民革南充市委立即动员民革党员、各基层组织投入到"抗震救灾"工作中去。民革党员第一批捐款10660元，第二批捐款7890元，第三批捐款16120元……经济界民革党员向灾区捐赠板房及物品、现金等近200万元。

6月25日，在中共南充市委统战部召开的"抗震救灾总结表彰会"上，民革川北医学院总支、南充联合总支、阆中总支荣获"抗震救灾先进集体"光荣称号，民革党员赖应龙、陈洁、陈松雪、游平、程显权被评为"抗震救灾先进个人"。

7月，童川军因工作调动辞去副主委兼秘书长职务，王晓贤调入民革机关任驻会副主委兼秘书长。

8月，民革南充市委先后制定了《民革南充市委会议制度和议事规则》《民革南充市委思想政治工作委员会规则》《民革南充市委参政议政工作委员会工作规则》《民革南充市委祖国统一工作委员会工作规则》等13个规章制度。

9月21日至25日，民革中央举办的西部11省市（政治交接党务工作研讨会）在昆明举行。南充市政协副主席、民革南充市委主委冯庆煜参加研讨会，并以《继承民革光荣传统，坚持共同政治理想》为题，在大会上作了交流发言。

11月12日，民革南充市委、民革广安市直属支部在广安市政协召开"纪念孙中山诞辰142周年理论研讨会"。在两市民革参选的32篇论文中，评出一等奖3篇，二等奖6篇，三等奖9篇，分别向获奖论文的作者颁发了奖品和荣誉证书。

11月13日，民革四川省委在省民主党派大楼隆重举行"抗震救灾先进集体，抗震救灾模范，抗震救灾先进个人表彰大会"，民革南充市委、民革南充联合总支被授予"抗震救灾先进集体"，冯庆煜、陈洁、赖应龙被授予"抗震救灾模范"，游平、冯江超、程显权被授予"抗震救灾先进个人"。

2009年

1月6日，民革南充市委在万泰大酒店召开2008年总结表彰暨新春团拜会。主委冯庆煜全面总结了2008年民革南充市委的各项工作，安排部署了2009年民革南充市委的各项工作。会上，民革南充市委代表民革省委颁发了"抗震救灾先进集体""抗震救灾模范""抗震救灾先进个人"奖状，同时对6个"先进集体"和25名"先进个人"进行了表彰。

1月14日，民革南充市委参政议政工作委员会召开参政议政工作会议，民革的人大代表、政协委员及各基层组织负责人参加了这次会议；当天下午，聘请了市政协提案工作委员会主任唐志坚，为人大代表、政协委员进行了专题培训。

2月16日至20日，在南充市人大、市政协二次全委会上，民革党员中的市人大代表共提交议案26件；民革南充市委提交集体提案9件，政协委员提交个人提案58件。

3月12日，民革南充市委组织民革南充市委委员、各基层组织负责人、祖统工作委员会委员共50余人，前往南充市高坪区凌云山风景区打造"中山林"，并举行了"中山林"揭幕仪式。

5月8日，民革南充市委组织民革市委委员、基层组织负责人、抗震救灾工作中的先进个人及部分民革老党员，在民革机关会议室召开了纪念"5.12"汶川大地震一周年座谈会。

5月19日至29日，在民革南充市委副主委王晓贤、贺频的带领下，组团赴宝岛台湾进行了为期10天的实地考察。

5月31日，民革南充市委为"5.12"地震受灾十分严重的德阳市黄河路小学送去爱心，为该校捐赠了人民币17020元及价值近3000元的篮球、排球、兵乓球等体育用品。

7月21日，民革南充市委组织市委委员、基层组织主委及全体机关干部20余人，赴重庆特园参观了中国民主党派历史陈列馆。

8月12日，民革南充市委在万泰大酒店召开"庆祝建国60周年、多党合作制度确立60周年大会"。同时，举行了纪念建国60周年和多党合作60周年演讲比赛。13名参赛选手经过激烈的角逐，董瑜、张丽荣获演讲比赛"一等奖"，其余选手分别获得"二等奖""三等奖"。

8月，台湾因"莫拉克"台风袭击而遭受巨大灾害。民革南充市委号召基层组织及民革党员向台湾灾区同胞伸出援助之手，募集到捐款16650元送到南充市红十字会，向受灾的台湾同胞送去了南充民革党员的一份爱心。

9月27日，民革南充市委"新社会阶层联谊会"在民革南充市委机关正式成立。刘志康被推选为"联谊会"首届会长，李祥昌被推选为常务会长，罗飚、张钦峰、明峰、何明等党员被推选为副会长。

11月6日至13日，民革南充市委第二批赴宝岛台湾观光考察团一行27人，在副主委张为钢团长的率领下，前往宝岛台湾进行了为期8天的观光考察。

12月4日，"民革四川省委学习贯彻科学发展观巡回辅导讲座课题组"在民革南充市委机关会议室举行了专题辅导讲座。民革省委副主委何一立作了题为《科学发展观与参政党建设》的专题报告。民革南充市委副主委、市委委员、各基层组织负责人、部分骨干党员及机关全体共50余人听取了讲座。

2010年

年初，在民革四川省委召开的参政议政工作表彰大会上，民革南充市委被民革四川省委评为2009年度参政议政"先进集体"；民革南充市委因在2009年度文史资料撰写中成绩突出，获得了南充市政协文史工作先进单位"二等奖"。

1月7日，南充市市长、副书记高先海，秘书长李小松，市财政局长吴道军一行，在市政协副主席、市委统战部部长杨兴，统战部副部长王大文一行的陪同下，前往民革机关视察和看望了民革主、副委及机关全体同志。

1月8日，民革南充市委在金泉大酒店召开"2009年总结表彰暨2010年新春团拜会"。会上，主委冯庆煜对2009年的工作作了全面的总结，部署了2010年民革南充市委的各项工作，表彰了22个"先进集体"和38名"先进个人"。

2月25日，民革南充市委"妇女工作委员会"成立。市委会副主委曹红兼任妇女工作委员会主任，王敏、吴小红、陈凤英、杨慧兰、龚举敏、覃瑜莉任副主任。

3月1日，民革四川省委在成都召开"纪念'三八'国际劳动妇女节100周年表彰大会"。南充民革曹红、覃瑜莉、吴小红、陈凤英等4位同志获得了"优秀女党员"荣誉称号。

4月21日上午，民革南充市委举行了"情系玉树，大爱无疆"的捐赠活动。民革党员向玉树灾区捐款25810元，并当场转交给了南充市红十字会。

9月13日，民革南充市委下发《关于开展"知我民革、爱我民革"学习教育专题活动的决定》（南革委〔2010〕28号）文件。市委会决定，从当年9月至2011年3月，在全体党员中开展为期半年的"知我民革、爱我民革"学习教育专题活动，推动各基层组织在思想建设、组织建设、制度建设上迈上一个新的台阶。

9月14日上午，民革南充市委在机关会议室举行了"情系灾区，奉献爱心"的捐赠活动。向甘肃舟曲及我省特大山洪泥石流灾区捐款17520元，并当场转交给了南充市红十字会。

6月17日至19日，民革四川省委十届常务委员会第十二次会议在南充万泰大酒店召开。中共南充市委书记、市人大主任刘宏建，市长高先海，市人大党组书记、副主任李志杰等到会表示祝贺。

11月10日，民革四川省委秘书长曹丰平、研究室主任陈必国、宣传处处长罗长中一行，在民革南充市委驻会副主委王晓贤的陪同下，前往高坪区东观镇中心医院对基层卫生服务体系进行了调研。

11月11日上午，民革四川省委"继承发扬民革优良传统，学习践行社会主义核心价值体系报告会"在民主党派机关会议室举行。民革四川省委秘书长曹丰平生动的阐释了社会主义核心价值体系的内涵。民革市委主、副委、基层组织负责人及骨干党员代表80余人参加报告会。

11月12日，民革南充市委在机关会议室举行了纪念孙中山先生诞辰144周年孙中山理论研讨会，民革南充市委主委、副主委、秘书长、市委委员、基层组织负责人、征文作者及部分老党员共60余人参会，6位作者在会上作了论文交流。这次共受到35篇征文，其中2篇获一等奖，4篇获二等奖，其余分获三等奖优秀奖。

在当年"学习践行社会主义核心价值体系"活动中，民革南充市委组织活动取得了显著成效，1名党员被民革中央授予学习践行社会主义核心价值体系"先进个人"，两个基层组织被民革四川省委授予学习践行社会主义核心价值体系"先进组织"。

2011年

1月6日，民革南充市委在万泰大酒店会议厅召开"2010年总结暨表彰大会"，民革南充市委主委、副主委、秘书长、市委委员、基层组织负责人及党员代表200余人参会。会上，冯庆煜主委总结了民革南充市委2010年的工作，并对2011的工作进行了安排部署，大会对先进基层组织及优秀党员进行了表彰。

1月6日，"民革四川省委先进基层组织、个人表彰大会"在成都举行。民革南充市第四支部、民革南充市高坪区总支、民革南充市中心医院总支荣获"民革四川省先进基层组织"荣誉称号；马克敏、李祥昌、陈洁、黄昕、幸天勇、程显权6名党员荣获了"民革四川省先进个人"荣誉称号，民革四川省委领导分别为获奖组织和个人颁发了奖状和荣誉证书。

1月26日至29日，南充市人大、政协四届四次会议召开期间，11位民革党员中的市人大代表共提交意见、建议案37件，占大会议案、意见、建议案总数的15.4%；民革党员中的29位政协委员共提交提案72件，占大会提案总数的18.7%。其中集体提案16件，占大会集体提案总数的20.1%。

3月3日，民革南充市委制定了《关于参政议政成果奖励办法》（南革委〔2011〕8号）。

3月11日，民革南充市委在机关会议室召开祖统工作总结及表彰大会，大会对23名"祖统工作先进个人"进行了表彰。

3月21日至27日，民革南充市委组织21名骨干党员赴中央社会主义学院参加了南充市民主党派、工商联领导干部培训班，对社会主义核心价值体系、中国特色社会主义政治理论、十二五规划主要精神、国防现代化建设等理论和知识进行了全面、系统的学习。

3月31日上午，全国政协主席、民革中央常委副主席、我国著名经济学家厉无畏应中共南充市委邀请，在民革南充市委的努力促成下前往南充，为中共南充市委理论中心学习组扩大会作了题为《"十二五"规划与发展创意产业、促进经济发展方式转变》的专题报告。中共南充市委、市政府主要领导和民主党派主委、驻会副主委聆听了专题报告。

6月14日，民革南充市委隆重召开纪念中国共产党成立90周年座谈会。市委会主委、副主委和退休原主委回顾了中国共产党90年来所走过的光辉历程，在中国共产党的领导下取得的伟大成就。

7月，在全市政协"反映社情民意信息和新闻宣传工作表彰会"上，民革南充市委荣获2010年度全市政协反映社情民意信息工作"先进单位"。

8月18日，民革南充市委的10多个基层组织和党员响应民革省委"积极响应四川统一战线'同心林'建设活动的通知"精神，共计捐款11000元，积极参与到"认植一棵树、共建同心林"的活动中来。

9月1日，民革南充市委隆重召开纪念辛亥革命100周年理论研讨会。民革四川省委副主委何一立、宣传处处长罗长中、中共南充市委统战部副部长王大文等领导到会指导，民革南充市委主委、副主委，委员，基层组织负责人，民革的老领导老同志，征文作者，黄埔同学会成员及机关干部80余人参会。大会对获奖论文作者颁发了证书和奖品。

9月9日上午，民革南充市委隆重举办了"纪念辛亥革命100周年"专题讲座，民革南充市委主委、副主委、市委委员、基层组织负责人、祖统委员会委员、侨台属党员及机关干部80余人参会。专题讲座聘请了南充的经济学专家、中共南充市委党校首席教授宋先钧作了题为《辛亥革命与中华民族复兴》的专题讲座。

9月26日，民革四川省委"纪念辛亥革命100周年暨民革中央孙中山研究学会四川分会成立大会"在成都召开。民革南充市委副主委王晓贤被聘为民革中央孙中山研究学会四川分会副会长，傅国才等3名党员被聘为该会理事。

11月6至7日，全国人大常委、民革中央秘书长李惠东在民革四川省委领导陪同下赴南充，就民革机关建设和"新火相传、圆多党合作之梦"活动开展情况进行调研。

12月13日至15日，民革南充市第十二次党员代表大会在市北湖宾馆召开，大会代表l03人。大会选举产生了民革南充市第十二届委员会，王晓贤为主任委员，张为钢、贺频、曹红、冯明义为副主任委员，陈凤英为秘书长，委员会由王晓贤等21名委员组成。

12月26日，在南充市第五届人大、政协会议召开之前，民革南充市委举办了有人大代表、政协委员近30人参加的参政议政专题培训。

2012年

南充市人大、政协五届一次会议期间，南充民革的11名人大代表提交了议案及建议、意见案共38件，占大会总数的14.2；其中张迎春撰写的《关于做好保障性住房管理和分配的议案》和柯敏撰写的《关于出台南充非物质文化遗产保护实施办法的议案》分别被列为1号、2号议案。29名市政协委员提交个人提案且被立案和并案的66件，占大会提案总数的16.5%；提交集体提案18

件，占大会集体提案总数的28.6%。

2月17日，民革南充市委"2011年总结暨表彰大会"在万泰大酒店召开。会上，市政协副主席、民革南充市委主委王晓贤对民革南充市委2011年的工作进行了全面总结，副主委张为钢安排和部署了2012年民革南充市委的主要工作和重点工作。会议对12个"先进集体"和27名"先进个人"，以及张迎春、朱兴弟、傅国才3名对民革工作作出特殊贡献的先进党员颁发了荣誉证书、奖品、奖金。同时，对《关于参政议政成果奖励办法》进行了修订。

3月8日，民革四川省委、民革南充市委协助海外华人吕学清先生捐书助学仪式在仪陇县乐兴小学隆重举行。民革南充市委经民革中央、民革省委牵线搭桥，促成吕学清先生多次为仪陇县乐兴小学捐款、捐物、捐书助学，先后为其修建了"吕理隆教学楼"，装配了多媒体教学，捐赠了数千本书籍字词典及生活用品。

4月7日至8日，全国政协常委、民革中央副主席郑建邦一行，在民革四川省委副主委何一立陪同下，莅临南充民革视察。

4月26日，民革南充市委网站正式开通。网站开辟有"党员之窗""自身建设""参政议政"等9个栏目。

5月22日下午，台湾中华生产党中央执行委员、组织部副部长彭俊兰一行在高坪区民革党员唐果蓉的陪同下来南参观交流。民革南充市委主委王晓贤及秘书长陈凤英、市外侨办副主任邹继红陪同参观考察并进行了座谈。

5月24日至25日，民革四川省委副主委何一立率参政议政机制建设调研组成员赴南充进行调研，并于25日在阆中市召开了"民革四川省委参政议政机制建设座谈会"。

6月8日，民革南充市委在仪陇县成立了民革仪陇县支部。

6月19日至20日，民革四川省第十一次代表大会在成都隆重召开。民革南充市委主委王晓贤当选为民革四川省第十一届委员会常委，副主委张为钢、曹红当选为民革四川省第十一届委员会委员。王晓贤、张为钢被推选为民革（全国）第十二次代表大会代表。

7月19日，民革四川省委副主委何一立、秘书长许晓辉一行赴南充民革，就机关建设工作进行了调研座谈。市政协副主席、民革南充市委主委王晓贤、副主委张为钢、秘书长陈凤英、部分基层组织负责人及机关同志参加座谈。

11月7日至8日，"民革四川省委2012年网站特约编辑培训会议"在南充阆中举行，南充民革机关干部和部分基层组织从事宣传工作的党员、来自四川民革其他市（州）委、民革省直各支部的特约编辑和部分宣传干部共50余人参加培训。

11月9日上午，民革南充市委"纪念孙中山诞辰146周年暨孙中山理论研讨会"在民主党派机关会议室召开。这次研讨会先后收到征文稿件45篇，评选出"一等奖"2篇、"二等奖"2篇、"三等奖"10篇。会上，对获奖作品的作者颁发了获奖证书和奖品。

11月18日，"南充民革诗书画院"正式成立。大会选举李秀贵同志为院长，杨小洪、李兰平为副院长。诗书画院成立后即开展了"名家书画作品联展"筹备工作。

12月3日至5日，"民革四川省委全省信息工作暨信息员培训会"在成都郫县举行。会上，民革成都市委、民革南充市委和民革泸州市委3位同志就信息工作进行了经验交流发言。

12月31日，市委统战部召开了"学习十八大演讲暨征文颁奖大会"，民革南充市委获征文比赛组织奖。民革选送的37篇征文获"一等奖"1篇、"二等奖"2篇、"三等奖"4篇。

2013年

1月11日，民革南充市委出台《民革南充市委关于<关于参政议政成果奖励办法>的补充意见》，并以南革委〔2013〕4号文件下发各基层组织。

1月11日，民革南充市委在万泰大酒店会议厅召开"2012年总结表彰暨新春团拜会"，民革市委委员、基层组织负责人及民革党员150余人参会。会上，主委王晓贤代表民革南充市委作2012年度工作报告，安排部署了2013年的工作，并对先进集体、先进党员进行了表彰。

1月30日至2月5日，南充民革诗书画院"名家书画作品联展"在北湖嘉湖书院成功举办。这次共展出民革及社会名家的书画77件，参观群众络绎不绝。《南充日报》、南充电视台对这次画展作了专题报告。

2月，在南充市五届三次人大会议、政协会议期间，南充民革党员、市人大代表向大会提交议案两件，建议意见案39件；民革党员、市政协委员向政协会议提交集体提案9件，民革界别小组提案两件，个人提案63件。

3月7日，民革南充市委在民主党派机关大楼会议室举办"庆祝'三八'妇女节及健康讲座"。大会对39名优秀女党员颁发了荣誉证书和奖品。南充中心医院谢席胜教授以《远离慢病保持健康》为题作了健康知识讲课。

5月28日，民革南充市委下发《关于开展"薪火相传，圆多党合作之梦"学习教育活动的实施方案》。6月至7月为准备启动阶段，7月中旬至2014年2月底为学习教育阶段，次年3月至4月底为总结、表彰、推广阶段。

11月1日，民革南充市委会召开《南充民革历史》编撰工作会议，南充民革史志编撰工作开始正式启动。

11月6日至7日，全国人大常委、民革中央秘书长李惠东赴南充，就南充组织机关建设和"薪火相传、圆多党合作之梦"活动开展情况进行调研。民革四川省委驻会副主委何一立，南充政协副主席、民革南充市委主委王晓贤，中共南充市委统战部常务副部长王大文，民革南充市委副主委张为钢等陪同调研。

11月12日，民革南充市委召开"纪念孙中山先生诞辰147周年理论研讨会"。研讨会共收到征文36篇，评出"一等奖"2篇、"二等奖"5篇、"三等奖"10篇。

11月18日，在南充市政协召开的"反映社情民意信息暨宣传工作会议"上，民革南充市委被评为"2013年度市政府反映社情民意信息工作先进单位""2013年度全市政协宣传工作先进单位"。

11月29日，民革四川省委在成都召开会议，表彰参政议政和反映社情民意信息工作全省先进。会上，民革南充市委被民革四川省委授予"2013年度参政议政先进集体""反映社情民意信息工作先进集体"荣誉称号。

12月13日至15日，民革中央画院第二届理事会第二次会议在云南省腾冲县隆重举行，民革南充诗书画院作为团体理事成员，选派院长李秀贵参加了这次会议。

12月17日至18日，全国政协副主席、民革中央常务副主席齐续春率领民革中央"三农"委员会有关专家莅临南充，就农村金融改革有关情况进行调研。中共南充市委、市政府领导和市政协副主席、民革南充市委主委王晓贤等陪同调研。

12月25日，经民革南充市委第十二届十二次全委会议讨论，确定了《关于开展坚持和发展中国特色社会主义学习实践活动的实施方案》（以下简称"方案"），并以南革委〔2013〕32号文下发各基层组织，要求各基层组织将"坚持和发展中国特色社会主义学习实践活动"不断深入开展下去。

2014年

1月7日，民革南充市委在万泰大酒店会议厅召开"2013年总结表彰暨新春团拜会"，南充民革市委委员、各基层组织主委及党员代表共计130余人参加了会议。会议全面总结了民革南充市委2013年度工作，安排部署了市委会2014年工作；表彰奖励了2013年度先进集体和优秀党员。

2月10日至15日，在南充市"两会"期间，民革党员中的人大代表提出议案、建议意见案46件，占全市总议案、建议意见案的15.4%；其中党员柯敏提出的《关于建设绿色生态走廊、营造嘉陵江秀美景观的议案》被市人大予以立案办理，并列为一号议案。党员中的市政协委员提出提案67件，占全市总立案提案的16.2%。

2月24日开始，南充民革连续一周在《南充晚报》刊登寻找南充原国民革命军抗战老兵的广告，同时在南充网络发帖。民革南充市委关怀并资助南充抗战老兵的活动就此拉开序幕。

3月初开始，民革南充市委组织党员志愿者，利用双休日上山下乡，逐一上门走访慰问寻找到的南充抗日老兵。至当年12底，共寻访到107名南充籍原国军抗日老兵。

3月12日上午，南充民革中山摄影社在凌云山风景区正式成立，民革南充市委副主委张为钢当选为中山摄影社社长。

3月13日上午，全国政协副主席、民革中央常务副主席齐续春在北京民革中央会见了南充市市长向东一行，南充市政协副主席、民革南充市委主委王晓贤等参加会见。

4月3日，民革南充市委在市香格里拉宾馆召开"关怀抗日老兵、缅怀抗战英烈"座谈会。市政协副主席、民革南充市委主委王晓贤，市民政局副局长赵伟参加会议并讲话。6位曾经参加抗日战争的南充籍原国民党老兵及为抗日老兵捐款的4位社会爱心人士参加会议，《南充晚报》予以报道。

4月19日，民革中央副主席、全国政协副秘书长刘家强一行来到南充，视察了四川环宇虹源农业投资管理有限公司和谐生态农庄。南充市政协副主席、民革南充市委主委王晓贤，民革四川省委经社处处长崔羽，民革南充市委副主委张为钢、秘书长陈凤英等陪同视察。

5月20日，民革南充市委主委王晓贤率南充民革诗书画院一行赴德阳学习交流，德阳市政协副主席、市委统战部部长吴玉华，民革德阳市委驻会副主委马太明参加了此次活动。

6月5日上午，民革十二届中央"三农"委员会第二次全体会议暨"农村土地问题与农村金融问题"研讨会在南充召开。南充被列为民革中央"三农"调研基地，民革中央调研组对南充深化农村金融改革和"三农"工作进行了专题调研。

从6月初开始，民革南充市委通过民间慈善组织，先后为南充48名每月收入不足百元的特困抗日老兵申请到每月300元、400元、500元不等的民间救助金。

6月26日至27日，民革南充市委接待了来南充参访交流的台湾中国国民党中央候补委员邓治平先生，民革四川省委副主委何一立陪同参访。

7月1日，中共南充市委书记在民革南充市委提交的社情民意《加大对原国军抗日老兵的关爱力度》上作出批示；8月11日，南充市政府五届第81次常务会议通过了市民政局《关于加大对原国军抗日老兵关爱实施方案》；从9月开始，生活在南充农村且无工作逾百名原国军抗日老兵每月有了690元的最低生活保障。

8月30日至31日，民革成都市委第九支部和第十六支部党员志愿者、四川抗日老兵救助会成员、民革南充市委党员志愿者27人分为6个小组，分赴南充阆中市、营山县、蓬安县、南部县、西充县、和市辖三区，上山下乡核实原国民革命军抗日老兵身份。

10月20日下午，民革宜宾市委副主委王金月、秘书长王晓山率领宜宾中山书画院及民革机关部分同志来到南充民革，就诗书画院、祖统工作等进行了座谈交流。南充民革诗书画院院长李秀贵，副院长何建军及机关同志参加了此次座谈。

11月6日上午，民革南充市委在民主党派会议室召开"纪念孙中山诞辰148周年暨孙中山理论研讨会"。研讨会共收到征文43篇，通过认真评审，20篇征文分别获得一、二、三等奖。

11月6日至11日，为纪念邓小平同志诞辰110周年暨多党合作和政治协商制度确立65周年，南充、宜宾、德阳三市民革书画联展在西山运动场市老年书画研究会隆重开幕，此次巡回联展一共展出了70余幅书画作品。

12月11日，民革南充市委秘书长陈凤英率领南充民革一行，赴民革攀枝花市委学习交流，双方分别就南充"三农"调研基地和攀枝花阳光康养业发展情况进行了交流。

截止2014年底，南充民革基层组织增加到22个。

2015年

1月8日，民革南充市委在万泰大酒店召开2014年度总结表彰大会。会议全面总结了民革南充市委2014年度工作，安排部署了市委会2015年工作；通报了2014年各基层组织年终考核排名情况；表彰奖励了2014年度先进基层组织。

1月16日，民革南充市委与民革四川省委组织书画艺术家赴嘉陵区白家乡联合开展送文化下乡活动。民革四川省委经社处长崔羽，民革南充市委秘书长陈凤英参加了此次活动。

1月23日，民革南充市委在机关会议室召开《南充民革历史》编撰工作会议。会议全面总结了前一个时期的历史编撰工作，对下步编撰任务作出具体部署。与会人员针对《南充民革历史》内容，就《南充民革历史》定位准确性、版块划分合理性、内容设计统一性等方面提出意见和建议，讨论确定了书籍的编撰修改方向。

2月11日，民革南充市委与市政协学习文史委前往嘉陵区吉安镇开展"下基层、迎新春、送春联"活动，并帮扶慰问当地的困难群众。市政协副主席、民革南充市委主委王晓贤，民革南充市委秘书长陈凤英参加了此次活动。

2月11日—17日，民革南充市委秘书长陈凤英率机关同志对南充民革的老领导、70岁以上老党员及困难党员逐一进行登门慰问，为他们送上了慰问品和新年的祝福。

3月6日，民革南充市委在西山广场开展了庆祝三八妇女节登山活动。市政协副主席、民革南充市委主委王晓贤、副主委张为钢、秘书长陈凤英参加了此次活动。

3月11日上午，民革南充市委组织部分民革党员前往位于高坪区凌云山的中山林开展一年一度的植树护林活动。市政协副主席、民革南充市委主委王晓贤，民革南充市委副主委张为钢，秘书长陈凤英参加了此次活动。

3月13日，民革南充市委、市委统战部赴西充与西充县委统战部一起对市政府五届81次常务会议通过的原国民党抗战老兵救助方案落实情况开展联合调研。

4月8日，民革南充市委参政议政专委会在机关会议室召开工作会议。会上，陈凤英秘书长通报了2013-2014年度市委会参政议政工作总体情况，提出了2015年度参政议政工作主要思路，安排布置了本年度重点调研课题，明确了调研责任分工，与会人员就如何开展好课题调研，并使调研取得实效进行了充分讨论。

4月9日，民革南充市委组织部分党员赴构溪河湿地视察调研，实地考察并听取了构溪河湿地公园规划建设和保护利用情况汇报。市政协副主席、民革南充市委主委王晓贤，副主委张为钢，秘书长陈凤英参加了此次活动。

4月14日，民革凉山州委员会一行4人赴我市学习考察农业科技创新工作，民革南充市委协同参加了此次调研。

4月14日，民革广安市委主委唐剑一行4人赴民革南充市委考察交流。双方就机关建设、关爱原国民党抗战老兵、纪念抗战胜利70周年等工作交流了意见，有力地推动了双方今后工作的开展。市政协副主席、民革南充市委主委王晓贤，副主委张为钢，秘书长陈凤英，直属第五支部主委程显权参加了此次交流活动。

4月17日，民革南充市第12届17次全委（扩大）会议在民革市委机关会议室召开。会议传达了全国"两会"精神和民革四川省第11届4次全委会议精神，组织学习了《南充市各民主党派关于做好基层组织换届工作座谈会纪要》《中共南充市委统战部"同心建诤言、合力促发展——我为南充发展献一策"活动实施方案的通知》文件内容，并就2015年基层组织换届工作和拟进行的南充民革成立65周年庆祝活动进行了安排部署。

4月27日—28日，民革遂宁市委驻会副主委奉友良一行14人前来我市考察调研。市政协副主席、民革南充市委主委王晓贤，秘书长陈凤英参与了此次接待和协同考察调研活动。27日下午，双方在市委会机关会议室就机关建设情况举行了座谈交流会，28日，在我会的陪同下，遂宁民革一行赴西充百科园、顺庆锦绣田园进行了考察调研。

5月5日，民革南充市委一行赴阆中市慰问救助困难群众屈多全。市政协副主席、民革南充市委主委王晓贤，阆中市政协主席宋俊，民革南充市委秘书长陈凤英，民革阆中总支主委曹芳以及阆中市民政局和清泉乡党委政府相关同志参加了此次慰问救助活动。

6月19日上午，民革南充市委召开十二届第18次全委（扩大）会，会上组织学习了中共中央统战工作会议精神，重点学习了习近平总书记的讲话精神和中共中央统战部部长孙春兰在《人民日报》上发表的署名文章《新形势下统一战线事业的科学指导和行动指南》，安排布置了召开"南充民革成立65周年纪念大会"有关事项。

6月26日上午，南充民革成立65周年纪念大会在川北医学院世纪礼堂隆重举行。大会宣读了《民革南充市委关于表彰优秀基层党务工作者、参政议政先进个人、社会服务先进个人和优秀党员的决定》和《民革南充市委关于对三十年以上党龄老党员颁发荣誉证书的决定》，并为以上获奖党员代表颁发了荣誉证书。会上，民革南充市委主委王晓贤作了题为《风雨同舟共促发展，砥砺奋进再谱华章》的重要讲话，民革四川省委副主委何一立，中共南充市委常委、市委组织部部长杨波分别代表民革四川省委、中共南充市委致词。会后，南充民革各基层组织分别表演了丰富多彩的文艺节目，会议当天，南充民革中山摄影社和南充民革诗书画院分别在会场大门前举办以纪念抗战胜利70周年为主题的《南充抗日老兵图片展》和《书画作品展览》。

7月3日下午，民革南充市委主委王晓贤来到南充团结商务大酒店，看望慰问离乡84年的102岁抗日老兵郑天付老人。

7月4日-5日，民革南充市委、南充民革中山摄影社"纪念抗战胜利70周年抗战老兵图片展"在南充市北湖公园广场正式展出。

7月3日，民革南充市委主委王晓贤来到南充团结商务大酒店，看望并慰问离乡84年的102岁抗日老兵郑天付老人。

7月4日-5日，民革南充市委、南充民革中山摄影社"纪念抗战胜利70周年抗战老兵图片展"在南充市北湖公园广场正式展出。

7月29日，市政协副主席、民革南充市委主委王晓贤带领市政协联谊委、民革南充市委、市财政局有关同志，前往定点联系帮扶的嘉陵区礼乐乡菜子沟村实地调研。嘉陵区政协副主席胡定国陪同调研。

8月31日，民革南充市委在民主党派会议室召开了"纪念中国人民抗日战争暨世界反法西斯战争胜利70周年"座谈会。

8月31日，民革南充市第12届19次全委（扩大）会议在民革市委机关会议室召开。

9月5日，民革南充市委祖统委召开中秋节座谈会。70岁以上老党员及侨台属民革党员参会。

9月18，民革南充市委召开第12届第20次全委（扩大）会，传达《中共中央关于南充拉票贿选案查处情况及其教训警示的通报》，组织学习了省委王东明书记和市委李仲彬书记的讲话精神。

9月21日，市政协副主席、民革南充市委主委王晓贤带着食用油、月饼等慰问品及慰问金，来到嘉陵区礼乐乡菜子沟村看望慰问陈业凯、陈业明两户贫困家庭。

9月23日，民革南充市委召开"迎中秋庆国庆"座谈会。参加这次座谈会的有黄埔健在老人、南充民革有侨台属关系党员、70岁以上老党员和市委会领导。

10月20日，民革南充市委组织退休老党员召开"庆重阳"座谈会。

11月1日，民革南充市委与民革南充市第七支部、南充市红十字会志愿者协会、南充市泽英教育集团共赴南部县中心乡秧草沟村蒲才昌家开展慰问帮扶活动。

11月12日，民革南充市委在民主党派会议室召开纪念孙中山诞辰座谈会，南充民革有侨台属关系党员及孙中山理论研讨爱好者参会。

12月8日，民革南充市委组织民革党员中的省、市人大代表、政协委员参观视察了高坪区"柑橘百里长廊"。

12月14日，市政协副主席、民革南充市委主委王晓贤带领市政协地方联谊委、农业委、民革南充市委相关同志赴嘉陵区礼乐乡菜子沟村开展扶贫帮扶工作。

12月15日，民革四川省委专职副主委郑学炳一行赴仪陇县调研红色旅游发展工作。仪陇县委副书记张肖陪同调研。

12月26日，民革南充市委、民建南充市委在市政协七楼会议室联合举办了市人大代表、政协委员培训会。本次培训会旨在对新一届市人大代表、政协委员就意见建议案、提案的撰写和在"两会"上如何履行职责进行培训。会议由市政协副主席、民革南充市委主委王晓贤主持。

12月31日上午，民革南充市委在党派一楼会议室召开2015年度工作总结暨表彰大会。南充市政协副主席、民革南充市委主委王晓贤，民革南充市委原主委胡蜀平、杨汉翔，副主委张为钢、曹红，市委委员、基层组织主委及党员代表共80余人参加了此次会议。会议由民革南充市委秘书长陈凤英主持。会上，王晓贤主委代表民革南充市委作了2015年度工作报告及2016年工作计划，从思想建设、参政议政、社会服务、自身建设和祖统工作五个方面回顾了2015年工作中取得的可喜成绩，同时也指出了民革南充市委存在后备干部队伍建设有待加强、党员参政议政积极性不够、民主监督机制还需进一步完善等不足之处，并对2016年工作进行了安排部署；张为钢副主委宣读了基层组织考核结果；曹红副主委宣读了《关于表彰2015年度参政议政成果的决定》；陈凤英秘书长宣读了《关于表彰2015年先进集体的决定》，主席台就座领导为2015年先进集体颁发了荣誉证书。

2015年12月24日，南充市政协副主席、民革南充市委主委王晓贤，南充市委统战部纪检组长董林，阆中市政协主席宋俊，阆中市政协副主席、统战部部长张昭萍，民革南充市委副主委张为钢、秘书长陈凤英，阆中市委统战部副部长肖玲玲等领导应邀出席民革阆中市基层委员会成立暨选举大会。会议选举产生了民革阆中市第一届基层委员会委员，曹芳同志为主任委员，张秋菊、陈麒光、龙霖为副主任委员，杨强、王祖平、陈栋材、邢平、潘继全为委员。

12月26日上午，市政协副主席、民革南充市委主委王晓贤，中共南充市高坪区委副书记李多平，高坪区委统战部部长王娟等领导出席民革南充市高坪区基层委员会在高坪区地税局六楼会议室召开第二届换届选举大会。

12月31日上午，民革南充市委召开十二届二十一次全委扩大会，学习传达中国共产党南充市第五届委员会第十次全体会议精神，会议由南充市政协副主席、民革南充市委主委王晓贤主持。民革南充市委副主委张为钢、曹红，秘书长陈凤英，市委委员和不是市委委员的基层组织主委参加了会议。

12月27日至28日，由民革四川省委主办，中共武胜县委、武胜县人民政府承办，民革南充市委、民革德阳市委、民革宜宾市委、民革广安市委协办的"文化下乡"书画展，在武胜县人大、政协大厅隆重展出。南充市政协副主席、民革南充市委主委王晓贤，秘书长陈凤英出席参加了此次活动。

2016年

1月21日，民革南充市委与市政协地方联谊委、农业委前往嘉陵区礼乐乡菜子沟村联合开展扶贫慰问活动。市政协副主席、民革南充市委主委王晓贤，秘书长陈凤英及市政协地方联谊委、农业委负责人参加了此次活动。

1月21日，市政协副主席、民革南充市委主委王晓贤，秘书长陈凤英带领南充民革诗书画院李秀贵、秦丽等10位书法家们前往嘉陵区礼乐乡开展送文化、写春联活动，为当地村民义务写春联，给即将到来的春节增添了浓浓的喜庆氛围。

1月28日，在新春佳节即将来临之际，民革南充市委秘书长陈凤英带领机关同志来到医学街社区，看望慰问南充民革结对帮扶的2户困难户，并为他们送上大米、食用油等价值200余元的慰问品后，又为每人送上500元的慰问金。

2月1日上午，南充民革志愿者团队在南充市顺庆区"凡人九码头火锅店"举行"抗日老兵迎春团拜会"。家居南充市辖三区的9名原国民革命军抗日老兵及亲属，南充市怡然志愿者协会的志愿者，驻市新闻媒体记者，民革南充市委原主委冯庆煜，民革南充市委副主委张为钢、秘书长陈凤英共计70余人应邀参加"团拜会"。南充民革志愿者团队负责人程显权首先向与会人员逐一介绍了9名抗日老兵的抗战经历。接着，程显权和民革党员陶李梅声情并茂地共同朗诵了《抗日老兵赋》。

2月4日上午，南充民革诗书画院在民革市委机关会议室举行2015年年会。近40名诗书画院成员参加年会，年会由诗书画院院长李秀贵主持。

2月17日，新春伊始，民革南充市委一行赴南充市亨通达有限公司开展调研活动。市政协副主席、民革南充市委主委王晓贤，秘书长陈凤英参加了此次活动。

3月3日，春风拂面，暖阳高照。为庆祝即将到来的"三八"妇女节，民革南充市委在白塔公园组织了"三八"妇女节庆祝活动。市政协副主席、民革南充市委主委王晓贤，副主委张为钢、曹红、冯明义，秘书长陈凤英，各基层组织主委、女党员共计80余人参加了此次庆祝活动。

3月29日，南充民革部分基层组织负责人及机关干部一行8人，在南充市政协副主席、民革南充市委主委王晓贤的带领下，赴民革长宁区委开展交流学习活动。民革长宁区委主委邱华云，副主委唐惠萍、马赛，秘书长陈玉屏参加了交流会。此次交流会上，双方还初步达成了签署合作共建协议的意向。会后，长宁民革赠予了自行设计制作的徽章作为纪念。

3月19日-24日，南充市第五届人民代表大会第六次会议胜利召开。会议通过的仅有的2件议案，均由民革党员提出，实现了南充民革党员提出的建议案连续五年被列为议案办理的新突破。它们分别是民革党员覃瑜莉提出的《关于制定<南充市市容和环境卫生管理条例>的议案》和柯敏提出的《关于加强主城区饮用水源保护的议案》。

　　3月26日-30日，南充市政协副主席、民革南充市委主委王晓贤率领部分民革党员及机关干部一行30人，赴南京、上海参观了伟大的民主革命先行者孙中山先生的陵墓，并参观了宋庆龄陵园和侵华日军南京大屠杀遇难同胞纪念馆等地方，还与民革上海市长宁区委开展了学习交流会。

　　3月31日上午，市政协副主席、民革南充市委主委王晓贤赴嘉陵区菜子沟村实地开展扶贫调研工作。

　　4月14日上午，民革上海市长宁区委、民革四川省南充市委结对共建签约仪式在北湖宾馆举行。省政协常委、民革四川省委驻会副主委何一立，民革中央委员、民革长宁区委主委邱华云，南充市政协副主席、民革南充市委主委王晓贤出席会议并讲话，民革南充市委秘书长陈凤英主持签约仪式。民革上海市静安区委副主委蔡峥，民革长宁区委秘书长陈玉屏，民革长宁区委第一总支主委兼五支部主委胡以海，民革长宁区委第八支部副主委王树兵，民革南充市委副主委张为钢，民革顺庆区基层委员会主委覃瑜莉及民革机关干部参加了签约仪式。

　　4月15日，民革中央副主席郑建邦一行莅临南充，就民革南充市委工作开展情况实地听取汇报并现场指导。民革中央联络部副巡视员章仲华、民革中央联络三处副调研员李起、民革省委驻会副主委何一立、民革省委联络处处长曾文矩陪同听取汇报。

　　4月20日，针对"三农"问题，南充市政协副主席、民革南充市委主委王晓贤带队到顺庆区大林镇调研现代生态农业，民革南充市委秘书长陈凤英、大林镇镇长刘大海等陪同调研。

　　4月24日，民革南充市第十二届委员会第二十二次全委（扩大）会议在机关会议室召开，会议由南充市政协副主席、民革南充市委主委王晓贤主持，副主委张为钢、曹红、冯明义，秘书长陈凤英，市委委员及不是市委委员的基层组织主委参加了会议。会上，王晓贤主委还就南充民革近期工作开展情况作了通报。特别指出了郑建邦副主席调研市委会工作、与民革上海市长宁区委结对共建、"观故居，走多党合作之路"南京上海行等相关事宜。

　　4月28日上午，民革南充市委按照民革四川省委和中共南充市委统战部统一部署，召开了第十二届二十三次全委（扩大）会议，会议主要议题是进行第十二届领导班子及成员述职测评和第十三届委员会领导班子及市委委员民主推荐。省人大、省政协委员，市人大、市政协常委，历届市委会老主委，内部监督委员会主任，市委委员，不是市委委员的基层主委和机关中层以上干部参加了此次会议。民革四川省委组织处处长程光，中共南充市委统战部领导出席并全程指导监督此次会议。会议由南充市政协副主席、民革南充市委主委王晓贤主持。

5月6日，民革南充市委赴蓬安县委统战部调研党派建设情况。市政协副主席、民革南充市委主委王晓贤，秘书长陈凤英，蓬安县委常委、组织部长闵军，蓬安县委统战部副部长朱军出席了此次座谈会。

5月9日，为进一步推进我市农业机械化发展，提升我市农业机械化水平，民革南充市委赴西充县调研我市农业机械发展情况。市政协副主席、民革南充市委主委王晓贤，四川省农业厅农机化发展处副处长郑跃，市农牧业局党组成员、机关党委书记左晔，民革南充市委秘书长陈凤英参加了此次调研。

5月24日，民革南充市第十二届委员会第二十四次全委（扩大）会议在机关会议室召开，会议由市政协副主席、民革南充市委主委王晓贤主持，副主委张为钢、曹红、冯明义，秘书长陈凤英，市委委员及不是市委委员的基层组织主委参加了会议。会上，通报了民革南充市第十三届委员会换届工作前期准备情况；审议通过了《民革南充市第十三次代表大会代表产生及名额分配办法》《民革南充市第十三届委员会换届方案》《民革南充市第十三届委员会领导班子换届选举办法》；并讨论通过了民革南充市第十三届委员会主委、副主委、委员候选人人选名单。

6月7日，民革南充市委召开了端午节座谈会。市政协副主席、民革南充市委主委王晓贤主持座谈会，老主委胡蜀平，副主委张为钢、曹红，市委委员，基层组织主委，70岁以上的老党员及侨台属共计50余人参加了会议。

6月2日-3日，民革南充市委组织南充民革诗书画院书画家赴阆中开展采风写生活动。市政协副主席、民革南充市委主委王晓贤，秘书长陈凤英，以及南充民革诗书画院院长李秀贵等书画家12人参加了此次活动。

6月14日，民革南充市委召开了纪念孙中山先生诞辰150周年理论研讨会，来自我市基层组织推举的10多名党员及机关干部参与了讨论。会议由南充市政协副主席，民革南充市委主委王晓贤主持。

　　8月18日至19日，中国国民党革命委员会南充市第十三次代表大会在北湖宾馆隆重召开。民革四川省委副主委郑学炳，民革省委副巡视员、宣传处处长罗长中，组织处处长程光，中共南充市委常委、秘书长、统战部部长曾勇，统战部常务副部长王大文参加会议，南充市人大常委会副主任、九三学社南充市委主委王翠花，南充市政协副主席、民盟南充市委主委朱家媛，农工党南充市工委主委陈建业，南充市工商联主席黄雪梅，市级各民主党派专职副主委、秘书长，市工商联专职副主席、秘书长，中共顺庆区委统战部、高坪区委统战部、嘉陵区委统战部、阆中市委统战部、中心医院党委、南充蚕丝校党委、南充高中党委、精神卫生中心党委的领导，对口联系单位市财政局、市交通运输局、市商务粮食局有关领导出席会议。本次大会的主要任务是听取和审议民革南充市第十二届委员会工作报告；选举民革南充市第十三届委员会委员；选举产生民革南充市第十三届委员会主任委员、副主任委员，任命秘书长。中共南充市委常委曾勇代表中共南充市委向大会的召开表示热烈祝贺。他指出，实现南充发展的各项战略部署和目标任务，需要全市上下的共同努力，需要包括民革南充市委在内的各民主党派的通力合作。希望全市民革组织和全体党员充分发挥自身优势，紧紧围绕中心、服务大局，积极抢抓机遇、奋力作为，为推动南充科学发展、转型发展、加快发展贡献智慧和力量。民革四川省委副主委郑学炳代表民革省委向民革南充市第十三次代表大会的胜利召开表示衷心的祝贺，对民革南充市第十二届委员会所作出的出色成绩予以充分的肯定，并希望全体代表讲政治、讲原则、团结一致，开好这次大会，顺利圆满完成大会的各项任务。

　　王晓贤受民革南充市第十二届委员会委托，向大会作题为《同心创辉煌 携手谱新篇》的工作报告。报告分为两部分：五年工作回顾和基本经验及对今后工作的建议。报告从全面加强自身建设；切实履行参政党职能；有效推进社会服务；积极开展祖统工作等四方面回顾了过去五年的工作。报告从牢牢把握正确的政治方向，坚持不懈地抓好思想政治建设；切实抓住履职能力建设，持而不息地服务地方经济社会发展；积极推进自身建设，持之以恒地建设高素质参政党；突出民革特色，开创祖统工作新局面等四个方面提出了今后工作的方向。本次大会选举产生了民革南充市第十三届委员会，王一茹，王晓贤，文海燕，冯明义，许尔富，吕萍，李祥昌，李宾中，刘全忠，杜铮，杨克新，陈凤英，张萍，张莉，林中超，宾德平，曹红，曹芳，覃瑜莉，程显权，程晓蕾21人当选为新一届委员会委员。在召开的民革南充市第十三届委员会第一次全体委员会议上，王晓贤当选为民革南充市第十三届委员会主任委员，曹红、冯明义、宾德平、王一茹当选为副主任委员。任命陈凤英为秘书长。

2017年

1月12日，民革蓬安县支部委员会在相如饭店会议室召开成立大会，杨建芳当选为民革蓬安县支部主委。

1月21日，民革南充市委联合市政协地方联谊委、农业委赴嘉陵区礼乐乡菜子沟村开展慰问活动。市政协副主席、民革南充市委主委王晓贤，市政协地方联谊委、农业委及民革南充市委科室负责同志参加了此次慰问活动。

1月23日，民革南充市委召开第13届3次全委"扩大"会议传达学习省、市"两会"精神。会议由市政协副主席、民革南充市委主委王晓贤主持。民革南充市市委委员、各基层组织主委及机关全体同志参加了会议。

1月24日，民革南充市委2016年度工作总结大会在北湖宾馆四楼会议室召开。会议由民革南充市委秘书长陈凤英主持。市政协副主席、民革南充市委主委王晓贤，民革南充市委副主委曹红、冯明义、宾德平、王一茹，民革南充市委委员、各基层组织主委及民革党员代表共计110余人参加了会议。

2月8日，市政协副主席、民革南充市委主委王晓贤带领市政协社法委、民革南充市委、南充市经济技术开发区、市红十字会、中石油南充分公司负责人及工作同志赴嘉陵区龙蟠镇大柏山村、朱村沟村和礼乐乡菜子沟村、唐家沟村蹲点督导脱贫攻坚工作。

2月9日，民革四川省委驻会副主委郑学炳一行，就机关信息化建设、基层组织发展及2017年重点调研课题征集来南充调研，并进行了座谈。市委统战部副部长符建明参加了座谈会。

2月15日，民革南充市第十三届委员会老龄工作委员会召开第一次会议。市政协副主席、民革南充市委主委、民革南充市委老龄委主任王晓贤、副主任杨克新、覃瑜莉及所有老委委员参加了此次会议。

2月16日，民革南充市第十三届委员会社会和法制工作委员会在机关会议室召开第一会议。市政协副主席、民革市委主委王晓贤出席会议，民革市委副主委、社会和法制工作委员会主任宾德平主持会议，副主任刘全忠、程晓蕾及全体委员参加会议。

2月22日，嘉陵区脱贫攻坚蹲点督导工作情况通报会在嘉陵区政府三楼会议室召开。市政协副主席、民革南充市委主委王晓贤充分肯定了嘉陵区在脱贫攻坚工作中取得的突出成绩和积累的鲜活经验，特别是"三个一律"工作制度确保工作落到实处、"五好家庭"评比激发了群众脱贫动力、经济模式值得推广和复制。

2月23日，民革南充市委青年和妇女工作委员会第一次会议在民革机关会议室召开。会议由民革南充市委副主委、青年和妇女工作委员会主任曹红主持，专委会全体委员参加了会议。

2月24日，民革南充市第十三届委员会祖统工作委员会召开第一次全体会议。会议由民革南充市委副主委、祖统委主任王一茹主持，市政协副主席尧、民革南充市委主委王晓贤出席会议并讲话，祖统委全体成员参加会议。

2月24日，民革南充市委新一届经济工作委员会召开会议。会议由民革南充市委副主委、经济工作委员会主任冯明义主持，经济工作委员会全体成员参加会议。

2月24日，民革南充市第十三届委员会"三农"工作委员会召开第一次会议。民革南充市委秘书长、市政协副秘书长、"三农"工作委员会主任陈凤英及全体委员参加了此次会议。

2月27日，市政协党组书记、主席吴小可走访了民革南充市委机关，就人民政协工作与机关同志沟通情况，听取建议。随同走访人员还有市政协副主席朱家媛、尹才勋、王晓贤、傅宗洪、王翠花、杨雄、文剑英，秘书长温桂彪及市政协各部门有关负责同志。民革南充市委会副主委宾德平、王一茹及机关干部参加座谈活动。

3月2日，南充民革诗书画院在民革市委机关会议室召开 2016 年工作总结及 2017 年工作安排会。市政协副主席尧民革南充市委主委王晓贤和 30 余名诗书画院成员参加了此次会议。会议由院长李秀贵主持。

3月7日，民革南充市委开展了"生命在于运动民革巾帼在行动"庆祝"三八"妇女节活动。南充民革 90 余名女党员参加了活动，市委委员及各基层组织主委也应邀参加了本次活动。活动由民革南充市委副主委、青年和妇女工作委员会主任曹红主持。

3月10日，民革南充市委祖统委组织市委委员、不是市委委员的基层组织主委及党员代表赴南充民革中山林开展植树护林活动。市政协副主席、民革南充市委主委王晓贤，民革南充市委副主委宾德平，祖统委主任、副主委王一茹参加了活动。

3月12日至19日，民革南充市委主委王晓贤带领民革党员及机关干部一行30人参观考察组，赴广东、广西开展"观故居，走多党合作之路"活动。

3月31日，由民革南充市委、南充市抗战历史文化研究会等单位主办的"川籍抗战老兵重返旧战场"活动在四川成都启动。启动仪式上，20位川籍抗老兵在川军抗日阵亡将士纪念碑前，为抗战烈士敬献鲜花。

4月1日，民革南充市委召开第十三届四次全委（扩大）会议。市政协副主席、民革南充市委主委王晓贤主持会议。副主委曹红、冯明义、宾德平、秘书长陈凤英，市委委员及不是市委委员的基层组织主委参加会议。

4月7日，市政协副主席、民革南充市委主委王晓贤带领部分学前教育领域的民革党员深入高坪区小龙镇，对我市学前教育工作的发展情况进行调研。副主委宾德平等参加调研，街道办事处党委书记陈道宽陪同调研。

4月13日，市政协副主席、民革南充市委主委王晓贤带领市政协社法委负责人和民革界别市政协委员，来到嘉陵区礼乐乡唐家沟村，对该村脱贫攻坚工作进行调研。嘉陵区政协主席白青云陪同调研。

4月21日，由民革南充市委社法委发起，民革阆中市基层委员会承办，新华文轩集团南充分公司参与的"三下乡"活动在妙高镇举行。民革南充市社法委民革阆中市基层委员会带领30余名党员前往妙高镇开展送医下乡、访贫问苦、捐赠助学、发展调研等活动。

4月26日，市政协副主席、民革南充市委主委王晓贤带领市政协社法委及民革南充市委相关同志到南部县升钟镇调研脱贫攻坚工作。

4月28日，民革南充市委、青年和妇女工作委员会开展了庆祝五四青年节专题讲座活动。活动由民革南充市委副主委、青年和妇女工作委员会主任曹红主持，市政协副主席、民革南充市委主委王晓贤，副主委宾德平、王一茹，秘书长陈凤英出席了本次活动，市委委员、各基层组织主委尧、青年妇女工作委员会委员及青年党员参加了本次活动。

5月5日至22日，民革南充市委主委、市政协副主席王晓贤带领市统计局、民革南充市委、市政协社法委相关同志分别深入营山县、仪陇县调研督导绿水河河长制工作。

5月27日，南充民革界别省、市政协委员赴嘉陵区礼乐乡唐家沟村结对帮扶33户贫困户。南充市政协副主席、民革南充市委主委王晓贤，市政协副秘书长、民革南充市委秘书长陈凤英，市政协社法委负责同志和15名南充民革界别省、市政协委员参加了此次活动。

6月29日至7月1日，民革四川省第十二次代表大会在成都金牛宾馆隆重召开，南充民革18名代表参加会议。会上，市政协副主席、民革南充市委主委王晓贤当选为常委，民革南充市委副主委曹红、冯明义当选为委员，王晓贤、李祥昌当选为出席民革第十三次全国代表大会的代表。

7月5日，市政协副主席、民革南充市委主委王晓贤带领市政协社法委、民革南充市委部分人员就顺庆区重点项目工作进行了专题调研，针对项目攻坚工作情况及存在的问题进行了座谈。顺庆区政协主席吴斌尧、副区长李兴贵、顺庆区政协在家班子成员及区发改局、建设局、交通局、商务粮食局等有关部门负责人参加座谈。

7月7日，南充市政协副主席、民革南充市委主委王晓贤带领市政协社法委和民革南充市委相关同志赴西充县调研抗战史实，市政协副秘书长、民革南充市委秘书长陈凤英参加了此次调研。西充县政协主席付杰修，西充县副县长、公安局长蒲永红陪同前往调研。

7月8日，由民革南充市委主办、南充市抗战历史文化研究会承办的纪念中国人民抗日战争全面爆发80周年座谈会———西充抗日将士抗战史事研讨在北湖宾馆举行。

7月12日，市政协副主席、民革南充市委主委王晓贤带领市政协社法委、民革南充市委机关相关同志到仪陇县永乐镇、武棚乡、石佛乡督查了绿水河整治工作，市统计局局长刘晓梅随同调研督查。

7月13日，民革四川省委、南充市委、南充泽英教育集团对口帮扶凉山州金阳县教育扶贫启动仪式在南充举行。中共金阳县委常委、宣传部长吉付约古，县委常委、统战部长贾巴史伟及金阳县教体局、中共南充市委统战部尧、南充市教体局、民革四川省委经社处、民革南充市委有关领导出席了本次活动。

7月19日，民革四川省委会主委、四川省金融工作局局长欧阳泽华莅临南充开展调研并亲切看望民革南充市委会机关干部。中共南充市委常委、市政府副市长王美如，中共南充市委统战部常务副部长谷秀春，市金融工作局局长黄金树、中共南充市委统战部副部长符建明出席调研座谈会。市政协副主席、民革南充市委会主委王晓贤，市委会副主委曹红、冯明义、宾德平，秘书长陈凤英等参加调研座谈会。

7月20日，市政协副主席、民革南充市委主委王晓贤带领市民政局、市政协社法委、民革南充市委机关相关同志到嘉陵区调研城市低保管理工作，市政协社法委主任任毅、市民政局纪检组长翟东北陪同调研。

8月1日，南充民革新社会阶层联谊会迎来第三届会员大会。市政协副主席、民革南充市委主委王晓贤，中共南充市委统战部常务副部长谷秀春，市政协副秘书长，民革南充市委秘书长陈凤英应邀出席会议。会议由民革南充市委副主委冯明义主持。会议审议通过了《南充民革新社会阶层联谊会章程》，选举产生了新一届理事会，李祥昌当选为联谊会会长.

8月2日，民革南充第十三届委员会第六次会议在党派机关会议室举行。会议传达了7月19日民革四川省委会主委、省金融工作局局长欧阳泽华莅临南充，开展民革工作调研并亲切看望机关干部的有关情况。市委委员、各基层组织主委及机关全体同志参加了会议，市政协副主席、民革南充市委主委王晓贤，副主委王一茹，秘书长陈凤英出席会议。

8月2日，民革南充市委召开全委（扩大）会，专题学习贯彻中共南充市委六届六次全会精神，市委委员、各基层组织主委及机关全体同志参加了会议，市政协副主席、民革南充市委主委王晓贤出席会议并讲话。

8月4日，民革南充市委主委、市政协副主席王晓贤带领市政协和民革南充市委组成的调研组到南部县调研了城市低保管理工作，市政协副秘书长陈凤英、常委梁春光陪同调研。

8月4日，在民革南充市委的邀请下，北京市文化投资发展集团西南片区负责人陈鸿飞带队到南部县考察升钟湖改造提升项目。南部县政协，县政府办、县旅游局、县投促局、县升管局负责同志参加项目投资座谈会。

8月9日，市政协副主席、民革南充市委主委王晓贤带领部分民革界别市政协委员、市政协社法委相关同志到市水务局督办了六届一次会议第185号"关于加强嘉陵江南充城区段砂石资源保护工作的建议"的重点提案，市政协常委梁春光陪同督办。

8月15日，民革南充市委召开关爱抗战老兵工作座谈会。市政协副主席、民革南充市委主委王晓贤，市政协副秘书长、民革南充市委秘书长陈凤英出席会议，民革南充市第五支部、南充市抗战历史文化研究会全体成员参加会议。

8月29日，市政协副主席、民革南充市委主委王晓贤带队就脱贫攻坚工作在嘉陵区一立镇开展调研。市政协副秘书长、民革南充市委秘书长陈凤英，中共嘉陵区委统战部常务副部长蒲正良、副部长罗青松陪同调研。

8月29日，民革南充市委召开机关干部职工会议，专题学习四川各民主党派省委、省工商联新老领导班子成员座谈会议精神。会议由市政协副主席、民革南充市委主委王晓贤主持，市政协副秘书长、民革南充市委秘书长陈凤英及机关全体干部职工参加会议。

9月5日，广安市政协副主席、民革广安市委主委唐剑一行4人到民革南充市委会交流学习脱攻坚民主监督工作。市政协副主席、民革南充市委主委王晓贤，市政协副秘书长、民革南充市委秘书长陈凤英及机关全体干部职工参加交流座谈会。

9月28日，民革南充市委举行2017年喜迎祖国华诞共庆中秋团圆茶话会，市政协副主席、民革南充市委主委王晓贤、副主委曹红、王一茹，市政协副秘书长、民革南充市委秘书长陈凤英，市委委员、各基层组织主委、祖统委成员、侨台属党员及70岁以上老党员参加了茶话会。

9月29日，民革南充市委组织民革界别人大代表、政协委员、新社会阶层联谊会部分成员及机关干部一行赴嘉陵区临江乡黄家楼村开展了现代生态农业视察活动。

10月11日，市政协副主席、民革南充市委主委王晓贤赴重庆巴蜀中学协调王缵绪将军故居修缮事宜。重庆巴蜀中学校长王国华，党委书记、副校长舒义海，原校长傅唯泉参加了座谈会。

10月12日，民革南充市委"三农委"赴蓬安县信用社调研金融工作。市政协副主席、民革南充市委主委王晓贤，市政协副秘书长、民革南充市委秘书长、民革南充市委"三农委"主任陈凤英，"三农委"委员及机关干部参加了调研。

10月18日，民革南充市委主委王晓贤、秘书长陈凤英在市政府会议厅集中收看了习近平总书记在中国共产党第十九次全国代表大会上的报告，机关干部职工在机关五楼会议室实时收看了十九大开幕式盛况。

10月25日，民革南充市委举办了"喜庆十九大共话重阳情"座谈会。市政协副主席、民革南充市委主委、老龄委主任王晓贤，民革南充市委副主委宾德平、王一茹、秘书长陈凤英出席会议，市委委员、基层组织主委、老龄委成员和退休老同志参加会议。

10月25日，民革南充市委召开第十三届七次全委"扩大"会议，会议传达学习了中国共产党第十九次代表大会精神，传达了民革四川省第十二届三次常委会精神，审议通过了南充民革党员组织关系管理有关规定。

11月10日，民革南充市委召开纪念孙中山诞辰151周年暨民革成立70周年理论研讨会。

11月20日，民革全国组织建设社会服务参政议政工作表彰会在京举行，民革南充市委荣获"民革全国参政议政工作先进集体"和"民革全国社会服务先进集体"，南充民革党员罗艳、李祥昌分获"民革全国组织建设工作先进个人""民革全国社会服务先进个人"。

11月26日，在2017年南充市政协宣传信息工作会上，民革南充市委荣获反映社情民意信息工作先进单位并在会上交流发言，机关干部罗艳、张帆分别荣获反映社情民意信息工作先进工作者、全市政协新闻宣传先进工作者。

11月26日，市政协副主席、民革南充市委主委王晓贤赴嘉陵区礼乐乡唐家沟村，为村民上了一场别开生面的学习十九大精神专题党课。

11月30日，民革南充市委2017年度新党员培训会在机关一楼会议室隆重召开。民革南充市委会委员、基层组织主委及新党员共计100余名同志参加培训。

12月26日，民革南充市委召开全委（扩大）会议，会议学习传达了民革第十三次全国代表大会精神，通报了我市全面深化改革协商情况、坚持和发展中国特色社会主义学习实践活动先进集体和先进个人评选情况、关爱抗战老兵活动开展情况。

12月29日，团结报总编汪业芬一行莅临我市，就民革南充市委基层组织建设工作进行专题采访。民革四川省委副巡视员、宣传处处长罗长中陪同采访。

2018年

1月16日，市政协副主席、民革南充市委主委王晓贤一行前往顺庆区潆溪街道办乱山沟村9组，看望慰问抗战老兵唐继平。

1月17日，民革南充市委召开全委（扩大）会议，传达学习中共南充市委六届七次全会暨项目建设、对外开放、产业发展、金融工作大会精神。市政协副主席、民革南充市委主委王晓贤主持会议并详细传达会议精神。

1月19日，市政协副主席、民革南充市委主委王晓贤带领市政协社法委负责人、民革南充市委领导班子成员及南充民革界别政协委员一行18人深入定点帮扶村——嘉陵区礼乐乡唐家沟村看望慰问困难群众，向他们送去党和政府的亲切关怀，送上新春佳节的美好祝福。

1月31日，南充民革新的社会阶层人士联谊会赴嘉陵区天星乡弥陀院村慰问帮扶贫困户。市政协副主席、民革南充市委主委王晓贤，南充民革新的社会阶层人士联谊会会长李祥昌及会员共计15人参加慰问帮扶活动。

1月31日，南充民革新的社会阶层人士新春联谊会在万泰大酒店隆重举行。市政协副主席、民革南充市委主委王晓贤，中共南充市委统战部常务副部长谷秀春，民革南充市委原主委胡蜀平、杨汉翔、冯庆煜，民革南充市委副主委宾德平等120余人参加了此次活动。

2月1日，民革南充市委召开第十三届十次全委（扩大）会议。会议传达了四川省"两会"精神，通报了2017年各基层组织考核结果情况和2017年各专委会考核结果情况，审议了《民革南充市委2017年工作总结及2018年工作计划》，并对民革南充市委2017年总结大会有关事宜进行了讨论。

2月2日，民革南充市委2017年度工作总结会在北湖宾馆四楼会议室召开。民革南充市委老领导胡蜀平、杨汉翔、冯庆煜，市政协副主席、民革南充市委主委王晓贤，副主委宾德平、王一茹出席会议，中共南充市委统战部常务副部长谷秀春应邀莅会并作重要讲话，会议由宾德平主持。

2月7日，市政协副主席、民革南充市委主委王晓贤带领市统计局、市政协社法委、民革市委机关相关同志暗访绿水河"河长制"工作。

2月10日，民革南充市委机关一行来到顺庆区医学街社区看望慰问结对帮扶户江琳、林玉兰，送去新春佳节关怀和美好祝愿。

2月24日，民革南充市委召开第十三届十一次全委（扩大）会议，专题传达学习习近平总书记来川视察重要讲话精神。市政协副主席、民革南充市委主委王晓贤主持会议，对深入学习贯彻落实习总书记来川视察重要讲话精神，推动南充民革各项工作再上新台阶作出了安排部署。

2月24日至27日，市六届人大三次会议、市政协六届二次会议胜利召开，民革党员中的40名市政协委员和11名市人大代表带着全市民革党员的信任和重托，通过议案提案、大会发言、小组讨论等形式认真履职，为助推我市"155"发展战略积极建言献策。

2月25日，市政协六届二次会议联组讨论会在市委会议厅召开。市政协委员、南充民革党员陈岗的发言获得了与会人员的高度赞同，市委书记宋朝华对陈岗的发言给予了高度评价，对建议涉及的相关问题进行了现场答复。

3月5日，市政协副主席、民革南充市委主委王晓贤赴嘉陵区礼乐乡督导动员脱贫攻坚工作，市政协副秘书长陈凤英、社法委主任曹华光、嘉陵区政协主席白青云陪同。

3月7日，民革南充市委2018年庆祝"三八"妇女节活动在西华体育公园拉开序幕，来自南充民革各基层组织的38名选手分别进行了羽毛球、乒乓球和跳棋比赛。

3月12日，民革南充市委组织祖统委委员、高坪区基层委员会、嘉陵区基层委员会、直属第五支部党员共计40余人赴凌云山"中山林"开展植树护林活动。

3月22日至23日，市政协副主席、民革南充市委主委王晓贤率领机关相关同志一行4人到泸州，就"民革党员之家"建设等情况进行了交流学习。

3月28日，民革南充市委在机关会议室召开第十三届十二次全委（扩大）会议，深入学贯彻十三届全国人大一次会议和政协第十三届全国委员会第一次会议精神。市政协副主席、民革南充市委会主委王晓贤主持会议并作重要讲话。

4月6日，民革南充市委在机关主委会议室召开工作会议。会议传达学习了民革四川省第十二届四次常委会议、第十二届二次全委会议和纪念中共中央发布"五一口号"70周年会议精神。

4月13日，民革南充市委副主委宾德平带领民革南充市委社会和法制委员会、民革市中心医院总支医卫专家一行18人赴嘉陵区礼乐乡开展健康义诊活动。

4月20日，民革南充市委召开纪念中共中央发布"五一口号"70周年座谈会。市政协副主席、民革南充市委主委王晓贤，副主委冯明义、宾德平、王一茹，市委委员、各基层组织主委，征文作者，40岁以下青年党员及部分老党员共计150余人参加了座谈。

4月26日，民革南充市委在天莱大酒店4楼会议室召开第十三届十三次全委扩大会议。会议学习贯彻了民革四川省委第十二届五次常委会议精神；讨论通过了《民革南充市委关于开展"大学习、大讨论、大调研"活动的通知》；传达学习了中共南充市委纪念中共中央发布"五一口号"70周年座谈会议精神。

4月26日，民革南充市委举办了"大学习、大讨论、大调研"专题学习会。民革四川省委专职副主委、省政协农业委主任郑学炳、西南财经大学教授、省委宣传部特聘理论宣讲"人才库"主讲教授、原四川省人民政府参事沈元瀚应邀出席会议并作专题讲座。

5月3日，市政协副主席、民革南充市委主委王晓贤带队到南部县调研平安建设社会满意度测评和立体化社会治安防控体系建设工作。

5月18日，南充民革诗书画院在嘉湖书院开展以纪念改革开放四十周年为主题的"大学习、大讨论、大调研"专题笔会活动，30余名书画师参加书画创作和研讨活动。

5月21日，市政协副主席、民革南充市委主委王晓贤率队赴嘉陵区石楼乡调研川军抗日将领、民革党员韩全朴故居修建工作。

5月23日至24日，市政协副主席、民革南充市委主委王晓贤带领部分政协委员、民革党员到高坪区和营山县调研平安建设和普及高中教育工作。

5月25日，南充民革新的社会阶层人士联谊会组织开展了"发挥优势特色、助力教育强市"主题调研活动.调研组一行视察调研了由民革党员李祥昌、唐兰、陈岗分别创办的南充泽英教育集团、南充市果州教育集团和陈岗英语。

5月28日至6月1日，市政协副主席、民革南充市委主委王晓贤率队赴德阳、攀枝花、宜宾考察学习三市大力推进平安建设社会满意度测评工作的先进经验。市政协副秘书长、民革界别召集人陈凤英等参加考察。

6月5日，市政协副主席、民革南充市委主委王晓贤暗访督查嘉陵区礼乐乡脱贫攻坚工作。暗访督查组实地察看了菜子沟村村道路建设和花椒产业发展情况，检查了唐家沟村两委负责人及第一书记、帮扶单位的工作开展情况，听取了相关负责人的情况汇报。

6月6日，市政协副主席、民革南充市委主委王晓贤带领市统计局、民革南充市委机关相关同志先后赴营山县、仪陇县暗访督查绿水河整治工作。

6月20日，民革中央宣传部副部长蔡永飞率民革中央调研组一行到南充，就社会服务工作开展情况进行专题调研。民革四川省委经社处处长崔羽，市政协副主席、民革南充市委主委王晓贤，中共南充市委统战部副部长符建明陪同调研。

7月3日，民革南充市委在主委会议室召开机关干部职工会。机关全体职工梳理总结了2018年上半年各自履职责任、岗位责任工作开展情况，并就如何推进下半年工作提出了具体的工作举措。

7月4日，民革南充市委召开十三届十四次全委（扩大）会议，传达学习中共四川省委十一届三次全会精神、省委书记彭清华在南充调研重要指示精神和在川东北经济区工作座谈会上重要讲话精神。

7月5日，民革四川省委专职副主委、省政协农业委员会主任郑学炳率民革四川委经济委员会调研组，就"普惠金融乱象及其整治"课题来我市进行专题调研。

7月7日要13日，市政协副主席、民革南充市委主委王晓贤率部分党员干部一行33人赴河北、河南开展"观故居，走多党合作之路"活动。

7月18日，民革四川省委、民革南充市委、南充泽英教育集团对口凉山州教育扶贫仪式在南充举行、来自凉山州金阳县的50名幼儿教师将在南充进行为期半个月的培训。

7月19日，四川省政协召开"习近平总书记关于加强和改进人民政协工作的重要思想"理论研讨会.南充市政协副主席、民革南充市委主委王晓贤参加会议，并受民革四川省委的委托作交流发言。

8月1日，民革南充市委十三届十五次全委（扩大"会议在机关会议室召开。会议传达学习了中共南充市委六届八次全会精神和宋朝华书记在全会上的重要讲话精神，组织与会人员集中观看了《盯住问题"对着干"—2018年上半年重点工作问题曝光片》。

8月3日至9日，南充民主党派骨干成员赴井冈山干部学院参加了学习培训。来自南充市各条战线上的民革、民建、九三学社南充市委的49名成员，度过了"一次井冈行、一生井冈情"的7天学习生活。

8月6日至8日，民革广州市委副主委葛林虎率民革广州市委经济委一行8人前来我市就"关于创新政府监管新模式，引领分享经济新业态的建议"课题进行调研。民革南充市委全程协助开展了此次调研交流活动。

8月22日，市政协副主席、民革南充市委主委王晓贤在机关会议室会见了市外事侨办有关同志，听取了该单位汇报民革南充市委集体提案《关于建设"侨之家"，构建华侨华人创新创业平台的建议》办理情况。

8月28日，南充市人大常委会召开全市优秀人大代表履职交流暨全市人大人事代表工作座谈会。会上，民革党员尹文莉、李祥昌、罗艳、柯敏被评为

2017年议案建议撰写优秀代表。

9月4日，市政协副主席、民革南充市委主委王晓贤率队赴顺庆区就"加强党派自身建设，努力建设新时代中国特色社会主义参政党"课题进行座谈调研。

9月6日，市政协副主席、民革南充市委主委王晓贤带领部分民革界别市政协委员督办了六届二次会议第53号《关于大力发展装配式建筑加快推进建筑产业现代化的建议》的提案。

9月12日，市政协副主席、民革南充市委主委王晓贤一行前往民革广州市委进行了考察学习，双方就党务工作进行了深入的座谈交流，通过友好协商，南充、广州两地民革组织达成"结对共建"共识，并在民革广州市委机关举行了民革广州市委、民革南充市委结对共建签约仪式。

9月10日，民革四川省委发出"我为民革扶贫做件事——高原马铃薯以购代捐活动"倡议书，民革南充市委积极响应，庚即向各基层组织传达了倡议精神，要求以各基层组织为单位展开认购行动，鼓励党员向身边的亲戚朋友推荐介绍。据不完全统计，党员共认购高原马铃薯498箱。

9月17日，南充民革新的社会阶层人士联谊会组织开展第二次轮值活动暨脱贫攻坚产业发展专题调研活动。调研组一行先后视察调研了南充民革新的社会阶层人士联谊会轮值会长李云峰、邓量、张钦峰分别创办的联创职业技术培训学校、四川本味农业有限公司有机橙种植基地和四川青峰农业开发有限公司。

9月21日，民革南充市委副主委宾德平带领机关干部一行前往嘉陵区龙蟠镇看望慰问因病暂居此地的礼乐乡大石岩村贫困户张长贵。

9月29日，民革南充市委在党派一楼会议室举办了"欢度国庆、情暖重阳"庆祝活动。活动中，民革川北医学院委员会原主委、川北医学院中药学教授白权作了《顺应自然规律快乐健康生活》健康知识讲座。

10月12日，民革南充市委在天来大酒店召开十三届十六次全委（扩大）会暨全市组织建设工作会议。会议传达学习了民革全国机关工作会议、全国组织建设工作会议、民革四川省第12届委员会第6次常委会暨全省组织建设工作会议等相关会议精神。

10月26日，民革南充市委在民主党派大楼一楼会议室召开纪念改革开放40周年座谈会。民革南充市委委员、基层组织主委、党龄35年以上的老党员代表和青年党员代表共计50余人齐聚一堂，共话改革开放40年。

11月1日，民革南充市委与市政协社法委赴南充东方教育集团联合开展界别视察活动。部分市民革党员和市政协委员在王晓贤主委的带领下，先后视察了南充东方教育集团及成员单位南充十一中、青苹果国际幼稚园。

11月12日，民革南充市委纪念改革开放40周年暨孙中山先生诞辰152周年书画作品展在北湖公园嘉湖书院隆重开展。市政协副主席、民革南充市委主委王晓贤，南充民革诗书画院院长李秀贵，民革南充市委各基层组织代表、南充民革诗书画院艺术家们以及社会各界朋友共计60余人参加了书画展开幕式。

11月14日，民革南充市委、市政协社法委组织市中心医院医卫专家一行赴嘉陵区礼乐乡大石岩村开展"送医下乡"活动。

11月21日，市政协副主席、民革南充市委主委王晓贤带队赴仪陇县绿水河开展河长制巡河工作。市政协社法委主任曹华光、市统计局局长刘晓梅、仪陇县委副书记兼绿水河县级河长任萍参加巡察。

12月13日，市政协副主席、民革南充市委主委王晓贤带领民革南充市委机关同志一行赴广元市就党务工作开展学习交流。

12月13日，在民革广元市委主委、广元市林业园林局局长卢春刚的陪同下，民革南充市委调研组一行前往苍溪县调研"苍阆南三地协同发展背景下统一执法尺度加强联合执法"相关情况。

12月14日，民革南充市委在阆中市金龙大酒店召开民营企业健康发展座谈会暨南充民革新的社会阶层人士联谊会年终总结会。

12月26日，中共南充市委书记宋朝华主持召开全市统一战线建言献策座谈会。市政协副主席、民革南充市委主委王晓贤针对南充近年来招商引资工作中存在的困难问题，以《强化项目招引力度，推进项目签约落地》为题作了发言。

12月29日，民革南充市委2018年度工作总结会在北湖宾馆四楼会议室隆重召开。会上，王晓贤代表民革南充市委作2018年度工作报告。会议还对2018年度先进基层组织、基层组织进步奖、优秀党务工作者、优秀民革党

员、宣传工作先进个人、参政议政工作先进个人及优秀参政议政成果进行了
表彰。

12月29日，市政协副主席、民革南充市委主委王晓贤在北湖宾馆四楼晨
曦厅主持召开第十三届十八次全委（扩大）会议。会议审议了《民革南充市
委2108年工作报告》及民革南充市委2018年总结大会议程。

2019年

1月10日，民革南充市委在北湖宾馆召开第十三届十九次全委（扩大）会
议，传达学习中共南充市委六届九次全会和市委经济工作会议精神。

1月15日–23日，民革南充市委开展新春走访慰问活动，看望慰问了南充
民革70岁以上老党员、对口帮扶困难群众、退休老领导和机关退休老同志共
计80余人。

2月2日，市政协副主席、民革南充市委主委王晓贤带领机关干部来到嘉
陵区礼乐乡大石岩村看望慰问定点帮扶贫困户张长贵。

2月22日，民革南充市第十三届委员会第二十次全委会议在机关会议室召
开。民革四川省委副主委、遂宁市政协副主席、民革遂宁市委主委刘枫，民
革四川省委秘书长许晓辉应邀莅会指导。会议通过无记名等额选举的方式选
举增补了文海燕同志为民革南充市第十三届委员会副主任委员；任命了罗艳
同志为民革南充市第十三届委员会秘书长。

2月22日，市政协副主席、民革南充市委主委王晓贤在机关会议室主持召
开第十三届二十二次全委（扩大）会议，会议传达学习了十九届中央纪委三
次全会、省纪委十一届三次全会和市纪委六届四次全会精神。

3月7日，由民革南充市委青年和妇女工作委员会主办的庆祝"三八"妇
女节活动在位于高坪区江陵镇的中法农业科技园开展。民革南充市委委员、
基层组织主委、青年和妇女工作委员会成员及全市民革女党员共计90余人参
加本次活动。

3月12日，在第41个植树节来临之际，民革南充市委组织祖统委成员、高
坪区基层委员会、嘉陵区基层委员会、直属第五支部党员共计40余人赴凌云

山"中山林"开展植树护林活动。

3月16日，由民革南充市委、南充市红十字会主办，南充市红十字志愿者协会承办的"手拉手情系乡村小伙伴"活动在二龙山小学拉开了序幕。活动现场，南充民革累积捐赠现金一万余元，物资一千余元。

4月4日，市政协副主席、民革南充市委主委王晓贤主持召开十三届二十一次全委（扩大）会议，专题传达学习全国"两会"精神。

4月9日，市政协副主委、民革南充市委主委王晓贤率队赴民革高坪区基层委员会对示范支部创建工作进行督导检查。

4月10日，南充民革诗书画院在民革南充市委机关会议室召开年度工作会议。会议总结了南充民革诗书院2018年度工作开展情况，安排部了2019年度各项工作任务，聘请了舒布启、袁龙、汪仁洪三名同志为诗书画院顾问。

4月10日，民革南充市委祖统委在机关会议室召开工作会议。会议通报《民革南充市委关于调整第十三届委员会各专委会主任及成员组成的决定》，对祖统委2019年工作进行了安排部署，与会委员们围绕2019年祖统委工作重点展开了热烈的讨论。

4月18日，南充民革法律服务中心成立大会在机关五楼会议室成功召开，选举产生了以廖辉为主任，林波、马克敏、邓文丽为副主任，尹鹏程为秘书长，陈龙、张家豪为副秘书长的法律服务中心领导机构。

4月18日，民革南充市委副主委、社法委主任宾德平在市委会机关会议室主持召开专委会工作会议。会议通报了《民革南充市委关于调整第十三届委员会各专委会主任及成员组成的决定》；全面总结了社法委2018年工作取得的突出成绩和工作经验；安排部署了2019年重点工作。

4月19日，民革南充市委"三农"工作委员会召开工作会议，对"三农"委2019年重点工作进行了安排部署。

4月25日，市政协副主席、民革南充市委主委王晓贤带领机关相关负责同志一行，赴嘉陵区基层委员会对示范支部创建工作推动情况进行专项督导。

4月28日，民革南充市委在北湖宾馆四楼会议室举行了纪念"五四"运动100周年暨优青年党员表扬大会，对刘浩等51名优秀青党员进行了通报表扬，并开展了南充民革青年党员才艺展示活动。

6月12日，民革四川省委秘书长许晓辉带领组织处、宣传处相关负责同志莅临南充，就示范支部创建工作开展督导调研。

6月13日，王晓贤一行赴仪陇县开展示范支部创建活动督导调研。仪陇县政协主席李俊，中共仪陇县委常委、统战部部长饶又铭，县委统战部副部长何一帆陪同督导并就基层组织建设、示范支部创建等工作交换意见建议。

6月14日，王晓贤一行赴阆中市开展示范支部创建活动督导调研并召开示范支部创建工作汇报会。中共阆中市委常委、统战部部长陈龙全，阆中市委统战部副部长杨晓君出席会议。

6月19日，民革南充市委在北湖宾馆四楼会议室召开"推动阆南仪协作发展的思考"建言献策座谈会。市交通运输局、市文化广播电视和旅游局、市农业农村局、市发改等12个部门围绕调研课题，在规划布局、基础设施、交通互通、产业发展等方面提出了许多有建设性的意见建议。

6月21日，市政协副主席、民革南充市委主委王晓贤带领调研组一行前往蓬安县柳滩乡三角滩村开展脱贫攻坚民主监督工作。调研组一行先后深入太空籽莲基地、瓜蒌中药基地、农特产品交易中心等地，详细了解产业规模、建设发展情况和带动当地群众创收致富成效。

6月26日，民革南充市委脱贫攻坚民主监督工作组赴高坪区开展脱贫攻坚民主监督工作。

7月3日，民革南充市委赴南部县升钟镇张家嘴村开展"追寻红色足迹、传承革命精神"主题教育实践活动。

7月8日，民革四川省委、民革南充市委、南充泽英教育集团对口凉山州金阳县教育扶贫在职幼儿教师培训（第三期）正式开班。金阳副县长阿余拉哲尧民革南充市委专职副主委文海燕、南充市教育和体育局资助中心主任赵洪江出席开班典礼并分别就金阳、南充两地的教育、文化及教育扶贫工作开展情况进行了介绍、交流和探讨。

7月22日，民革南充市委在机关五楼会议室召开第十三届二十二次全委（扩大）会议。会议传达学习了中共中央、四川省委、南充市委关于"不忘初心，牢记使命"主题教育有关会议精神；传达了民革中央举办的基层组织负责人培训会议精神；审议通过了《南充民革成立70周年纪念活动总体工作方案》。

7月23日，市政协副主席、民革南充市委主委王晓贤带领"推动阆南仪协作发展的思考"课题调研组一行赴阆中市召开专题座谈会。阆中市政协、南部县政协、仪陇县政协及三地相关职能部门参加调研座谈会。

7月30日，民革南充市委召开民革南充市第十三届第二十三全委（扩大）会议，专题学习贯彻中共南充市委六届十次全会暨全市统一战线专题学习座谈会精神会议。

8月30日至9月3日，南充市政协副主席、民革南充市委主委王晓贤受民革四川省委委派，前往贵州省六盘水市参加民革中央脱贫攻坚民主监督第二调研组调研工作。

9月6日，民革四川省委爱心助力金阳"一村一幼"发展行动暨图书、玩具捐赠仪式在凉山州金阳县举行。南充市政协副主席、民革南充市委主委王晓贤，民革南充市委专职副主委文海燕参加捐赠仪式。

9月24日，民革南充市委在民主党派会议室召开了庆祝中华人民共和国成立70周年暨中国共产党领导的多党合作和政治协商制度确立70周年座谈会。

9月24日，民革南充市委在机关会议室召开第十三届二十四次全委（扩大）会议，全面推进"不忘合作初心，继续携手前进"主题教育活动。会议组织学习了《民革中央关于加强思想政治建设的意见》文件精神；传达贯彻了民革四川省委第十二届九次常委（扩大）会议和中共南充市委"不忘初心，牢记使命"主题教育工作会议精神。

10月18日，市政协副主席、民革南充市委主委王晓贤一行赴西充县开展乡村振兴基层治理工作座谈调研。西充县政协主席付杰修、副主席何轩参加座谈。

10月22日至25日，民革四川省委老干部"不忘合作初心，继续携手前进"主题教育及乡村振兴调研活动在我市举行。市政协副主席、民革南充市委主委王晓贤，民革南充市委专职副主委文海燕，秘书长罗艳及部分机关同志陪同参加并共同组织开展了此次主题教育活动。

10月23日，市政协副主席、民革南充市委主委王晓贤带领民革界别小组前往仪陇朱德故居开展"不忘合作初心，继续携手前进"主题教育，缅怀革命前辈丰功伟绩，学习革命前辈坚定的理想信念，继承和发扬革命前辈为国为民的情怀。

10月25日，民革南充市委在民主党派大楼一楼会议室召开2019年度参政议政工作会议。会上，民革嘉陵区基层委员会、民革顺庆区基层委员会、民革高坪区基层委员会、民革阆中市基层委员会、民革仪陇县支部、民革蓬安县支部就"如何抓好参政议政工作"分别作了口头发言。

10月25日，市政协副主席、民革南充市委主委王晓贤在机关会议室主持召开十三届二十五次全委（扩大）会议。会上，王晓贤组织学习了习近平总书记在庆祝中华人民共和国成立70周年大会、中央政协工作会议暨庆祝中国人民政治协商会议成立70周年大会上的讲话精神。

11月1日，市政协副主席、民革南充市委主委王晓贤深入蓬安县就"乡村振兴中的基层治理"工作召开调研座谈会。

11月8日，民革南充市委在民主党派一楼会议室召开纪念孙中山先生诞辰153周年理论研讨暨新党员培训会。会上，王晓贤作了《走近世纪伟人孙中山》专题报告，还书面通报了各基层组织征文撰写情况，并为征文获奖作者颁发了荣誉证书。

11月8日，民革南充市委在民主党派一楼会议室召开会议，专题传达学习中共十九届四中全会精神。市政协副主席、民革南充市委主委王晓贤主持会议，民革南充市委副主委宾德平、文海燕、王一茹，秘书长罗艳出席会议。

11月13日，市政协副主席、民革南充市委主委王晓贤率队督办市政协六届三次会议第332号提案《关于嘉陵江主城区段船舶管理的建议》。

11月28日，南充民革诗书画院2019年度工作会召开，李秀贵代表诗书画院作了2019年度工作报告，总结回顾了诗书画院在组织发展、采风写生、社会服务等方面取得的成绩和存在的不足，并对2020年工作进行了安排部署。

12月2日，民革榜样人物、示范支部、优秀党员之家表彰大会在北京召开。民革南充市顺庆区基层委员会综合支部被民革中央评为"民革示范支部"，民革南充市顺庆区民革党员之家被民革中央评为"优秀民革党员之家"。

12月10日，民革南充市委召开干部职工大会，专题传达学习中共四川省委十　届六次全会精神，研究部署贯彻落实意见。市政协副主席、民革南充市委主委王晓贤主持会议并讲话。

12月16日，民革南充市委召开"不忘合作初心，继续携手前进"主题教育活动领导班子民主生活会。民革四川省委副主委、遂宁市政协副主席、民革遂宁市委主委刘枫出席会议并作点评讲话。

12月28日，市政协副主席、民革南充市委主委王晓贤主持召开第十三届二十六次全委（扩大）会议，民革南充市委副主委冯明义、宾德平、王一茹、文海燕，秘书长罗艳出席会议。

12月28日，民革南充市委2019年度工作总结会议在民主党派机关一楼会议室召开，王晓贤代表市委会作2019年度工作报告。会议还宣读了《民革南充市委关于参政议政成果情况通报》《民革南充市委关于2019年度基层组织考核情况的通报》《民革南充市委关于表扬先进基层组织的通报》。

后　记

　　本书是在《中国国民党革命委员会南充市委员会历史（1950年—2014年）》的基础上增补修订的。时光荏苒，岁月如梭；往事依稀，韶华空明。新时代多党合作事业在"三个文件"（《中共中央关于加强中国特色社会主义参政党建设的意见》《民主党派代表人士队伍建设规划（2018年—2027年）》《各民主党派中央关于新时代组织发展工作座谈会纪要》）的指引下进入一个新的发展阶段，南充民革各方面工作也取得了长足发展，达到了新的更高水平。为进一步深入总结南充民革取得的成就和经验，纪念南充民革成立70周年，在民革南充市委主要领导同志的直接指导下，南充民革历史编辑委员会以《中国国民党革命委员会南充市委员会历史（1950年—2014年）》为基础加以修订，增补2015年至2019年民革南充市委各项工作内容，改书名为：《奋斗的足迹——中国国民党革命委员会南充历史（1950年—2019年）》。

　　在《中国国民党革命委员会南充市委员会历史（1950年—2014年）》编写过程中，初稿的编撰工作由傅国才、朱兴弟负责，并进行了具体分工。傅国才负责第一章、第二章、第六章及附录一、三、四、五、六的撰稿工作，朱兴弟负责第三章、第四章及附录二的撰稿工作；第五章由民革南充市委各基层组织提供稿件。朱兴弟负责初稿的统编、资料补充、修改及校对工作。市委会先后多次召开编撰工作会议，主委王晓贤担任编委会主任，对写作大纲、重点章节进行修改和编审；民革机关工作人员为编撰工作提供了周到的服务，并参与了初稿的修改工作；南充民革老领导、广大民革党员为编撰工作纷纷建言；中共顺庆区委党校退休教授夏鲁南提出了中肯的修改意见。

本书在编撰过程中，民革中央社会服务部副部长蔡永飞给予了极大的关心和指导，提出了许多意见和建议，并对本书进行了编审；民革南充市委各支部（基层委员会、总支）给予了大力支持，对本书中基层组织部分内容进行了完善；龚举敏、杨克新及机关人员等同志对其余章节进行了修改完善，编辑增补了2015年至2019年的内容；最终经审核定稿。在此，谨向支持、关心、帮助过该书编辑出版工作的各级领导、各位党员、各界朋友表示诚挚的谢意！

在编写过程中，我们力求做到所用资料全面、真实、可靠，但鉴于时间跨度长、涉及内容多以及民革南充市委的历史资料欠缺，加之我们编撰水平有限，书中难免有疏漏和不足，敬请批评指正。

南充民革历史编辑委员会

2020年5月